Joan Borysenko
Das Buch der Weiblichkeit

Joan Borysenko

Das Buch der Weiblichkeit

Der 7-Jahres-Rhythmus
im Leben der Frau

Aus dem Amerikanischen
von Brigitte Stein

Kösel

Die Originalausgabe erschien unter dem Titel
*A Woman's Book of Life. The Biology, Psychology,
and Spirituality of the Feminine Life Cycle*
bei Riverhead Books, New York.

ISBN 3-466-34392-5

Copyright © 1996 by Joan Borysenko, Ph.D.
Diese Ausgabe erschien in Zusammenarbeit mit
Riverhead Books/The Putnam Berkley Group, Inc.
Auszüge aus der Erzählung »Bluebeard« [dt.: »Blaubart«] von
Clarissa Pinkola Estés, Ph.D., aus: *Woman Who Run with the Wolves*
[dt.: *Die Wolfsfrau*], Copyright © 1992, 1995.
Copyright © 1998 für die deutsche Ausgabe
by Kösel-Verlag GmbH & Co., München.
Printed in Germany. Alle Rechte vorbehalten.
Druck und Bindung: Ebner, Ulm.
Umschlaggestaltung: Elisabeth Petersen, München.
Umschlagmotiv: Tony Stone, München (David Stewart).

1 2 3 4 5 · 02 01 00 99 98

*Gedruckt auf umweltfreundlich hergestelltem Werkdruckpapier
(säurefrei und chlorfrei gebleicht)*

Ich widme dieses Buch
mit Liebe und Dankbarkeit
dem Gedenken an meine Mutter
Lillian Frances Zakon
und meiner lieben Freundin
Celia Thaxter Hubbard
alias Mother Goose.
Meine guten Wünsche, Schwestern!

Anmerkung der Verfasserin

Dieses Buch untersucht die Lebenszyklen, die wir Frauen miteinander gemein haben, und beschäftigt sich mit jenen Fragen, die die Mehrzahl von uns betreffen. Die speziellen Anliegen von farbigen Frauen, von Emigrantinnen aus anderen Kulturen, behinderten Frauen und Lesbierinnen sind zwar für uns alle wichtig, übersteigen jedoch meine Sachkenntnis.

Inhalt

Einführung
Der weibliche Lebenszyklus 9

1 **Eine Frau werden** 23
Von Adams Rippe zu Evas Chromosomen

2 **1. bis 7. Lebensjahr: Frühe Kindheit** 31
Empathie und Anerkennen wechselseitiger Abhängigkeit

3 **7. bis 14. Lebensjahr: Mittlere Kindheit** 57
Die Logik des Herzens

4 **14. bis 21. Lebensjahr: Adoleszenz** 90
Schneewittchen schläft ein, wacht aber von allein wieder auf

5 **21. bis 28. Lebensjahr: Ein eigenes Heim** 116
Die Psychobiologie der Paarbildung und Mutterschaft

6 **28. bis 35. Lebensjahr: Die Lebenswende mit Dreißig** 144
Neue Realitäten, neue Pläne

7 **35. bis 42. Lebensjahr: Heilung und Balance** 169
Stroh zu Gold spinnen

8	42. bis 49. Lebensjahr: Die Metamorphose der Lebensmitte	199
	Authentizität, Stärke und das Auftreten der Wächterin	

9	49. bis 56. Lebensjahr: Von Heilkräutern und Hormontherapie	226
	Ein überlegter Umgang mit der Menopause	

10	56. bis 63. Lebensjahr: Das Herz einer Frau	259
	Weibliche Kraft und soziales Handeln	

11	63. bis 70. Lebensjahr: Töchter der Weisheit	288
	Das Erschaffen einer neuen Integralen Kultur	

12	70. bis 77. Lebensjahr: Die Gaben des Wandels	310
	Geschmeidigkeit, Verlust und Wachstum	

13	77. bis 84. Lebensjahr und darüber hinaus: Die Lebensbilanz ziehen	336
	Generativität, Rückblick und Transzendenz	

Anhang

Meditationsübungen	360
Anmerkungen	370
Register	392

Einführung

Der weibliche Lebenszyklus

Dieses Buch ist für Frauen in jedem Stadium ihres Lebenszyklus gedacht. Es ist kein Ratgeber für die Anpassung an das Altern, kein Leitfaden, wie wir unseren Töchtern am besten durch die Pubertät helfen, und auch kein Versuch, den Nachweis zu erbringen, dass Frauen Eigenschaften haben, die sie Männern überlegen machen. Vielmehr war ich bestrebt, ein mannigfaltiges und anregendes Bild der spezifischen Biologie, Psychologie und Spiritualität von Frauen zu zeichnen – jenen bio-psycho-spirituellen Rückkopplungsmechanismen, die unser Geschlecht mit speziellen Gaben ausstatten, welche sich erst im Laufe unseres Lebens nach und nach entfalten. Bei meiner Arbeit an diesem Buch ist vielleicht am überraschendsten die Erkenntnis für mich gewesen, wie wenig wir Frauen über uns selbst wissen und wie ausgehungert nach Informationen wir sind. Obwohl dieses Buch in erster Linie für Frauen geschrieben wurde, hoffe ich, dass es Männern ebenso viele Einsichten vermitteln kann. Denn ob wir biologisch männlichen oder weiblichen Geschlechts sind, es trägt doch jede und jeder von uns Aspekte des anderen in sich.

Mir ist bewusst, dass man sich auf gefährlichen Boden begibt, wenn man nach biologisch bedingten Verhaltensunterschieden Ausschau hält. So weist die Genetikerin Anne Fausto-Sterling in ihrer ausgezeichneten Studie *Myths of Gender* [dt.: *Gefangene des Geschlechts*, München: Piper, 1988] darauf hin, dass zumindest auf dem Gebiet der Gehirnforschung nur geringe Unterschiede zwischen Männern und Frauen gefunden wurden. Wir haben viel mehr Ähnlichkeiten als Unterschiede, eine Tatsache, die nach Ansicht der Psychologin Zella Luria von der Tufts-Universität von den meisten Untersuchungen bestätigt wird. »Wir sind nicht zwei Spezies«, so Luria, »wir sind zwei Geschlechter.« Und – viele Autoren und Forscher hätten darauf hingewiesen – angebliche biologische Unterschiede seien zu oft als Munition missbraucht worden, um traditionelle Geschlechterrollen zu zementieren. Mit dieser Warnung vor Augen und mit großem Respekt für all jene, die sich bemüht haben nachzuweisen, in welcher Weise sich die Entwicklung, die Wahrnehmungen und die Sozialisation von Frauen von jenen der Männer unterscheiden, habe ich mich dafür entschieden, dieses Buch gezielt über Frauen zu schreiben und nicht über die Unterschiede zwischen Männern und Frauen, obwohl ich gelegentlich auf solche Abweichungen verweise, um eine Feststellung zu verdeutlichen. Da die bio-psycho-spirituellen Rückkopplungsmechanismen, die prägend auf die Weiblichkeit einwirken, bisher noch nicht erforscht wurden, verschafft dieses Buch der Frauenforschung eine völlig neue Ausgangsbasis, von der ich hoffe, dass sie in den kommenden Jahren von vielen anderen erweitert werden wird.

Alle Menschen durchlaufen Zyklen in ihrem Leben, beginnend vom Säugling über das Kind und den Jugendlichen zum Erwachsenen. Obwohl jedes Stadium auf der Physiologie und Erfahrung des vorangegangenen aufbaut, erfordert die Entwicklung von einem Stadium zum nächsten manchmal ein Absterben dessen, was wir waren, um unsere Metamorphose vollenden zu können. Während sich der Säugling nicht darüber beklagt, zum Krabbelkind zu werden und das Kind nicht das Herannahen der Adoleszenz bedauert, hat man uns Frauen nachgesagt, wir lamentierten über unseren Eintritt in das mittlere und das höhere Lebensalter. Von älteren Frauen wird erwartet, dass sie sich mit mehr oder weniger Grazie im Tapetenmuster auflösen. Doch wie Untersuchungen zeigen, ist es in Wirklichkeit so, dass Frauen nach dem Erreichen der Lebensmitte oft neue Stärken entwickeln, ja sogar aufblühen, statt dahinzuwelken. Halbwüchsige und junge erwachsene Frauen sind im Gegensatz dazu viel größerem Stress und erheblicher Unsicherheit ausgesetzt.

Ich habe über zehntausend Frauen, die an meinen Vorträgen und Seminaren teilnahmen, gefragt, ob eine von ihnen jünger sein möchte, und nur eine einzige hat sich gemeldet. Klugheit, Erfahrung, Beziehungen – die Schmerzen und Freuden, die die Grundlage von Wachstum bilden – gegen Jugend einzutauschen scheint zumindest manchen von uns wenig verlockend. Obwohl die Gruppen von Frauen, mit denen ich gearbeitet habe, keinen repräsentativen Querschnitt von Amerikanerinnen darstellen, sind sie sicherlich charakteristisch für unser gewandeltes Bild von Weiblichkeit. Der entscheidende Faktor, der diese Frauen miteinander verbindet, ist eine zutiefst spirituelle Perspektive, die Unterschiede in den religiösen Überzeugungen transzendiert. Aus einem spirituellen Blickwinkel ist unsere Hauptaufgabe im Leben viel größer, als Geld zu verdienen, einen Lebenspartner zu finden, Karriere zu machen, Kinder großzuziehen, schön auszusehen, psychische Gesundheit zu erreichen oder Alter, Krankheit und Tod zu trotzen. Es ist das Erkennen des Kosmischen im täglichen Leben – eine tiefe Dankbarkeit für die Wunder der Welt und das feine Geflecht der Verbundenheit zwischen den Menschen, der Natur und den Dingen –, die Einsicht, dass echte Intimität auf der Grundlage gegenseitiger Achtung und Liebe der Maßstab eines gelungenen Lebens ist. Diese angeborene weibliche Spiritualität ist die Triebfeder eines oft unausgesprochenen Gefühls von Verantwortung, unsere Welt vor den Verwüstungen durch Habgier und Gewalt zu beschützen.

Obwohl die alternde Frau für die Erfahrungen dankbar sein mag, die ihr Weisheit beschert haben, fällt ihr die Anpassung an die

Veränderungen ihres Körpers vielleicht dennoch schwer. Tatsächlich haben die Veränderungen meines eigenen Körpers in der Lebensmitte, mit 49 Jahren, einen Teil der Motivation zu diesem Buch gebildet. Jeden Morgen habe ich mich im frühen Winterlicht mit dem gleichen Ritual begrüßt. Ich betrachtete mich mit konzentriertem Ernst im Spiegel, zog die schlaffe Haut meiner hängenden Wangen hinter die Ohren und grübelte über die physischen, emotionalen und finanziellen Konsequenzen einer Gesichtsstraffung nach. Mit der wabbeligen Haut der unteren Regionen meiner Anatomie wurde ich fertig, indem ich mich schlicht weigerte, sie überhaupt im Spiegel anzuschauen. Zwei Monate lang war ich überzeugt, Hitzewallungen zu haben, bis mir schließlich klar wurde, dass sie nur dann auftraten, wenn ich während meiner ausgedehnten morgendlichen Selbstprüfung unter den Lampen des Badezimmers stand. Aber auch das war kein Trost, denn ich wusste, dass ich mich unaufhaltsam der Menopause näherte.

Trotz meiner Ausbildung als medizinische Forscherin und Psychologin fühlte ich mich durch die bevorstehenden Veränderungen ebenso verwirrt wie die meisten meiner Freundinnen. Das Einzige, was ich für sicher hielt, war, dass ich mich auf dem Wendepunkt befand und mir die große Talfahrt in rapides Altern und Verlust an sexueller Attraktivität bevorstand. Gleichzeitig hatte ich mit 49 Jahren das Gefühl, eben erst erwachsen und zur Frau zu werden. Die Cherokee-Indianer sind tatsächlich überzeugt, dass wir erst mit 51 in das Erwachsenenstadium eintreten. An meinen besseren Tagen hatte ich das erregende Gefühl, mein Leben sei im Begriff, auf einer tieferen, leidenschaftlicheren Ebene zu beginnen, als das bis dahin möglich gewesen war. Zwei verschiedene Stimmen rivalisierten in mir um die Herrschaft über meinen Geist, meine Seele und meine Gefühle. Die intuitive Weisheit vergangener Zeiten drängte mich, meine zweite Geburt in eine vertiefte Weiblichkeit zu feiern. Die gesellschaftlichen Einflüsterungen über Frauen und deren Altern bereiteten mich andererseits auf das Absterben von all jenem vor, was ich an weiblicher Existenz gekannt und geliebt hatte.

Das Bedürfnis, den Zyklus der Erneuerung zu verstehen, in dem ich mich befand, veranlasste mich, über die Entwicklung weiblicher Fähigkeiten nachzuforschen. Welche Überzeugungen schränken uns ein, und welche Einsichten eröffnen uns größere Möglichkeiten? In welcher Weise bereitet ein Zyklus unseres Lebens den Boden für die Entfaltung der späteren Jahre? Inwiefern bringen die physischen Veränderungen, die wir in unseren reproduktiven Jahren in einem monatlichen Zyklus durchlaufen, und die Wandlungen, die nach der Menopause eintreten, unsere Evolution voran? Welches sind die größeren, kosmischen Zyklen, die uns in diese mächtigen Rhythmen hineinziehen und darin festhalten? Ich stieß auf das Thema der 7-Jahres-Zyklen in so unterschiedlichen Quellen wie dem Werk von C.G. Jung, der Tora, dem Neuen Testament, den Dramen von Shakespeare, in amerikanischer Folklore, in der Tradition der amerikanischen Ureinwohner, in der Lehre Buddhas, der Philosophie des griechischen Mathematikers Pythagoras und natürlich in den Mondphasen, die sich an jedem siebten Tag ändern und mit denen die Fortpflanzungsrhythmen und hormonellen Veränderungen der Frauen korrespondieren.

Die altchinesische Philosophie, so wie sie in *The Yellow Emperor's Classic of Internal Medicine* dargestellt wird, benutzte ein ähnliches Siebenersystem, um zu erklären, inwiefern die weibliche Anatomie dem Walten des Universums entspricht. So bekommt ein Mädchen im Alter von sieben Jahren ihre zweiten Zähne, und ihre Haare werden länger. Mit vierzehn beginnt die Menstruation, und das Mädchen wird zu einer Frau, die imstande ist, selbst Kinder zu bekommen. Mit 21 ist die Frau biologisch voll ausgereift und auf dem Gipfel ihrer Lebensfunktionen. Mit 28 werden ihre Muskeln als fest und ihr Leib als blühend beschrieben. Mit 35 setzt jedoch ein Zyklus des Niedergangs ein. Das Gesicht bekommt die ersten Falten, und das Haar wird schütterer. Mit 42 beginnen sich die Arterien zu verhärten und das Haar ergraut. Mit 49 endet die Menstruation, und die Frau kann keine Kinder mehr bekommen.

Im alten China wurden die Männer so dargestellt, als würden sie sich ihr ganzes Leben lang weiterentwickeln. Während sein Leib alterte, wuchsen die Weisheit, Moral und Urteilsfähigkeit des Mannes. Frauen attestierte man hingegen keine zunehmende Weisheit – man sah sie bloß altern und in sexueller Hinsicht nutzlos werden. Als Folge davon wurden sie abgewertet. Bedauerlicherweise weichen die Auffassungen im Amerika des 20. Jahrhunderts nicht stark davon ab. Als George Bush im Alter von über 60 Jahren zum Präsidenten gewählt wurde, galt er nicht nur als klug, sondern als blendende Erscheinung mit männlicher Ausstrahlung. Die First Lady Barbara Bush wurde hingegen von den Medien zunächst als pummelig und alt wirkend verunglimpft, ein bösartiges Urteil, das hitzige Debatten auslöste. Ihr Äußeres – ein reizvolles Beispiel reifer Schönheit – fand viel größere Aufmerksamkeit als ihre Intelligenz und Warmherzigkeit.

Ich habe den weiblichen Lebenszyklus in zwölf 7-Jahres-Perioden unterteilt, drei in jedem Lebensviertel – Kindheit und Adoleszenz, junges Erwachsenenalter, die mittleren und die späteren Jahre. Der 13. Abschnitt des Lebenszyklus, der Tod, ist vielleicht der letzte Akt der Erneuerung und des Wachstums. Dreizehn war ursprünglich die den Frauen heilige Zahl, entsprechend der Anzahl von Monaten des Mondjahres. Im Lauf der Zeit wurde die Dreizehn zu einer »Unglückszahl«, weil Weiblichkeit in Misskredit geriet als die weitaus schlechtere Alternative zur Männlichkeit, als Missgeschick im Würfelspiel der Geschlechter.

Der weibliche Lebenszyklus wurde traditionell im Hinblick auf die drei »Blutmysterien« studiert – Menarche, Geburt und Menopause. Diese drei physischen Ereignisse markieren die Übergänge zwischen den drei Lebensstadien, die man seit uralten Zeiten unterschied – *Mädchen*, *Mutter* und *Matrone*. Diese Dreifaltigkeit des Lebenszyklus ist bis in die jüngste Vergangenheit physiologisch sinnvoll gewesen. Um 1900 hat die durchschnittliche Lebensspanne der Frau nur 47,3 Jahre betragen. Ein Spaziergang durch den Friedhof der historischen alten Bergwerksstadt Gold Hill/Colorado, wo ich lebe, verrät eine Menge über diese Statistik. Um die Jahrhundertwende wurden in den meisten Gräbern Kinder bestattet. Oft verlor eine Familie sämtliche Kinder während einer Diphterie- oder Keuchhustenepidemie. Falls ein Mädchen das gefährliche Stadium der Kindheit überlebte, stellte die Entbindung die größte Gefahr für ihr Leben als junge Frau dar. An unserem kleinen Friedhof lässt sich ablesen, dass die wenigen Frauen, die ihre Kindheit und die Geburt ihrer Nachkommen überlebten, oft über 70, 80, ja 90 Jahre alt wurden.

Die Lebensverläufe von Frauen haben sich dramatisch verändert, seit die Ansiedler in den 1860er-Jahren nach Gold Hill zogen. 1989 hatte sich die durchschnittliche Lebenserwartung der Amerikanerin auf 75,3 Jahre erhöht. Erreichen wir das 65. Lebensjahr, dann sagt uns die Statistik sogar eine weitere Lebenserwartung von 18,8 Jahren voraus – d.h., frau kann damit rechnen, 84 zu werden. Aufgrund des drastischen Rückgangs an Todesfällen durch Kinderkrankheiten und Wochenbett ist die Zahl der Frauen in den mittleren Jahren enorm angestiegen; diese bereiten sich jetzt darauf vor, das dritte der Blutmysterien, die Menopause, zu durchleben. In den Vereinigten Staaten befinden sich heute 43 Millionen Frauen im oder nach dem Klimakterium, und die Anzahl der Frauen zwischen 45 und 54 wird sich bis zum Jahr 2000 um die Hälfte (von 13 auf 19 Millionen) erhöhen. Im Gegensatz dazu ist die Situation in Entwicklungsländern wie Pakistan ähnlich der, die in den USA vor 100 Jahren herrschte. Nur 17% der Bevölkerung sind über 40 Jahre. Das mittlere Lebensalter ist somit ein relativ neues Phänomen – zumindest, was die Anzahl von Frauen in den entwickelten Ländern betrifft, die dieses Alter erreicht haben.

Das alte Frauenbild mit seinen Aspekten Mädchen, Mutter und Matrone muss also einer neuen Sicht weichen. Die Mädchenjahre sind immer kürzer geworden, weil die durch das elektrische Licht bedingte Verlängerung des »Tageslichts« die Zirbeldrüse des Gehirns zur Ausschüttung von Hormonen veranlasst, die die Pubertät im Schnitt einige Jahre früher auslösen als im vorigen Jahrhundert. Wir sind darüber hinaus dem Einfluss von Östrogen aus zwei äußeren Quellen ausgesetzt, die unser natürliches hormonelles

Gleichgewicht verändert haben: die Östrogene, die zur Rindermast dienen, und die »östrogenartigen Substanzen«, die Nebenprodukte von Chlorbleichprozessen und der Pestizidherstellung sind. Letztere, die in tierischen Fetten und Milchprodukten konzentriert auftreten, werden als Xenoöstrogene oder »körperfremde Östrogene« bezeichnet und sind wahrscheinlich für die vorzeitige Pubertät mitverantwortlich. Aufgrund des früheren Einsetzens der Pubertät sind viele Mütter heute faktisch selbst noch Halbwüchsige. Aus diesem Grund habe ich mich dafür entschieden, die drei 7-Jahres-Zyklen, die sich von der Geburt bis zum 21. Lebensjahr erstrecken, einfach als Kindheit und Adoleszenz zu bezeichnen.

Auch die Jahre der Mutterschaft haben einen enormen Wandel erfahren, seit Frauen größere Entscheidungsfreiheit darüber haben, wann, ob und wie oft sie sich zur Mutterschaft entschließen. Physisch und emotional ausgelaugt durch ein Leben der Schwangerschaft, des Stillens und der Fürsorge für eine riesige Kinderschar, wie Frauen früherer Generationen es waren, kam es nicht selten vor, dass sie abzutreiben versuchten und dabei starben, so dass ihre anderen Kinder mutterlos zurückblieben. Häufig starben sie auch im Kindbett an Einrissen einer Gebärmutter, die den Strapazen einer weiteren Geburt nicht mehr gewachsen war. Ehefrauen, die ihre Sexualität genossen, waren eine Seltenheit, da der Beischlaf zwangsläufig mit der panischen Angst vor einer weiteren Schwangerschaft verknüpft war. Die Familie von heute war vor Einführung der Geburtenkontrolle undenkbar. Wir empfinden es jetzt als selbstverständlich, dass wir, sofern wir das Glück haben, fortpflanzungsfähig zu sein, uns zur Elternschaft entschließen und jene Anzahl von Kindern bekommen können, für die unsere emotionalen und finanziellen Kräfte ausreichen. Sofern wir nicht von Scheidung oder dem Tod eines Partners betroffen sind, können wir uns darauf freuen, unsere mittleren und älteren Jahre in Gesellschaft unseres Partners, unserer Kinder und vielleicht auch unserer Enkel zu verbringen. Diese erfreuliche familiäre Situation war vor der Geburtenkontrolle faktisch eher die Ausnahme als die Regel. Da nicht alle Frauen in fortpflanzungsfähigem Alter – sei es durch die Umstände oder eigene Entscheidung – Mütter werden, bezeichne ich die drei 7-Jahres-Zyklen, die die Jahre zwischen dem 21. und dem 42. Lebensjahr umfassen, nicht als die Jahre der Mutterschaft, sondern als das junge Erwachsenenalter.

Wenn die Jahre der potentiellen Mutterschaft vorüber sind, treten Frauen heute in die zuvor unerforschten und unbenannten mittleren Lebensjahre ein, einen Abschnitt des Lebens, der früher gleichbedeutend mit dem Alter war. Die moderne Frau ist in ihrer Lebensmitte potentiell klug, immer noch vital und im Besitz beeindruckender Kräfte, die biologisch durch den relativen Anstieg des Testosteron-Spiegels bedingt sind, der einsetzt, sobald die Östrogen-Konzentration kurz vor der Menopause absinkt. Männliches Verhalten basiert auf männlichen Hormonen. Die Toleranz für Unwahrheit, Ungerechtigkeit und Missachtung der Rechte anderer sinkt auf ein entsprechendes Tief. Eine psychisch gesunde Frau kann in ihren mittleren Jahren aufgrund ihrer Tendenz, kein Blatt vor den Mund zu nehmen, wenn der Kaiser keine Kleider anhat, zu einer ernsten Herausforderung für zerrüttete Familien und morsche Institutionen werden. Ich habe die mittleren Lebensjahre als die Zeit der *Wächterin* bezeichnet – sie wacht darüber, dass sich der Kreislauf des Lebens vollendet. Die Wächterin ist im Grunde eine Hüterin des Friedens, aber mit der Kraft, die Wahrheit zu sagen und nötigenfalls zu einer Kämpferin für Gerechtigkeit zu werden. Während wir den männlichen Aspekt des Kämpfens als aggressiv empfinden, ist der weibliche Aspekt heilend und verwandelnd. Nach Jahrtausenden der Unvernunft – am besten zu beschreiben als Wiederholung ein und desselben Verhaltens bei gleichzeitiger Erwartung anderer Resultate – sollte uns inzwischen allen klar sein, dass sich Situationen nicht durch Gewalt und Krieg verbessern lassen. Sie wandeln sich vielmehr durch gegenseitige Achtung, durch Beziehungen, Verständnis und Liebe – genau jene Qualitäten des Weiblichen, deren Entwicklung in der Kindheit beginnt und sich das ganze Leben hindurch fortsetzt.

Auch die Matrone ist ein Konzept, das dringend einer Revision bedarf. Im Gegensatz zu überholten westlichen Vorstellungen vom alten Weib als hässlicher Hexe oder der alten chinesischen Vorstellung, dass ältere Frauen nutzlos und unattraktiv seien, ist die Seniorin von heute oft eine schöne, hellwache Frau, die das durch die Jahre erworbene Wissen ebenso nutzt wie die in ihrer Natur liegende und im Lauf der Jahre noch zunehmende Beziehungsfähigkeit, um Werte zu vermitteln, die das Wachstum anderer fördern und der Bewahrung des Lebens dienen.

Im Zuge der Untersuchung jeder einzelnen 7-Jahres-Periode werden wir die Herausforderungen behandeln, die unsere Entwicklung in jedem Lebensabschnitt voranbringen, den jedem Lebensalter zukommenden speziellen Wert und manche der Vorurteile, die Frauen daran gehindert haben, ihre Möglichkeiten voll auszuschöpfen. So kann es Frauen daran hindern, ihre logischen Fähigkeiten zu entwickeln, wenn sie als emotional labiler, beeinflussbarer und weniger analytisch begabt als Männer dargestellt werden. Die Verschiedenheit von Frauen wurde früher als Abweichung von der Norm statt als grundlegend anders und aus eigenem Recht wertvoll angesehen, vor allem, indem man Männer als Maßstab menschlicher Entwicklung nahm. Tatsächlich hat es nie eine theoretische Grundlage zum Verständnis weiblicher Entwicklung gegeben, die nicht auf einem Vergleich mit Männern basierte. Selbst die grundlegendsten Aspekte weiblicher Anatomie wurden in Bezug zu einer männlichen Norm gesetzt, so wenn Aristoteles schreibt, die Frau sei ein unvollendeter Mann, der auf einer niedrigeren Entwicklungsstufe stehen geblieben sei. MedizinstudentInnen lernen die Physiologie des 70-Kilo-Mannes, und Frauen werden als Männer mit Brüsten, Eierstöcken und Gebärmutter angesehen.

Diese Voreingenommenheit hat zu einem relativen Mangel an Verständnis für die weibliche Physiologie und zu vielen Vorfällen geführt, die zum Lachen sein könnten, wenn sie nicht so traurig wären. Eine Frau fragte ihren Arzt, welche Auswirkung ein bestimmtes Medikament auf ihren Östrogen- und Progesteronspiegel haben könnte – die zwei wichtigsten Hormone für den Monatszyklus einer Frau und die zwei Hormone, die uns von Männern unterscheiden. Der Arzt rief die Pharma-Firma an, die das Präparat herstellte, und erhielt die Versicherung, eine Studie, an der 600 Probanden teilgenommen hatten, habe keine Auswirkung auf diese Hormone ergeben. Die 600 untersuchten Personen waren natürlich Männer, und Männer weisen nicht annähernd so hohe Östrogen- und Progesteron-Konzentrationen auf wie Frauen. Die psychologische Forschung schneidet da nicht viel besser ab. Bis vor kurzem waren Frauen aus fast allen Untersuchungen ausgeschlossen, weil durch den Menstruationszyklus möglicherweise hervorgerufene Stimmungs- oder Wahrnehmungsschwankungen eine Analyse der Ergebnisse erschweren könnten.

Auch für Karrierefragen und Erfolgsrezepte für das Berufsleben ist der männliche Standpunkt maßgebend. Kurz nachdem ich Zugang zur vorwiegend männlichen Welt der Schulmedizin fand, gab mir z.B. ein älterer Kollege Ratschläge, wie ich am besten vorwärts käme. »Lass nie eine Schwachstelle erkennen«, warnte er mich, »sonst wirst du von den Haien totgebissen.« Mit anderen Worten, ich sollte mich schützen, indem ich keinen Zweifel, keine Gefühle und keine Verletzbarkeit erkennen ließ. Dies erwies sich als äußerst isolierende und defensive Strategie. Sie weckte bei mir starkes Mitgefühl für Männer, die durch ihre Sozialisation gezwungen wurden, sich einen solchen Panzer zuzulegen. Es verschaffte mir auch ein tieferes Verständnis für den großen Fundus an medizinischer Literatur, aus der hervorgeht, dass Isolierung Stress hervorruft, der zu Herzerkrankungen, Immunschwäche und einer verkürzten Lebenserwartung führen kann. Verheiratete männliche Zigarettenraucher haben z.B. dieselbe Sterbequote wie geschiedene Nichtraucher. Ist der Raucher jedoch ledig, verwitwet oder geschieden, dann verdoppelt sich sein Sterberisiko. Bei einsamen Menschen kommt es zu einer signifikanten Verminderung einer wichtigen Art von Lymphozyten, den natürlichen Killerzellen, die den Körper entschlacken und von Krebs und Viren befallene Zellen beseitigen. Verwitwete Männer haben nach dem Tod ihrer Partnerin sechs Monate bis zwei Jahre lang ein signifikant erhöhtes Krankheits- und Sterberisiko. Frauen, die ihren Partner verlieren, sind nicht von solchen Folgen betroffen, vermutlich, weil wir ein viel dichteres Netz an sozialen Beziehungen haben als Männer. Obwohl die angeblich herzschützenden Eigenschaften von Östrogen gewöhnlich als Grund angeführt werden, warum Frauen im Schnitt sieben Jahre länger leben als Männer, ist anzunehmen, dass die für Frauen typische soziale Verbundenheit uns gesünder erhält und unsere Lebenserwartung erhöht.

Die umfangreichen Forschungsarbeiten, die in den letzten 25 Jahren von Frauen am renommierten Stone Center for Women's Research am Wellesley College ausgeführt wurden, haben gezeigt, dass Frauen von Natur aus beziehungsorientiert sind, ein Merkmal, das sich in der frühen Kindheit zu entwickeln beginnt. Obwohl Isolierung sowohl für Männer als auch für Frauen belastend ist, könnte sie für Frauen noch schädlicher sein, da sie ich-dystonisch ist, wie PsychologInnen es nennen. Mit anderen Worten, wir empfinden Isolierung als fremd oder dissonant gegenüber unserer gewohnten Lebensweise. Die Belastungen des medizinischen Wissenschaftsbetriebs – als Frau handeln zu müssen wie ein Mann – waren schließlich zu viel für mich. 1988 verließ ich die medizinische Fakultät von Harvard und die Mind/Body Clinic [psychosomatische Klinik, A.d.Ü.], die ich fast zehn Jahre lang an einem der Universitätskrankenhäuser von Harvard geleitet hatte.

In den Jahren seit meiner »großen Flucht« habe ich gründlich darüber nachgedacht, inwiefern die Medizin und die Psychologie es bisher unterlassen haben, Frauen als eigenständige Menschen statt als unvollkommene Männer zu betrachten. Bei meinen Überlegungen zu den weiblichen Lebenszyklen wurde mir durchaus klar, dass Männer viele derselben Eigenschaften verkörpern mögen wie wir. Es ist nicht meine Absicht, Frauen über Männer zu erheben oder den Eindruck zu erwecken, dass Beziehungsfähigkeit und der spirituelle Aspekt der Verbundenheit, der sich aus unserer Erziehung natürlich ergibt, eine rein weibliche Domäne seien. Dies sind menschliche Eigenschaften, die das Geschlecht transzendieren. Die physische, psychische und spirituelle Entwicklung von Männern ist jedoch ein reich bestelltes Feld, das hier kaum der Rekapitulation bedarf, da sie viele Jahrhunderte lang Gegenstand unzähliger Untersuchungen war. Das korrespondierende Buch über das Leben der Frauen ist eben erst im Entstehen begriffen. Mein Beitrag soll ein erstes kleines Kapitel in diesem entstehenden Werk bilden.

1
Eine Frau werden

Von Adams Rippe zu Evas Chromosomen

*Nun ließ Gott einen Tiefschlaf über den Menschen fallen,
und er nahm eine von seinen Rippen und schloss das Fleisch
an ihrer Stelle zu. Dann formte Gott die Rippe, die er vom
Menschen genommen hatte, zu einem Weibe.*
Das Buch Genesis

An einem strahlenden Sommertag in den 80er-Jahren nahm ich an der Hochzeit von Freunden teil, die konservative Christen sind. Die Predigt begann mit der Geschichte von Evas Geburt aus Adams Rippe und gipfelte in Evas legendären Akt der Auflehnung. Sie war schließlich die Versucherin, die Adam überredete, entgegen Gottes Gebot von der verbotenen Frucht zu essen. Deshalb, erklärte der Pfarrer, solle eine Ehefrau in allen Dingen auf ihren Mann hören, da Frauen von Natur aus willensschwach und leicht durch das Böse zu verführen seien. Nirgends in der Überlieferung dieser alten Geschichte wird Adams Urteil von irgendjemand in Frage gestellt. Schließlich hätte er Eva und der Schlange nicht nachzugeben brauchen. Er hätte auf seinem Standpunkt beharren und sich auf sein eigenes Urteil verlassen können. Wenn wir den Spieß umdrehten, könnte die Parabel von Adam und Eva genauso gut als ein Beispiel männlicher Schwäche ausgelegt werden.

Obwohl manche Theologen argumentieren, die Menschheit habe ihren freien Willen aufgrund von Evas Ungehorsam verloren, kann es einen freien Willen doch erst dann geben, wenn ein Mensch bewusst wählen kann zwischen dem, was lebensbejahend und was schädlich ist. Im Paradies hatten Adam und Eva keine Entscheidungsfreiheit, deshalb hatten sie auch keinen Willen. So gesehen war das biblische Paradies ein Zustand ewiger Frühkindlichkeit ohne Kenntnis der Gegensätze, aus denen die Welt besteht. Es spricht also für sie, dass sich Adam und Eva entschieden, erwachsen zu werden und die Schmerzen auf sich zu nehmen, die mit diesem Wachstum einhergehen. Für mich ist Eva eine Metapher für die höchste Stufe der bio-psycho-spirituellen Entwicklung der Frauen. Auf der biologischen Ebene ist sie eine Mutter, fähig, neues Leben hervorzubringen; auf der psychologischen Ebene ist sie gewillt, die Autorität in Frage zu stellen und das Unbekannte zu riskieren, selbst auf Kosten ihres eigenen Lebens, wenn ihre Intuition (die Schlange) ihr eine Möglichkeit nahe legt, die Welt zu bereichern; auf der spirituellen Ebene ist sie sich bewusst, dass alle Dinge in Beziehung zueinander stehen und miteinander verbunden sind, selbst die scheinbaren Gegensätze von Gut und Böse. Der Priester und ich vertraten offensichtlich verschiedene Standpunkte.

Von Adams Rippe zu Evas Chromosomen

Die Religion ist nicht die einzige Instanz der Welt, die die Männer auf einen Sockel hebt und die Frauen als moralisch, geistig und selbst körperlich minderwertig betrachtet. Die gleiche Geisteshaltung hat von Anfang an in der Wissenschaft vorgeherrscht und macht sich bis zum heutigen Tag in der Art der Fragestellungen bemerkbar, die sowohl in den Sozialwissenschaften als auch in den »überprüfbaren« Naturwissenschaften wie der Biologie gestellt werden. Das Mysterium, wie Ei- und Samenzellen miteinander verschmelzen, so dass männliche und weibliche Nachkommen entstehen, hat Anlass zu endlosen Spekulationen gegeben, die erst in den 50er-Jahren eine wissenschaftliche Wende nahmen, als es gelang, die Chromosomen zuverlässig zu identifizieren und das Y-Chromosom für die Entstehung männlicher Embryonen verantwortlich zu machen.

Aristoteles glaubte, Mann und Frau stünden in derselben Beziehung zueinander wie Form und Materie. Ersterer spiele die aktive, Letztere die passive Rolle. Der Mann liefere den Antrieb und die formende Kraft, die Frau das zu formende Material; Ersterer trage die Seele, Letztere den Körper bei. Frauen stellten für Aristoteles einfach Rohmaterial dar. Die vitale, intelligente formende Kraft – und die Seele – wurden mit Männern assoziiert, die man geistig und spirituell auf eine höhere Stufe stellte.

Und wodurch wurde das biologische Geschlecht bestimmt? Aristoteles glaubte, dass sowohl Männer als auch Frauen »der Fortpflanzung dienende Substanzen« hervorbrächten. Das Menstruationsblut der Frauen wurde mit »unvollkommenem Samen« verglichen. Es benötige die intelligente, organisierende Kraft des männlichen Samens, um sich zu entwickeln, denn »er allein [der Samen] enthält den Keim des sensitiven Lebens ... das Potential der Seele«. Wenn der männliche Samen warm und vital sei, dann, glaubte Aristoteles, werde ein männliches Kind gezeugt werden. Ist der Samen kalt und daher physisch weniger vital, dann werde ein Mädchen entstehen. Wenn das Sperma doppelt geschädigt sei – d.h. sowohl kalt als auch unfähig, den väterlichen Phänotyp [die äußerlichen Merkmale] nachzuahmen –, dann werde der schlimmstmögliche Fall eintreten: ein Mädchen, das ihrer Mutter gleicht, würde zur Welt kommen. Angesichts dieser Auffassung des bekannten Philosophen ist es nicht verwunderlich, dass die westliche Zivilisation traditionell großen Wert auf die Geburt von Söhnen gelegt hat.

Die Theorien der Geschlechterentwicklung wurden am Ende des 19. Jahrhunderts in einem britischen Lehrbuch, *The Evolution of Sex*, dahingehend zusammengefasst, dass Männer physisch entwickelter seien als Frauen, die nichts weiter seien als verkümmerte Männer, ein biologischer Fall von Entwicklungshemmung. Richarz, vor 100 Jahren ein führender Theoretiker, schrieb, das Geschlecht hinge vom »Organisationsgrad« des Sprösslings ab. Je gesünder die Mutter und je vitaler der Fetus, desto wahrscheinlicher werde er sich zu dem höherwertigen Knaben entwickeln. Wenn die Mutter schwach sei, bringe sie einen weniger gut organisierten Fetus hervor, der sich somit zu einem Mädchen entwickle.

Als ich in den 60er-Jahren am Bryn Mawr College Genetik studierte, war die molekulare Basis der Geschlechtsunterschiede bereits bekannt. Anfang der 50er-Jahre hatte ein Forscher namens Jost entdeckt, dass der normale Verlauf der menschlichen Entwicklung weiblich ist. Er entfernte die fetalen Gonaden (Hoden) aus heranreifenden männlichen Kaninchenembryos, mit dem Ergebnis, dass normale weibliche Häschen zur Welt kamen. »Wenn die Gonaden fehlen, erfolgt eine weibliche Entwicklung«, schrieb er. »Bei Säugetieren ist somit eine weibliche Entwicklung die Regel, sofern kein Produkt darauf einwirkt, das vom Y-Chromosom erzeugt oder gesteuert wird.« Ich war hoch erfreut über diese Entdeckung, dass alle Embryos zunächst weiblich sind und erst in der sechsten Schwangerschaftswoche unter dem Einfluss spezieller, vom Y-Chromosom erzeugter Antigene ein Teil davon, der zu einer männlichen Entwicklung bestimmt ist, mit seiner Differenzierung beginnt. »Siehst du«, meldete ich eines Tages triumphierend meiner Mutter am Telefon, »Frauen entstammen nicht der Rippe Adams – Männer entwickeln sich aus Evas Chromosomen erst, wenn ihre eigenen stark genug sind, um sich bemerkbar zu machen.«

Meine Freude hielt nicht lange an. Bald musste ich erleben, dass von diesen Fakten als »Mangelhypothese« die Rede war. Mit anderen Worten, Embryos seien weiblich aufgrund eines Mangels, wenn sie nämlich nicht das besondere Glück gehabt hätten, ein Y-Chromosom zu erben. Wieder wurden wir als unvollkommen definiert. Dem weiblichen Embryo fehle es an Testosteron, deshalb sei das Mädchen ein mangelhafter, unterentwickelter Junge. Dieser Standpunkt wurde viele Jahre lang nicht in Frage gestellt, da er völlig im Einklang mit den Vorstellungen war, die man jahrtausendelang gehegt hatte. Die Wissenschaft hat leider oft die Tendenz, das vorherrschende Denken der Gesellschaft widerzuspiegeln, statt es in Zweifel zu ziehen. Erst in allerjüngster Zeit ist das alte Klischee von den Frauen als biologisch unvollkommene Männer in Frage gestellt und überwunden worden. Es stellte sich heraus, dass Frauen keine Fehlschaltung des kosmischen Bio-Computers sind. Vielmehr gibt es spezielle ovarienbildende Gene, die für die Fortsetzung der weiblichen Entwicklung ebenso wesentlich sind wie ein Y-Chromosom für die Herausbildung männlicher Merkmale. Damit ein männlicher Embryo entstehen kann, müssen die hodenbildenden Gene auf dem Y-Chromosom aktiviert werden, um die ovarienbildenden Gene zu neutralisieren. Die Mangelhypothese verliert auch einiges von ihrer Attraktivität, wenn wir einige der grundlegendsten Interaktionen zwischen Ei- und Samenzelle genauer betrachten. Reife Eizellen unterscheiden sich von jeder anderen Zelle im Körper, da sie sich aufnehmend und nährend verhalten. Das Ovum verleibt sich das Spermium aktiv ein und fördert die Replikation seines genetischen Materials. Darüber hinaus können Eizellen defekte Spermien reparieren, einschließlich derjenigen mit chemisch bedingten Mutationen ihres genetischen Codes. Mit anderen Worten, wir scheinen auf der zellulären Ebene programmiert zu sein, die Wunden von Männern zu heilen – wie meine Kollegin Dr. med. Dr. phil. Mona Lisa Schulz scherzte, sind wir programmiert, nicht nur ihre konkreten und emotionalen, sondern selbst ihre genetischen Socken zu stopfen!

Das Ovum trägt auch über das in den nuklearen Chromosomen Vorhandene hinaus genetisches Material zur Nachkommenschaft bei. Eine zweite Quelle mütterlicher DNS befindet sich in den zellulären Organellen, die man als Mitochondrien bezeichnet und die die Zellreaktionen mit Energie versorgen. Die Mitochondrien sind insofern einzigartige Organellen, weil sie semiautomon sind; sie besitzen ihr eigenes genetisches Material (DNS-Schleifen ähnlich jenen von Bakterien) und vermehren sich durch den simplen Akt der Selbstreplikation. Ohne die Notwendigkeit, ihre DNS mit der eines Geschlechtspartners zu vereinigen, verdoppeln sie ihr eigenes genetisches Material und teilen sich dann einfach in zwei Hälften, eine Form der Reproduktion, die man als Zweiteilung bezeichnet und die von Bakterien und vielen anderen Einzellern angewandt wird. Tatsächlich nimmt man an, dass Mitochondrien ursprünglich Bakterien waren, die sich irgendwann zu Anfang unserer Stammesgeschichte mit menschlichen Zellen auf ein symbiotisches Zusammenleben einrichteten. Wir boten ihnen ein Zuhause, und sie lieferten uns die komplexen energieerzeugenden chemischen Reaktionen, die die Entstehung differenzierterer Zellformen ermöglichte. Die Zellen eines Menschen enthalten genügend von diesen winzigen elliptischen Kraftwerken, dass sie der Länge nach aneinander gereiht dem 20-fachen Erdumfang entsprächen.

Zwar besitzen sowohl das Ei als auch das Spermium Mitochondrien, doch ist das Ei eine riesige Zelle, während das Spermium kaum mehr als ein Nucleus mit einem Schwanz ist, der es ihm gestattet, auf der Suche nach dem Ei davonzuschwimmen. Die wenigen Mitochondrien, die das Spermium enthält, versorgen es auf seiner heroischen Fahrt mit Treibstoff und haben ausgedient, sobald sich das Ei den Zellkern des Spermiums einverleibt. Das vielfältige Zytoplasma [alle Zellbestandteile außerhalb des Zellkerns, A.d.Ü.] des Eies ist hingegen reich an Mitochondrien, deren DNS die nuklearen Gene steuern hilft und aktiv zur Entwicklung des Embryos beiträgt. Die aus der mitochondrialen DNS stammenden zytoplasmischen Gene stammen somit ausschließlich aus der Eizelle.

Die Tatsache, dass die mitochondriale DNS nur von der mütterlichen Linie herrührt und dass diese wertvollen kleinen Symbionten ein zölibatäres Leben führen (sie vermehren sich ganz von allein), hat bei AnthropologInnen und BiologInnen, die sich für die Entstehung der menschlichen Spezies interessieren, starke Beachtung gefunden. Die mitochondriale DNS in unseren heutigen Zellen hat sich seit Entstehung des Lebens wenig verändert, da sie nicht von der ungeordneten Genvermischung betroffen war, zu der es kommt, wenn sich die Gene von Ei- und Samenzelle vereinigen – da die Mitochondrien des Spermiums verloren gehen, wenn das Ei die Samenzelle in sich aufnimmt. Bei der Fahndung nach den Ursprüngen der mitochondrialen DNS ist es den BiologInnen denn auch gelungen, unseren matrilinearen Familienstammbaum bis zu einer afrikanischen Eva zurückzuverfolgen, die manchmal auch als *mitochondriale Eva* bezeichnet wird und die irgendwann vor etwa 150.000 bis 250.000 Jahren gelebt hat.

Forschungsteams unter Leitung der Biologen Douglas Wallace von der Emory University und Allan Wilson in Berkeley untersuchten die DNS von 135 Frauen verschiedener Rassen – von australischen Aborigines bis zu Europäerinnen, Asiatinnen, amerikanischen Indianerinnen, Afrikanerinnen und Bewohnerinnen des Hochlands von Neuguinea. Obwohl die ursprüngliche mitochondriale DNS im Laufe von Jahrtausenden der Selbstreplikation klarerweise manche Mutationen durchgemacht hat, ist es mit Hilfe eines ausgeklügelten Computerprogramms gelungen, den Familienstammbaum aller Frauen auf eine einzige mitochondriale Eva zurückzuführen. Die ForscherInnen beeilen sich, noch zwei Einschränkungen anzufügen: Die Existenz der afrikanischen Eva bedeute nicht, dass alle Menschen von einer einzigen, in einem biblischen Paradies lebenden Frau abstammten – Eva habe einer größeren Gruppe angehört, deren mitochondriale DNS-Linien im Lauf der Zeit einfach ausgestorben seien; und der Homo sapiens sei älter als die afrikanische Eva, was darauf hindeute, dass ihre Abstammungslinie wahrscheinlich ältere Populationen abgelöst hat.

Die Tatsache, dass es eine ununterbrochene Kette von genetischen Informationen gibt, die durch die Jahrtausende von Frau zu Frau weitergegeben wurden, genetische Informationen, ohne die sich kein Embryo entwickeln würde, ist die endgültige Widerlegung der alten Behauptung, dass Frauen unvollkommene Männer seien.

Ohne Evas gewitzte Mitochondrien und deren Fähigkeit, defekte Spermien zu reparieren und die Embryogenese in Gang zu setzen, würde die gesamte menschliche Spezies von der Erde verschwinden. Vielleicht war ein intuitives Wissen um diese biologische Tatsache der Grund für den urzeitlichen Brauch, den Familienstammbaum anhand der Frauen zu bestimmen. In den älteren »Göttin-Kulturen«, die bis vor etwa 5.000 Jahren die Regel waren, wurde die gesamte Habe ebenso wie die Familienidentität durch die Frauen weitervererbt. Die matrilineare Abstammung hat in manchen Kulturen, etwa im Judentum, nach wie vor Gültigkeit. Ist die Mutter Jüdin, dann gilt das Kind automatisch als jüdisch, gleichgültig, welcher Herkunft der Vater ist.

So gesehen erhalten Frauen jetzt den ihnen zustehenden Platz als Partnerinnen in der Evolution der Menschheit auf der biologischen Ebene zurück. Wir werden Frauen, nicht weil uns hodenbildende Gene fehlen, sondern weil wir ovarienbildende Gene besitzen. Und unser weiblicher Körper hat die Fähigkeit, defektes männliches Genmaterial zu reparieren und so den Beginn eines gesunden neuen Lebens zu fördern. Jetzt, da wir Adams Rippe wieder an ihren Platz zurückgebracht und Evas Chromosomen die ihnen zustehende Position eingeräumt haben, wollen wir die Lebensreise beginnen, indem wir die Erfahrungen einer befruchteten Eizelle verfolgen, die im nächsten Kapitel als schönes Mädchen namens Julia geboren werden wird.

2

1. bis 7. Lebensjahr: Frühe Kindheit

Empathie und Anerkennen wechselseitiger Abhängigkeit

Julia ist eine repräsentative Frau, der wir auf ihrem Weg durch die Lebenszyklen immer wieder unser Augenmerk zuwenden werden. Genetisch einigermaßen gut ausgestattet und in eine fleißige und fürsorgliche Familie hineingeboren, war sie ein voll ausgetragener, gesunder Säugling, das erste Kind von Sylvia, einer Buchhalterin Ende 20, und John, einem Bauarbeiter Anfang 30. Das einzig Problematische an ihr ist keine Seltenheit: Da Julia an Koliken litt und deshalb weinerlich und schwer zu beruhigen war, trugen ihre Eltern sie in den meisten Nächten abwechselnd an eine Schulter gelegt umher. Als Julia drei Monate alt war, begann dies deren Kräfte, besonders die von Sylvia, aufzuzehren. Eines Nachts verlor sie die Nerven und riss Julia in einem Augenblick der Frustration und Wut in die Höhe, als wolle sie sie wie eine Stoffpuppe schütteln. Im letzten Moment bremste sie sich – einen Säugling zu schütteln kann seinen Tod bedeuten. Sie legte Julia in ihr rüschengesäumtes Bettchen, schrie sie an und brach dann schluchzend zusammen. Das Baby brüllte vor Angst, und John wachte durch den Krach auf. Zum

Glück für Mutter und Tochter war er ein geduldiger, einfühlsamer Mann. Er half Sylvia vom Boden auf und nahm sie kurz in die Arme, dann hob er seine Tochter hoch und schaute ihr in die Augen. »Hey, Prinzessin«, gurrte er, »was ist los?« Julias erbitterte Schreie wichen tiefen, kehligen Seufzern, während er sie an seine Schulter legte und ihren Rücken zu tätscheln begann, wobei er ihr weiterhin leise zuredete und den Rhythmus seiner Worte und Schritte unbewusst mit ihren gedämpften Schluchzern synchronisierte. Nach wenigen Minuten wurde das Schluchzen von tiefen Atemzügen abgelöst und Julia, die zum Glück mit dem Schrecken davongekommen war, schlummerte friedlich ein.

Warum sind manche Säuglinge wie Julia unruhig und leicht verstimmt, andere dagegen ausgeglichen? Wie wirkt sich unsere Reaktion auf ihre angeborene Persönlichkeit auf ihre weitere Entwicklung aus? Die Antworten auf diese Fragen finden wir auf dem fesselnden Gebiet der Neurobiologie. Aber sobald sich die charakteristische Beziehung des Kindes zu seiner Umwelt im reifen Alter von 18 Monaten eingespielt hat, neigen wir dann dazu, auf Mädchen anders zu reagieren als auf Jungen, und rufen wir damit durchgängige und identifizierbare Muster weiblichen Verhaltens hervor?

Erbgut und Umwelt

Viele Kinder haben wie Julia ein Nervensystem, das zur Übererregung, zur chronischen Überlastung neigt. Sie reagieren ablehnend auf Fremde oder neue Situationen, schlafen am liebsten im eigenen Bett und sind leicht reizbar und verstimmt oder reagieren gar untröstlich auf häufige Vorkommnisse wie das Erwachen aus einem Nickerchen. Diese »schwierigen« Säuglinge stellen ihre BetreuerInnen auf eine harte Probe, weil diese das Gefühl haben, sie sollten imstande sein, das Kind zu trösten, es aber oft nicht können. Reaktionen wie die Sylvias kommen nicht selten vor, und wenn Babys heftig oder wiederholt geschüttelt werden, dann kann dies ein schweres physisches und psychisches Trauma auslösen, wird doch ihr Bedürfnis nach Trost mit Wut beantwortet. Zum Glück für Julia war ihre Mutter über ihr eigenes Verhalten schockiert, und als Sylvia das nächste Mal einen gefährlichen Grad an Frustration erreichte, zählte sie langsam von zehn auf eins zurück und beruhigte damit ihr eigenes Nervensystem, bevor es zu einem unkontrollierten Wutausbruch kam. Sie war dann imstande, gelassener auf die Bedürfnisse ihrer Tochter zu reagieren, und spiegelte instinktiv Julias Bewegungen, Lautäußerungen, Gesichtsausdrücke und sogar ihren Atemrhythmus, genau wie es John in der Nacht von Sylvias emotionalem Zusammenbruch getan hatte. Im Alter von sechs Monaten begannen Julias Nerven, sich zu beruhigen. Zum Glück ist unser Gehirn in einer Weise verschaltet, die uns emotionales Lernen während unseres ganzen Lebens gestattet, vorausgesetzt, dass unsere BetreuerInnen einigermaßen einfühlsam auf unsere Emotionen reagieren und fähig sind, diese in unseren ersten 18 Lebensmonaten auf uns zurückzuspiegeln. Reagieren die Pflegepersonen hingegen asynchron auf die Emotionen des Babys, kann dieses nicht die empathischen Verbindungen entwickeln, die es ihm ermöglichen, seine eigenen emotionalen Bedürfnisse zu denen anderer in Bezug zu setzen. Das Kind ist dadurch in Gefahr, narzisstisch oder egozentrisch und relativ unfähig zu werden, Situationen vom Standpunkt anderer aus zu bewerten. Im schlimmsten Fall ist Soziopathie die Folge, ein Zustand, in dem andere Menschen als Objekte ohne anderen Wert als zur Befriedigung der eigenen Bedürfnisse wahrgenommen werden.

Um zu verstehen, wie die grundlegendsten menschlichen Attribute wie Empathie und emotionale Einfühlung entstehen, zunächst ein kurzer Exkurs in die spannende Welt der Neurobiologie, wo Erbe und Umwelt aufeinander treffen. Obwohl sich das weibliche Gehirn in manchen Punkten vom männlichen unterscheidet, ist die architektonische Verschaltung dieses erstaunlichen, knapp drei Pfund schweren Organs bei beiden Geschlechtern etwa dieselbe, so dass

»Hardware« von fast identischer Gestalt entsteht. Und diese Hardware ist höchst veränderlich. Ihre Bausteine – die Neuronen und eine Art von Bindegewebe, die so genannten Gliazellen – werden zwar dort installiert, wo sie hingehören, aber nur die basalsten, für das Überleben notwendigen Nervenbahnen, die aus unserer evolutionären Vorgeschichte als Reptilien und niedrigere Säugetiere übrig geblieben sind, werden nach einem feststehenden Plan verschaltet. Ein großer, aber nicht genau bezifferbarer Teil der übrigen Verschaltungen hängt davon ab, wie die Grundkomponenten der Hardware aufgrund unserer Erfahrungen miteinander verknüpft werden – mit der Folge, dass wir uns für Mozart oder für Fußball begeistern; lieber wandern, Sonette schreiben, uns in Raufereien stürzen oder einen Garten anlegen; starr, anspruchsvoll und stressanfällig oder ruhig, anpassungsfähig und unbekümmert sind; und ob wir zu einseitiger Abhängigkeit oder zu gesunder Wechselseitigkeit neigen. Manche der in den ersten paar Lebensjahren entstehenden Bahnungen verfestigen sich gewissermaßen, sie ändern sich später nicht mehr. Aber ein Teil der Verschaltungen bleibt plastisch und umprogrammierbar, und das ist der Grund, warum Menschen sich verändern, wachsen und in einer Weise aus Erfahrungen lernen können, wie das unsere entfernten Vorfahren, die Eidechsen, nicht vermögen.

Die Neurobiologie der frühen Kindheit

Das Gehirn beginnt im Uterus Gestalt anzunehmen, indem die äußere (ektodermale) Schicht der Kugel von embryonischen Zellen, der so genannten Blastozyste oder Keimblase, eine kleine Kerbe an der Oberfläche entwickelt, die sich vertieft und zu einem Zylinder zusammenfaltet, der sich in den rasch wachsenden Embryo absenkt. Das so entstehende Neuralrohr vermehrt sich in einem Tempo von bis zu unglaublichen 250.000 Zellen pro Minute und bildet ein verzweigtes Netzwerk von Neuronen oder Nervenzellen, die schließlich die Zahl von etwa 100 Milliarden erreichen. Die Neuronen bilden ihrerseits zum einen Fortsätze aus, die langen Pfahlwurzeln gleichen, die so genannten Axone oder Achsenzylinder, die elektrochemische Botschaften entweder an andere Nervenzellen oder an Muskeln weiterleiten; zum anderen zweigförmige Sprossungen, die so genannten Dendriten, die Signale von anderen Neuronen oder von Sinnesorganen wie den Augen und Ohren aufnehmen. Der kleine Spalt zwischen Sinnesorgan und Dendrit, Dendrit und Axon bzw. Axon und Muskelfaser wird als Synapse bezeichnet, über die ein elektrischer Impuls fließt, wenn auf einer Seite der Synapse Neurotransmitter (Botenstoffe) freigesetzt und von der anderen Seite aufgenommen werden. Beim Erwachsenen hat das Gehirn unvorstellbare 100 Billionen synaptische Verbindungen mit höchster Empfindlichkeit für Signale sowohl aus der inneren wie der äußeren Welt gebildet.

Die Gliazellen, deren Zahl die der Neuronen im Verhältnis zehn zu eins übersteigt, bilden den größten Teil der Gehirnmasse und erfüllen unzählige Funktionen; so überwachen sie unter anderem das Immunsystem und bilden einen Schutzmantel um die Neuronen wie die Schaumstoffkugeln in einem Verpackungskarton. Die Gliazellen vollführen auch einen erstaunlichen Tanz, sie winden ihre Zellmembranen in konzentrischen Kreisen um die Achsenzylinder und bilden so die Myelinhülle, eine isolierende Schicht, die die elektrische Leitfähigkeit verbessert und die Schaltkreise schneller und zuverlässiger macht. Den Vorgang der Myelinisierung oder Markscheidenbildung um ein Axon könnte man mit dem Ausbau eines gewundenen und holprigen Karrenweges zur sechsspurigen Autobahn vergleichen. Je öfter eine Nervenbahn in der frühen Kindheit benutzt wird, desto stärker wird sie myelinisiert und desto schwieriger wird es, sie zu verändern, was erklärt, warum unsere grundlegenden Reaktionsmuster, die Art und Weise, wie wir die Welt wahrnehmen und auf sie reagieren, im Alter von sieben Jahren bereits feststehen. Wenn z.B. ein kleines Mädchen wiederholt von ihrem betrunkenen Vater misshandelt wird, dann wird sich die resultierende Hilflosigkeit, Wut und Furcht vor Männern sehr wahrscheinlich neurologisch tief eingraben. Zwar ist in späteren Jahren eine Veränderung durch Myelinisierung neuer Nervenbahnen möglich, aber diese Veränderung erfordert ungeheure Anstrengungen, erheblichen Therapieaufwand und anhaltende Aufmerksamkeit über viele Jahre hinweg, da die ursprüngliche Bahnung immer bestehen bleibt.

Als Julia geboren wurde, waren manche ihrer Nervenbahnen bereits myelinisiert, die Schaltungen schon fest verdrahtet. Sie konnte atmen, schwitzen, schlafen und wach sein, ihr Gesicht auf der Suche nach der Brustwarze zur Seite drehen, schlucken, verdauen, ausscheiden, protestierend weinen, ihre Temperatur, ihren Blutdruck und ihre Herzfrequenz regulieren. Diese überwiegend autonomen (automatischen) Funktionen sind Überlebensschaltkreise. Im Gegensatz zum Sprechen oder zu absichtlichen Bewegungen laufen sie ohne unseren bewussten Willen ab. Ebenso wurde Julia mit der Fähigkeit geboren, Empfindungen wie Lust und Schmerz wahrzunehmen, und zwar aufgrund von Verschaltungen, die ebenso festverdrahtete Programme darstellen, weil sie uns elementare Informationen darüber liefern, wann unsere Bedürfnisse befriedigt werden und wann nicht, und so unser Überleben gewährleisten.

Während seiner Professur in Yale kartografierte der Neurobiologe Paul MacLean die drei Partien des menschlichen Gehirns. Die älteste Region unseres Gehirns, die wie der Schaft eines Pilzes aussieht, auf dem das übrige Gehirn ruht, ist für die instinktiven Reaktionen und automatischen Funktionen zuständig. In seinem Aufbau gleicht es weitgehend dem Gehirn eines Reptils, dessen starre, zwanghafte und ritualistische Äußerungen von Dominanz und Unterwerfung auch in uns als Bereitschaft zum Rückfall in prähistorische Zeiten lauern. Über dem Reptiliengehirn befindet sich ein weiteres Überbleibsel von pelzigen Verwandten wie Katzen und Ratten, der Palaeocortex. Im Zentrum dieser zweiten Schicht liegt das limbische System, eine Konstellation von Strukturen, die auf die Erzeugung der Gefühle von Schmerz und Lust spezialisiert und somit von entscheidender Bedeutung für das Überleben sind.

Wenn Überlebensbedürfnisse bedroht werden, sind Wut, Furcht und Schmerz die Folge. Werden sie befriedigt, empfinden wir Lustgefühle. Bei reizbaren Säuglingen wie Julia sind die Furchtzentren des limbischen Systems unglücklicherweise zu leicht erregbar, was auch bei ihrer Mutter ähnliche Unlustgefühle hervorruft. NeurobiologInnen reduzieren die limbischen Funktionen im Scherz gern auf die »vier Fs« – fighting, fleeing, feeding and f... [Kampf, Flucht, Nahrungsaufnahme und Sex]. Aus diesen Grundkonstanten entwickeln sich mit dem Auftreten der dritten Stufe des Gehirns, der faltigen Schicht des Neocortex, die komplexeren Emotionen der Freude und Seligkeit, der Trauer und der Empathie. Der Neocortex, der dem Gehirn sein walnussähnliches Aussehen verleiht, stattet die Geschehnisse des Lebens mit Bedeutung und Sinn aus.

Bevor wir Bedeutungen erzeugen können, müssen unsere perzeptiven und motorischen Funktionen ausreifen, deshalb sind die ersten Areale des Neocortex, die myelinisiert werden, jene, die für das Sehen, Hören, Riechen und Schmecken, die Bewegungen und Körperempfindungen zuständig sind. Es gibt bestimmte kritische Phasen während der Entwicklung, quasi vorübergehende »Fenster der Gelegenheit« für die neuronale Verknüpfung und Myelinisierung. So beginnen die Neuronen des visuellen Systems im Alter zwischen zwei und vier Monaten aktiv Verbindungen auszutreiben und schließen den Großteil ihrer basalen Verschaltung mit etwa acht Monaten ab. Wenn ein Baby mit grauem Star zur Welt kommt, der nicht vor Ende des zweiten Lebensjahres operiert wird, dann bleibt das Kind sein Leben lang blind. Das Fenster für die visuelle Verschaltung ist danach verschlossen. Ähnliche kritische Perioden gibt es für das Erlernen von Phonemen oder Sprachmustern (das Fenster schließt sich mit etwa zwölf Monaten) und für Musikalität. Das letztgenannte Fenster verschmälert sich beträchtlich im Alter von zehn Jahren; es steht in engem Zusammenhang mit den Verschaltungen, die für Mathematik und Logik benötigt werden.

Das Fenster für Empathie beginnt sich mit etwa 18 Monaten zu verengen, wenn die jüngste evolutionäre Ergänzung des Neocortex, die massigen Frontal- oder Stirnlappen des Gehirns, die sich in der Region hinter der Stirn befinden und 29% der Gehirnmasse ausmachen, ihre basale Verschaltung mit dem emotionalen limbischen System abschließen. MacLean bezeichnet die Frontallappen als das »Herz« des Gehirns, er schildert beredt die Fähigkeit zur Selbsterkenntnis und Introspektion, die wir den Stirnlappen verdanken und die es uns ermöglichen, Beziehungen zu anderen Menschen aufzubauen, indem wir uns einfühlsam mit deren Erfahrungen identifizieren; dies geschieht, indem wir ihre Gefühle von ihrem Gesicht ablesen, uns an ihre Stelle versetzen und unsere emotionale Reaktion darauf einstellen.

Die Basis der empathischen Beziehung

Eine aufmerksame Pflegeperson spiegelt die Verhaltensweisen, das Mienenspiel und die Vokalisationen eines Kindes, d.h., sie ahmt diese nach. Julia lächelt, der Vater lächelt. Julia verzieht das Gesicht, ihre Mutter ahmt sie nach und gleicht sich der Stimmung ihrer Tochter an, bevor sie anfängt, sie zu tätscheln, zu schaukeln, zu füttern oder ihr vorzusingen, um ihr Baby zu trösten. Julia winkt zum Abschied, und ihre Eltern winken zurück. Wenn sie ihre eigenen Emotionen und Verhaltensweisen von geliebten Personen gespiegelt sieht, dann myelinisiert das die Nervenbahnen zwischen Julias Stirnlappen und ihrem limbischen System. Wenn Papa später traurig ist, dann kann sie seine Stimmung wahrnehmen und spiegeln. Sie möchte ihn trösten, so wie sie selbst getröstet wurde; sie ist einfühlsam. Ein Säugling, der gespiegelt und getröstet wurde, entwickelt die Fähigkeit zur Empathie schon bevor er sich seiner eigenen unabhängigen Existenz bewusst ist. Bereits Neugeborene beweisen faktisch eine begrenzte Form von Empathie, indem sie weinen, sobald sie ein anderes Kind weinen hören, ein Reflex, den man als *motorische Mimikry* bezeichnet und der bald von aktiveren

Versuchen, andere zu trösten, abgelöst wird. Als die Tochter einer Freundin, Jennifer, etwa zweieinhalb Jahre alt war, aßen wir in einem Restaurant zusammen zu Mittag. Jennifer war bis zu den Ellbogen mit Ketchup bekleckert, während sie sich durch einen Teller voll Pommes mampfte. Als ich sie um ein Stück bat, schüttelte sie entschieden den Kopf und zog den Teller beschützend an sich. Ich tat so, als weinte ich, und sagte, ich hätte Hunger. Jennifers Miene verzog sich betrübt, sie streckte ein verschmiertes Händchen nach mir aus und sagte: »Nicht weinen. Jennifer gibt dir.« Dann ergriff sie eine Fritte und steckte sie mir in den Mund.

Beziehungen sind die Essenz des Lebens, und schon Neugeborene kommen so verschaltet zur Welt, dass sie auf menschliche Berührung, Sprache und Gesichtsausdrücke reagieren. Bereits wenige Stunden nach der Geburt synchronisiert ein Säugling seine Bewegungen präzise mit den Sprechmustern seiner Bezugsperson. Im Alter von drei oder vier Monaten sind menschliche Gesichter der liebste Anblick eines Babys und menschliche Stimmen sein bevorzugtes Geräusch. Mit sechs oder sieben Monaten ist auch ein anfangs reizbares Kind wie Julia in der Regel entwaffnend sozial, es lernt, andere Menschen nachzuahmen, wenn es, was zu hoffen ist, seinerseits nachgeahmt bzw. gespiegelt wird.

Der natürliche Instinkt seitens der Bezugsperson, auf das Baby zu reagieren und es durch Spiegelung nachzuahmen, ruft das hervor, was der Psychiater Daniel Stern als *attunement*, Einstimmung, bezeichnet – das Kind erhält Gelegenheit, seine Gefühle am Anderen wahrzunehmen. Wenn man diese Gefühle verstärkt, dann werden die sie transportierenden Nervenbahnen neue axonale Verbindungen ausbilden und myelinisieren. Wenn nicht, dann werden sie verkümmern. Wenn die kleine Julia also an sich eine Frohnatur, ihre Mutter Sylvia aber häufig niedergeschlagen ist, dann wird Julia mit einer mangelhaft entwickelten Fähigkeit aufwachsen, Freude zu empfinden. Wenn Julia hinfällt und weint, dann wird sie Empathie entwickeln, wenn Sylvia zuerst ihren Schmerz nachahmt und sie dann hochhebt und tröstet. Falls ihre Mutter sie jedoch wiederholt anschreit, wie sie nur so ungeschickt sein könne, und auch Julias andere Gefühle nicht spiegelt, tritt Isolierung an die Stelle von Empathie, und die Fähigkeit zur affektiven Bindung wird geschwächt. In den extremsten Fällen, wenn Kinder stunden- oder gar tagelang nass und hungrig sind und von ihren unter Drogen stehenden Eltern unversorgt gelassen werden oder wenn Kinder in Waisenhäusern zwar pünktlich gefüttert und gewickelt werden, aber keine Zuwendung erfahren und nicht gespiegelt werden, dann bleiben sie in ihrem Wachstum zurück, neigen zu Infektionen und sterben oft jung. Die Hypophyse, die über den früher als Steuerungsinstanz des Körpers angesehenen Hypothalamus Signale aus dem limbischen System erhält, schaltet die Freisetzung von Wachstumshormonen ab. Selbst wenn diese Kinder physisch überleben, gedeihen sie emotional nicht, weil die Verschaltungen des limbischen Systems mit den Frontallappen nicht myelinisieren; sie sind nicht fähig, emotionale Bindungen einzugehen. Solche Kinder werden mit großer Wahrscheinlichkeit Soziopathen, die sich nicht in andere einfühlen können und die fähig sind, ohne Gewissensbisse zu rauben, zu verletzen und zu töten. Selbst wenn im Alter von sechs oder sieben Jahren berichtigend in diese Entwicklung eingegriffen wird, ist die Rehabilitation ein langer und manchmal erfolgloser Prozess, weil das Empathiefenster bereits geschlossen ist.

Jenseits von Freud: Empathie, Beziehungsfähigkeit und Anerkennung wechselseitiger Abhängigkeit

Wenn wir Glück haben wie Julia, dann hatten wir vorwiegend eine empathische Übereinstimmung mit unseren Bezugspersonen, und obwohl zwangsläufig Fälle von Dissonanz auftreten, vollenden wir unbeschadet den Abschnitt, den der Entwicklungstheoretiker Erik Erikson als Stadium des Urvertrauens oder -misstrauens bezeichnet hat. Wenn wir lernen, unseren Bezugspersonen zu vertrauen, dann verschalten sich der entstehende Cortex und das limbische System in Einklang mit den Grundüberzeugungen einer emotional gesunden Weltsicht: »Das Leben ist ein schönes Geschenk, und ich kann mich darauf verlassen, dass die Menschen meine Bedürfnisse erfüllen.« Ob Mann oder Frau, dies ist die Grundüberzeugung, die durch die Erfahrung einer emotional ausgeglichenen Kindheit entsteht.

Beim Eintritt in unsere späteren Kindheitsjahre beginnen Unterschiede in der Entwicklung von Jungen und Mädchen aufzutreten, die unsere Wahrnehmungen, Interessen und den Gebrauch der bereits vorhandenen empathischen Verschaltungen prägen – wertvolle Unterschiede, die in den männerorientierten Entwicklungstheorien, vertreten von Sigmund Freud und später Erik Erikson, in der Regel nicht berücksichtigt wurden. Freud glaubte schließlich, dass sich Mädchen und Jungen nicht nur unterschiedlich entwickeln, sondern dass dies bei Jungen in einer günstigeren Weise geschehe. Seine Schlussfolgerung lautete nicht, dass Männer und Frauen interessante Verschiedenheiten aufweisen, sondern dass Frauen von Natur aus geistig minderbemittelt seien.

Um zu einer weiblichen Sicht des Lebenszyklus zu gelangen, müssen wir damit beginnen, Freud aus unserem kollektiven Unbewussten zu fegen. Freud mag interessante Erkenntnisse in Bezug auf Jungen gehabt haben, aber was Mädchen betrifft, so wird der Penisneid gewaltig überschätzt. Mir drängt sich die Frage auf, ob seine Theorie nicht vielleicht eine Projektion seiner eigenen Ängste bezüglich der Größe seines männlichen Organs war, eine Frage, deren Antwort er leider mit ins Grab genommen hat. Jedenfalls hat Freud die folgende Theorie entwickelt. Sie basiert auf dem Ödipuskomplex, dem angeborenen Wunsch des Jungen, als Erwachsener seine Mutter zu heiraten und mit ihr zu schlafen, ein Wunsch, den Freud für neurobiologisch vermittelt hielt. Jungen seien angeblich physiologisch mit dieser Wunschschaltung ausgestattet. In der ödipalen Phase zwischen drei und fünf Jahren befinde sich der kleine Junge in einer unangenehmen seelischen Zwickmühle, da er seinen

Vater zu fürchten beginne, der ein mächtiger, großer und Furcht erregender Rivale um Mamas Liebe sei. Unbewusst fürchte der kleine Junge die schlimmstmögliche Strafe seitens seines Vaters – die Kastration. Mit der Zeit helfe diese tiefsitzende und starke Furcht dem kleinen Jungen, sich von seiner Mutter zu lösen, sich mit dem Vater zu identifizieren und die männlichen Eigenschaften von Autonomie und Unabhängigkeit zu entwickeln, die fast alle Lebenszyklustheoretiker als die wichtigsten Merkmale bezeichnet haben, die für ein gesundes Erwachsenenalter (wenn auch nur des Mannes) nötig seien.

Die Auflösung des Ödipuskomplexes ist es angeblich, was Männer unabhängig, autonom und männlich macht, statt abhängig von der Mutter zu bleiben wie das von Natur schwächere kleine Mädchen, dem ein Penis fehlt und das nicht dasselbe intrapsychische Drama ausagieren kann, um sich von ihrer Mutter zu distanzieren und Unabhängigkeit zu erlangen. Die Fähigkeit, isoliert zu leben – fast als ob andere Menschen nicht existierten –, wird als wertvolle männliche Eigenschaft gepriesen. Mehr noch, wir Mädchen verbringen unsere Kindheit angeblich mit Minderwertigkeitsgefühlen gegenüber Jungen, von der Frage geplagt, was wohl mit unserem kostbaren männlichen Glied geschehen sein mag. Dies sind angeblich die Voraussetzungen für ein Leben der relativ geringen Selbstachtung und des Unvermögens, sich zu einem autonomen, interessanten Menschen zu differenzieren. Vielmehr wird uns nachgesagt, dass wir in psychischer Verbundenheit mit unseren Müttern, in einer Haltung andauernder Abhängigkeit weiterlebten.

Entwicklungstheoretikerinnen wie die Psychologinnen Nancy Chodorow und Carol Gilligan, deren Buch *In a Different Voice* [dt.: *Die andere Stimme – über männliche und weibliche Moral*, München: Piper, 1988] ein Klassiker ist, haben zu Recht darauf hingewiesen, dass Autonomie und Unabhängigkeit zwar tatsächlich kennzeichnend für die männliche Entwicklung seien, das kleine Mädchen aber eine andere und ebenso wichtige Qualität, die der Beziehungsorientierung, entwickle. Statt mütterliche Eigenschaften wie Einfühlung und Zärtlichkeit unterdrücken zu müssen, um sich von der Mutter zu unterscheiden, übernehmen kleine Mädchen diese Eigenschaften. Bindung und Zugehörigkeit werden zum Nährboden, aus dem ein gesundes Selbstgefühl sprießt – nicht in Abgrenzung von anderen, sondern als Bestandteil einer Weltsicht, in der Beziehung der Schmelztiegel ist, in dem Autonomie, Kreativität, Mitgefühl und Weisheit geschmiedet werden. Die Wissenschaftlerinnen am Stone Center von Wellesley College haben in Kolloquien an der Definition eines beziehungsorientierten weiblichen Selbstgefühls zusammengearbeitet, das ein Modell für die naturgemäße weibliche Auffassung vom Leben als einem Geflecht wechselseitig förderlicher Beziehungen ist. So schreibt die Psychologin Janet Surrey vom Stone Center: »Unser Konzept vom Selbst-in-Beziehung geht von der Erkenntnis aus, dass bei Frauen die primäre Selbsterfahrung beziehungsabhängig ist, d.h., dass sich das Selbst im Kontext wichtiger Beziehungen organisiert und entwickelt.« Die angestrebte Eigenschaft bestehe hier darin, in realistischer Koexistenz mit anderen Menschen zu leben. Im Gegensatz dazu basiere die männliche Entwicklung auf der Trennung von der Mutter und dem andauernden Streben nach Autonomie – nach einem isolierten Selbst statt eines Selbst-in-Beziehung.

Was meint Selbst-in-Beziehung? Wir existieren in keiner anderen Weise. Wir existieren im Kontext mit anderen Menschen, anderen Lebewesen und Umwelten. Der Schlüsselbegriff ist der der Interdependenz, die Erkenntnis, dass die Beziehung den Kontext bildet, in dem alle Beteiligten wachsen und Kraft gewinnen können, wobei das entstehende Ganze mehr bedeutet als die Summe seiner Teile. Dass wir durch Beziehungen aller Art über uns hinauswachsen können, ist nach meiner Überzeugung das Herzstück weiblicher Weltsicht. Wenn die dreijährige Julia ihre Mutter anlächelt und ihr dafür dankt, dass sie ihr geholfen hat, ein Bad zu nehmen, dann öffnet sich Sylvias Herz, falls sie für die Dankbarkeit ihrer Tochter wirklich aufgeschlossen ist, und ihre Selbstachtung wächst. Es entsteht etwas, das größer ist als Julia oder Sylvia, und die Beziehung nimmt eine spirituelle Qualität an.

Janet Surrey unterscheidet darüber hinaus zwischen einer gesunden und einer klammernden Beziehung. Letztere impliziere, dass der andere ein Objekt eigener Befriedigung sei, während eine gesunde Beziehung die Fähigkeit bedeute, die Bindung als etwas anzusehen, das größer ist als das eigene Selbst, verbunden mit dem Willen, diese Bindung zu fördern und zu pflegen. In der westlichen Kultur werden Mädchen im Sinne dieser Beziehungsfähigkeit sozialisiert, während Jungen im Hinblick auf ein konkurrenzorientiertes, autonomes Modell erzogen werden. Wenn man die kindlichen Spielformen analysiert, stellt sich heraus, dass Mädchen in kleineren Gruppen spielen als Jungen, zu weniger rivalisierenden Spielen neigen und kooperativer miteinander umgehen.

Die Forschungsergebnisse deuten darauf hin, dass die relative Leichtigkeit, mit der sich Mädchen auf andere einstellen, auch mit dem unterschiedlichen Umgang mit Gefühlen zusammenhängt, der Mädchen und Jungen beigebracht wird. So führt der Psychologe Daniel Goleman Untersuchungsergebnisse an, wonach Eltern eher dazu neigen, mit ihren Töchtern als mit ihren Söhnen über Gefühle zu sprechen (mit Ausnahme von Wut, die sich angeblich für ein Mädchen nicht ziemt und daher eher geleugnet oder bemäntelt wird), dass sie beim Spielen mit kleinen Mädchen mehr Gefühle zeigen und mehr gefühlsbetonte Worte benutzen als gegenüber Jungen. Die kleine Julia ist deshalb wahrscheinlich eher imstande, ihren Eltern zu sagen, dass sie traurig, froh, ruhig, einsam oder zuversichtlich ist, dass sie Angst hat oder jemanden mag, als ein gleichaltriger kleiner Junge. Da Mädchen früher sprachliche Fertigkeiten erwerben als Jungen, »bewirkt dies, dass sie geübter darin sind, ihre Gefühle zu artikulieren, und geschickter als Jungen Worte benutzen, um emotionale Reaktionen zu erkunden und sie anstelle von Handgreiflichkeiten einzusetzen ...«

Die Geschlechterkontroverse: Empathie und Unterordnung

Die Erkenntnis der Beziehungsorientierung als weibliches Entwicklungsmerkmal hat die brodelnde Geschlechterkontroverse neu aufgeheizt. Kommentatorinnen wie Susan Faludi, Verfasserin des populären Buches *Backlash* [dt.: *Backlash,* Reinbek: Rowohlt, 1995], betrachten die Beziehungsorientierung als einen Rückfall in das alte Klischee von der weichherzigen, schwachen Frau, mit dem die Überzeugung untermauert werde, es sei am besten, Frauen bloßfüßig und in schwangerem Zustand zu halten, da ihre Aufgabe die der Clan-Mutter und Helferin der mächtigeren Männer sei, die die »eigentlichen« Herausforderungen anpacken. Die Frauenforscherin Carol Tavris fügt hinzu, gerade weil Frauen lange Zeit am Maßstab von Männern gemessen worden seien, sei es wichtig, an Männer nicht die Messlatte von Frauen anzulegen und beiden Geschlechtern keine Unterschiede zuzuschreiben, die nicht existierten. So führt sie in *The Mismeasure of Women* Belege dafür an, dass, eben weil Frauen allgemein als einfühlsamer als Männer gelten, Probandinnen, die ihre empathischen Fähigkeiten selbst bewerten sollen, generell besser abschnitten als Männer. Bei Untersuchungen, die die physiologischen Reaktionen auf das Leiden anderer messen, erzielten Männer und Frauen dagegen gleiche Ergebnisse. Beide Geschlechter reagierten auch in ihrem Verhalten, wenn es darum ging, die Not anderer zu lindern, gleich, obwohl Frauen im Alltag besser imstande zu sein schienen, die Gefühle und Verhaltensweisen anderer zu deuten als Männer. Interessanterweise könnte es sich bei diesem Talent eher um eine Überlebensfertigkeit als um einen Geschlechterunterschied handeln. In paarweise durchgeführten Experimenten, in denen vorgegeben ist, dass die eine Person das Sagen hat und die andere ihr untergeordnet ist, lernt die nachrangige Versuchsperson, gleich welchen Geschlechts, schnell auf die nonverbalen Signale der übergeordneten zu reagieren.

Tavris vertritt die Auffassung, dass Empathie vielleicht eher eine Macht- als eine Geschlechterfrage sei. Obwohl heute viele Menschen der Ansicht zustimmen, dass Frauen in unserer Kultur nicht mehr den Männern untergeordnet seien, steht dieser Eindruck gegenwärtig noch in Widerspruch zu der Art und Weise, wie Mädchen in der westlichen Kultur über die Gesellschaft aufgeklärt werden. Auf der elementarsten Ebene lautet die Botschaft, die ein Kind durch das Fernsehen vermittelt bekommt, dass Frauen Sexualobjekte seien, deren Macht sich daraus ableitet, dass sie Männern gefallen, während Männer aus eigenem Recht mächtig sind, einschließlich ihrer Fähigkeit, Gewalt auszuüben und andere durch Raub, Krieg und Vergewaltigung auszubeuten.

Die Tatsache bleibt bestehen, dass Mädchen in den meisten Kulturen in einem Milieu aufwachsen, in dem Männer über die Macht verfügen, und dass sie daher in der untergeordneten Position sozialisiert werden. Als der Neurobiologe Jerry Levy in den 70er-Jahren an der Universität von Chicago über die Hirnlateralisierung forschte, entdeckte er, dass die rechte Gehirnhälfte der Frau andere Funktionen hat als die des Mannes. Sie ist weniger auf die räumliche Orientierung spezialisiert und eher für Gefühle und Deutung von Gesichtsausdrücken zuständig. Wenn Sylvia z.B. traurig ist und ihre Gefühle nicht verbal zugeben möchte, dann werden sich diese wahrscheinlich dennoch in ihrer Miene ausdrücken. Die kleine Julia wird aufgrund ihrer Fähigkeit, Gesichtsausdrücke zu deuten, vermutlich eher als ihr Vater die Gefühle ihrer Mutter bemerken und sie spiegeln. Anders ausgedrückt, John wird eher zu der logischen Annahme neigen, dass Sylvia, da sie sich heiter gibt, auch heiter sei, obwohl ihre Miene etwas anderes aussagt. Er wird daher anders mit ihr umgehen als Julia. Die Fähigkeit des kleinen Mädchens, hinter den Worten die Gefühle zu spüren, befähigt sie zur »Beziehungsauthentizität«, wie es die Wissenschaftlerinnengruppe vom Stone Center nennt, dem »ständigen Streben, sich in der Beziehung emotional echt, verbunden, lebendig, klar und sinnvoll zu fühlen«. Diese Beziehungsfähigkeit mag zwar auch eine Folge der gesellschaftlichen

Nachrangigkeit von Mädchen sein, in erster Linie basiert sie dennoch auf den Unterschieden in der gesamten Sozialisation von Mädchen und Jungen.

Die Verwechslung von Beziehungsorientierung mit Schwäche

Die Vorstellung, dass Beziehungsorientierung eine Schwäche und Autonomie eine Stärke sei, lässt sich aus dem Werk von Erik Erikson ableiten, wenn wir es aus einer weiblicheren Perspektive betrachten. Zwischen dem zweiten und dem fünften Lebensjahr, wo Freud sich auf den Ödipuskonflikt konzentriert, betont Erikson die Auflösung einer Entwicklungskrise, die er in die Begriffe Initiative versus Schuldgefühl fasst. Wenn Julia konsequent gespiegelt und anerkannt wird, wann immer sie auf Bäume klettert, Probleme löst oder Gespräche mit Fremden beginnt, dann wird sie z.B. Initiative lernen. Wenn man sie hingegen beschämt, sooft sie sich draufgängerisch oder kontaktfreudig benimmt, dann wird sie lernen, dass diese Verhaltensweisen inakzeptabel sind, und deshalb eher eine hilflose, zu Schuldgefühlen neigende Erwachsene werden.

Kleinkinder sind große EntdeckerInnen und AbenteurerInnen. Ich erlebe in Supermärkten und Flughäfen (wo ich viel Zeit verbringe) oft mit Entzücken, wie kleine Kinder spontan ein Gespräch beginnen, sich vor einem Publikum produzieren, auf Mülltonnen klettern und grinsend das Gleichgewicht zu halten versuchen, aus voller Brust singen, Fremden Kekse anbieten oder herumtollen und Spiele erfinden. Die Reaktionen ihrer Eltern sind interessant zu beobachten. Manches Kind wird getadelt oder vom Schauplatz weggezogen. Die Eltern genieren sich vielleicht, weil das Kind jemanden stören könnte, sie sind gereizt, weil sie ihm hinterherlaufen müssen, oder befürchten, dass es sich verletzen oder es entführt werden könnte. In anderen Fällen beteiligen sich die Eltern am

Gespräch oder ermutigen die Kontaktaufnahme und Initiative des Kindes in anderer Weise.

Da kleine Mädchen besonders gut imstande sind, Gefühlsnuancen an Gesicht und Tonfall von Menschen abzulesen, lernen sie schnell, dass abenteuerlustiges Verhalten bei ihren Eltern Furcht, Zorn oder Schuldgefühle auslöst. Erkundende und Aufsehen erregende Verhaltensweisen werden von manchen Eltern als nicht geziemend für ein Mädchen oder potentiell gefährlich empfunden. So wird man es dem kleinen Roger wahrscheinlich viel eher durchgehen lassen oder ihn gar ermuntern, wenn er im Wartebereich eines Flughafens Verstecken spielt, indem er unter die Beine eines Fremden kriecht, als dies bei Julia der Fall wäre. Und wenn wir für unternehmungslustiges Verhalten getadelt und beschämt werden, dann hinterlässt diese Lektion in der Regel einen bleibenden Eindruck. Worauf es mir hier ankommt, ist, dass die kleine Julia von Natur aus nicht weniger autonom und abenteuerlustig ist als Roger. Weil ihr aber beigebracht wurde, den Gefühlen anderer größere Beachtung zu schenken, ist sie leichter zu beschämen und wird ihre Initiative, die Umgebung zu erforschen und sich zu produzieren, schneller verlieren, wenn man ihr Schuldgefühle macht, weil sie ihre Eltern in Verlegenheit gebracht hat.

Wenn sich Kinder schämen, dann lassen sie offensichtliche körperliche Anzeichen von Hilflosigkeit und Unterwerfung erkennen wie Erröten, flaches Atmen, Vergraben des Kopfes und Abwenden der Augen. Diese Reaktion ist instinktartig mit dem Reptiliengehirn und dem Palaeocortex (dem limbischen System) verschaltet. Wir Menschen sind Rudeltiere, und wenn der Leithund gegenüber einem rangniedrigeren Halbstarken Missbilligung erkennen lässt, dann zieht dieser seinen Schwanz zwischen die Beine, senkt den Kopf und schleicht davon. Dieses Verhalten sichert den Frieden und wendet einen potentiellen Angriff seitens des Alpha-Tieres ab. Die Emotion, die dieser neurale Schaltkreis beim Menschen aktiviert, nennen wir Scham.

PsychologInnen haben Scham als »Schlüsselemotion« bezeichnet. Sie ist so peinlich und isolierend, dass man sie nie wieder erleben möchte. Deshalb werden Reflexbögen installiert, damit wir uns an die beschämende Situation erinnern und sie künftig besser vermeiden können. Diese Reflexbögen verlaufen zwischen dem limbischen System und dem Vorderhirn und übernehmen mit der Zeit die »Exekutivfunktionen« der Moral – jener Software, die uns daran erinnert, was richtig und was falsch, was gesellschaftlich akzeptabel und was inakzeptabel ist. Scham ist im Grunde ein »isolierendes« Gefühl, da es Vorfälle begleitet, bei denen wir dem »Clan« missfallen haben, der uns im Stich lassen könnte. Die Gefahr, verlassen zu werden, die unser Palaeocortex mit dem Tod gleichsetzt, mobilisiert eine massive Furchtreaktion. Der damit einhergehende Adrenalinanstieg aktiviert den Hirnnerv oder Vagus, der die Herzfrequenz regelt; der Vagus übermittelt auch Botschaften an die Amygdala, ein mandelförmiges Organ im limbischen System, das uns gefühlsbetonte Erinnerungen einprägt. Julia braucht nur ein paar Mal beschämt zu werden, weil sie die Initiative ergriff, mit Fremden zu sprechen, und sie wird anfangen, das zu vermeiden. Die Angst vor Beziehungsverlust ist ein besonders wirksamer negativer Verstärker.

Mädchen, die wiederholt beschämt wurden, weil sie die Initiative ergriffen, werden wahrscheinlich zu hilflosen Erwachsenen werden. Hilflose Menschen halten sich für unfähig, in der Welt und in ihrem Leben eine Veränderung zu bewirken, sie sind häufig passiv, pessimistisch, neigen zu Depressionen und entwickeln eine Unzahl psychosomatischer Krankheiten. Sie sind schnell gestresst und weniger als andere imstande, auf innovative Lösungen und Ideen zu kommen. Dieses Verhaltensmuster mag wie ein Mangel an Autonomie und Unabhängigkeit aussehen, aber es ist in Wirklichkeit eine emotionale Folge des Scham-Reflexbogens. Meine Mutter war ein Paradebeispiel für Hilflosigkeit und die damit einhergehende Furcht. Sooft ich auf einen Baum kletterte, mit Fremden sprach oder bei einem Spaziergang vorauslief, beschämte sie mich, weil ich ihr Furcht eingejagt hätte. Sie war so besorgt, dass mir etwas zustoßen könnte, dass sie vor der Badezimmertür auf mich wartete und ängstlich nach mir rief, wenn sie dachte, ich bliebe zu lange drinnen.

Neben chronischer Verstopfung aufgrund mangelnder Intimsphäre waren hartnäckige Selbstzweifel die Folge für mich, die noch weit schlimmer hätten sein können, wenn mein Vater nicht meine Neugier und Initiative ermutigt hätte. Dennoch neigte ich viele Jahre lang dazu, an meinen Entscheidungen zu zweifeln. Waren sie richtig? Verletzte ich damit nicht jemanden unabsichtlich? Würde sich jemand dadurch gestört fühlen?

Hilflosigkeit, Schuldgefühle und Pessimismus blockieren offenkundig die Äußerung sowohl von gesunder Beziehungsorientierung als auch von Autonomie. Ironischerweise können gerade die Versuche, kleine Mädchen vor Schaden zu bewahren und ihnen gute Manieren beizubringen, eine eingefleischte Neigung zu Selbstzweifeln bewirken, die unsere Handlungsfähigkeit lähmt. Als Mütter, Tanten, Freundinnen und Großmütter, denen die Fürsorge für eine neue Frauengeneration obliegt, sollten wir vielleicht über Gertrude Steins Worte nachdenken: »Wenn man sich klarmacht, wie gefährlich alles ist, dann lässt man sich von nichts mehr erschüttern.« Innerhalb vernünftiger Grenzen brauchen kleine Mädchen die Freiheit, ihre Umwelt zu erforschen, in lauten Jubel auszubrechen, auf Bäume zu klettern und sie selbst zu werden. Sicher lauern da draußen Gefahren, aber am gefährlichsten ist vielleicht unser Versäumnis, den Mut und die Initiative unserer Töchter zu fördern. Ohne diese Förderung werden wir eine weitere Generation in dem Irrglauben vom schwachen Geschlecht aufziehen.

Von der Beziehungsorientierung zur Erkenntnis wechselseitiger Abhängigkeit

Ich fuhr mit meiner etwa sechsjährigen Nichte in freundlichem Schweigen dahin, als sie sich mir plötzlich mit einem beglückten Lächeln zuwandte und sibyllinisch erklärte, Wörter seien wunderbare Dinge, denn sie enthielten Informationen über viele Welten und wie sich diese verschiedenen Welten berühren. Als ich sie um eine Erklärung bat, sagte sie, dass ein Baum etwas mit der Welt des Himmels zu tun habe, der Sonne, dem Regen und dem Wind. Er habe aber auch mit der Erde und den Regenwürmern zu tun. Alles hänge miteinander zusammen. Die kleine Alexa hatte soeben den Begriff der Interdependenz entdeckt.

Alexa hatte die Tatsache begriffen, dass nichts unabhängig von irgendetwas anderem existiert. Dies steht in krassem Gegensatz dazu, dass unsere Kultur Objekte per se als verschieden und isoliert von anderen Objekten betrachtet. Wenn wir z.B. ein simples Wort wie Keks nehmen, dann machen wir uns selten bewusst, dass die Existenz eines Kekses vom Wachstum eines Weizenfeldes und den im Boden lebenden Mikroorganismen abhängt. Der Humus ist erfüllt vom Reichtum einer uralten Flora und Fauna, die vor Urzeiten lebte und starb und deren Überreste ein Vermächtnis für künftige Generationen bilden. Die Zyklen von Finsternis und Licht, die die Photosynthese in Gang halten, die klimatischen Schwankungen, die Wind und Regen hervorbringen, die Schwerkraft, ein bestimmter Abstand unseres Planeten von der Sonne und unzählige evolutionäre Kräfte sind nötig, um den Weizen, das Zuckerrohr und die Kakaobohnen für unser Plätzchen wachsen zu lassen. Denken wir schließlich an die Arbeitskraft unzähliger Menschen, die an der Erzeugung einer einzigen Tüte voll Kekse beteiligt sind. Die Existenz des Bauern ist abhängig von seinen Eltern, deren Dasein wiederum von zahllosen Vorfahren abhängt. Dann sind da all jene, die den Weizen ernten, ihn verpacken, verschiffen, in Lastern transportieren, zu Mehl mahlen, es vermarkten, jene, die das Mehl kaufen, die Plätzchen backen, die Fabrik betreiben, jene, die Buch führen, die Kekse ausliefern, sie im Laden vorrätig halten, an der Theke verkaufen, sie dem Kind geben, und jene, die durch ihre Investition in die Aktien des Unternehmens gewinnen oder verlieren. Vielleicht hat der Bäckermeister eines Abends mit seiner Frau geschlafen, und der anschließende Zustand der Entspannung war so befriedigend, dass er in einen besonders angenehmen tiefen Schlaf fiel und einen schöpferischen Traum hatte, der ihn zu Verbesserungen des Rezepts für die Kekse inspirierte. Die Rodung des Regenwaldes verändert das Klima, was sich wiederum auf den Weizen auswirkt. Nährstoffe im Weizen erhalten uns am Leben, während eine koffeinähnliche Substanz in der Schokolade den Energiepegel der Verbraucher hebt. Der kleine Paul bietet Julia ein Plätzchen an, was sie ihrerseits veranlasst, dem Postboten zuzulächeln, der einen schlechten Tag hatte, sich aber jetzt besser fühlt. Pestizide im Weizen sammeln sich im Körperfett der Konsumenten an, die die Plätzchen essen, was zu Brust- und Prostatakrebs und einer Verminderung der männlichen Spermienzahl führt. Menschen werden geboren, andere sterben, und die Moleküle eines simplen Gebäcks sind an allem beteiligt. All diese wechselseitig voneinander abhängigen Welten finden sich in einem einzigen Plätzchen, und das ist erst der Anfang. Als meine sechsjährige Nichte das Wort »Baum« erwähnte, war dies die Realität, die sie zu verstehen begann. Es ist die Realität der weiblichen Entwicklung des Selbst-in-Beziehung, einer Realität, die Frauen oft veranlasst, sich für Initiativen zur Rettung der Umwelt und zur Verbesserung der Lebensbedingungen von Kindern einzusetzen.

Die meisten Entwicklungstheoretikerinnen haben zwar das Thema Beziehungsorientierung diskutiert, sie haben aber den logischen nächsten Schritt nicht vollzogen, der das Selbst in Beziehung zu anderen auf das Selbst in Beziehung zu allem Existierenden erweitert. Wenn wir über die logischen Konsequenzen der wechselseitigen Abhängigkeit nachdenken, wird uns klar, dass nichts isoliert voneinander existiert. Jeder Akt, jeder Gedanke und jede Tat wirkt so, als werfe man einen Stein in einen Teich, was eine theoretisch unbegrenzte Zahl von Wellen hervorruft. Diese Betrachtungsweise ist in sich stimmig, sie ist weiblich und stellt eine nahe liegende Erweiterung der Auffassung vom Selbst-in-Beziehung dar.

Ich bin davon überzeugt, dass alle Kinder, die Eriksons Stadium von »Initiative versus Schuldgefühl« unbeschadet durchlaufen haben und die ihre Fähigkeit zur Empathie weiterentwickeln, über die neurobiologischen Leitungsbahnen verfügen, aus denen sich Alexas

Verständnis der globalen Vernetzung entwickeln kann. Nachdem Frauen in unserer Kultur beziehungsorientiert sozialisiert werden, neigen sie naturgemäß eher dazu, neurale Schaltkreise zu entwickeln, die ihnen schon in früher Kindheit ein Verständnis wechselseitiger Abhängigkeit ermöglichen. Die Sozialisation der Jungen hin zu Autonomie und Unabhängigkeit könnte dagegen eine solche Entwicklung hemmen, so dass sich dieses Verständnis langsamer herausbildet.

Viele Naturvölker sozialisieren beide Geschlechter in einer Weise, die zu einem unmittelbaren Verständnis von Interdependenz führt. So basiert das Leben der meisten Kulturen der amerikanischen Ureinwohner auf der Erkenntnis, dass alles in einem großen Zusammenhang miteinander steht und dass wir unsere heutigen Handlungen sieben Generationen in die Zukunft hochrechnen müssen. Das Konzept des fürsorglichen und respektvollen Umgangs mit dem Leben muss bei ihnen nicht in Schulen gelehrt werden, da es eine natürliche spirituelle Konsequenz ihrer Form der Kindererziehung ist.

Die angeborene Spiritualität der Kindheit

Kinder besitzen oft eine Art natürlicher Weisheit, die angeborene Fähigkeit, den gegenwärtigen Augenblick zu nützen und zu schätzen. Sie phantasieren manchmal Dinge herbei, für die Erwachsene keine Antenne haben, etwa Engel oder imaginäre Spielgefährten. Diese Ausflüge ins Reich der Phantasie werden bei kleinen Mädchen vielleicht eher gefördert als bei Jungen. Der Pädagoge Rudolf Steiner glaubte, dass Kinder bis zum Alter von sieben Jahren in einer Art von Traumzustand leben. Dieser Traumzustand, der mit einer ähnlich erweiterten Weltsicht einhergehen könnte, wie wir sie bei Naturvölkern finden, mag mit der Tatsache zusammenhängen, dass die rechte Gehirnhälfte vor der linken ausreift. Bis etwa zum siebten

Lebensjahr ist das Denken intuitiv und ganzheitlich und entspricht dem, was PsychiaterInnen und EntwicklungstheoretikerInnen oft als »magisches Denken« bezeichnen. Steine und Autos, Puppen und Plüschtiere werden als bewusste Lebewesen empfunden – eine Form von Animismus, der sich bei manchen von uns bis ins Erwachsenenalter hält. Ist es Ihnen schon mal passiert, dass Sie auf Ihr Auto einreden, wenn es nicht starten will?

Freud bezeichnete die rechtshemisphärische Art der Wahrnehmung, die dem Traumzustand der Kindheit zugrunde liegt, als *Primärprozess*. Obwohl westliche Kognitionstheoretiker den Primärprozess in der Regel als eine entwicklungsgeschichtlich primitive Form der Kognition (des Denkens) verunglimpfen, hat er doch auffallende Ähnlichkeit mit der Art und Weise, wie viele weise Naturvölker die Welt betrachten. Nehmen wir z.B. die australische »Traumzeit«. Im Schöpfungsmythos der Aborigines lag Baiame (der Schöpfer) schlafend da. Er träumte das irdische Leben, wie es in der Vergangenheit, der Gegenwart und der Zukunft war, ist und sein wird. Baiame geriet in seinem Traumzustand in solche Erregung, dass er zu beben begann und dadurch drei helfende Geister aus einer anderen Dimension aufweckte. Die drei Geister boten ihm an, ihm bei der Verwirklichung seines Traums zu helfen. Sie entnahmen dem Höchsten Geist, der Baiame war, winzige Splitter, die so genannten *yowies* (Seelen). Diese Seelen konnten aufgrund ihrer Fähigkeit, Gedanken Gestalt annehmen zu lassen, den Traum von der Erde dann verwirklichen. So entstanden die Erde und die Welt der Pflanzen, aber die Sonnengöttin Yhi musste herbeigerufen werden, um die richtigen Bedingungen zu schaffen, damit höhere Lebensformen entstehen konnten. Sie rief ihrerseits Ularu, die Kluge Schlange aus dem Geisterreich. Ein großer Regenbogen erschien, und jenes weise Geschöpf, das man als Regenbogenschlange bezeichnet, glitt daran herunter und durchwühlte die Erde, um Meere und Gebirge zu erschaffen. Seelen, die Steine und Pflanzen gewesen waren, konnten jetzt das Tierreich erschaffen und in ihren Träumen weiterhin Evolution in Schöpfung verwandeln.

Frühe Kindheit

Die Sonnengöttin und ihre Helferin, die Schlange, ist eine von vielen uralten Mythen, aus denen der spätere Schöpfungsmythos der Genesis entstand. Im Alten Testament wurden Eva und ihre Schlange jedoch zu kosmischen Übeltätern abgewertet. Und das für die Traumzeit kennzeichnende primärprozesshafte Denken wurde ebenfalls von der angeborenen Weisheit der Kindheit zu einer primitiven, kindischen Denkweise herabgewürdigt.

Untersuchungen der hemisphärischen Myelinisierung lassen den Schluss zu, dass sich Intuition (unsere Verbindung mit der Traumzeit) vor der Sprachfähigkeit entwickelt, da sich die rechte Gehirnhälfte vor der linken myelinisiert. Da kleine Mädchen mehr als Jungen zu Phantasiespielen ermuntert werden, entwickelt die rechte Gehirnhälfte von Mädchen eine größere Mannigfaltigkeit, die sie befähigt, Gefühle aus dem Mienenspiel abzulesen und die ihre Beziehungsfähigkeit fördert. Dieselben neuralen Schaltkreise der rechten Hirnhälfte sind am intuitiven, ganzheitlichen Denken, das auch die Traumzeit kennzeichnet, beteiligt.

Man sagt, dass der Schöpfungsmythos der Traumzeit den Aborigines vor etwa 10.000 Jahren in einer Zeit der Krise und Hungersnot geschenkt wurde, damit sie sich ihrer Verbindung mit der Geisterwelt erinnern und lernen, sich an eine neue Umwelt anzupassen. In einem faszinierenden Bericht über die Geschichte der Aborigines schreibt Cyril Havecker: »Er [Baiame] übermittelte seine Botschaft auf telepathischem Wege, und da jedes Tier, jede Pflanze, jedes Mineral und jeder Mensch an der Intelligenz des Großen Geistes teilhat und ihre übersinnlichen Fähigkeiten damals hoch entwickelt waren, konnten sie die Botschaft des Großen Geistes mit Leichtigkeit empfangen.«

Die intuitiven Fähigkeiten von Kindern bis zum siebten Lebensjahr sind ebenso entwickelt, wenn auch Belege für ihr Leben in der Traumzeit übersehen werden mögen, weil es abgewertet wird. Die üblichen Methoden der Entwicklungsförderung legen alle großen Wert auf kognitive Fähigkeiten und dienen dem Ziel, den Traumzustand zu verlassen. Die Folge ist, dass die Kommunikationsformen von Säuglingen und kleinen Kindern, abgesehen von Sprache und symbolischen Gesten, praktisch unerforscht geblieben sind. Meine allererste Erinnerung ist, dass ich vor dem Mehrfamilienhaus, in dem wir wohnten, in einem Kinderwagen saß. Meine Mutter hatte angehalten, um mit einer anderen Mutter zu sprechen, die ebenfalls ihr Kind in einem Wagen spazieren führte. Ich war mir nicht nur des Gesprächs zwischen den beiden Müttern bewusst, das ich durchaus verstand, sondern nahm auch mit dem anderen Kind Kontakt auf.

Im Laufe der Kindheit, wenn wir unser Sprachvermögen entwickeln, myelinisiert sich auch die linke Hemisphäre. Dies korreliert vermutlich mit der Entwicklung des linearen, rationalen Denkens, das in der Mitte der Kindheit, nach dem siebten Lebensjahr, entsteht. Manche Kinder beiderlei Geschlechts behalten neben der Entwicklung ihres logischen Denkvermögens intuitive Fähigkeiten bei. Im Allgemeinen fällt Frauen der Zugang zu primärprozesshaften Fähigkeiten jedoch leichter als Männern, weil die rechthemisphärischen Nervenbahnen, dank derer Frauen Gefühle gut zu deuten vermögen, und ihre zunehmende Beziehungsorientierung die intuitive Wahrnehmung fördern.

Am Ende des ersten Abschnitts der Kindheit ist die bio-psycho-spirituelle Basis des weiblichen Lebenszyklus dauerhaft verschaltet und verleiht dem Mädchen die Gaben der Empathie, der Beziehungsorientierung, der Intuition und befähigt sie, alle Lebewesen als wechselseitig aufeinander angewiesen zu begreifen. Diese Gaben sind zur Weiterentwicklung prädisponiert und werden sowohl durch Erfahrung als auch durch fortgesetzte biologische Veränderungen das ganze Leben hindurch erweitert. Wenn man sie als die bemerkenswerten Stärken, die sie darstellen, anerkennt und fördert, werden die Rückkopplungsschleifen, auf denen diese Gaben beruhen, verstärkt, und das Einfühlungsvermögen und die Verbundenheit, die sie naturgemäß unterstützen, können sich in unserem persönlichen und sozialen Leben entfalten.

3

7. bis 14. Lebensjahr: Mittlere Kindheit

Die Logik des Herzens

Unsere Freundin Julia, inzwischen sieben Jahre alt, nimmt im Hause ihrer Großmutter an einem Thanksgiving-Dinner teil. Ihre Eltern, ihr vierjähriger Bruder Alex und etwa 20 weitere Verwandte haben soeben ein üppiges Mahl beendet und sich jetzt in kleinere Gruppen aufgeteilt, um Kaffee zu trinken und zu plaudern oder sich das Fußballspiel anzusehen. Julia, ihre Mutter Sylvia, Tante Anne und Oma Sharon haben es sich auf der Sitzbank unter den bleigefassten Erkerfenstern im New-England-Stil gemütlich gemacht, von wo aus man auf einen Bach blickt, der von vielfarbigem Laub gesäumt ist. Sylvia schlägt die Beine übereinander, beugt sich vor und beginnt mit einigem Stolz zu erzählen, dass John in der Baufirma, bei der er beschäftigt ist, zum Gruppenleiter befördert wurde. Julia mischt sich ein: »Ja, und es ist ein Glück, dass er diese Stelle bekommen hat, sonst hätten wir unser Haus verkaufen müssen, weil die Raten so hoch waren. Wir hatten zu viele Rechnungen, und er war wütend auf Mama, weil sie so viel Geld für Kleider ausgibt. Jetzt küssen sie sich mehr«, schließt sie, »und das gefällt mir besser.«

In drei Sätzen hat Julia die finanzielle und emotionale Situation ihrer Familie auf den Punkt gebracht. Sylvia hatte nicht einmal mitbekommen, dass Julia über diese Dinge Bescheid wusste, und jetzt weiß sie nicht, ob sie lachen oder ihre Tochter zurechtweisen soll, weil sie die Familiengeheimnisse ausplaudert. Sie entscheidet sich für einen Mittelweg, lobt Julia für ihre Beobachtungsgabe, stimmt ihr zu, dass sich alle jetzt viel besser fühlen, und erklärt ihr, dass dies sehr persönliche Dinge seien, die man am besten nur in der Familie bespreche. Julia entgegnet mit unbestreitbarer Logik, dass Oma Sharon und Tante Anne ja zur Familie gehörten. Die Kunst der Fassadengestaltung hat sich bei ihr noch nicht zu entwickeln begonnen, totale Ehrlichkeit ist angesagt.

Mädchen in der Mitte der Kindheit sind scharfe Beobachterinnen, was Beziehungen und Gefühle betrifft, und sie haben auch keine Hemmungen, sich zu äußern, womit sie ihre Eltern manchmal in Verlegenheit bringen. Diese natürliche Offenheit macht die mittlere Kindheit zu einer zauberhaften Periode für Kinder wie Julia, die von seelisch gesunden Eltern ermutigt und umsorgt werden. Heidi und Pippi Langstrumpf fallen einem als literarische Archetypen der überschäumenden Energie und charmanten Kontaktfreude dieses Lebensalters ein. Untersuchungen zeigen, dass Mädchen diesen Alters flexibler und optimistischer, sprechfreudiger, redegewandter und kontaktfähiger sind als Jungen. Die Harvard-Psychologin und Forscherin Carol Gilligan, deren systematische Befragungen junger und halbwüchsiger Mädchen bisher unbekanntes Terrain in der weiblichen Entwicklung erschlossen haben, stellt fest, dass sich Mädchen ohne Scheu über Beziehungen äußern, dass sie Verletzungen des Vertrauens und der Intimsphäre registrieren und dass sie das Bedürfnis haben, die Wahrheit zu sagen, selbst wenn sie dadurch in Schwierigkeiten kommen.

Für eine Logik des Geistes und des Herzens

Während Äußerungen wie die von Julia am Thanksgiving-Tag typisch für kleine Mädchen sind, die die Logik des Herzens bereits verinnerlicht haben, kommen sie bei männlichen Kindern weitaus seltener vor. Aber etwa um diese Zeit reifen neue psycho-neuro-biologische Leitungsbahnen, die beiden Geschlechtern die Fähigkeit verleihen, lineare, folgerichtige, mathematische Logik anzuwenden – ein Entwicklungsstadium, in dem sich kleine Jungen anfangs hervortun. Den bekannten Theorien des Entwicklungspsychologen Jean Piaget zufolge treten wir etwa um das siebente Lebensjahr in eine erwachsenere Denkweise, die Periode der so genannten *konkreten Operationen* ein. Ein wichtiger Entwicklungstest für dieses beginnende Stadium der Logik ist das *Erhaltungsgesetz*, das mit einem simplen Versuch demonstriert werden kann. Wenn zwei Glaskrüge der gleichen Größe mit Wasser gefüllt sind, dann wissen Kinder unter sieben, dass die Menge gleich ist. Wird der Inhalt des einen Gefäßes jedoch z.B. in einen schlankeren, höheren Behälter umgefüllt, dann vermutet das jüngere Kind häufig, dass er mehr Wasser enthalte als das niedrigere Gefäß. Sobald es das Stadium der konkreten Operationen erreicht hat, versteht das Kind, dass die zwei Behälter dieselbe Menge fassen, obwohl der eine auf den ersten Blick mehr zu enthalten scheint.

Die linkshemisphärischen Funktionen, die in den mittleren Kindheitsjahren heranreifen, vermitteln auch die Fähigkeit, Reihen zu bilden, Teil-Ganzes-Beziehungen zu verstehen und Klassifizierungen vorzunehmen. Es handelt sich jedoch nicht um eine fortgeschrittenere Form von Logik als das frühe rechtshemisphärische Denken. Letzteres bildet die Basis für das Erkennen subtiler Zusammenhänge zwischen Menschen, Ereignissen und Emotionen, das die kleine Julia demonstrierte, als sie schilderte, wie sich die Geldsorgen ihrer Eltern auf ihre Stimmungen und ihre Beziehung auswirkten und wie sich die gesamte Situation veränderte, als ihr Vater befördert wurde. Beide Arten von Logik sind wichtig und notwendig, obwohl die meisten Entwicklungstheorien nach wie vor den Schaltkreisen der linearen Logik größere Bedeutung beimessen und die früher entstandenen Reflexbögen der Logik des Herzens abwerten, die die Wahrnehmung von Beziehungen ermöglichen – Sie werden sich vielleicht an das Beispiel des Kekses und die Bemerkung meiner Nichte über den Baum erinnern.

In diesem Kapitel werden wir erkunden, wie Mädchen in den mittleren Kindheitsjahren die Fähigkeit zur Anwendung linearer Logik entwickeln, während ihr Wahrnehmungsvermögen in Bezug auf Beziehungen und wechselseitige Abhängigkeit, das sie in der frühen Kindheit ausbildeten, erhalten bleibt. Wenn diese zwei Schaltkreise zusammenwirken, ergänzt die linkshemisphärische Logik der konkreten Operationen die rechtshemisphärische Logik des Primärprozesses, und eine scharfsinnige und differenzierte Form von Wahrnehmung ist die Folge. Nochmals, ich impliziere nicht, dass Jungen nicht dieselben Verschaltungen ausbilden und bewahren können, nur dass Unterschiede in der Sozialisation den Gebrauch beider Schaltkreise bei Mädchen selektiv zu verstärken scheinen.

Jüngste neurologische Befunde deuten tatsächlich darauf hin, dass Frauen eher dazu neigen, beide Arten von Leitungsbahnen zu benutzen als Männer. Ein Forschungsteam an der Yale Medical School unter Leitung des Neurologen Bennett Shaywitz und seiner Frau, der Kinderärztin Sally Shaywitz, untersuchte mit Hilfe von Magnetschallbildern – eine Hirnkartierungstechnik, die es ermöglicht, sehr geringfügige Durchblutungsänderungen festzustellen, welche auf Hirnaktivität hindeuten – die Mechanismen, mit denen das Nervensystem Buchstaben in gesprochene Sprache umwandelt. Obwohl die Wissenschaftler nicht nach Unterschieden zwischen Männern und Frauen suchten, ergaben sich faszinierende Erkenntnisse auf dem Gebiet des Reimens. Durch die Suche nach Reimen verstärkte sich sowohl bei Männern als auch bei Frauen die Durchblutung des Broca-Zentrums (dass der Gyrus frontalis inferior der linken Hirnhälfte mit der Sprachfähigkeit zusammenhängt, ist seit langem bekannt). Aber bei der Mehrzahl der Frauen (elf von 19) war auch das korrespondierende Areal der rechten Hirnhälfte beteiligt. Wir können daraus schließen, dass die elf Frauen, die Reime in beiden Hälften ihres Gehirns repräsentierten, mehr »entwicklungsgeschichtlich primitivere« rechtshemisphärische Nervenleitungen konservieren konnten, während sie die linkshemisphärischen Schaltkreise ausbildeten, um die es Piaget bei der kognitiven Entwicklung ging. Diese Doppelgleisigkeit der Wahrnehmung könnte auch bei den immer wieder debattierten Unterschieden zwischen Jungen und Mädchen bei ihren moralischen Erwägungen in den mittleren Kindheitsjahren eine Rolle spielen.

Die Herzlogik der moralischen Entwicklung

Als sie elf war, kam Julia eines Tages mit einer schockierenden Nachricht von der Schule nach Hause. Die Eltern ihrer besten Freundin, Gwen, ließen sich scheiden. Nach dem Grund befragt, antwortete Gwen, ihr Vater habe sich in eine andere Frau verliebt, weil ihre Mutter oft unleidlich gewesen sei und ihr Vater darunter gelitten habe. Gwen taten alle Leid. Sie bedauerte ihre Mutter und fragte sich, inwieweit ihr Vater zu deren Aggressivität beigetragen haben mochte, die er als Grund dafür anführte, dass er sich in eine andere Frau verliebt hatte. Gwen war auch wütend auf ihren Vater, weil sie fand, dass Ehebruch einen Verrat an der ganzen Familie darstelle. Sie bemitleidete ihren Bruder und sich selbst, aber auch »die andere Frau«, von der sie annahm, sie werde niemals lernen zu lieben und werde sich deshalb immer als Außenseiterin fühlen. Julia überlegte, wie all diese verschiedenen Welten einander berührten. Ihr 12-jähriger Bruder Oliver hatte eine andere Einstellung zu den Dingen. So aggressiv seine Mutter auch gewesen sein mochte, Ehebruch sei schlimmer, als jemanden anzuschreien, und sein Vater müsse daher die ganze Schuld für die Scheidung auf sich nehmen. Oliver war empört über seinen Vater und weigerte sich, überhaupt mit ihm zu sprechen.

Beim Abendessen wollte Julia viele Fragen beantwortet haben. War es besser, wenn Eltern, die miteinander unglücklich waren, um der Kinder willen beisammen blieben? War Ehebruch eine schlimmere Sünde als Aggressivität? Würde eine Eheberatung helfen? Konnten Gwen und Oliver je ein annehmbares Verhältnis zu ihrer künftigen Stiefmutter entwickeln, wenn sie in ihren Augen ihre Familie zerstört hatte? Und was war mit dem armen Oliver? Es war schwer genug für ihn, die Scheidung seiner Eltern durchzustehen, ohne sich dem Vater zu entfremden, den er jetzt abgrundtief zu hassen behauptete. Was war richtig und was falsch?

Die Frage, ob sich Jungen und Mädchen in ihrer moralischen Einstellung unterscheiden, hat hitzige Debatten ausgelöst. Carol Gilligan ging in ihrem Bestseller von 1982, *In a Different Voice* [dt.: *Die andere Stimme*, München: dtv, 1996], von dieser Annahme aus. Andere Forschungsergebnisse deuten stark darauf hin, dass das Geschlecht bei der moralischen Entscheidungsfindung keine Rolle spielt. Nach Durchsicht all dieser Befunde bin ich zu dem Schluss gekommen, dass die ForscherInnen oft Äpfel mit Birnen vergleichen. Sowohl Mädchen als auch Jungen sind imstande, moralische Entscheidungen zu treffen; sie gelangen bloß auf unterschiedlichen logischen Wegen dahin.

Beginnen wir mit einer Vergegenwärtigung der Stufen kognitiver Entwicklung, die zur moralischen Entscheidungsfindung hinführen. Im Laufe der mittleren Kindheit überwindet das ältere Kind laut Erik Erikson im Idealfall seine Minderwertigkeitsgefühle durch entsprechenden Fleiß, der zu konkreten Ergebnissen führt. Mit elf Jahren hat Julia Freude an den verschiedensten Fertigkeiten und Kenntnissen. Sie ist nicht nur eine unersättliche Leserin, sie schreibt auch Abenteuergeschichten, mit denen sie ihren kleinen Bruder Alex unterhält. Das Mädchen weiß inzwischen genug über die Zusammenhänge der Welt, die »Spielregeln«, so dass sie einen Zustand von Autonomie erreicht hat, in dem sie über die Dinge allein nachdenken und die Probleme der Erwachsenenwelt logisch lösen kann. Julia begreift z.B., dass Ehebruch ein Verrat ist; er ist schlecht. In den mittleren Kindheitsjahren haben sich die Reflexbögen im präfrontalen Cortex myelinisiert und ausgeschliffene Nervenleitungen geschaffen, die Julia befähigen, moralische Vergleiche auf der Grundlage dessen, was sie für gesellschaftlich akzeptabel oder inakzeptabel hält, anzustellen.

Piagets Schema kognitiver Entwicklung zufolge tritt das Kind mit etwa elf Jahren in das Stadium der *formalen Operationen* ein, eine Stufe des Denkens, die durch »Reversibilität« gekennzeichnet ist. Dies ist die Fähigkeit, ein Problem von zahlreichen Standpunkten aus, die potentiell alle gültig sind, zu betrachten und dann zum Ausgangspunkt zurückzukehren. Formale Operationen setzen voraus, dass wir einen stabilen Bezugsrahmen, ein Koordinatensystem entwickelt haben, zu dem wir nach dem Ausloten der Möglichkeiten einer Situation zurückkehren können. Julias Ausgangsbasis beim Nachdenken über die Scheidung von Gwens Eltern ist, dass Ehebruch schlecht sei. Aber ebenso wie Gwen wägt sie auch die möglichen mildernden Umstände und die Beziehungs- und Verhaltensnuancen ab, die zu dem Vertrauensbruch geführt haben. Piaget hat die kognitive Entwicklung mit der Art und Weise, wie wir moralische Urteile fällen, in Beziehung gesetzt. Aber wie man sehen wird, verknüpft sein System zwar die lineare Logik glänzend mit dem männlichen Denken, es lässt jedoch die weibliche Tendenz außer acht, die rechtshemisphärische, beziehungsorientierte Intelligenz des Herzens zusammen mit der linkshemisphärischen linearen Logik einzusetzen.

Für die frühe Kindheit hat Piaget ein Stadium, den so genannten *moralischen Realismus*, beschrieben, bei dem die Regeln als heilig, dauerhaft und unumstößlich angesehen werden. Da das Denken zu diesem Zeitpunkt primär egozentrisch ist, kann sich ein Kind nicht vorstellen, dass andere Menschen von einem anderen Bezugsrahmen ausgehen könnten oder dass es Situationen geben könnte, die eine Änderung der Regel notwendig machen. Im Alter von vier oder fünf Jahren hatte Julia z.B. den Film *Robin Hood* gesehen und war zu dem Schluss gekommen, dass der Held ein Schurke sei, weil er gestohlen habe. Die Möglichkeit, dass es moralisch akzeptabel sein könnte, Reiche zu bestehlen, um Arme zu beschenken und damit ein früheres Unrecht wieder gutzumachen, existierte für ihr Schwarz-Weiß-Denken nicht. Diese Form von starrer Gott-wird-den-Missetäter-bestrafen-Sicht ist charakteristisch für Fanatiker und Dogmatiker.

In der mittleren Kindheit, zwischen sieben und zehn Jahren, treten wir im Idealfall in das Stadium der *moralischen Unabhängigkeit* ein, eine flexiblere Sichtweise, bei der die Regeln nötigenfalls modifiziert werden können. Zwischen diesen beiden Stadien besteht ein riesengroßer Unterschied. Für das kleine Kind zählt, wenn jemand einen Fehler begeht, der entstandene Schaden viel mehr als die Absichten des Betroffenen. Eine fünfjährige Julia kann über verschüttete Milch untröstlich sein. Die zehnjährige Julia regt sich weniger darüber auf, weil der Schaden unbeabsichtigt war. Und für die zehnjährige Julia ist Robin Hood jetzt ein Held. Die Bewertung des Motivs einer Handlung hat nunmehr vorrangige Bedeutung.

Der Psychologe Lawrence Kohlberg modifizierte Piagets Theorien der moralischen Entwicklung und erweiterte sie auf sechs Stadien. Wie aus der folgenden Beschreibung hervorgeht, erreichen manche Menschen niemals die fortgeschritteneren Entwicklungsstufen. In den ersten beiden Stadien (*die präkonventionelle Stufe*) ist das Urteil über richtig und falsch egozentrisch, d.h., es hängt davon ab, was man persönlich dadurch zu verlieren oder zu gewinnen hat. In den Stadien drei und vier (*die konventionelle Stufe*) passt sich das Urteil den gesellschaftlichen Werten und Gesetzen an. In den Stadien fünf und sechs (*die postkonventionelle Stufe*) wird das Urteil an persönliche ethische Wertvorstellungen geknüpft, denen man unter Umständen den Vorrang gegenüber den Gesetzen der Gesellschaft gibt.

In ihrem Buch *Die andere Stimme* stellt Carol Gilligan die Antworten eines elfjährigen Jungen und eines elfjährigen Mädchens auf standardisierte Testfragen zur moralischen Entwicklung nach Kohlberg einander gegenüber. Die zwei Schüler der sechsten Klasse, die sie Jake und Amy nennt, waren gleich intelligent, doch ihre Antworten schienen Kohlbergs Befunde zu bestätigen, dass »der Vorsprung in der moralischen Entwicklung, den die Mädchen in den ersten Schuljahren haben, in der Pubertät schwindet, wenn bei den Jungen die Ausbildung des formalen logischen Denkens einsetzt«. Die Kinder wurden mit einem moralischen Dilemma konfrontiert, bei dem ein Mann namens Heinz es sich nicht leisten kann, ein sehr teures Medikament zu kaufen, das seiner Frau das Leben retten würde. Der Apotheker lehnt es ab, den Preis zu reduzieren. Die Frage ist, sollte Heinz das Präparat stehlen? Was ist wichtiger, Leben oder Eigentum? Jake bezweifelt nicht, dass Heinz das Medikament stehlen sollte, und auf Befragen kann er eine Reihe von klaren und logischen Gründen anführen, die seine Meinung stützen. Außerdem hat er Spaß an diesem Problem – er vergleicht es mit der Lösung einer mathematischen Aufgabe, deren Schritte auf der Hand liegen.

Amy ist sich ihrer Antwort weitaus weniger sicher. Sie denkt über andere Lösungen nach, da ihr weder der Diebstahl des Präparats noch Heinz' Frau sterben zu lassen überzeugend erscheinen. So könnte sich Heinz vielleicht das Geld ausleihen. Das Gespräch hilft Amy nicht, ihren Standpunkt zu klären. Es gibt zu viele Variablen, die alle beziehungsorientiert gesehen werden. Wie viele Menschen würden unter dem Tod von Heinz' Frau zu leiden haben? Wie würde sich der Apotheker fühlen, wenn seine ablehnende Haltung ihren Tod zur Folge hat? Wie ist das Verhältnis zwischen Heinz und dem Apotheker? Gilligan fasst Amys Antworten folgendermaßen zusammen: »Da sie das Dilemma nicht als ein in sich abgeschlossenes Problem moralischer Logik ansieht, bleibt ihr die hermetische Struktur seiner Lösung verborgen; nachdem sie das Problem selbst ganz anders interpretiert, ist Kohlbergs Konzeption völlig bedeutungslos für sie ... da die Welt für sie aus Beziehungen und nicht aus isolierten Menschen besteht, eine Welt, die von menschlicher Verbundenheit zusammengehalten wird und nicht durch ein Regelwerk, findet sie, der Kern des Dilemmas liege in der Weigerung des Apothekers, sich um die Frau zu kümmern.«

An Kohlbergs System gemessen, ist Amys moralischer Entwicklungsstand dem von Jake unterlegen. Die Schwierigkeit ist, Gilligan zufolge, dass Jake und Amy verschiedene Probleme zu lösen versuchen. Für ihn ist es ein Problem der Logik, für sie eine Frage menschlicher Beziehungen. Obwohl Gilligans Deutung während der ganzen 80er-Jahre allgemein begrüßt wurde, haben sich die Geschlechterunterschiede in der moralischen Reflexion anhand von Kohlbergs Stufeneinteilung später nicht immer bestätigt, und eine Reihe von TheoretikerInnen haben versucht, Gilligans Argumente zu widerlegen. Männer und Frauen scheinen demnach in ihrer moralischen Argumentation mehr Ähnlichkeiten als Unterschiede aufzuweisen – und dennoch klingen die Reaktionen von Jake und Amy für die meisten Männer und Frauen, denen ich davon erzählt habe, überzeugend. Die Logik der meisten Untersuchungen ist jedoch typisch männlich und ergebnisorientiert. Kommen die gleichen Resultate heraus oder nicht?

Eine völlig andere Frage, um die es Gilligan eigentlich ging, ist jedoch, wie Jungen und Mädchen zu ihren Schlussfolgerungen gelangen und ob ihre Schlussfolgerungen deshalb vergleichbar sind. Sie wollte wissen, warum, wenn Frauen anders argumentierten als Männer, dies als minderwertig oder problematisch angesehen wurde. Die Journalistin Susan Faludi kritisierte Gilligans Forschungsansatz und ihre Betonung der unterschiedlichen logisch-moralischen Vorgehensweise, die Mädchen bevorzugen, mit der Begründung, in unserer Gesellschaft als »anders« bezeichnet zu werden, sei gleichbedeutend mit der Abstempelung als behindert. Und wenn Mädchen als primär beziehungsorientiert geschildert würden, meint sie, könnten ihnen Antifeministen daraus einen Strick drehen und behaupten, dass Unabhängigkeit demnach ein »unnatürlicher und ungesunder Zustand für Frauen« sei und sie daher ungeeignet für die Arbeitswelt seien und besser als Mütter zu Hause bleiben sollten.

Vielleicht könnten wir diese abgedroschene Debatte auf eine andere Ebene führen, indem wir statt von Unabhängigkeit versus Beziehungsorientierung von Interdependenz sprechen, nämlich der

Erkenntnis, dass wir alle auf den verschiedensten Ebenen – von der gesellschaftlichen über die ökologische, politische und spirituelle bis zur atomaren – miteinander zusammenhängen. Eine andere Betrachtungsweise des Dilemmas von Heinz bestünde in der Erkenntnis, dass allein schon dessen Existenz ein moralisches Versagen der westlichen Zivilisation und ihrer Bevorzugung der rationalen Logik der Isolierung und ihrer mangelnden Wertschätzung für die emotionale Logik der Interdependenz bedeutet – ein Kennzeichen unserer Gesellschaft, das sich auf Männer wie auf Frauen negativ auswirkt. Isolierung beeinträchtigt sowohl das Immunsystem als auch die psychische Entwicklung. Wie konnten wir je einen Punkt erreichen, wo der Preis eines Medikaments gegen ein Menschenleben in die Waagschale geworfen wird? Wenn wir fortfahren, Probleme von dem Standpunkt aus zu lösen, den Jake einnahm und der davon ausgeht, dass Ereignisse voneinander isoliert sind, statt miteinander zusammenzuhängen, dann werden wir auch weiterhin ähnliche moralische Dilemmas hervorrufen. Wie können wir z.B. in einer angeblich »fortgeschrittenen« Gesellschaft das Leben eines Menschen gegen das eines anderen abwägen, allein aufgrund seiner Fähigkeit, sich eine Krankenversicherung leisten zu können bzw. auf die gesetzliche Krankenkasse Anspruch zu haben? Wie konnten wir übersehen, dass die Rodung des Regenwalds zur kurzfristigen Arbeitsbeschaffung eine Kettenreaktion ökologischer Katastrophen auslösen wird, unter der viele kommende Generationen zu leiden haben werden?

Der Dalai Lama spricht beredt über die Synergie von Herz und Geist – und den zentralen Unterschied zwischen Unabhängigkeit und Interdependenz beim Erwachsenen. Er schreibt: »... wenn wir älter werden, haben wir manchmal das Gefühl, völlig unabhängig zu sein; wir brauchen die Hilfe anderer nicht, wir sind uns selbst genug. Wir ignorieren den Wert von Zuneigung ... Zwar nimmt unser Gehirn an Wissen zu, doch die andere menschliche Qualität – das gute Herz – hält damit nicht Schritt. Aus diesem Grund wird unser Wissen destruktiver und negativer. Heute ist die Welt sehr kompliziert, und der Mangel an menschlichem Mitgefühl und menschlicher Zuneigung hat großes Leiden bewirkt ... Wenn der ganze Planet leidet, werden auch wir leiden. Wenn der ganze Planet mehr Frieden und mehr Harmonie erlebt, wird das auch für uns gelten. Deshalb hat jeder Einzelne eine Verantwortung für die ganze Menschheit.«

Die moralische Argumentation des Dalai Lamas hat große Ähnlichkeit mit der von Amy, denn er hebt die Interdependenz hervor, aufgrund derer jede Handlung Folgen hat, deren Auswirkungen auf vielen Ebenen spürbar werden und die am Ende zu uns selbst zurückkehren. Diese Art von Logik basiert auf einer zutiefst kosmischen Rückkopplungsdynamik, die einem mitfühlenden Herzen entspringt und dieses zu kultivieren hilft. Entscheidend ist der Gedanke, dass Unabhängigkeit oft zur Folge hat, dass wir den Wert von Zuneigung vernachlässigen. Wenn wir uns voneinander isolieren und kein liebevolles, emotional reifes Selbst-in-Beziehung entwickeln, durch das alle Beteiligten größere Weisheit und Empathie erlangen, dann werden die lineare Logik und ihre beklagenswerten Folgen weiterhin das System westlicher Moral und westlichen Verhaltens dominieren. In Erweiterung von Kohlbergs sechs Stufen der Moral möchte ich die Auffassung vertreten, dass die interdependente Sichtweise eine siebente Stufe, nämlich eine auf kosmischer Verbundenheit basierende Moral darstellt, wie Amy so überzeugend demonstriert hat.

Gehirn, Geist und wechselseitige Abhängigkeit

Die Gabe der interdependenten Wahrnehmung, die sich in den ersten Kindheitsjahren mit der Myelinisierung der Leitungsbahnen zwischen limbischem System und Frontallappen herausbildet, entwickelt sich in den mittleren Jahren weiter. Während sich das »Herz des Gehirns« ausdifferenziert, erhält die Moral ihre eigenen Schaltkreise, wenn sich die Überzeugungen, die unserem Leben Sinn verleihen, zu biologischen Reflexbögen verfestigen. Die interdependente Wahrnehmung bezieht jedoch auch andere Gehirnareale ein, von denen das wichtigste der rechte Schläfenlappen des Neocortex ist, der, wie sein Name besagt, unter der rechten Schläfe liegt. Dieser Teil des Gehirns ist als »Schaltkreis für Mystik« bezeichnet worden, da die Stimulierung dieser Region ein unmittelbares Wahrnehmen wechselseitiger Abhängigkeit bewirkt, das *sine qua non* spiritueller Erfahrung. Darüber hinaus könnte, wie wir in diesem Abschnitt sehen werden, am interdependenten Denken ein Aspekt des Geistes und der Wahrnehmung beteiligt sein, der scheinbar nichts mit dem Gehirn zu tun hat.

Dr. Wilder Penfield war ein Neurochirurg, der in den 40er- und 50er-Jahren am Neurologischen Institut von Montreal arbeitete. Bei Gehirnoperationen erhält der Patient aus zwei Gründen nur eine örtliche Betäubung: Das Gehirn empfindet keinen Schmerz, und der Operateur kann mit dem Patienten sprechen und ihn beobachten, während er die Hirnregion elektrisch stimuliert, die entfernt werden soll, und sich auf diese Weise vergewissern, dass nicht versehentlich Dinge wie die Erinnerungen einer Patientin an ihre Familie oder die Bewegungsfähigkeit ihrer Beine verloren gehen. Bei der Ausführung solcher Operationen machte Penfield bemerkenswerte Fortschritte in der Kartografierung der verschiedenen motorischen und sensorischen Regionen des Neocortex. Einige seiner interessantesten Entdeckungen betreffen die Schläfenlappen des Gehirns.

Wenn das Gehirn in der Region der Sylvius-Furche stimuliert wurde, einem Bereich des Schläfenlappens oberhalb des rechten Ohres, berichteten die Patienten über Erlebnisse des Aussteigens aus dem Körper, sie hörten himmlische Musik, glaubten, mit Gott oder toten Verwandten zu sprechen, hatten Erfahrungen von interdependenter Wahrnehmung, wobei ihnen alles mit allem übrigen verbunden schien, und sie sahen sogar ihr ganzes Leben gerafft wie einen Film vor ihrem inneren Auge ablaufen. Beobachtungen dieser Art haben Wissenschaftler wie den Astronomen Carl Sagan zu der Auffassung veranlasst, dass Nah-Tod-Erfahrungen (NTE) und mystische Zustände bloße Nebenprodukte der Entladung von Nervenbahnen des Schläfenlappens ohne objektive Realität seien. Mit anderen Worten, das Gehirn sei ein aus Biomasse bestehender Computer, und alle subjektiven mystischen Erlebnisse ließen sich auf das Feuern von Neuronen reduzieren. Auch Penfield verglich das Gehirn mit einem biologischen Computer, aber er war leidenschaftlich überzeugt davon, dass der Geist bzw. die Seele kein von Neuronen erzeugtes Produkt, der Output einer Maschine sei, sondern ein belebendes Prinzip – die Energie und der Bauplan, die dem Computer erst ermöglichen zu funktionieren. Ist es möglich, in einer solchen Debatte Partei zu ergreifen?

Viele Menschen, die eine NTE hatten (und laut einer Gallup-Umfrage ist das in den Vereinigten Staaten jeder Zwanzigste), hatten den subjektiven Eindruck, sich außerhalb ihres Körpers zu befinden. Dutzende von PatientInnen, die ich im Laufe der Jahre interviewt habe, berichteten mir, sie seien durch Krankenhauswände geschwebt und hätten Operationen und ähnliche Ereignisse in anderen Teilen des Gebäudes beobachtet, sie hätten den Wunsch gehabt, ihre Angehörigen ein letztes Mal zu sehen, sie hätten die Vorgänge im Wohnzimmer der Familie beobachtet oder Sanitäter auf ihrer Fahrt von der Einsatzzentrale zum Ort ihrer eigenen Wiederbelebung begleitet. Aber Anekdoten gelten nicht als Wissenschaft. Der Kardiologe Michael Sabom beschloss deshalb, einen Test zu konzipieren, um herauszufinden, ob die Patienten tatsächlich ihren Körper verließen oder sich dieses Erlebnis bloß einbildeten. Er befragte eine Zufallsstichprobe von PatientInnen, die klinisch tot gewesen waren, überwiegend durch Herzstillstand, und die anschließend wieder belebt wurden. 40% dieser PatientInnen berichteten über eine NTE mit irgendeiner Kombination der klassischen Komponenten wie Erlebnisse von Körperlosigkeit, Durchqueren eines Tunnels, Gefühle von außerordentlichem Frieden und von Liebe, Wiedersehen mit toten Freunden und Verwandten, Begegnung mit einem transzendentalen Wesen aus Licht und Rückblick auf das eigene Leben. Sabom interviewte 32 PatientInnen, die nach Herzstillstand ins

Leben zurückgeholt worden waren, um festzustellen, ob sie tatsächlich imstande waren, Einzelheiten ihrer Reanimation zu berichten, die sie nur wissen konnten, falls ihr Geist während der Vorgänge tatsächlich über ihrem Körper schwebte. Diese PatientInnen erinnerten sich überraschenderweise an bestimmte Einzelheiten ihrer Reanimation, sie beschrieben die Abfolge der Ereignisse mit unheimlicher Genauigkeit und berichteten sogar über die Gespräche des Teams. Der Clou war, dass manche NTE-PatientInnen visuelle Einzelheiten berichteten, die sie nur hätten mitbekommen können, wenn sie tatsächlich von der Decke heruntergeschaut hätten, statt durch irgendeinen unbewussten Mechanismus Eindrücke zu sammeln, während sie flach auf einer Tragbahre lagen. Als zur Kontrolle 20 HerzpatientInnen ohne NTE aufgefordert wurden, ihr Reanimationsverfahren zu beschreiben, machten sie dagegen zahlreiche Fehler.

Hat das Gehirn also einen Geist/eine Seele/ein Bewusstsein, das größer ist als die Summe seiner Synapsen? Wir könnten das Gehirn mit einem Fernsehgerät vergleichen, dessen Verschaltung ihm gestattet, selektiv die mannigfaltigen Signale aufzunehmen, die durch den Äther ausgestrahlt werden, die aber nur entschlüsselt und wahrgenommen werden können, wenn sie vom Gerät empfangen werden. Obwohl der Schaltplan des Geräts entscheidend für die Erzeugung der Bilder und Töne ist, werden wir, so behutsam wir das Gerät auch in seine Bestandteile zerlegen mögen, niemals ein Männlein drinnen finden (den Geist), das die Nachrichten verliest. Manche NeurobiologInnen sind wie Mystiker zu dem Schluss gekommen, nicht der Geist existiere im Gehirn, sondern das Gehirn existiere in einem physikalischen Feld informativer Schwingungen, dem Geist. Unsere Gedanken und Verhaltensweisen scheinen mit diesem Schwingungsfeld zu interagieren und sich in Einklang damit zu verändern. Der britische Biologe Rupert Sheldrake vertritt z.B. die Hypothese, dass einheitliche Informationsfelder, so genannte morphogenetische Felder, imstande seien, Veränderungen in der materiellen Welt hervorzurufen. Als PsychologInnen ursprünglich angefangen hatten, Ratten durch Labyrinthe zu schicken, hätten »naive« (ungeschulte) Ratten länger gebraucht, sich im Labyrinth zurechtzufinden, als dies mehrere Jahre später der Fall war. Es sei, als ob die kumulative Erfahrung der Ratten ein Intelligenzfeld geschaffen habe, von dem andere Ratten profitieren konnten, eine Art von »Hundertste-Ratte«-Effekt.

Haben diese Befunde und die Beteiligung des rechten Schläfenlappens an der unmittelbaren Wahrnehmung von Interdependenz eine spezielle Relevanz für Frauen? Meine Hypothese ist, dass dies der Fall sein könnte, obwohl es gezielter Forschungsarbeit bedürfte, um meine Vermutung zu bestätigen. Der Psychologe und Forscher Kenneth Ring an der Universität von Connecticut hat die umfassendste Datensammlung angelegt, die es bisher über NTE gibt. Von den 111 Personen, die er in seiner ersten Untersuchung befragte, waren 80 – d.h. 72% seiner Stichprobe – Frauen. Er vertrat die Hypothese, dieses Ungleichgewicht sei darauf zurückzuführen, dass Frauen eher bereit seien, ihm zu schreiben und ihre Erlebnisse zu schildern, als Männer. Es gibt jedoch auch eine alternative Hypothese. Da nur etwa jeder vierte Patient, der als klinisch tot betrachtet wurde, tatsächlich über eine NTE berichtet, erinnern sich Frauen vielleicht eher an diese Erfahrung als Männer infolge eines grundlegenden Unterschieds in der Verschaltung ihres Schläfenlappens, der es ihnen erleichtern könnte, sich im normalen Wachzustand an derartige Erlebnisse zu erinnern. Menschen mit dissoziativen Störungen, bei denen normale Tagträume das lebhafte Gefühl auslösen können, ihren Körper zu verlassen und andere Tätigkeiten aufzunehmen, und Menschen mit Multipler Persönlichkeitsstörung weisen oft außergewöhnliche Fähigkeiten auf, die an die Schläfenlappenaktivierung erinnert, einschließlich des Gefühls, ihren Körper zu verlassen und an ferne Orte zu entschweben. Die Mehrzahl der wegen dieser Störung behandelten Personen sind ebenfalls Frauen. Der Psychiater Frank Putnam, ein Experte für dissoziative Zustände, berichtet, das Mann-Frau-Verhältnis bei diesen Fällen betrage etwa fünf zu eins.

Einer der bemerkenswertesten Aspekte von NTE hat mit Beziehungsorientierung und Interdependenz zu tun, Denkweisen, denen wir ebenfalls in der weiblichen Entwicklung begegnet sind. Eine der faszinierendsten Standarderfahrungen in NTE-Berichten ist, dass der Betreffende alles als mit allem zusammenhängend wahrnimmt und zu der Überzeugung kommt, jeder Gedanke und jede Handlung wirke sich auf alles Übrige aus. So berichtete mir eine meiner Patientinnen, die infolge einer schweren allergischen Reaktion auf Penicillin »starb«, dass ihr Lebensrückblick aus Momentaufnahmen früherer Beziehungen bestanden habe. Das Überraschendste sei für sie gewesen, dass sie erkennen konnte, wie sich ihr Umgang mit diesen Personen auf deren späteren Umgang mit anderen auswirkte – bis ins Grenzenlose wie in einem Spiegelsaal. Auch dies wirft ein Schlaglicht auf die Konzepte von Isolierung und Interdependenz. Wenn Menschen über Lebensrückblicke berichten, dann betrachten sie ihre Beziehungen nicht aus einer unabhängigen Perspektive, sondern erleben Interaktionen so, als ob sie sich im Körper und im Gefühlszustand ihres Gegenübers befänden.

Interdependenz hat auch Korrelate in der faszinierenden Welt der Quantenphysik. Als die Quantentheorie nach Einsteins Entdeckung der Relativitätstheorie 1905 erforscht zu werden begann, wurden die Wissenschaftler von einer ganzen Reihe »seltsamer« und »unheimlicher« physikalischer Phänomene verwirrt. Bells Lehrsatz besagt z.B., dass sich zwei Atome, die Bestandteile eines Moleküls waren und dann getrennt wurden, weiterhin so verhalten, als stünden sie immer noch in Kommunikation miteinander, gleichgültig, wie weit sie voneinander entfernt sind. Da die Atome, aus denen Moleküle bestehen, ständig untereinander ihre Plätze vertauschen, ist es vorstellbar, dass wir in diesem Augenblick Atome in unserem Körper haben, die einst einen Bestandteil von Mutter Teresa, Adolf Hitler, unserer Schwiegermutter oder gar Sigmund Freud bildeten. Zudem bleiben diese Atome in Verbindung mit allen anderen Teilchen, mit denen sie je Kontakt hatten. Phänomene dieser Art veranlassten Albert Einstein zu der Bemerkung, die Vorstellung, dass wir voneinander getrennte Einheiten bildeten, sei eine optische Täuschung des Bewusstseins – ein klareres Bekenntnis zur Interdependenz kann man sich wohl kaum wünschen.

Möglicherweise ist der rechte Schläfenlappen der neurale Schaltkreis für transzendentale Erfahrungen von Interdependenz. Tatsächlich sind Menschen mit Temporallappenepilepsie (auch als psychomotorische Epilepsie bezeichnet) zwanghaft von religiösen Gedanken beherrscht, die sie in manchen Fällen dazu drängen, Bände über ihre Beziehung zum Universum zu schreiben. Manche berichten über Erfahrungen von Körperlosigkeit und häufig auch über merkwürdige Empfindungen, wie sie durch elektrische Entladungen ausgelöst werden, die ihren Ursprung im unteren Ende der Wirbelsäule haben; sie können orgasmische Energieschübe auslösen und bewirken, dass sich ihr Körper zu yoga-ähnlichen Stellungen verkrampft, und manchmal vermitteln sie ihnen hellsichtige Erkenntnisse.

Diese »Körperenergie«, die in der westlichen Naturwissenschaft bisher unerforscht und unbenannt blieb, bildet die Grundlage der Medizin in vielen anderen Kulturen wie China, wo die den Körper belebende Energie *Chi* genannt wird. Tatsächlich besitzen 49 verschiedene Kulturen einen Namen für diese Lebenskraft, von der angenommen wird, dass sie den Körper in bestimmten Kanälen durchfließt, die in der chinesischen Medizin als Meridiane bezeichnet werden. Blockaden im Fluss von Chi lassen sich durch bestimmte Arten von Massage beseitigen, aber auch durch Akupunktur sowie durch psychische Veränderungen durch Aufenthalte in der Natur und durch Kombination bestimmter Kräuter und verschiedener Meditationspraktiken, die man insgesamt als *inneres Chi Gong* oder Arbeit mit der Körperenergie bezeichnet. Außerdem könne diese Energie an andere weitergegeben werden, eine Form der Heilkunde, die man als *äußeres Chi Gong* bezeichnet. Chi ist mit dem vergleichbar, was Wilder Penfield als *Mind* bezeichnete, die animierende Kraft des Körpers und Gehirns. Die Vertreter des wachsenden Gebietes der komplementären Medizin gehen von der Existenz einer solchen Energie aus; sie vertreten die Auffassung, dass der technischere Ansatz der westlichen allopathischen Medizin (der den Körper wie eine Maschine behandle) verbessert werden könne, indem man gleichzeitig Methoden anwendet, die die körpereigenen Heilkräfte, den Chi-Fluss, stimulieren und die Verbundenheit jeder Patientin mit der Natur, den Emotionen anderer Menschen und ihrer Beziehung zum Kosmos berücksichtigen.

Die Frage, die mich hinsichtlich der Interdependenz am meisten beschäftigt, ist nicht deren Existenz, sondern wie sie in der westlichen Kultur in Vergessenheit geraten und durch das Aufkommen einer linearen Logik verdrängt werden konnte, die zwar zweifellos wichtig ist, aber nicht dieselbe grundlegende Bedeutung für die Moral und für die Erhaltung der Lebensgrundlagen für künftige Generationen hat. Es mag zwar logisch erscheinen, z.B. die Atomkraft zu entwickeln, was ist aber mit den Problemen, die sie später hervorrufen kann, Probleme, wie sie uns die atomare Katastrophe von Tschernobyl vor Augen geführt hat, durch die in einigen osteuropäischen Ländern der Boden so stark kontaminiert wurde, dass keine Landwirtschaft mehr möglich ist, weil die Agrarprodukte zu viel Radioaktivität für den menschlichen oder tierischen Konsum enthalten? Der Irrglaube, dass Frauen zu emotional seien und nicht logisch genug dächten, erscheint in einem ganz anderen Licht, wenn man die Logik des Herzens in Betracht zieht. Die Erkenntnis der globalen Interdependenz und Vernetzung ist de facto eine höhere Form von logischem Denken, das die Grundlage einer naturgemäßen Moral und Spiritualität bildet, die in der westlichen Kultur eher mit weiblicher als männlicher Entwicklung verknüpft sind. Das Einsetzen der Pubertät bewirkt bei Frauen einen weiteren Entwicklungsschub in diese Richtung. Doch wie so viele andere Aspekte der weiblichen Psychophysiologie ist auch die Menstruation lange Zeit in einem negativen Licht betrachtet worden.

Ein neuer Blick auf die Pubertät

Es war im Sommerlager in Camp Pembroke in Massachusetts, wo ich zwischen meinem achten und 15. Lebensjahr stets die Sommerferien verbrachte. An einem warmen Augustnachmittag – wir hatten zwischen Schwimmen und Volleyball eine halbe Stunde Zeit zum Umziehen und Ausruhen – hatte ich mich eben mit eine paar Freundinnen zu einem Kartenspiel hingesetzt, als die zehnjährige Vicki zu schreien begann. Das waren nicht die Schreie eines Mädchens, das hingefallen ist und sich wehgetan hat, und auch nicht die Schreie eines Mädchens, das sich vor Spinnen fürchtet, was bei Vicki zutraf. Das waren Schreie panischen Entsetzens. Eine unserer Betreuerinnen lief in das Badezimmer, aus dem die Schreie drangen. Vicki hatte soeben als Erste von uns ihre Periode bekommen und war mit ihren zehn Jahren völlig unvorbereitet auf diese Erfahrung.

Ich erinnere mich, dass mir Vicki einerseits Leid tat und ich sie gleichzeitig beneidete. Vicki war jetzt eine Frau, die Kinder bekommen konnte. Sie war durch irgendeine magische Pforte hindurchgegangen, und obwohl sie immer noch wie ein Kind aussah, war sie keines mehr. Dieser Vorgang erschien mir respektgebietend und geheimnisvoll – aber warum war sie so entsetzt? Ich fragte mich, ob die Menstruation etwas an sich habe, wovon ich nichts wusste, etwas viel Furchterregenderes, als ich durch meine Mutter und das Gemunkel in der fünften Klasse mitbekommen hatte. Aber statt mit Vicki oder mit den Betreuerinnen zu reden, besprachen die meisten von uns die Sache untereinander und isolierten so unsere Freundin, weil es uns Angst machte, was mit ihr vorgegangen war. Einige von uns wussten über die biologischen Grundtatsachen der Menstruation dank einer Broschüre Bescheid, die die Firma Kotex in den 50er-Jahren herausgebracht hatte. Wir waren auch überzeugt, dass es wehtat, die Periode zu bekommen, dass es eine übel riechende, schmuddelige und peinliche Angelegenheit war, dass es juckte und man sich dabei nicht wohlfühlte. Viele unserer Mütter nannten es »Der Fluch«.

Kurz zuvor hatte sich meine Mutter zu einem rudimentären Vortrag über die Bienen und Schmetterlinge aufgerafft. Das ging etwa so: »Bald wirst du deine Periode bekommen, die in dieser Broschüre beschrieben ist.« Sie drückte mir das berühmte Kotex-Manifest in die Hand. »Es ist unheimlich lästig, wie du weißt« – ich hatte sie oft genug im Bad angetroffen, um zu wissen, dass »Der Fluch« mit viel Blutvergießen und Verschleiß von Binden und Klopapier verbunden war –, »aber du wirst dich daran gewöhnen. Das Entscheidende ist, dass du«, ihre Stimme erstarb an diesem Punkt zu einem unheilverheißenden Flüstern, »nachdem du deine Periode bekommen hast, schwanger werden kannst. Die Jungen interessieren sich nur für ›das Eine‹. Und du bist diejenige, die den Preis dafür bezahlen muss. Wenn du schwanger wirst«, sie zischte diese unheimlichen Worte geradezu, »dann wirst du dir dein ganzes Leben ruinieren und der Familie Schande bereiten. Kein netter Mann wird dich jemals heiraten wollen. Lass dich also niemals, absolut niemals« (etwa an dieser Stelle ihrer Predigt drohte sie mir aufgeregt mit dem Finger) »von einem Jungen über den Tisch ziehen, wenn du weißt, was ich meine«, schloss sie mit vager Anzüglichkeit.

Ich wusste mehr oder weniger, was sie meinte. Wir Mädchen hatten den Beischlaf vorwärts und rückwärts durchgehechelt und alles, was wir nicht wussten, durch unsere Phantasie ergänzt. In unserer kichernden, erhitzten Vorstellung bekamen auch Jungen eine Art von Periode – einmal im Monat, wenn sie diese Billionen von winzigen Spermien produzierten –, und das war die einzige Zeit, zu der ein Mädchen schwanger werden konnte. Verglichen mit heutigen Zehnjährigen waren wir beklagenswert unwissend.

Mit elf Jahren machte unsere Freundin Julia eine Bergwanderung mit ihrer Mutter Sylvia und ihrer Tante Anne. Julia durchlebte bereits einige der wundersamen Veränderungen, die in der Pubertät gipfeln. Ihre Brüste begannen zu knospen, und sie hatte bereits die Hüften einer Frau. Anne und Julia begannen ein Gespräch über die erstaunliche Verwandlung, die in Julias Körper vorging. In gelöster Stimmung, lächelnd und lachend verglichen sie ihre Erfahrungen mit so aufregenden Ereignissen wie der ersten Entdeckung von Haarwuchs in den Achselhöhlen. Julia erzählte Anne über eine wunderbare Sendung, die sie im öffentlichen Fernsehen gesehen hatte und die ihr wirklich geholfen habe, sich auf das Geschehen vorzubereiten. Ihre Kenntnisse waren präzise und begleitet von freudiger Erregung und einem Gefühl von Ehrfurcht für das Mysterium, eine Frau zu werden.

Die jungianische Analytikerin Judith Dirk stellt in ihrem eindrucksvollen Buch *A Circle of Stones* bezüglich der Pubertät und anderen Übergangsphasen die Frage: »Wie anders wäre es gewesen, wenn ...?« Haben Sie sich das auch schon mal gefragt? Wie anders wäre es gewesen, wenn unsere Mütter uns ein Gefühl freudiger Erregung und der Ehrfurcht davor, eine Frau zu werden, vermittelt hätten, wenn die erste Periode nicht die Furcht vor Schwangerschaft mit sich gebracht hätte, wenn wir gewusst hätten, dass unsere Träume und unsere gesamte Wirklichkeit in Begriff waren, eine tief greifende Verwandlung durchzumachen, und wenn wir diesen Entwicklungsschritt als einen Segen und nicht als einen Fluch empfunden hätten?

Die Vorstellung, dass die Menstruation ein Fluch sei, eine Strafe für Evas Sünden und ein Zeichen der verdorbenen Natur der Frau, ist ein uralter Glaube. Plinius der Ältere, ein römischer Naturforscher, der ein Zeitgenosse von Jesus war, spiegelte das Denken seiner Zeit wider, als er schrieb, eine menstruierende Frau »lässt den Glanz von Spiegeln erblinden, die Schneide des Messers stumpf werden und beraubt das Elfenbein seines Schimmers«. Noch im 16. Jahrhundert verbreiteten medizinische Autoritäten das Schauermärchen, aus Menstruationsblut entstünden Dämonen. Einer persischen Legende zufolge, die älter ist als das Christentum, wurde die erste Frau von einer Schlange verführt und begann sofort zu menstruieren – ein Glaube, der auch noch von jüdischen Rabbinern geteilt wurde, die die Auffassung vertraten, der Fluch der Menstruation sei die Strafe für Evas Tändelei mit der Schlange im Garten Eden. Die arme verleumdete Schlange war jedoch einst das Symbol von Weisheit und Erneuerung und nicht ein Symbol des Todes und des Teufels gewesen, woran uns auch der australische Traumzeitmythos von der Regenbogenschlange erinnert, die der Sonnengöttin bei der Erschaffung der Welt half.

Bei indigenen Kulturen wie der amerikanischen Urbevölkerung gilt die Menstruation als Zeit positiver Kraft und nicht als Beweis von Sünde und bösen Kräften oder als lästiges Übel. Menstruierende Frauen werden vom Stamm abgesondert und müssen Zeremonien fernbleiben, nicht weil sie »schmutzig« sind, sondern weil man annimmt, dass sie in diesen Tagen einen verstärkten Zugang zur kosmischen Energie haben, die so stark ist, dass sie eine Zeremonie wirkungslos machen oder die Energieladungen anderer Menschen beeinträchtigen könnte. Jamie Sams, eine Medizinfrau der Seneca, hat erklärt, dass die »Mondzeit« einer Frau ein besonders günstiger Moment sei, um mit der Orenda in Kontakt zu treten – der spirituellen Kraft in jedem Menschen, die mit dem Großen Mysterium in Verbindung steht. Dies zu unterlassen, davon ist sie überzeugt, könne zu Krankheit und Erschöpfung beitragen, ein weiterer Grund, warum sich Frauen traditionsgemäß in die Mondhütte zurückziehen, um die natürliche Öffnung, die ihnen die Menstruation verschafft, zum Ausruhen und zur Kommunikation mit einer größeren Dimension zu nutzen.

Die Mohave-Indianer messen den Träumen, die während der Menarche, der ersten Menstruation, auftreten, großen Wert bei. Junge Mädchen werden angewiesen, alle ihre Träume in Erinnerung zu behalten, die sie anschließend mit einem weisen älteren Stammesmitglied besprechen. Die Zukunft des Mädchens kann dann aufgrund der Informationen, die sie durch die Traumzeit erhalten hat – unser Kontakt zu einer erweiterten, interdependenten Wirklichkeit – vorausgesagt und in die richtigen Bahnen gelenkt werden. C.G. Jung hat die Pubertät in ähnlicher Weise als eine Zeit des Wachwerdens für Zustände innerer Erkenntnis betrachtet, die manchmal mit psychotischen Zuständen verwechselt werden könnten wie im Falle der »Stimmen«, die die halbwüchsige Johanna von Orleans leiteten;

manche Theoretiker halten es für möglich, dass sie an epileptischen Anfällen ausgehend vom rechten Schläfenlappen gelitten hat.

Die Anatomie der Pubertät

Haben die physischen Vorgänge der Menstruation tatsächlich etwas an sich, was den Glauben stützen könnte, dass die Pubertät einen erweiterten Zugang zu Kraft und Wissen bzw. eine Verbindung zu außerkörperlicher Energie mit sich bringt? In der Pubertät synchronisiert sich der Körper einer heranwachsenden Frau genauestens mit den Energiezyklen des Mondes. Untersuchungen haben gezeigt, dass die Empfängnisraten (und damit die Ovulation) bei Vollmond oder am Tag davor den Gipfel erreichen und dass es auch in den Entbindungsstationen bei Vollmond deutlich mehr zu tun gibt. Bei Neumond sind die Ovulations- und Empfängnisraten insgesamt geringer, und weniger Frauen bekommen um diese Zeit ihre Periode. Die Ausrichtung der Menses auf die Mondzyklen werden durch das Zusammenspiel von vier Hormonen geregelt: dem follikelstimulierenden Hormon (FSH), dem luteinisierenden Hormon (LH), Östrogen und Progesteron. Um die Wechselwirkung dieser Hormone zu verstehen, müssen wir vier verschiedene Organe betrachten: die Zirbeldrüse und die Hypophyse im Gehirn, die Eierstöcke und die Gebärmutter.

Die *Hypophyse* (Hirnanhangdrüse) reagiert auf eine Unzahl von subtilen Einflüssen einschließlich Gefühlen, Stressniveau, Sexualität, Ernährung, Pheromone, Anblick und Geruch eines geliebten Menschen und Tageslänge. Auf die Hypophyse wirkt außerdem eine weitere, tief im Gehirn verborgene Drüse ein, die *Zirbeldrüse*, die das Neurohormon *Melatonin* absondert. Die mit kleinen Kristallen, dem so genannten Hirnsand, gefüllte Zirbeldrüse ist in Wirklichkeit das Rudiment eines dritten Auges, dessen Fähigkeit, auf Veränderungen im Hell-Dunkel-Zyklus zu reagieren, sowohl den Tagesrhythmus des Körpers reguliert, als auch die Hypophyse informiert, wann es Zeit ist, mit der Ausschüttung der Pubertätshormone zu beginnen. Bei anderen Tieren, vor allem den Vögeln, sorgt sie dafür, dass der Zeitpunkt des Schlüpfens in die Jahreszeit fällt, in der die Jungen die besten Überlebenschancen haben. Der französische Philosoph René Descartes hat die Zirbeldrüse als Sitz der Seele bezeichnet. Und vielleicht stimmt das, da viele Kulturen glauben, dass das Einsetzen der Menstruation mit einem profunden Erwachen von Energie, Intuition und der Fähigkeit einhergehe, Zugang zu Wissen aus anderen Sphären zu erhalten. In östlichen Kulturen korrespondiert die Zirbeldrüse mit dem sechsten Chakra oder dritten Auge. Vielleicht geht uns also in der Pubertät, wenn der Ausstoß an Hormonen der Zirbeldrüse den Höhepunkt erreicht, buchstäblich dieses Weisheitsauge auf.

In den Zeiten vor der elektrischen Beleuchtung begann die Pubertät bei Mädchen im Durchschnitt mit 14 oder 15 Jahren. Das künstliche Licht plus eine fettreiche Ernährung, die sowohl Östrogene enthält, welche zur Tiermast verwendet werden, als auch östrogenähnliche Chemikalien, die aus Pestiziden auf Organochlorbasis sowie aus Nebenprodukten der Papierbleiche, den Dioxinen, stammen, hatten zur Folge, dass die Mädchen gegenwärtig im Schnitt bereits zwischen elf und zwölf Jahren in die Pubertät kommen. Sobald die Zirbeldrüse der Hypophyse signalisiert, dass der richtige Zeitpunkt gekommen ist, beginnt diese, FRH und LH zu produzieren, und der Körper der jungen Frau fängt an, auf die Zyklen des Mondes und der Sonne anzusprechen. Unter dem Einfluss von FRH reifen in der Zeit zwischen Menstruation und Ovulation mehrere Ovarienfollikel – Zellsäckchen, die ein unentwickeltes Ei enthalten. Dies bezeichnet man als die *Follikelphase* des Zyklus. Die Zellen der Follikel reifen heran und erzeugen verschiedene Arten von Östrogen, vor allem das so genannte Östradiol, während die Eizelle an Größe zunimmt. Bei der Ovulation, dem Ei- oder Follikelsprung, wird eine Eizelle (gelegentlich auch mehrere) freigesetzt.

Nach der Ausstoßung des Eies verwandeln sich die zurückbleibenden Follikelzellen vorübergehend in ein endokrines (hormonproduzierendes) Organ, das so genannte *Corpus luteum*, den »Gelbkörper«. Der Gelbkörper stellt Progesteron her, das seinerseits bewirkt, dass sich die Schleimhaut der Gebärmutter verdickt und auf die Einnistung eines befruchteten Eies vorbereitet. Während der so genannten *Lutealphase* des Zyklus reichert sich die innere Schleimhautschicht des Uterus mit Glykogen an, einer speicherfähigen Form von Zucker. Die Blutgefäße vermehren sich aktiv und breiten sich in den Zellen der Uteruswand aus, um auf die Ernährung des befruchteten Eies vorbereitet zu sein, das sich dort einnisten könnte. Wenn keine Schwangerschaft erfolgt, bleibt der Gelbkörper nur zehn bis zwölf Tage funktionsfähig und stellt dann die Produktion von Östrogen und Progesteron wieder ein. Sobald das geschieht und der Progesteronspiegel wieder fällt, wird die Uterusschleimhaut in Form von Menstruationsblut ausgeschieden.

Wirken sich die hormonellen Veränderungen, die während des Zyklus stattfinden, auf die Wahrnehmungsfähigkeit oder das Seelenleben der Frauen aus? Eine Untersuchung, die die Psychoanalytikerin Dr. Therese Benedek und der Arzt Boris Rubenstein 1939 durchführten, wird in diesem Zusammenhang oft zitiert. Die beiden arbeiteten in verschiedenen Städten. Benedek machte Aufzeichnungen über das seelische Befinden und das Traumerleben der Probandinnen, während Rubenstein Abstriche von deren Scheidenschleimhaut untersuchte, ein Verfahren zur Dokumentation der Phasen des Menstruationszyklus. In der Follikelphase, als die Östrogenspiegel hoch waren, wirkten die Frauen kontaktfreudig und kreativ. In der Lutealphase, bei hohem Progesteronspiegel, wirkten sie eher introvertiert. Während der Ovulation waren die Frauen zufriedener und dankbarer für Zusendung – Forschungsergebnisse, die in jüngerer Zeit bestätigt wurden.

Die Gynäkologin Christiane Northrup hat eine erweiterte Deutung der Ergebnisse von Benedek und Rubenstein geliefert. Sie vergleicht die Phasen vor und während der Menstruation mit der Verdunkelung des Mondes. »Auch Frauen machen jeden Monat eine Periode der Dunkelheit durch, in der die Lebenskraft eine Weile zu verschwinden scheint (vor und während der Periode). Dies ist natürlich. Wir brauchen uns nicht zu fürchten oder zu glauben, wir seien krank, wenn unsere Energie und unsere Stimmung jeden Monat ein paar Tage lang einen natürlichen Tiefpunkt erreichen ... Untersuchungen haben gezeigt, dass die Menstruation bei den meisten Frauen während der Verdunkelung des Mondes (Neumond) und die Blutung zwischen vier und sechs Uhr morgens – zur dunkelsten Tageszeit – einsetzt.«

PMS als positiver bio-psycho-spiritueller Regelkreis

Ist es denkbar, dass das Bedürfnis, allein zu sein und schweigend gegen die Wand zu starren, über das viele Frauen während ihrer dunklen Mondphase berichten, keine schlimme Krankheit namens Prämenstruelles Syndrom (PMS) ist? Ist es denkbar, dass dies der natürliche Aufruf des Körpers zur Einkehr und Reflexion ist, zur Aufgeschlossenheit für größere Weisheit? Die jungianische Analytikerin Anne Ulanov beschreibt das weibliche Bewusstsein als periodisch und rhythmisch. Wir schwellen und schwinden. »Zur Zeit der Ovulation«, schreibt sie, »ist der Körper einer Frau empfängnisbereit und fruchtbar. Sie erlebt dann oft ein Gefühl der Hochstimmung, des Überflusses an sexueller Energie, einer neuen Kraft in ihren schöpferischen Gedanken und Inspirationen. Wenn ihr Ich nicht in Kontakt mit dieser Phase ihres Zyklus ist, dann verschwendet sie ihre Energien oft in erhöhter Geschäftigkeit.«

Aufgrund von klinischen Beobachtungen in ihrer Praxis nimmt Dr. Northrup an, dass wir mit größerer Wahrscheinlichkeit Symptome von PMS erleben werden, wenn wir in der Lutealphase, vor und während der Menstruation, unsere gewohnte Aktivität beibehalten und abblocken, was uns unser Körper in diesen Phasen des Zyklus sagen will. Sowohl Northrup als auch ich haben beobachtet, dass

Frauen im späteren Abschnitt des Zyklus eher zu negativen Grübeleien neigen. Dinge, die uns bedrücken, mit denen wir aber die Auseinandersetzung meiden, kommen dann oft ans Licht, als würden sie aus dem Unbewussten hochgespült werden, damit wir uns ihnen widmen können. Die 14-jährige Julia macht sich vielleicht Sorgen darüber, dass ihr Freund sie betrügt, aber sie will es nicht wahrhaben. So verleugnet sie ihre Gefühle und Ahnungen und versucht, weiterzumachen wie bisher. Ihr Stresspegel steigt an, und kurz vor der Menstruation brechen ihre Vermutungen in Form eines verstörenden Traums durch, in dem sich ihr Freund über sie lustig macht und ein anderes Mädchen zum Schulball einlädt. Untertags fühlt sie sich nervös und reizbar, während sie sich bemüht, sich ihre zunehmende Spannung nicht anmerken zu lassen; Adrenalin und Kortisol (ein Nebennierenhormon, das bei chronischem Stress ausgeschüttet wird) beginnen anzusteigen. Das Adrenalin macht sie fahrig und zappelig, das Kortisol, ein anabolisches, d.h. gewebeaufbauendes Hormon, macht sie hungrig. Sie stopft sich mit Süßigkeiten voll, die sie lethargisch machen. Nun verspürt sie ein starkes Bedürfnis nach Salzigem, mit der Folge, dass ihr Körper Wasser speichert und sie sich elend zu fühlen beginnt, was sie auf das Bevorstehen »des Fluches« zurückführt. Wäre sie bereit, über ihre zunehmenden Sorgen wegen der Treulosigkeit ihres Freundes zu sprechen, würde sie vielleicht feststellen, dass ihre Symptome auch ihr Gutes hatten, nämlich die Lösung einer emotional schwierigen Situation herbeizuführen.

Zur Zeit der berüchtigten kubanischen Raketenkrise ging ich noch zur Schule, und obwohl Politik nie meine Stärke war, erinnere ich mich an eine interessante Debatte, die damals aufkam. Ist eine Frau physiologisch geeignet, Präsidentin der Vereinigten Staaten zu werden? Die Argumentation lautete etwa folgendermaßen: Natürlich nicht. Was wäre denn, wenn sie gerade ihre Menstruationsbeschwerden hätte, während es zu einer Krise wie in der Schweinebucht kommt? Eine konfuse, aggressive Frau könnte unter dem Einfluss eines massiven hormonellen Schubes die Atomraketen abfeuern und das Ende der Welt herbeiführen. Diese Überlegungen, die in den 60er-Jahren einen Versuch darstellten, Frauen von Positionen politischer Macht fern zu halten, unterschieden sich kaum von der Argumentation, die der Ärztebund von Philadelphia 100 Jahre zuvor hervorgebracht hatte, als man versuchte, Frauen von medizinischer Ausbildung auszuschließen mit der Behauptung, deren zyklische Veränderungen machten sie schwach, konfus und konstitutionell ungeeignet, mit Krisen in der medizinischen Praxis fertig zu werden.

Die Genetikerin Anne Fausto-Sterlin von der Brown University vertritt die Auffassung, diese verunglimpfenden Vorstellungen von prämenstrueller »Verrücktheit« könnten die ärztlichen Ansichten über PMS beeinflusst haben. Insbesondere stellt sie die Arbeit von Katherina Dalton, der britischen Ärztin, die den Begriff Postmenstruelles Syndrom prägte, in Frage. Dalton machte durch so extreme Stellungnahmen Schlagzeilen wie ihre Aussage im Prozess einer Frau, die ihren Freund mit dem Auto überfahren und getötet hatte. Da diese Frau bedingt durch PMS an zeitweiliger geistiger Verwirrung gelitten habe, behauptete Dalton, sei sie für ihre Tat nicht verantwortlich zu machen. Zweifellos leiden manche Frauen ähnlich wie Julia an Symptomen, die mit der Verdrängung wichtiger Botschaften aus dem Unbewussten zusammenhängen können. Und wie im sechsten Kapitel eingehender erörtert, kommen bei Frauen, die die 30 überschritten haben, häufiger anovulatorische Zyklen vor, d.h. Zyklen, bei denen kein Ei freigesetzt wird und deshalb kein Gelbkörper entsteht, der Progesteron herstellt. Progesteron benötigen wir teilweise zum Ausgleich der physiologischen Wirkungen des Östrogens, und wenn es fehlt, können Symptome wie Aufgedunsenheit, Reizbarkeit und Verwirrtheit auftreten. Dalton hat tatsächlich manche Fälle von PMS sehr erfolgreich mit Zäpfchen mit natürlichem Progesteron behandelt. Doch wenn wir uns die Auffassung zu Eigen machen, dass die normale »Negativität«, die vor der Periode auftritt, in Verrücktheit oder Gewalttätigkeit eskalieren kann, dann wissen wir diese physiologische Gabe, die uns auf Bereiche unseres

Lebens hinweist, welche der Aufmerksamkeit bedürfen, um unser seelisches Gleichgewicht und die Harmonie in unseren Beziehungen zu erhalten, nicht zu schätzen.

Eine Untersuchung hat ergeben, dass weniger als 20% der freiwilligen Teilnehmerinnen die Kriterien für PMS – mäßige bis schwere physische oder psychische Symptome zumindest während der letzten sechs Menstruationszyklen – erfüllten. Sichtungen der Literatur haben durchgehend keine Bestätigung dafür ergeben, dass PMS für die meisten Frauen ein ernstes Problem darstellt, dennoch hält sich hartnäckig die Behauptung, dass Frauen generell durch dieses Syndrom außer Gefecht gesetzt würden. Eine der beeindruckendsten Tatsachen in Bezug auf den menschlichen Körper ist, dass Gefühle des Missbehagens selten grundlos auftreten. Sie sind gewöhnlich Bestandteil jenes Regelkreises, der letztendlich auf die Wiederherstellung der Homöostase abzielt. Wenn wir uns die immer besser belegte Auffassung zu Eigen machen, dass der Körper von einem System subtiler Chi-Energie funktionsfähig erhalten wird, die in Einklang mit einer größeren, universellen Energiequelle steht, dann können wir die Symptome des PMS als eine Blockade von Chi begreifen. Das Auftreten einer solchen Blockade ist dann als Bestandteil eines biologischen Feedback-Mechanismus zu deuten, der unsere Aufmerksamkeit auf die Frage richten soll: »Was geht in meinem Leben vor sich – in dem Geflecht von Beziehungen zu mir selbst, zu anderen und zur natürlichen Welt, was den Energiefluss blockiert und diese Symptome hervorruft?«

Die Psychophysiologin Margaret Altemus und ihre Kolleginnen führten eine sehr interessante Untersuchung über das Gehör und den Menstruationszyklus durch, die für diese Frage relevant ist. Sie benutzten dazu eine Technik, die man als *dichotomen Hörtest* bezeichnet, ein neuropsychologisches Messverfahren der Gehirnfunktionen. Sowohl in der Follikelphase des Zyklus (vor dem Eisprung) als auch in der Lutealphase (vor der Mensis) bekommen Frauen über Kopfhörer abwechselnd auf dem rechten und linken Ohr verschiedene Worte zu hören. Sinneseindrücke werden im Gehirn auf der jeweils entgegengesetzten Seite verarbeitet, d.h., eine akustische Wahrnehmung des rechten Ohres wird in die linke Gehirnhälfte weitergeleitet, die auch der Sitz der Sprachverarbeitung ist. Dem linken Ohr dargebotene Wörter werden in die rechte Hemisphäre geleitet und dann zurück in die linke dirigiert, wo sie als bedeutungsvolle Symbole wahrgenommen werden.

In einem Abschnitt des Versuchs wurden emotional getönte Wörter – sowohl positiver als auch negativer Konnotation – mit neutralen Wörtern gekoppelt und beide gleichzeitig jeweils einem Ohr dargeboten. Die Frauen wiesen generell eine starke Tendenz auf, vor der Periode weniger positive Wörter zu registrieren. Aber diejenigen, die über prämenstruelle Verstimmungen berichteten, hörten signifikant weniger positive Wörter als während ihrer Follikelphase, dem Stadium vor dem Eisprung. Die Autorinnen interpretieren dieses Ergebnis als Anzeichen für eine stärkere Aktivierung der rechten Hemisphäre und eine Abnahme der linkshemisphärischen Funktionen vor der Mensis. Sie stellen fest: »Diese Resultate deuten darauf hin, dass sich vor der Menstruation auch andere Aspekte der rechtshemisphärischen Funktionen verstärken könnten. Die Menstruationszyklus-Forschung hat sich bisher überwiegend mit den negativen Aspekten der prämenstruellen Phase beschäftigt. Neue Messungen könnten eine prämenstruelle Zunahme höher bewerteter rechtshemisphärischer Funktionen ergeben, speziell in der Gruppe von Frauen, die stärkere Verstimmungen verzeichnen.«

Eine Deutung dieser Ergebnisse besagt, dass Frauen Gefühle zyklisch erleben und äußern. Als gesellschaftlich geprägt neigen wir dazu, Negativität abzulehnen und die dunkle Seite unserer Gefühle zu leugnen. Das Zusammenspiel zwischen unserem Gehirn und unseren Hormonen bewirkt bei Frauen jedoch allmonatlich, dass sie in einem bestimmten Zeitraum neurophysiologisch weniger aufgeschlossen für Freude sind und eher zur Äußerung negativer Gefühle neigen, die sich vielleicht den ganzen Monat über in ihnen angestaut haben. Dieser emotionale Hausputz wird zu Unrecht als Gereiztheit oder Larmoyanz betrachtet, denn richtig verstanden und beachtet könnte er sich als wertvolles Mittel zum Stressabbau erweisen und uns vor Augen führen, was wir verändern oder beachten sollten, damit unser Leben reibungsloser verläuft. Dies ist der Nutzen eines Gefühls von Niedergeschlagenheit. Und da Intuition, Empathie und das Bewusstsein wechselseitiger Abhängigkeit ebenfalls rechtshemisphärische Funktionen sind, folgt daraus, dass die Stadien vor und während der Mensis tatsächlich Zeiten erhöhter Wahrnehmungsfähigkeit sind.

Eine der bedeutendsten Persönlichkeiten auf dem Gebiet der psychosomatischen Medizin, Larry LeShan, ist eine wandelnde Enzyklopädie von Untersuchungen – und zwar, was ebenso wichtig ist, auch von Untersuchungen, die niemals veröffentlicht wurden, weil die Forscher die Ergebnisse nicht deuten konnten. LeShan erzählte mir von einer Untersuchung, die Mitte der 40er-Jahre von BiologInnen am William and Mary College durchgeführt wurde und die ein sehr interessantes Korrelat zur prämenstruellen Verstimmung ergab. Als die menstruationsbedingten Stimmungsschwankungen das ganze Jahr über gemessen wurden, schälten sich zwei Konzentrationen hoher Negativität heraus, und zwar zu den zwei Äquinoktien – den zwei Tagen des Jahres, an denen die Zahl der hellen und dunklen Stunden gleich hoch ist. Da unsere Zirbeldrüse, die Hell und Dunkel registriert, engstens mit dem Einsetzen der Pubertät und der monatlichen Fluktuation von Hormonen zusammenhängt, wären heutige ForscherInnen von der Korrelation zwischen Hell-Dunkel-Zyklen, Hormonen und Stimmungen fasziniert gewesen. Aber da man vor 50 Jahren, als diese Untersuchung gemacht wurde, von diesen physiologischen Rückkopplungsmechanismen nur unvollständige Kenntnisse hatte, sahen die WissenschaftlerInnen ihre Ergebnisse als »Ausreißer« an und ließen sie prompt in den Schubladen verschwinden.

Was hat all dies zu bedeuten? Wir Frauen sind Geschöpfe der Natur, die physiologisch perfekt auf die Rhythmen von Finsternis und Licht, Sonne und Mond abgestimmt sind. Unser Gehirn und unser Hormonsystem funktionieren synchron, um uns aufgeschlossener für die intuitive Erkenntnis der wechselseitigen Zusammenhänge während unserer Menstruation und vielleicht während der Tag- und Nachtgleichen zu machen. Missbehagen und Verstimmung können als positive Aufforderung zur Reflexion verstanden werden, damit wir uns für die Einsichten öffnen, die uns über viele sensorische Kanäle – einschließlich des »sechsten Sinnes« – erreichen.

Die Gaben der mittleren Kindheit basieren auf den Reflexbögen der Empathie, der interdependenten Wahrnehmung und der Intuition, die sich bei Mädchen seit ihrer Geburt entwickelt haben. Die Fähigkeit, Beziehungen in aller Klarheit zu erkennen, die erstaunliche Gabe, Fälle von Ungerechtigkeit in Beziehungen zu erkennen und entschieden dagegen zu protestieren, und die Entwicklung einer Moral des Herzens sind bemerkenswerte weibliche Qualitäten, die die mittlere Kindheit kennzeichnen. Die Pubertät als das Eintreten in eine zyklische bio-psycho-spirituelle Rückkopplungsdynamik, die die Funktion hat, Klarheit zu bewahren, das psychische Gleichgewicht und die Beziehungsharmonie wiederherzustellen und uns für größeres Wissen aufzuschließen, stellt eine zusätzliche Gabe dar.

Der Lebensabschnitt, in dem Julia vom Kind zur Frau heranreift, ist eine spannende, aber auch eine verwirrende Zeit. Die Emotionen schlagen hohe Wellen; sie fragt sich, ob es immer richtig ist, offen über ihre Gefühle zu sprechen. Als sie ihrem Freund schließlich sagte, dass sie glaube, er hintergehe sie, wurde er wütend, und sie trennten sich. Einige Wochen später bestätigte sich, dass ihre Vermutungen richtig gewesen waren, aber sie vermisst ihn trotzdem. Die Wahrheit bringt die Menschen oft aus der Fassung, und Julia hat begonnen zu bemerken, dass ihre Mutter, wie viele Frauen, oft vermeidet, die Wahrheit zu sagen, um den Frieden zu wahren. Kann denn das richtig sein? Leidet die Qualität der Beziehungen nicht darunter? Die Logik des Verstandes und die Weisheit des Herzens mit der Intuition in Einklang zu bringen, die sie in Kontakt mit der vernetzten Welt der Beziehungen hält, ist eine Gabe, die für Julia ebenso wie für andere halbwüchsige Mädchen in unserer Kultur eine gewaltige Herausforderung darstellt, weil sie so wenige Rollenvorbilder hat, an die sie sich halten kann.

4

14. bis 21. Lebensjahr: Adoleszenz

Schneewittchen schläft ein, wacht aber von allein wieder auf

Die 15-jährige Julia sitzt mit der Familie beim Abendessen und schiebt die Erbsen auf ihrem Teller verdrossen zu immer neuen Mustern zusammen. Die Speisen bleiben zum größten Teil unberührt. Ihr 11-jähriger Bruder Alex plaudert über das nächste Spiel, das den beachtlichen Vorsprung gefährden könnte, den sein Club in diesem Frühjahr herausgeholt hat, aber die Mutter hat ihre Blicke auf Julia geheftet. Als sich eine Lücke im Gespräch ergibt, wendet sie sich mit der Bemerkung an ihre Tochter: »Herzchen, ich mache mir Sorgen um dich. Du siehst müde aus, und du wirst immer dünner.«

»Na, das ist wenigstens ein Lichtblick«, schnaubt Julia. »Ich bin zu dick, Mama. Beim Turnen machen sich alle über meine fetten Schenkel lustig. Es ist auch schon fast Sommer, und ich kann nicht einmal daran denken, einen Badeanzug anzuziehen. Und ich kriege überall Pickel.« Sie zeigt auf ein paar rosa Punkte an ihrem Kinn. »Ach, ich *hasse* mich«, schließt sie mit einem Laut des Unmuts und versinkt in Schweigen.

Julia ist eine Sportlerin mit straffen Muskeln, 1,65 m groß und wiegt 56,7 kg. Sie sieht toll aus. Ihr Vater, John, beeilt sich, ihr das zu sagen, und fügt hinzu, dass sie zu streng mit sich sei. Julia hebt den Blick von ihren Erbsen und funkelt ihn wütend an. »Was weißt du denn davon? Du gehst nicht in meine Schule. Die beliebten Mädchen sehen alle wie Kate Moss aus. Ich muss mindestens neun Pfund abnehmen«, klagt sie aufgebracht.

»Ja«, versucht Alex zu scherzen, »du hast wirklich etwas volle Pobacken.« Das hat gerade noch gefehlt! Mit Tränen in den Augenwinkeln presst Julia hervor: »Darf ich mich *bitte* entschuldigen«, während sie sich erhebt und in ihr Zimmer flüchtet. Ein paar Minuten später kehrt sie mit Joggingschuhen und Walkman gewappnet zurück, das glänzende braune Haar zu einem Pferdeschwanz hochgebunden und mit fluoreszierenden Sicherheitsbändern um die Knöchel, da es schon dunkel sein wird, wenn sie von ihrem allabendlichen 8-km-Lauf zurückkehrt.

»Pass auf dich auf!«, ruft John. »Ach, Papa.« Julia stemmt die Hände auf die Hüften und verzieht ihr Gesicht zu einer Grimasse des Widerwillens. »Ich bin kein Baby. Ich *kann* auf mich aufpassen.« Dann entspannt sie sich etwas, geht zu ihren Eltern hinüber, drückt beiden ein Küsschen auf die Wange und fügt leise hinzu: »Hört auf, euch so viele Sorgen um mich zu machen, Leute. Jeder muss einmal erwachsen werden.«

Schneewittchen schläft ein

In ihrem Bestseller *Reviving Ophelia* [dt.: *Pubertätskrisen junger Mädchen*, Frankfurt: W. Krüger, 1996] schreibt die Psychologin Mary Pipher: »Etwas Dramatisches geschieht mit Mädchen in der frühen Jugend. So wie Flugzeuge und Schiffe auf geheimnisvolle Weise im Bermuda-Dreieck verschwinden, löst sich das Selbstbewusstsein unzähliger Mädchen in Luft auf. Sie zerschellen und verbrennen im Bermuda-Dreieck der Pubertät ... Märchen haben den Kern dieses Phänomens erfasst. Junge Frauen essen vergiftete Äpfel oder stechen sich an vergifteten Nadeln in den Finger und versinken in einen 100-jährigen Schlaf.«

Der Titel von Piphers Buch bezieht sich auf die Geschichte von Shakespeares Ophelia, die ein glückliches und patentes Mädchen war, aber seit Beginn ihrer Pubertät um Hamlets Anerkennung buhlt und sich dabei selbst verliert. Sie ist eine Symbolfigur für den Prozess, der charmante, phantasievolle, klarsichtige, energiegeladene Mädchen wie Julia oft in dumpf vor sich hin brütende, verschlossene Teenager verwandelt. Dies ist kein neues Phänomen. Shakespeare hat es ebenso beschrieben wie zahlreiche PsychologInnen, die eine bis 1905 zurückreichende Literatur hervorbrachten, in der die für dieses Alter kennzeichnende Abnahme an Selbstwertgefühl, eine ins Bodenlose abstürzende Bewertung des eigenen Körperbildes, Essstörungen, Depressionen und Suizidgedanken dokumentiert werden. Mädchen, die in den mittleren Kindheitsjahren tüchtig, ausgelassen und kontaktfreudig waren, werden als Halbwüchsige oft unsicher, depressiv und verwirrt. Eine Vielzahl psychologischer und soziologischer Theorien sind zur Erklärung dieses Verlustes an Selbstbewusstsein herangezogen worden. In diesem Kapitel werden wir auf einigen dieser Theorien aufbauen, sie mit der Reifung der bio-psycho-spirituellen Regelkreise in Beziehung setzen und schließlich untersuchen, warum das Einschlafen des Selbstgefühls einen natürlichen Bestandteil der weiblichen Entwicklung darstellen könnte.

Die Macht zu sein oder die Macht zu gefallen

Die Halbwüchsigengeschichte von Schneewittchen ist stets als ein Drama über die Macht oder besser gesagt die relative Machtlosigkeit von Frauen gedeutet worden. So unterschiedliche Autorinnen wie Simone de Beauvoir und die Neofreudianerin Karen Horney vermuten, dass die Zweifel und Depressionen des heranwachsenden Mädchens zeitgleich mit ihrer wachsenden Erkenntnis auftreten, dass Frauen in unserer Kultur wenig andere Möglichkeiten der Machtentfaltung haben, als geliebte, fügsame Anhängsel von Männern zu werden. Wenn ihre Macht dadurch zustande kommt, dass frau lernt, einem Mann zu gefallen, wie Ophelia Hamlet zu gefallen versucht oder wie Julia etwaigen Verehrern zu gefallen versucht, indem sie fanatisch auf ihr Gewicht achtet, dann beginnt das Mädchen manche ihrer eigenen Talente und Interessen aus den Augen zu verlieren.

Das Zentrum dieses Dramas bildet eine unaufhebbare Spannung, ein klassischer *double bind*, d.h. eine Situation, bei der man nicht gewinnen kann, gleichgültig, ob man etwas tut oder nicht. Um als eigenständige Person Erfolg zu haben, muss eine Frau denken und handeln wie ein Mann; dennoch wird sie in einem Spiel, das nach männlichen Regeln funktioniert, immer als zweitrangig gelten. Außerdem wird das Verhalten einer erfolgreichen Frau schnell als maskulin und bedrohlich empfunden, was es ihr erschwert, eine intime Liebesbeziehung einzugehen. Die Heranwachsende, die eine Expertin in der Deutung der Nuancen persönlicher Beziehungen ist, erwacht aus der heiteren, freimütigen Periode der mittleren Kindheit mit der plötzlichen, niederschmetternden Erkenntnis dieses weiblichen Dilemmas.

Meine Mutter, eine gebildete Frau, die Ende der 20er-Jahre ein Studium an der Boston University abschloss, hat dieses Dilemma in meinen Jugendjahren zusammen mit einem unwillkommenen Ratschlag angesprochen: »Du bist ein kluges Mädchen, Joani, aber lass es die Jungen nicht merken. Männer fürchten sich vor klugen Frauen, und am Ende wirst du in deinem Elfenbeinturm allein sein.« Ihr Rat erinnert mich an die Geschichte von Rapunzel, die, von einer Hexe in einen Turm gesperrt, ihr Haar als Seil herunterlassen muss, um mit ihrem Liebhaber beisammen sein zu können. Und was ist mit Schneewittchen? Ihre Schönheit und Güte waren eine Herausforderung für die böse Königin – wie Rapunzels Hexe eine Metapher ist für die negative, aggressive Schattenseite der Maskulinität, die Frauen in sich selbst fürchten. Dazu verleitet, einen vergifteten Apfel zu essen, sinkt Schneewittchen in einen todesähnlichen Schlaf, aus dem sie erst erwacht, als ein charmanter Prinz, der sie in einem gläsernen Sarg daliegen sieht und von ihrer Schönheit bezaubert ist, sie mit einem Kuss zum Leben erweckt. Die fatale Botschaft dieser Geschichte ebenso wie der von Rapunzel ist, dass der maskuline Aspekt einer Frau todbringende Eigenschaften verkörpere. Der Apfel ihrer Weisheit sei vergiftet, und ihre einzige Hoffnung auf ein gutes Leben bestehe darin, einen Prinzen anzulocken, der sie wegen ihrer Leben spendenden Eigenschaften der Unterordnung, Güte und weiblichen Schönheit bewundert. Der Wunsch einer jungen Frau, einem Mann zu gefallen, hat jedoch sowohl biologische als auch soziologische Wurzeln, was erklären könnte, warum dieses Machtdilemma der Adoleszenz für manche junge Frauen ein Drama auf Leben oder Tod sein kann.

Die Soziobiologie des Körperbildes

Wie viele Teenager hat auch Julia den brennenden, egozentrischen Wunsch, attraktiv zu sein. Obwohl dieses Verlangen sicher zum Teil durch Werbung, Filme, Fernsehen und Ähnliches geweckt wurde, sind Sorgen um die Schönheit doch letztlich triebgesteuert, weil sie mit dem stärksten biologischen Impetus zusammenhängen – Sexualität und Arterhaltung. Die Rituale der Werbung und Paarbildung mögen sich in verschiedenen Zeiten und Kulturen unterschieden haben, dennoch folgen sie einem Grundmuster, das die Anthropologin Helen Fisher in ihrem faszinierenden Buch *Anatomy of Love* [dt.: *Anatomie der Liebe*, München: Knaur, 1995] so gut auf den Punkt bringt. Kräftige, breithüftige, dralle Frauen mit gesunder Haut werden von Männern aller Kulturen bevorzugt, weil diese Eigenschaften günstige Voraussetzungen für die Fortpflanzung darstellen. Diese Präferenz ist in das instinktgesteuerte Reptiliengehirn, dessen Hauptinteresse das Überleben ist, fest einprogrammiert. Aber wie Julia weiß, ist das gegenwärtige weibliche Ideal der attraktiven (weißen) Frau – dem sie nacheifert – das spargeldünne Model und der durchtrainierte Filmstar. Superschlank ist angesagt. Und wenn gesellschaftliche Zwänge in Widerspruch zur Biologie geraten, dann stehen Probleme ins Haus.

Eine 1995 an der Universität von Arizona durchgeführte Untersuchung ergab, dass 90% der halbwüchsigen weißen Mädchen unglücklich über ihr Gewicht waren. Diese Mädchen führten Maße und Gewicht eines Supermodels (1,70 m/45 bis 50 kg) als Ideal an. Da die Durchschnittsamerikanerin 64 kg wiegt und weniger als ein Viertel der Amerikanerinnen größer als 1,60 m ist, »stimmt an diesem Bild etwas nicht«, wie meine Kinder oft sagen. Laut Umfragen gaben 1994 nicht weniger als 62% der weißen Mädchen an, auf Diät zu sein. Wenn es mittelalterliche Streckbetten zu kaufen gäbe, dann würden sich zweifellos viele Teenager darum reißen, in der Hoffnung, auf diese Weise größer zu werden.

Die Ironie des Kampfes gegen die Fettpolster ist, dass sich Julia ihre Angst wegen der zu üppigen Schenkel ersparen könnte, wenn es nach der Mehrzahl der Männer ginge, denen sie unbedingt imponieren möchte. Die diesbezüglich befragten Schüler einer Highschool des Mittelwestens fanden, dass spindeldürre Supermodels »ungesund« und »abstoßend« wirken. Dralle, gesunde Frauen sind offenbar ein biologisches Ideal, das schon deshalb nicht unmodern wurde, weil dieses Schema für Attraktivität in uralte neuronale Schaltkreise einprogrammiert ist, die der Erhaltung und der Vermehrung der Spezies dienen. Aber viele weiße Frauen können das Gefühl nicht loswerden, dass sie gar nicht reich oder schlank genug sein können. Sechs Monate nach Beginn einer neuen Beziehung im Alter von 49 Jahren (ich bin 1,60 m groß und wiege gewöhnlich zwischen 51 und 54 kg) erinnerte ich mich wehmütig an mein College-Gewicht von 45 bis 47 kg. Mein künftiger Mann war schockiert. »Huch, du musst furchtbar ausgesehen haben! Weißt du nicht, dass Männer keine Frauen mit Spindelbeinen mögen?« Er lachte und stimmte einen Schlager mit einschlägigem Text an. Ich fragte mich, warum ich das immer geglaubt hatte und ob es mir je gelingen würde, diese kulturelle Konditionierung abzuschütteln.

Im Gegensatz zu den weißen Mädchen ergab eine Untersuchung der Universität von Arizona nicht nur, dass 70% der schwarzen Mädchen mit ihrem Körper zufrieden waren, sondern auch, dass 64% fanden, es sei besser, ein bisschen zu viel als zu wenig zu wiegen. Außerdem fanden 65%, dass Frauen im Lauf der Jahre schöner werden, während weiße Mädchen glauben, die Schönheit verwelke. Selbst schwarze Mädchen mit erheblichem Übergewicht bezeichneten sich als glücklich. Das Positivste an der schwarzen Kultur war die Erkenntnis, dass Schönheit eine *Einstellung* ist und nicht ein äußeres Merkmal. Eine der Koautorinnen der Studie, die Anthropologin Mimi Nichter, bemerkte dazu, dass das »Fenster der Schönheit« in der weißen Kultur sehr klein sei. Es wird offenbar noch kleiner, wenn wir älter werden. Eine Untersuchung der American Association of University Women ergab, dass 60% der Grundschülerinnen mit sich zufrieden waren. In der Highschool traf dies nur noch auf 30% zu. Die Übrigen hatten sich wie Julia irgendwo im Dickicht gnadenloser Selbstkritik verfangen.

Nahezu 10% der jungen Amerikanerinnen, eine Zahl, die in der Adoleszenz auf 20% ansteigt, hungern ständig oder neigen zu Ess-Exzessen, gefolgt von künstlich herbeigeführtem Erbrechen. 90 bis 95% aller Anorektiker und Bulimiker sind Frauen. Anorexie ist eine potentiell tödliche Krankheit; fünf bis 15% der stationär behandelten AnorektikerInnen sterben während der Behandlung, und nur etwa 50% werden schließlich geheilt. Obwohl Berichte über Anorexie bereits aus dem Jahr 1825 vorliegen, glauben ForscherInnen wie Naomi Wolf, dass die Magersucht erst in den 20er-Jahren unseres Jahrhunderts um sich griff, als die kantige Silhouette der *Flappers* das kurvenreichere Ideal ihrer Vorgängerinnen ablöste. Zum ersten Mal drängten die Frauen in großer Zahl auf den Arbeitsmarkt, und sie übernahmen die äußeren Merkmale von Männern. Der Trend zu knabenhaften Körpern hat sich seither ständig verstärkt. Die Mannequins in der Generation meiner Mutter wogen nur 8% weniger als der Durchschnitt; die heutigen Models liegen fast 25% darunter. Die Miss Schweden von 1951 war 1,70 m groß und wog 68 kg. Die Miss Schweden von 1983 maß 1,75 m und wog 49 kg. Und obwohl die Models magerer geworden sind, hat das Durchschnittsgewicht der Amerikanerin seit den 50er-Jahren zugenommen, so dass inzwischen eine enorme Diskrepanz zwischen der Wirklichkeit und dem Ideal klafft. Teenager wie Julia fallen in die entstandene Kluft und verlieren ihre Selbstachtung und ihr Selbstvertrauen, während sie sich nach einem Körper sehnen, der ihnen einfach nicht bestimmt war.

Die Neurobiologie des Körperbildes

Die Neurobiologie des Essverhaltens bildet einen faszinierenden Kontext für soziologische Betrachtungen hinsichtlich des Körperbildes. Als der Neurochirurg Wilder Penfield vor Operationen Hirnareale seiner Patienten stimulierte, entstand daraus allmählich ein detailliertes Abbild des Körpers, wie es auf der Oberfläche des Cortex lokalisiert ist. Es gibt zwei solcher Gehirnkarten: eine für Berührung (somatosensorisch) und die andere für Körperbewegungen (motorisch). Diese Hirnkarten sehen wie verzerrte menschliche Körper aus – manche Teile sind viel größer oder kleiner als ein wirklicher Körper – und werden als *homunculi* oder »Menschlein« bezeichnet. Am überdimensionalsten ist sowohl beim sensorischen wie beim motorischen Homunculus der Kiefer repräsentiert, weil wir Säugetiere sind und die Fähigkeit, als Kleinkinder an der Mutterbrust zu saugen, die wichtigste, dem Überleben dienende willentliche Aktivität ist.

Als Babys werden die meisten von uns für die Nahrungsaufnahme belohnt. Neben der Stärkung basaler Schaltkreise im sensorischen und motorischen Areal des Cortex erzeugt die Nahrungsaufnahme also auch robuste myelinisierte Reflexbögen zwischen dem limbischen System und den Stirnlappen, die uns die Botschaft übermitteln, dass die Nahrungsaufnahme eine sozial akzeptable Tätigkeit ist, die uns sowohl einen Lustgewinn als auch eine Belohnung seitens unserer Lieben beschert. Julia wurde wie viele Kinder von Anfang an darauf gedrillt, ihren Teller leer zu essen. Erinnern Sie sich an all die hungernden Kinder in China oder Indien, die als Ansporn herangezogen wurden, damit Sie Ihre Mahlzeiten aufaßen? Sie leben in unserem neuralen Schaltkreis weiter und veranlassen uns, unseren Eltern Freude zu bereiten, indem wir essen, eine Tätigkeit, die von Natur aus lustbetont ist. Die Nahrungsaufnahme stimuliert nicht nur Nervenzellen im mittleren Vorderhirnknoten des Hypothalamus, dem »Lustzentrum« des Gehirns, sie übermittelt auch Botschaften vom limbischen System an die Frontallappen entlang der Leitungsbahnen, die Mama und Papa verstärkt haben, indem sie uns als kleine Kinder lobten, wenn wir »brav aßen«. Was könnte angenehmer sein, als eine biologisch lusterzeugende Tätigkeit auszuüben, die außerdem die Gefühle von Geborgenheit, Selbstvertrauen, Selbstachtung und Zugehörigkeit auslöst, welche durch elterliches Lob hervorgerufen werden? Wenn man sich ein selig nuckelndes Baby vorstellt, das in liebevollen Armen gewiegt wird, dann bekommt man eine Ahnung von der Macht des positiven Verstärkers, den die Nahrungsaufnahme darstellen kann.

Während wir in der frühen Kindheit für das Essen gelobt wurden, haben viele weiße Mädchen wie Julia in der Adoleszenz die dazu in krassem Widerspruch stehende Botschaft internalisiert, dass Essen schlecht sei – es macht dick. Soziale/biologische Zwickmühlen sind naturgemäß belastend, speziell wenn sie lebenswichtige Regelkreise wie die Nahrungsaufnahme betreffen. Als ich in den 60er-Jahren am Bryn Mawr College an meiner Dissertation arbeitete, führte ich in der pharmazeutischen Abteilung von Wyeth Laboratories Forschungen durch. Bei dem Projekt ging es um die Kontrolle von Essverhalten unter spezieller Berücksichtigung eines bestimmten Neuronenverbandes im Hypothalamus, dem so genannten ventromedialen Nucleus (VMN). Wenn dieses Areal zerstört wird, verliert ein Tier die Kontrolle über seinen Appetit und setzt Fett an. Es stellte sich heraus, dass der VMN bei Frauen auch der Sitz der sexuellen Erregung ist. Sexualität und Essverhalten hängen also eng miteinander zusammen. Die Tatsache, dass viele Mädchen, die in der Kindheit und Jugend sexuell missbraucht wurden, später übergewichtig werden, könnte also komplexere Ursachen haben als die häufig zitierte Hypothese, dass überschüssiges Fett eine Art von Körperpanzer darstelle, den unbewussten Versuch, weiterer Ausbeutung zu entgehen. Die enge räumliche Nachbarschaft von Neuronen, die das Gewicht kontrollieren, und solchen, die sexuelle Erregung übermitteln, könnte eine biologische Erklärung für die Gewichtszunahme liefern. Auch selbstverordnete Hungerkuren sind mit einer sexuellen Problematik in Verbindung gebracht worden. Eine Theorie der Magersucht geht davon aus, dass pubertierende Mädchen, die sich davor fürchten, erwachsen und sexuell reif zu werden, Fastenkuren als Mittel benutzen, um ihre Pubertät hinauszuzögern oder ihre Periode zu stoppen.

Die Politik der Selbstkasteiung

Das Problem mit allen gängigen Erklärungen der Magersucht, einschließlich solcher, die auf biologische Ursachen, gesellschaftliche Wertvorstellungen oder gestörte Familienverhältnisse verweisen, ist, dass sie nicht ausreichen, um das gehäufte Vorkommen von Anorexie bei weißen Mädchen der oberen Mittelschicht zu erklären. Tatsächlich ist die Selbstkasteiung ein Krankheitsbild, das fast ausschließlich bei besonders intelligenten, privilegierten jungen Frauen vorkommt. Die Psychologin Catherine Steiner-Adair vertritt ein interessantes anthropologisch fundiertes Modell, das diese soziologischen Erkenntnisse berücksichtigt. Sie schreibt: »In der ganzen Welt hat der mollige weibliche Körper immer den Wert von Beziehungen im Leben, die Verbundenheit und Vernetzung der Menschen untereinander repräsentiert. Das offenkundigste Symbol ist das der vollbusigen, breithüftigen und schwangeren ›Großen Mutter‹. Sie vergleicht die Magersucht mit einem unbewussten Hungerstreik, bei dem das halbwüchsige Mädchen einen politischen Protest gegen eine Gesellschaft veranstaltet, die sich vom Vorrang von Beziehung und Verbundenheit abgewandt hat und jene zentralen weiblichen Werte herabsetzt, welche für die Identität des heranwachsenden Mädchens unverzichtbar sind. Die ausgehungerte, abgezehrte Frau werde zu einem drastischen Symbol einer ausgehungerten, dekadenten Kultur, die der jungen Frau wenige Rollenvorbilder anbietet, welche sie verinnerlichen könnte, während sie sich eine starke, beziehungsorientierte Identität schafft.

Eine Identität finden

Julia hat Schmetterlinge im Bauch, als sie aus dem Auto ihrer Freundin Amber aussteigt und sich fragt, ob ihre Eltern wohl zu Hause sind. Ihre Hand fasst flüchtig an den Nasenflügel, der noch von dem kleinen Goldring sticht, der ihr soeben von einem Juwelier im Einkaufszentrum eingesetzt wurde. Hin und her gerissen zwischen der Solidarität mit ihren Freundinnen, von denen sich zwei soeben demselben Initiationsritus unterzogen haben, und mit ihren Eltern, die, wie sie mit Sicherheit annimmt, »an die Decke gehen« werden, fühlt sich Julia von einem Strudel widersprüchlicher Gefühle erfasst. Einerseits ist sie stolz auf ihre Unabhängigkeit, andererseits hat sie Gewissensbisse, weil sie die konservativen Werte ihrer Familie verrät. Sie fühlt sich gleichzeitig wie eine Frau und wie ein schlimmes kleines Mädchen. Allen Mut zusammennehmend, um das Haus zu betreten, entscheidet sich Julia instinktiv für Aggressivität als nützlichstes Gefühl, um den erwarteten Angriff durchzustehen. Das Problem ist, dass es Julia im Gegensatz zu ihrem Bruder Alex schwer fällt, Aggressionen auszudrücken, und dass sie eher dazu neigt, bei Konfrontationen reuig und fügsam zu reagieren, um den Frieden wiederherzustellen. »Wenn sie Alex die Hölle heiß machen würden wegen eines Ohrrings«, denkt sie, »würde er auf seiner Entscheidungsfreiheit bestehen und dann einen dramatischen Abgang machen, seine Schlafzimmertür zuschlagen und seine Anlage mit einer Billion Dezibel wummern lassen. Ich wünschte mir, ich hätte auch den Mumm dazu, aber ich bin ein derartiger Waschlappen. Wahrscheinlich werde ich bloß wieder zu Kreuze kriechen und mir das blöde Ding aus der Nase ziehen.«

Alex ist zufällig allein in der Küche, als Julia mit gespielter Forschheit hereinplatzt. Von seinem Thunfisch-Sandwich in Anspruch genommen, entgeht ihm der Nasenschmuck seiner Schwester. Enttäuscht über diese mangelnde Beachtung lenkt Julia sein Augenmerk auf ihr neues Symbol unabhängiger Identität. Sein Gesicht zerfließt zu einem breiten Grinsen: »Hey, das ist echt abgefahren«, äußert er anerkennend. »Die beiden werden dich sicher einbuchten.« Julia hat sich diese Möglichkeit sorgfältig überlegt, da ihre beste Freundin, Gwen, zwei Wochen nach ihrem Lippenpiercing immer noch Ausgehverbot hat. Die einzige übrig gebliebene Spur ist ein kleines rotes Mal, wo sich das Loch wieder geschlossen hat, nachdem ihre Mutter sie zwang, den Goldring wegzuwerfen. Gwen ist wütend auf ihre Mutter, weil sie abends nicht fort darf, und noch wütender auf ihren Vater, der niemals seine eigene Meinung kundtut, jetzt, da er und ihre Mutter geschieden sind. Wie viele halbwüchsige Mädchen äußert Gwen ihre Wut indirekt durch verschiedene Akte stummer Auflehnung. Gwen ist wie 15% ihrer Altersgenossinnen seit ihrem 15. Lebensjahr sexuell aktiv und benutzt ihre sexuelle Promiskuität unbewusst als Ventil für Aggressionen gegen ihre Eltern, während sie sich durch ihren jeweiligen Freund ein vorübergehendes Gefühl von Frieden und Zugehörigkeit verschafft. Im Gegensatz zu Gwen neigt Julia nicht zu sexuellem Ausagieren; wenn sie Ausgehverbot hat, zieht sie sich eher in sich zurück und verbringt ihre Zeit mit einsamen Unternehmungen wie Jogging und Lesen. Beiden Mädchen fällt es schwer, Meinungen und negative

Gefühle zu äußern, aber sie kompensieren dies auf verschiedene Weise.

Als Sylvia und John von einem Besuch bei Freunden nach Hause kommen, sind sie überrascht und nicht gerade entzückt über den Nasenring ihrer Tochter, aber sie sind klug genug, sie nicht vor den Kopf zu stoßen. Julia ist ein verantwortungsbewusstes Mädchen, und die größte Sorge der Eltern ist, dass sie sich rasch entmutigen lässt und aufgibt, wenn die Dinge, die sie sich wünscht, nicht leicht zu erreichen sind. Das Gespräch wird denn auch von ihrer elterlichen Enttäuschung darüber bestimmt, dass Julia ihnen nicht genügend vertraute, um ihr Vorhaben mit ihnen zu besprechen, bevor sie es ausführte, und von behutsamen Nachfragen, warum sich Julia das Piercing gewünscht habe. Die Ehrlichkeit der Eltern und die Tatsache, dass sie über ihre gefühlsmäßigen Reaktionen sprechen, statt Julia Vorwürfe zu machen, erleichtert es Julia, ihre eigenen Gefühle von Enttäuschung und Verletztheit zu gestehen. Sie ist aufgrund wachsender Entfremdung von einer Clique von Mädchen fallen gelassen worden, mit denen sie seit der Grundschule befreundet war. Julia mag Leichtathletik und Basketball, diese Mädchen ziehen Partys vor. Julia hat ihre Niedergeschlagenheit überwunden, als sie Anschluss an eine neue Gruppe von Gleichaltrigen fand, zu deren Wertvorstellungen klassische Musik, körperliche Fitness und Nasenringe zählen – Nasenringe als pikante Note, vermutlich aus dem Wunsch heraus, nicht spießig zu erscheinen. Dank des Vertrauens ihrer Eltern und deren Fähigkeit zu respektvoller Kommunikation darf Julia ihren Nasenring behalten. Sie hat auch Gelegenheit bekommen, sich in der Äußerung ihrer Gefühle, speziell von Wut, zu üben.

Wie wir unsere Stimme verlieren

Wenn Julia nicht ihre eigene Stimme findet, wird sie in Gefahr geraten, die Rolle der Friedenswahrerin weiterzuspielen und schließlich gewohnheitsmäßig auf eigene Meinungen und Wünsche verzichten, damit die Beziehungen reibungsfrei verlaufen. Ihr Entschluss, bei den ständigen Partys ihrer alten Freundinnen nicht mehr mitzumachen, obwohl das den Frieden gewahrt und das alte Beziehungsgeflecht erhalten hätte, war ein wichtiger Schritt zur Entwicklung eines authentischen Selbstbildes. Dass sie sich den Nasenring zulegte, war ein Zeichen der Solidarität mit einer neuen Gruppe und erinnerte sie an ihre innere Stärke. Gwen wurde dagegen zum Verstummen gebracht, sowohl von einer Kultur, die den Menschen Schönheit und Sexualität als Eintrittskarte zum Club verkauft, als auch durch Eltern, die sich nicht die Mühe machten, die Geschichte hinter dem Lippenring hören zu wollen, bevor sie ein generelles Ausgehverbot über ihre Tochter verhängten. Für Gwen verkörpert der Akt des Piercings ein Gefühl von Verlorenheit; für Julia ein Gefühl neuer Zugehörigkeit.

Die Psychologin Lyn Mikel Brown, die dem Harvard-Forschungsteam von Carol Gilligan angehört, schreibt, welche Kraftquelle es für ein heranwachsendes Mädchen wäre, wenn sie Gelegenheit erhielte, ihre eigene Geschichte auf der Schwelle ihres Heranreifens zur Frau in einer ritualisierten Weise zu erzählen. Als ich in der Unterstufe der Highschool war, versuchte ich, etwas Vergleichbares zu tun. Ich setzte mich eines Tages hin und schrieb die Geschichte meines Lebens nieder, wobei ich meine tiefe Bestürzung darüber ausdrückte, dass meine Mutter und ich auf verschiedenen Wellenlängen lebten. Sie wollte, dass ich später einen Arzt heiraten und die Gattin eines wohlhabenden und einflussreichen Mannes werden sollte. Ich wollte nicht von der Macht eines Mannes profitieren, sondern meine eigene entwickeln – statt einen Arzt zu heiraten, wollte ich selbst Ärztin werden. Das einzige Mittel, um meine Mutter glücklich zu machen, war, auf mein Äußeres bedacht zu sein, das ihren Ansprüchen niemals zu genügen schien. Ich habe ihren Maßstäben nie entsprochen, und ebenso wenig hat sie mir zugestanden, dass die meinen anders sein könnten.

Als ich eines Tages von der Schule nach Hause kam, war dort die Hölle los. Meine Mutter hatte meine Geschichte gelesen, sie hatte meine Privatsphäre verletzt, und sie war zutiefst gekränkt. Hatte sie nicht das Beste für mich getan, mir alles gegeben? Sie konnte nicht verstehen, wieso sich ein Mädchen, das so viel hatte, so leer fühlen konnte, deshalb sprach sie mir das Recht auf diese Gefühle ab. Ich sei ein verwöhntes, undankbares Kind, das sich schämen sollte. Danach sprachen wir, abgesehen vom Nötigsten, einen Monat lang nicht mehr miteinander, und wir redeten weitere 30 Jahre nicht mehr über Gefühle. Die unselige Folge davon, dass meine Geschichte nicht anerkannt, sondern verspottet wurde, war, dass ich eine gefährliche Identität ausbildete. Statt Joani zu werden, definierte ich mich als das Gegenteil von Lillian – das Gegenteil meiner Mutter: Sie war aggressiv, deshalb versuchte ich, alle Leute zufrieden zu stellen; sie ging jede Woche zum Friseur, deshalb ließ ich mir die Haare bis zur Taille wachsen; sie war besessen von Kleidern, deshalb zog ich mich wie ein Hippie an.

Während ich Teile meiner selbst durch eine negative Identifizierung einbüßte, verlieren sich viele Heranwachsende in einer positiven Identifizierung mit einer kulturellen Norm, die Frauen in die Rolle einer fügsamen Friedensstifterin drängt. Wir werden im Laufe unserer Sozialisation zunehmend darauf gedrillt, nett zu sein, andere zu erfreuen und keine peinlichen Fragen zu stellen oder heikle Themen anzuschneiden. Diese Konditionierung nimmt in den Jugendjahren immer stärker zu und lässt die Mädchen verstummen, die sich in der mittleren Kindheit kein Blatt vor den Mund nahmen, Mädchen, deren entspannter Umgang mit der Welt der Beziehungen sie veranlasste, die Wahrheit über das zu sagen, was sie in der Arena menschlicher Beziehungen sahen und hörten. Mit zehn Jahren beobachtete Julia die Körpersprache ihrer Mutter und fragte sie, warum sie wütend sei. Wenn Sylvia ihre Gefühle verleugnete, dann insistierte ihre Tochter hartnäckig auf der Wahrheit. Sie wusste, was sie wusste, und sie zögerte nicht, ihre Wahrnehmungen auszusprechen und so lange nachzubohren, bis sie eine ehrliche Antwort bekam. Mit 16 Jahren hat Julia neue Spielregeln verinnerlicht. Menschen tragen Masken, die ihre Gefühle verbergen. Frauen verstecken sich hinter leeren Floskeln wie »Das ist aber interessant!« und »Mir geht es gut, wie geht es Ihnen?«, und es ist nicht höflich, jemandem die Maske herunterzureißen, also schau lieber weg.

Eine der unausgesprochenen Regeln erwachsenen weiblichen Verhaltens ist, dass wir Konflikte abpuffern müssen, selbst um den Preis der Unterdrückung unserer eigenen Gefühle. Wenn das halbwüchsige Mädchen diese Regeln lernt, riskiert sie, ein »seelischer Schwamm« für die negativen Gefühle ihrer Familie und Freunde zu werden. Zudem verfügt sie vielleicht kaum über Ventile, durch die sie den angestauten Stress loswerden kann. Alkoholiker-Eltern setzten ihren Lebensstil vielleicht ungeniert fort, während ihre heranwachsende Tochter, erpicht, den Frieden zu wahren, in ihren Träumen symbolisch mit ihren Problemen ringt oder ein Magengeschwür bekommt. Ich glaube, dass junge Frauen – die in der Pubertät einen hohen Grad an Intuition erworben haben – von seelischen Eindrücken der Schmerzen anderer Menschen überschwemmt werden, die sie dann als ihre eigenen ausagieren. Die zentrale Entwicklungsfrage in der Adoleszenz eines Mädchens lautet schließlich: »Wo beginne ich, und wo enden andere Menschen?« Eine andere Form, diese Frage zu formulieren, könnte lauten: »Wo sind meine Grenzen?« Oder: »Kann ich mich um meine eigenen Bedürfnisse kümmern und dennoch Beziehungen zu anderen aufrechterhalten?« Eine der bündigsten Formulierungen dieses Dilemmas und eine reizende Allegorie seiner Lösung ist in der klassischen Geschichte von Heidi enthalten, die von einem kleinen Mädchen handelt, dem es schließlich gelingt, ihre eigene Identität und ihre eigene Stimme zu finden.

Heidi: Ein Mädchen findet ihre Stimme

Heidi ist eine anrührende Geschichte, weil sie vom Archetypus der Erlösung handelt. Heidis Großvater, ein verbitterter, mürrischer, isolierter alter Mann wird durch die unschuldige Liebe eines kleinen Kindes neu geboren, und ein behindertes Mädchen namens Clara lernt wieder gehen. Aber es ist Heidis eigene Erlösung – ihre mutige Selbstverwirklichung –, was dieser Geschichte besondere Bedeutung für Frauen verleiht. Falls Sie nicht kürzlich die klassische Filmfassung gesehen haben, dann wird Ihnen vielleicht das Lesen der Erzählung Vergnügen machen, die die speziellen weiblichen Gaben der Beziehungsfähigkeit und Mütterlichkeit ebenso beleuchtet sowie das Ringen halbwüchsiger Mädchen (das manchmal ein Leben lang andauern kann), eine Balance zu finden zwischen der Rücksichtnahme auf andere und der Fürsorge für sich selbst.

Heidi ist ein frühreifes, robustes Kind, das Liebe ausstrahlt, obwohl es in jungen Jahren verwaiste und auf eine abgeschiedene Alm zu ihrem verbitterten Großvater gebracht wurde, der sie anfangs ablehnte. Es gelingt ihr schließlich, eine liebevolle Beziehung zu ihrem Großvater und dessen Angehörigen aufzubauen, doch dann wird sie als Gesellschafterin zu der reichen, behinderten, einsamen Clara geschickt, die in Frankfurt lebt. Nach einem Jahr des Zusammenlebens mit Clara, die das aufgeweckte, fröhliche und mitfühlende kleine Mädchen als Mittelpunkt ihres Lebens zu lieben begann und von ihr abhängig wurde, versinkt Heidi in eine tiefe Depression. Ihr eigenes Leben war den Bedürfnissen einer anderen geopfert worden, und sie sehnt sich nach ihrer Familie in den Alpen, was sich in wiederholten Träumen äußert, dass die Großmutter ihres besten Freundes, Peter, im Sterben liege. Aus Sorge um Heidis schwindende Gesundheit erlaubt Claras Familie ihr schließlich, zu einem einmonatigen Besuch in ihre geliebten Berge zurückzukehren.

Als Heidi zu Hause ankommt, liegt Peters Großmutter tatsächlich im Sterben. In einer rührenden Szene an ihrem Sterbebett macht die alte Frau Heidi klar, dass ihre Fähigkeit, Menschen zu lieben und

Freude in ihr Leben zu bringen, sowohl eine Gabe als auch ein Fluch sei. Die Großmutter spricht faktisch das Entwicklungsdilemma der Jugendjahre aus – nämlich dass ein junges Mädchen, das die Gabe hat, sich einfühlsam auf andere einzustellen, lernen muss, für sich selbst zu sorgen, ohne sich egoistisch zu fühlen, wenn sie die Bedürfnisse anderer nicht erfüllen kann. Die Großmutter lässt sich von Heidi ein Versprechen geben, eines, das das kleine Mädchen noch nicht verstehen kann: das feierliche Gelöbnis, auf ihrem eigenen Glück zu bestehen, statt ihre Aufgabe darin zu sehen, anderen ihre Wünsche zu erfüllen.

Nach Ablauf des Monats kommen Clara und ihre Familie auf ein paar Tage zu Besuch, bevor sie Heidi nach Frankfurt zurückholen wollen. Heidi und Peter schaffen es, die gehunfähige Clara auf eine hochgelegene Almwiese hinaufzutragen, wo die ans Haus gefesselte Behinderte den Zauber der Bergwelt selbst erleben kann. Angesichts der Schönheit dieser ursprünglichen Welt – im Mittelpunkt ihres psychisch-spirituellen Universums – hat Heidi eine Eingebung. Als Clara von ihrer gemeinsamen Rückkehr nach Frankfurt zu sprechen beginnt, wird Heidi klar, dass sie ihr Glück hier in den Bergen findet, nicht darin, Clara in Frankfurt als Quelle des Trostes zu dienen. Als sie stockend diese heikle Erkenntnis ausspricht, bekommt die egozentrische Clara einen hysterischen Wutanfall, der dazu führt, dass Heidi ausrutscht und über einen Felsvorsprung abstürzt. Sie kann sich am Ast eines Baumes festhalten, der ihren Fall gebremst hatte, und von dort wird sie schließlich von Peter und Clara gerettet, der es in einem Akt äußerster Willenskraft gelingt, ihre geschwächten Beine in Bewegung zu setzen, um sich an der Rettung ihrer Freundin zu beteiligen.

Heidis mutiger Entschluss, Clara zu enttäuschen, indem sie auf ihr eigenes Glück Anspruch erhebt und in den Bergen bleibt, ist die Erfüllung des Versprechens, das sie Peters Großmutter gegeben hatte. Dass sie abstürzte und gerettet werden musste, demonstriert auch ein wichtiges Prinzip, das für die Entwicklung echten Mitgefühls einer Frau wesentlich ist: Wenn wir uns zwanghaft um andere

Menschen kümmern, dann werden diese geschwächt und entwickeln kein Bewusstsein ihrer eigenen Stärken. Aber wenn wir darauf bestehen, dass sie sich auf ihre eigenen Füße stellen und für sich selbst sorgen, dann haben sie Gelegenheit, zu ihrer Kraft zu finden. Dies bedeutet eine Erlösung sowohl für sie wie für uns.

Selbst versus andere

In ihrem Bericht über ihre detaillierten Beobachtungen halbwüchsiger Mädchen und deren Umgang mit Beziehungen stellt Carol Gilligan fest: »Sich um Kontakt zu anderen zu bemühen, indem man sich selbst ausnimmt, ist eine Strategie, die zum Scheitern verurteilt ist. Doch halbwüchsige Mädchen und erwachsene Frauen scheinen sich oft in diesem Dilemma zu verheddern: Ist es besser, andere wichtig zu nehmen und sich selbst hintanzustellen, oder sich selbst wichtig zu nehmen und andere hintanzustellen? Bei diesem Dilemma geht es um die Frage ›Will ich eine brave Frau oder ... selbstsüchtig sein?‹ «

Nach Auffassung von Erik Erikson dreht sich die Entwicklungskrise der späten Adoleszenz sowohl bei Mädchen als auch bei Jungen um die Frage Intimität versus Isolierung. Aber wie ich erläutert habe, ist die Herstellung intimer Beziehungen eines der Hauptanliegen weiblicher Entwicklung vom Säuglingsalter an. Jungen, die bisher damit beschäftigt waren, Autonomie und Eigenständigkeit zu erlangen, müssen jetzt die Lektionen lernen, wie man Zuneigung gewinnt und jene Gegenseitigkeit entwickelt, auf der echte Intimität beruht, während sich Mädchen mit der von Gilligan geschilderten Entwicklungskrise auseinander setzen müssen. Wir müssen Brückenbauerinnen und Balancewahrerinnen werden und lernen, für uns selbst ebenso zu sorgen, wie wir uns um andere kümmern.

Diese Aufgabe, die Balance zu halten, ist abhängig von der Entwicklung einer Fähigkeit, die die Psychologin Janet Surrey als

»Beziehungsauthentizität« bezeichnet, ein Kommunikationsstil, der zielführend, emotional echt, verbindend, unmissverständlich und lebendig ist. Eine intime Beziehung erfordert die Bereitschaft, das volle Spektrum der eigenen Gefühle mitzuteilen und alte Muster der Unehrlichkeit oder der Vermeidung von Gefühlen zu überwinden. In deutlichem Gegensatz zur Anhänglichkeit setzt Intimität ein ehrliches Geben und Nehmen voraus – und das bedeutet auch Bereitschaft, auf seinen eigenen Körper zu hören und diese Information dem Anderen mitzuteilen.

Die jetzt 20-jährige Julia absolviert nun ihr zweites Studienjahr an der Universität in Vermont. Beunruhigt von den subtilen Flirtversuchen ihres Professors, während sie mit ihm eine Seminararbeit in Politikwissenschaft bespricht, reagiert sie unverblümt: »Ich fühle mich sehr unbehaglich, wenn Sie mir so nahe kommen, würden Sie bitte einen Schritt zurücktreten und mir etwas mehr Raum geben.« Das tut er, und obwohl sie Ablehnung riskiert hat, indem sie ihre Grenzen klar definierte, geht der Vorfall vorüber, und sie nehmen ihre vorherigen Beziehungsrollen wieder auf. Eine Julia, deren Eltern emotional weniger verständnisvoll und aufrichtig mit ihren Gefühlen gewesen wären, als sie heranwuchs, hätte vielleicht anders reagiert. Wenn ihre Grenzen zu durchlässig gewesen wären, dann wäre sie vielleicht ungewollt in einem sexuellen Verhältnis gelandet. Wären ihre Grenzen zu starr gewesen, dann hätte sie vielleicht überreagiert und eine unnötige Szene gemacht. Die Beziehung eines Mädchens zu ihrer Mutter ist in dieser Hinsicht von entscheidender Bedeutung. Wenn wir das Gefühl haben, von unserer Mutter wahrgenommen zu werden, und keine Hemmungen haben, uns auf das Geben und Nehmen eines offenen Gesprächs einzulassen, dann etabliert sich ein Muster von Beziehungsauthentizität. In meinem eigenen Fall wirkte der Mangel an ehrlicher Kommunikation mit meiner Mutter als Hemmnis für die Errichtung gesunder Grenzen, zu dessen Überwindung ich Jahre brauchte, mit dem Ergebnis, dass intime Beziehungen zu Männern schwierig für mich waren. Entweder fühlte ich mich ausgenützt, weil ich meine eigenen Bedürfnisse nicht äußern konnte, oder ich fühlte mich so bedroht, dass ich Mauern aufrichtete und die Beziehung abbrach.

Echte Intimität mit einer Person des anderen Geschlechts, schreibt Erikson, erfordere ein hoch entwickeltes Bewusstsein der eigenen Geschlechtsidentität und Persönlichkeit. Diese setze sowohl die Fähigkeit voraus, miteinander zu verschmelzen und in manchen Bereichen unseres Lebens die Grenzen aufzuheben, sie in anderen dagegen zu wahren. So ist Julia vielleicht bereit, ihre emotionalen Barrieren abzubauen und ihren Freund in ihre Ziele, Träume, Verletzungen und Hoffnungen einzuweihen, aber sie möchte ihre sexuellen Grenzen wahren. Wenn die Grenzziehungen einer jungen Frau gesund sind, wie es bei Julia der Fall ist, dann kann sie sich von einem anderen Menschen in ihren Vorlieben, Verhaltensweisen und Gewohnheiten ohne übermäßige Konflikte unterscheiden. Sie braucht sich dem Anderen nicht anzupassen, um sich sicherer vor Zurückweisung zu fühlen, und es besteht auch keine Notwendigkeit, den anderen zu zwingen, sich an sie anzupassen. Dieser gegenseitige Respekt für die eigene Person und den anderen ist der Eckpfeiler von Intimität, die unabdingbare Voraussetzung für eine reife Liebe.

Das Herz einer Frau, das Gehirn einer Koabhängigen

Die psychische Entwicklung, die sich in den Jugendjahren vollzieht, verläuft parallel zur Myelinisierung bestimmter Leitungsbahnen im Gehirn, die wichtig für das logische, abstrakte, symbolische Denken sind. Jean Piaget vertrat die Auffassung, dass die Adoleszenz durch die Fähigkeit zu formal-abstraktem Denken gekennzeichnet ist. In diesem Lebensabschnitt können wir schon unsere eigenen Gedanken verfolgen – wir haben Meinungen, die von jenen anderer Menschen trennbar sind, wir können Konzepte kategorisieren und Wahrscheinlichkeiten berechnen, und wir können einen Schritt zurück treten und über uns selbst nachdenken. Falls Sie jemals frühe Woody-Allen-Filme gesehen haben, in denen seine innere Stimme ständig Kommentare über sein Verhalten abgibt, dann haben Sie eine Vorstellung davon, was Piaget mit Selbstreflexion meint.

Die Fähigkeit zur Selbstreflexion hängt wahrscheinlich mit der Myelinisierung von Assoziationsarealen im Gehirn des Heranwachsenden ab, die wichtig für die Berechnung von Wahrscheinlichkeiten und das symbolische Denken sind. Die Stirnlappen, das so genannte »Herz des Gehirns«, setzen gleichzeitig ihre Reifung fort und bilden die Muster für soziales Verhalten aus – mit anderen Worten, die Fähigkeit, jene Verhaltensweisen zu hemmen, die gesellschaftlich unangemessen wären. Beispielsweise leiden manche Menschen an Krampfanfällen im Stirnlappen, dem so genannten Tourette-Syndrom. Diese Anfälle gehen mit tickartigen Zuckungen im Gesichtsbereich und zwanghaftem Wiederholen vulgärer Ausdrücke einher. Soziale Sanktionen werden dabei vorübergehend außer Kraft gesetzt, und unangemessenes Verhalten entgeht seiner normalen Hemmung.

In dem Zeitraum, in dem die Stirnlappen damit beschäftigt sind, sozial akzeptables Benehmen in myelinisierten Nervenbahnen zu verankern, ist die heranwachsende Frau mit dem Dilemma »nett oder egoistisch« konfrontiert. Wenn sie zu dem Schluss kommt, das akzeptabelste Verhalten bestehe darin, ihre eigenen Bedürfnisse zugunsten anderer Menschen zu vernachlässigen, dann wird ihre Entscheidung wahrscheinlich zu einer permanenten Realität der Stirnlappen werden. Die resultierenden biopsychologischen Rückkopplungsmechanismen bilden die Grundlage einer ernsten Persönlichkeitsstörung, der so genannten Koabhängigkeit, eines Selbstverlustes, bei dem die Bedürfnisse anderer Menschen als vorrangig angesehen werden. Die Koabhängige überarbeitet sich, macht sich ständig Sorgen über die Bedürfnisse und Verhaltensweisen anderer und verleugnet ihre eigenen Bedürfnisse – ein Verhaltensmuster, das zu Wut, Ressentiments, Burnout, Depression, Suchtverhalten und stressbedingten Krankheiten führen kann.

Die Frustration über den Selbstverlust wird im Körper als Identifizierung mit der Opferrolle gespeichert – als ein Muster, wonach jede Beziehung in Kränkungen und Zurückweisungen endet. Die 12-Schritte-Definition eines Koabhängigen klingt komisch, aber sie trifft den Nagel auf den Kopf: Ein Koabhängiger ist eine Person, die im Augenblick ihres Todes das Leben eines anderen vor ihrem inneren Auge ablaufen sieht. Eine koabhängige Julia, die zum ersten Mal mit einem Mann schläft, würde sich vermutlich mehr dafür interessieren, ob ihr Freund zufrieden war, als ob ihre eigenen Bedürfnisse erfüllt wurden. Ihr würde kaum der Gedanke kommen: »Ich weiß zwar, dass es für ihn schön war, aber hat es auch mir gut getan?« Wenn sie nichts davon hatte, dann würde sie das sicher nicht zur Sprache bringen. Stattdessen würde sie wahrscheinlich einen Orgasmus vortäuschen und ein Muster sexueller Selbstverleugnung etablieren, das im Lauf der Zeit ihre Fähigkeit, Lust zu empfinden, abtöten würde.

Schneewittchen erwacht: Das Geschenk der Jugend

Wenn wir es schaffen, aus der Adoleszenz mit der gleichen Fürsorge für uns selbst und andere hervorzugehen, dann erweitern wir damit die Empathie, die wir in der frühen und mittleren Kindheit entwickelt haben, auf uns selbst. Die resultierende Authentizität bringt für beide Partner einer Beziehung größere Bewusstheit mit sich und hebt sie auf eine spirituelle Ebene, wo beide ihre Sensibilität, ihr Selbstvertrauen, ihre Kreativität und ihre Selbstachtung entfalten können. Janet Surrey bezeichnet diese psychospirituellen Qualitäten der Beziehungsauthentizität als »Kernselbst« einer Frau.

Die Entwicklung eines Kernselbst, einer starken und dennoch geschmeidigen Identität, in der die früheren Gaben der Beziehungsfähigkeit, Intuition und Logik des Herzens in einer bewussten Weise miteinander verbunden werden, schenkt uns die wertvollste Gabe des Lebens – die Fähigkeit, sowohl uns selbst als auch anderen in echter Intimität zu begegnen. Bedauerlicherweise haben heute nur wenige Jugendliche das Glück, in einer Familie wie der von Julia aufzuwachsen, deren Eltern sich im Klaren darüber sind, dass die Jahre der Verschlossenheit und des Grübelns, in denen ihre bezaubernde Tochter dahindämmert wie Schneewittchen, eine Zeit der Metamorphose sind, die ihr Kind in einer Art von Kokon zubringt, aus dem sie verwandelt hervorgehen wird, falls ihr Vorbilder authentischer Beziehungen zur Verfügung stehen.

Die Zeit der Menarche, die Zeit, in der die Periode einsetzt und der mädchenhafte Körper eine weibliche Gestalt annimmt, ist eine Zeit offenkundiger Metamorphose. Aber die physische Verwandlung wird im Lauf des folgenden 7-Jahres-Zyklus von einer nicht weniger erstaunlichen psychischen und spirituellen Metamorphose begleitet. Gilligans Gruppe hat beobachtet, dass junge Mädchen häufig kurz vor Einsetzen der Pubertät, in der vierten und fünften Schulklasse, bildlich gesprochen »ihre Stimme verlieren«, wenn sie offen erklären, sie hätten gelernt, die Wahrheit zu sagen sei dumm, gefährlich oder in anderer Hinsicht unbequem. Sie spinnen sich effektiv in einen Kokon ein, in dem sie von der schlichten, stärkenden Beziehungsorientierung der mittleren Kindheit getrennt sind. So befindet sich Julia mit 16 Jahren in einem Stadium der Verwandlung; ihre Welt hat sich im Laufe weniger Jahre dramatisch verändert. In der mittleren Kindheit bildeten ihre Angehörigen und die Phantasiewelt, die sie durch ihre Puppen, Buntstifte und Spiele ausdrückte, den Mittelpunkt ihres Daseins und die Quelle ihrer Identität. Aber plötzlich ist sie mit einer beunruhigenden, unfairen und verwirrenden Welt konfrontiert, die unvorhersagbar ist und in der die Liebe nicht immer siegt. Selbst die eigenen Freundinnen können ein Mädchen im Stich lassen und einer wertvollen Verbindung zur Außenwelt berauben, einer Rettungsleine, an der sie sich festhalten kann, während sie das Meer der Selbstverwandlung durchquert. Da Freundschaften unerlässlich sind, um sich über

Wasser zu halten, hat die Identifizierung mit einer Gruppe Gleichaltriger die Bedeutung einer Überlebensfrage wie Nahrung und ein Dach über dem Kopf.

Viele halbwüchsige Mädchen in den Innenstädten wandeln sich durch eine Schwangerschaft vom Teenager zur eigenständigen Frau und zum Mitglied der Subkultur allein stehender Frauen mit Kindern. In manchen Vororten schaffen Experimente mit Alkohol und Drogen oder Tätowierungen losere, aber ähnliche Bindungen. Die Halbwüchsigen haben sich Initiationsriten geschaffen, die Zeichen ihrer Solidarität und der Geborgenheit sind, die sie einander während dieser Zeit der Metamorphose bieten. Der Nasenring war ein Zeichen der Zugehörigkeit für Julia, ein Rettungsanker, vergleichbar mit der abgenutzten Decke, die sie einst in den Kindergarten mitnahm, um sich an dem neuen Ort zu Hause zu fühlen. Für ihre Eltern war der Nasenring kein Beweis, dass Julia über die Stränge geschlagen hatte und bestraft oder in ihrer Freiheit eingeschränkt werden musste. Er war eine Aufforderung zur Beziehungsauthentizität, die ihnen Gelegenheit gab, die Früchte ihrer eigenen bio-psycho-spirituellen Entwicklung an ihre Tochter weiterzugeben.

Julia hatte das große Glück, am Ende ihrer Adoleszenz aus ihrem Schlaf zu erwachen und sich aus ihrem Kokon zu befreien. Sie hatte ihre Stimme wiedergewonnen und erkannt, dass wir, wenn wir selbsterfüllt sind und uns von unseren eigenen Wahrnehmungen, Meinungen und Bedürfnissen leiten lassen, nicht zu befürchten brauchen, selbstsüchtig zu sein. Wenn wir selbsterfüllt sind, dann sind wir auch seelisch erfüllt. Unsere angeborene Beziehungsorientierung, unsere Intuition und unser Mitgefühl lenken unser Handeln innerhalb der spirituellen Grenzen des beziehungsorientierten Selbst. In diesem Koordinatensystem geht es bei der Frage Selbst versus Andere nicht darum, wer gewinnt und wer verliert. Wie in der Geschichte von Heidi gewinnen alle Beteiligten, wenn ihre Persönlichkeit Raum bekommt, um sich zu entfalten.

Ich glaube, dass es in unserer Kultur relativ wenige Heidis oder Julias gibt. Es existiert kein Kompass, der uns bei der Suche nach

Selbsterfüllung leitet, wie das in Kulturen und Gesellschaften der Fall war, die ihrer Jugend einen Schatz von Geschichten vererbten. Es gibt wenige Rollenvorbilder von selbsterfüllten, seelisch reichen Frauen, denen unsere Töchter nacheifern könnten; in der Realität haben viele Frauen bereits die Lebensmitte erreicht, bevor sie ihre Stimme zurückgewinnen. Manche von uns verstummen für den Rest ihres Lebens und bleiben in einem Zustand blockierter Entwicklung stecken. Wie anders hätten die Dinge sein können, wenn man uns die tiefere Bedeutung von Heidis Lebensweg erklärt hätte und wenn sich daran irgendein Ritual oder ein Initiationsritus angeschlossen hätte von ebenso mächtiger Wirkung wie Heidis Gelöbnis gegenüber Peters sterbender Großmutter! Wie könnten wir die Dinge ändern – für unsere Töchter, Enkelinnen, Nichten, Schülerinnen und jungen Freundinnen? Es ist Zeit, unser Verständnis der Jugendjahre so umzuwandeln, dass sich junge Frauen zu einem früheren Zeitpunkt mit ihrer Stimme Gehör verschaffen können, um die bemerkenswerten Gaben der Weiblichkeit in eine Welt einzubringen, die sie dringender nötig hat denn je.

5

21. bis 28. Lebensjahr: Ein eigenes Heim

Die Psychobiologie der Paarbildung und Mutterschaft

Julia ist jetzt 23, sie hat sich freiwillig als Entwicklungshelferin gemeldet und die Hälfte eines zweijährigen Einsatzes in Bangladesh abgeleistet, wo sie an einem Programm zur Geburtenkontrolle und Entbindungsberatung für manche der ärmsten Frauen der Welt mitarbeitet. Sie trägt jetzt gern farbenfrohe Saris und sieht aus wie eine schöne Blume, wenn sie sich am Ende eines langen Tages in einer Hängematte ausruht, die aus den dichten Luftwurzeln eines riesigen alten Banyanbaumes geflochten wurde. Am Horizont geht die Sonne unter, und ein Hirte, der seinen Wasserbüffel nach Hause treibt, zeichnet sich auf der Anhöhe über ihr als dunkle Silhouette vor dem feuerroten Himmel ab. Während sie den süßen Duft des Jasmins einatmet, der um die einfache Klinik herum angepflanzt wurde, beginnt sich ihr Körper zu entspannen. Gerade als sie im Begriff ist, sich von einem Tagtraum davontreiben zu lassen, wird sie von einer tiefen, wohltönenden Stimme aus ihrer Träumerei gerissen.

»Hallo, ich bin Roger Sanderson«, lässt er in weichem Südstaatenakzent verlauten, »bist du Julia Macleish?« Julia räkelt sich träge und öffnet die Augen: Vor ihr steht ein eher kleingewachsener, muskulöser Mann mit einem freundlichen Lächeln. Sie lächelt zurück, setzt sich auf und guckt sich den gut aussehenden Arzt mit den markanten Gesichtszügen, der zu einem dreimonatigen Einsatz an der Klinik eingeteilt wurde, taxierend an. »Hallo, wir haben Sie erst morgen erwartet. Schön, dass Sie da sind«, begrüßt sie ihn und streckt ihm die Hand entgegen, die er mit festem, aber sanftem Druck ergreift. In weniger als einer Minute hat sich Julia bereits eine Meinung über Roger gebildet. Er ist freundlich und attraktiv, und es wird leicht sein, mit ihm zusammenzuarbeiten. Ihre Stupsnase, die mit einem leichten Anflug von Sommersprossen überzogen ist, zuckt charmant, als sie sich erhebt, um ihren neuen Kollegen herumzuführen. Sie werden gute Freunde werden, ahnt sie. Und, so hofft sie bereits, vielleicht noch mehr.

Die Biologie der Paarbildung: Verliebtheit und Anziehung

Roger und Julia fühlen sich sofort zueinander hingezogen, und im Lauf des nächsten Monats nimmt diese Anziehung in einem Maße zu, bis schließlich fast jede wache Stunde mit Gedanken an den anderen erfüllt ist. Sie arbeiten zusammen, essen zusammen und machen lange Spaziergänge in der Umgebung, bei denen sie sich ihre Lebensgeschichten, ihre Hoffnungen und Träume erzählen. Sie scheinen in einem Kokon außerhalb der Zeit zu existieren, während der Rest der Welt gegenüber ihrer wachsenden Beziehung in den Hintergrund rückt. Hatten sich beide zuvor nach Arbeitstagen, die 12 bis 14 Stunden dauern konnten, müde gefühlt, so scheinen sie jetzt von übermenschlicher Energie erfüllt und bewältigen ihre klinischen Aufgaben kompetent und fröhlich. Am Ende des Tages fühlen sie sich immer noch frisch, deshalb bleiben sie bis spät in die Nacht auf und reden miteinander, und bald sind sie ein Paar. Ihr

Liebesspiel ist lang und sanft und wiederholt sich im Laufe eines Abends oft zwei- oder dreimal, fast jede Nacht. Und wenn der Morgen kommt, sind sie, gleichgültig, wie wenig sie geschlafen haben, voll neuer Energie, hellwach und bereit, ihr Bestes zu geben. Wie schade, dass man Verliebtheit nicht in Flaschen abfüllen kann!

Die Anthropologin Helen Fisher hat in ihrem hervorragenden Buch *Anatomy of Love* [dt.: *Anatomie der Liebe*, München: Knaur, 1995] eine faszinierende Darstellung von Verliebtheit, Paarbildung, Ehe und Scheidung geliefert. Wenn unsere Vorstellung von einem passenden Partner mit einer Periode der Einsamkeit oder Bereitschaft zusammentrifft und die Pheromone in seinem Schweiß unserer biologischen Vorliebe entsprechen, dann sind wir reif für jenen merkwürdigen veränderten Bewusstseinszustand verblendeter Besessenheit, von dem wir wünschten, er würde ewig dauern. Aber nach einigen Monaten ist der Bann gebrochen und der Augenblick der Wahrheit gekommen. Dann kratzen wir uns entweder am Kopf und fragen uns vergeblich, was uns so unwiderstehlich daran erscheinen konnte, wie er das Bett vollbröselt, oder unser Körper und unser Geist schalten einen Gang herunter – aus dem auf Dauer unhaltbaren Rauschzustand der Vernarrtheit in den angenehmen, stabilen, kuscheligen und geborgenen Zustand einer dauerhaften Bindung.

Fisher seziert die Neurobiologie der Liebe beginnend mit einem faszinierenden Experiment, in dessen Mittelpunkt der Moschusgeruch männlicher Achselhöhlen steht. Das Forschungsteam sammelte Kompressen, die männliche Probanden eine Weile unter den Armen getragen hatten. Der Schweiß wurde dann mit Alkohol extrahiert und das so gewonnene geruchlose Elixier weiblichen Versuchspersonen unter die Nase getupft. Diese männliche Essenz wirkte bei Frauen, deren Zyklen vom Durchschnitt abwichen, normalisierend auf die Dauer der Menstruationsperioden. Wie Amöben, die zu einer Nahrungsquelle streben, könnte es sein, dass sich Frauen aufgrund des biologischen Dranges, ihren normalen Monatsrhythmus zu bewahren, unbewusst zu Männern hingezogen fühlen. Auch Frauen produzieren Pheromone, die imstande sind, synchronisierend auf den Menstruationszyklus anderer Frauen zu wirken – ein häufig beschriebenes Phänomen, das Julia und ihre Freundinnen in ihrem College-Schlafsaal aufgefallen war.

Neben der erstaunlichen Wirkung geruchloser Pheromone spielt auch die persönliche Duftnote eines Mannes eine Rolle im Paarungsspiel. Claus Wedekind, ein Zoologe an der Universität von Bern, entdeckte, dass Frauen ausgeprägte Präferenzen in Bezug auf den Geruch männlicher Achselhöhlen haben, wobei sie unbewusst jene Männer wählen, deren Haupthistokompatibilitätskomplex-Gene (MHC-Gene) sich von ihren eigenen unterscheiden. Die MHC-Gene hinterlassen ihre Signatur als Proteine auf der Zelloberfläche und sind unerlässlich für die Mechanismen, durch die das Immunsystem unsere eigenen Zellen erkennt und Invasoren attackiert. Wedekind studierte 49 Frauen in der Mitte ihres Menstruationszyklus (kurz vor dem Eisprung), wenn unser Geruchssinn am schärfsten ist. An 49 Männer wurden saubere T-Shirts ausgegeben, die sie zwei Nächte lang im Bett tragen sollten. Die Hemden wurden dann in mit Plastikfolie ausgekleidete Kartons gelegt, die oben ein Loch hatten. Jede Frau bekam sieben Proben zum Beschnuppern: ein sauberes T-Shirt zur Kontrolle, drei von Männern mit ähnlichen MHC-Genen und drei von Männern mit andersartigen Genen. Die letztgenannte Gruppe wurde durchgehend als sympathischer bezeichnet. Die Natur versteht es wie üblich, unsere Anziehungskräfte höchst raffiniert so zu arrangieren, dass das Wohl der Spezies gesichert ist. Wie pfiffig sie dabei verfährt, das hat die Genetikerin Carole Ober von der Universität von Chicago vorgeführt. Ober studierte Hutterer, eine verschworene Religionsgemeinschaft, deren Mitglieder nur innerhalb ihrer eigenen Gruppe heiraten und keine Empfängnisverhütung praktizieren. Sie stellte fest, dass Paare mit ähnlichen MHC-Genen weniger Schwangerschaften und mehr Fehlgeburten aufwiesen, was darauf hindeutet, dass das Immunsystem mit größerer Wahrscheinlichkeit Feten abstößt, die von beiden Eltern ähnliche MHC-Gene mitbekommen haben.

Exogamie, d.h. die Heirat außerhalb des eigenen Sozialverbandes, ist generell vorteilhaft für alle Organismen; man bezeichnet dies als Heterosis [in der Pflanzen- und Tierzucht spricht man von Bastardwüchsigkeit]. MHC-Unterschiede können sowohl die Fruchtbarkeit erhöhen, als auch Nachkommen mit robusterem Immunsystem hervorbringen – eine biologische Tatsache, die nur der Nase bekannt ist. Wedekinds Probandinnen äußerten sich mit großer Entschiedenheit über die T-Shirts, sie stuften manche Aromen als sympathisch und andere als geradezu widerlich ein. Aber es gab keinen einzigen Geruch, von dem sich alle Schnüfflerinnen angesprochen fühlten. Wiederum verhilft uns das Reptiliengehirn, das auch als Rhinenzephalon oder Riechhirn bezeichnet wird, zu der ernüchternden Erkenntnis, dass die hoch entwickelten Fähigkeiten unserer Großhirnrinde – Denken und Selbstreflexion – von Regelkreisen bestimmt werden, die weitaus primitiver und zwingender sind als Logik. Die Frage, die sich Frauen oft stellen: »Warum fühle ich mich von diesem Mann so angezogen – er ist überhaupt nicht mein Typ?« könnte sich teilweise beantworten lassen, wenn wir uns die verborgene Macht des instinktgesteuerten Gehirns klarmachen.

Sowohl Frauen als auch Männer reagieren auf biologische Auslöser, auf biologische Schlüsselreize potentieller Partner. Wedekind entschied sich für das Studium der männlichen Duftnoten aus dem einfachen Grund, weil die unrasierten Achselhöhlen von Männern eine zuverlässigere Geruchsquelle darstellen. Man kann jedoch davon ausgehen, dass Männer ihrerseits auf weibliche Gerüche mit der gleichen Anziehung bzw. Abstoßung reagieren. Aber der Geruch ist nur einer von vielen Hinweisreizen, die die Anziehung ausmachen. Denken wir an die Vögel und Bienen: Vielleicht fühlen wir uns auch von bestimmten Tonfällen und Stimmen physisch angesprochen. So empfand Julia sofort eine Schwäche für die musikalische Qualität von Rogers Südstaatenakzent. Weibliche Vögel z.B. reagieren auf den Balzgesang von Männchen mit erhöhter Herzfrequenz und Ovulation. Aber dessen Gesang dürfte zur Paarbildung nicht ausreichen. Vögel verteidigen Reviere, und je größer das Territorium, das

das Männchen beherrscht, desto wahrscheinlicher ist es, dass das Weibchen auf seinen Balzgesang ansprechen wird. Aber selbst das richtige Nest und das schönste Getriller nützen nichts, wenn das bedauernswerte Männchen komisch aussieht. Das Weibchen erkennt instinktiv, dass äußerliche Missgestalt ein Anzeichen defekter Gene sein kann. Um die günstigsten Voraussetzungen für ihre Nachkommen zu schaffen, reagiert sie nur auf gut aussehende Sänger, die das Potential haben, auch gute Ernährer zu sein. Weibliche Vögel belohnen auch hartnäckige Werber, vielleicht weil sie größere Ausdauer ebenfalls als Vorzug empfinden.

Insgesamt gesehen ist die Anziehung und Paarbildung in der Vogelwelt leichter zu verstehen als in der Menschenwelt, da der Mensch über seine Instinkte hinaus der Homo sapiens, »der Vernunftbegabte«, ist. Wir denken, und unser limbisches System und der Neocortex können die Überlebensschaltkreise modifizieren und manchmal außer Kraft setzen. Eine Frau, die sich zu einem Mann hingezogen fühlt, dessen Stimme und Geruch sie als richtig empfindet, dessen seelische Reife und andere Merkmale jedoch zu wünschen übrig lassen, kann eine Entscheidung treffen. Nachdem sie sich die Frage gestellt hat: »Warum zieht mich dieser Mann so an, obwohl ich Gefahrensignale mitbekomme, dass er aggressiv, suchtgefährdet oder ein Mensch sein könnte, den ich schließlich versorgen muss, und nicht jemand, mit dem ich eine partnerschaftliche Beziehung haben könnte?«, hat eine Frau zwei Möglichkeiten. Sie kann sich zurückziehen, wie Julia das wahrscheinlich tun würde, oder sie kann bleiben und ihre eigenen Bedürfnisse verleugnen, um die Fürsorgerin eines traumatisierten Mannes zu werden. Wie eine Eizelle, die biologisch programmiert ist, ein beschädigtes Spermium zu reparieren, verspüren manche Frauen den Drang, traumatisierte Männer zu heilen. So etwas wie Koabhängigkeit existiert in der Vogelwelt offenbar nicht. Nur Menschenfrauen wählen Partner, die sie erst heilen müssen, nur sie ignorieren die instinktive Tendenz, bei der Wahl eines Partners Wert auf gute Gene und Überlebensfähigkeit zu legen. Vielleicht sollten wir vom Vorbild unserer Vogelschwestern lernen. Könnte es sein, dass der sprichwörtliche Verehrer, der uns immer wieder Pralinen und Blumen schickt, der Mann, der Türen öffnet und uns in den Mantel hilft, der Mann, der geduldig den Tanz der Annäherung und des Rückzugs durchsteht, was den Beginn mancher Beziehungen kennzeichnet, der bessere Ehemann und Vater ist? Vielleicht ist er biologisch eher geeignet, auch die langen Winter und dunklen Zeiten zu überdauern, die alle langfristigen Beziehungen durchmachen.

Aber lange bevor wir einen Mann gut genug kennen, bis dass unser Neocortex beurteilen kann, ob er seelisch gesund ist, übermitteln die einschmeichelnde Stimme und der sympathische Geruch starke Paarungssignale an das limbische System, das einen Botenstoff namens Phenyläthylamin oder PEA freisetzt – und wir verlieben uns. Innerhalb einer Minute nach ihrer Begegnung mit Roger schalteten Julias Riechhirn und ihr limbisches System den »Paarungsgang« ein und stellten die Weichen für jenes merkwürdige Aussetzen der Vernunft, das man auf die Formel »Liebe macht blind« gebracht hat. In diesem Zustand wäre es ihr schwer gefallen, bei Roger Anzeichen mangelnder psychischer Eignung zu bemerken, denn die mächtigeren instinktgesteuerten Schaltkreise setzen die Vernunft noch außer Kraft.

PEA ruft einen wilden, euphorischen, amphetaminartigen Rauschzustand hervor, der uns aus Depressionen und Angstzuständen erlöst. Wir fühlen uns energiegeladen und von ungewohntem Selbstvertrauen erfüllt. Und Ruhe, wer braucht Ruhe? Es ist überhaupt kein Problem, nach der Arbeit acht Stunden Autofahrt auf sich zu nehmen, um den Geliebten mitten in der Nacht in einer Absteige zu treffen. Selbst bei Leuten, die normalerweise den Sexualtrieb eines Türpfostens haben, schaltet PEA die Libido auf höchste Gänge. Obwohl sie normalerweise um zehn Uhr einschlafen, können sie jetzt die ganze Nacht durchmachen und am nächsten Morgen strahlend und gut gelaunt bei der Arbeit erscheinen wie Roger und Julia. Es liegt auf der Hand, dass PEA der Trick der Natur ist, die Erhaltung der Art zu gewährleisten. Man fühlt sich sexy, beschwingt und kreativ, optimistisch und charmant. Kein Hindernis erscheint zu groß, um überwunden zu werden.

PEA ist auch ein vorübergehendes Heilmittel für Schüchternheit – das beziehungsfördernde Molekül schlechthin. Mit dem Auserwählten redet es sich sooo leicht, stimmt's? Es kommt einem vor, als hätte man sich schon seit ewigen Zeiten, ein Leben lang gekannt. Er muss für einen bestimmt sein. In kürzester Zeit haben Sie sich einander Ihre Lebensgeschichten erzählt und ein tiefes gegenseitiges Verständnis erreicht. Sie haben das Gefühl, dass Sie ganz und gar Sie selbst sein können und so geliebt werden, wie Sie sind. In dem wonnigen Glücksgefühl eines PEA-getränkten limbischen Systems lassen ihn seine Verletzungen und Schwächen nur noch hinreißender erscheinen. Ihre Verwundungen rufen einen mächtigen Beschützerinstinkt in ihm wach. Die mäßigenden Stimmen Ihrer Freunde stoßen auf taube Ohren. »Aber er ist arbeitslos und hat seine letzten drei Frauen geschlagen.« Sie entgegnen: »Doch nur, weil ihn bisher niemand verstanden hat. Er ist so sanft und verletzbar. Er braucht bloß viel Liebe.« PEA scheint ansonsten hellsichtige, logisch denkende Menschen gewissermaßen ihres Cortex zu berauben.

Wenn wir nach dem Schwinden der Verliebtheit und dem Nachlassen der PEA-Ausschüttung feststellen, dass unser Liebster tatsächlich ein brauchbarer Partner ist, geht die Beziehung in die kuschlige, Geborgenheit vermittelnde Bindungsphase über, die ihre ganz eigene Neurobiologie hat, vermittelt durch Endorphine. Diese körpereigenen Schmerzstiller tragen dazu bei, das Paar gegen die Wechselfälle des Lebens zu anästhesieren und den beiden ein Maß an biochemischer Sicherheit zu verschaffen. Während dies gewöhnlich innerhalb von drei bis sechs Monaten geschieht, dauerte dieser Prozess bei Julia und Roger länger, da er nach Südindien versetzt wurde, als sein dreimonatiger Einsatz zu Ende war. Julia griff prompt auf Übergangsobjekte wie Bilder, Briefe und einen Strauß von getrockneten Bougainvillea zurück, den ihr Roger geschenkt hatte, nachdem sie zum ersten Mal miteinander schliefen, um sich mit ihrem Geliebten verbunden zu fühlen. Seine Abwesenheit, die während des nächsten Jahres durch gelegentliche Besuche unterbrochen wurde, erhielt den Zustand der Verliebtheit aufrecht. Erst als sie vierzehn Monate nach ihrer ersten Begegnung nach Amerika zurückkehrten, ging ihre Beziehung schließlich vom Stadium der Verliebtheit in das der Bindung über. Sie mieteten eine gemeinsame Wohnung in Boston, wo Roger in einem Krankenhaus eine Stelle als Facharzt für Gynäkologie und Geburtshilfe angeboten worden war und wo Julia ein Studium in Sozialpädagogik aufnahm.

Eine Beziehung hat nicht nur physische und psychische, sondern auch spirituelle Dimensionen. Im Stadium der Verliebtheit bekommen wir eine Vorstellung davon, was der »heilige« Stand der Ehe sein kann. Die Partner denken das Beste voneinander und ermöglichen einander durch die resultierende Freundlichkeit und Ermutigung ein erfüllteres Dasein. Schüchterne Menschen blühen auf, und ihr Selbstvertrauen steigt gewaltig an. Auch der Sexualakt ist anfangs meist ein Erlebnis tiefer Harmonie. Selbst unerfahrene Partner können einander große Freude bereiten, wenn PEA vorübergehend die Barrieren um unser Herz abgebaut hat und aus zwei quasi eines geworden ist.

Verliebtheit ist eine Art Zustand der Gnade, ein Geschenk, das wir bekommen, ohne dafür gearbeitet zu haben. Aber nachdem die Periode der Gnade vorbei ist, erfordert die Beziehung Arbeit. Für Julia und Roger war diese Arbeit ein Vergnügen, als sie einander besser kennen lernten, gemeinsame Freunde fanden und lernten, Kompromisse zu schließen, die ihnen trotz ihres ausgefüllten Tagesablaufes Zeit für ihre Beziehung ließen. Zur Freude ihrer Eltern heirateten sie, nachdem sie fast zwei Jahre lang zusammengelebt hatten. Die Liebesbeziehung mit einem Partner ist jedoch nur ein Teil unserer lebenslangen Liebesschulung. Freunde, Mitarbeiter, Eltern, andere Angehörige und selbst Fremde runden das Curriculum ab.

Mutterschaft, Empfängnisverhütung, Abtreibung

Betty Laverdure, eine alte Ojibwa-Indianerin, berichtet über traditionelle Bräuche der amerikanischen Ureinwohner in Zusammenhang mit Mutterschaft: »Es war ein Privileg, Kinder zu bekommen, kein Recht. Die Stammesältesten, die Frauen, haben sogar bestimmt, wer Kinder bekommen durfte. Sie hatten Abtreibungsarzneien. Und wenn jemand ein Kind misshandelte, dann nahmen sie ihm oder ihr das Kind weg, und diese Frau durfte keine Kinder mehr bekommen. Sie haben darüber bestimmt. Kinder sind heilig. Sie sind lebendige Schätze, Geschenke des Großen Geistes. Wir haben sie immer behandelt, als ob sie nicht uns gehörten; sie gehörten dem Schöpfer.«

Der heilige Charakter der Mutterschaft ist nicht immer so klar ausgesprochen worden. Als ich ein kleines Mädchen war, sprangen wir Seil zu dem Reim: »*First comes love, then comes marriage, then comes Joani* (oder Sally oder Julia) *with a baby carriage.*« Dies war das erwartete Muster, ob die betreffende Frau in der Lage war, Kinder aufzuziehen oder nicht. Während dies in den Fünfzigern, als ich ein Kind war, das vorherrschende Motiv gewesen sein mag, bekommen heute viele Frauen Kinder, ohne verheiratet zu sein, und viele verheiratete Frauen (etwa 20%) bleiben kinderlos. Und eine überraschend große Anzahl von Frauen, die schwanger werden, bringen ihr Kind niemals zur Welt. Aufgrund verschiedenster Umstände müssen sie den schwierigen Entschluss zu einer Abtreibung fassen.

Aus den jüngsten Statistiken geht hervor, dass 6,4 Millionen Amerikanerinnen jedes Jahr schwanger werden. Nur 44% dieser Schwangerschaften, d.h. 2,8 Millionen, sind beabsichtigt; die Mehrzahl ist auf ein Versagen der Empfängnisverhütung zurückzuführen. Dennoch gebären alljährlich etwa 4 Millionen Frauen. Weitere 1,6 Millionen lassen abtreiben. Schockierend fand ich die Tatsache, dass 47% aller Amerikanerinnen im Alter von 45 Jahren einen Schwangerschaftsabbruch hinter sich haben. Das Gegenstück zur Not einer unerwünschten Schwangerschaft bildet der Schmerz einer Frau, die sich verzweifelt ein Kind wünscht, aber nicht imstande ist zur Empfängnis oder zum Austragen des Kindes. 7,5 Millionen Amerikanerinnen – etwa 13% der Frauen im gebärfähigen Alter – sind unfruchtbar oder haben erhebliche Schwierigkeiten, Kinder zu bekommen. Von diesen begeben sich etwa 2,3 Millionen Paare alljährlich wegen Unfruchtbarkeit in Behandlung.

Rachel Benson Gold und Corey L. Richards haben diese Statistiken im Rahmen ihres Projekts zur Verbesserung weiblicher Reproduktionsfähigkeit zusammengestellt. Eine ihrer Mitarbeiterinnen am Alan Guttmacher Institut, Jaqueline Darroch Forrest, hat den durchschnittlichen Verlauf des Reproduktionszyklus einer Frau dargestellt, mit dem Ziel, die gesundheitliche Betreuung der Frauen in den verschiedenen Lebensabschnitten zu verbessern. Sie errechnete das Durchschnittsalter typischer Vorgänge im reproduktiven Leben einer Frau und stellte die folgenden Normen fest:

12,5 Jahre: Menarche
17,4 Jahre: erster Geschlechtsverkehr
26,0 Jahre: erste Geburt
30,0 Jahre: letzte Niederkunft
48,4 Jahre: Menopause

Als ich mit 22 Jahren schwanger wurde, war ich eine der vielen Frauen, bei denen die Empfängnisverhütung »versagt« hatte. Mein Sohn Justin hat sich an einem schlechtsitzenden Diaphragma vorbei in die Welt hineingemogelt. (39,8% der verheirateten Frauen zwischen 20 und 24 machen die gleiche Erfahrung mit einem Diaphragma, eine ziemlich alarmierende Statistik, die mein Gynäkologe eigentlich hätte kennen sollen.) Ich brachte unsere Familie damals mit einem mageren Graduiertenstipendium durch, während mein Mann abwechselnd studierte und sich für Eugene McCarthys gescheiterten Präsidentschaftswahlkampf engagierte. Politik und Wissenschaft lassen sich schlecht miteinander vereinbaren, speziell in Verbindung mit den langen Abwesenheiten meines Mannes. Schon nach einem

Jahr zeigte unsere Ehe Auflösungserscheinungen. Die zusätzliche Belastung der Laborarbeit für meine Dissertation neben dem normalen Stress eines Medizinstudiums im zweiten Studienjahr eröffnete mir die Aussicht, während der Schwangerschaft die meisten Abende und Wochenenden in der Universität zu verbringen. Dennoch wollte ich Mutter werden.

Obwohl ich tiefes Mitgefühl mit Frauen haben, die sich aus den verschiedensten zwingenden Gründen für eine Abtreibung entscheiden, kam das damals psychisch für mich nicht in Frage. Von dem Augenblick an, in dem mir bewusst wurde, dass ein Kind in mir heranwuchs, empfand ich eine Verbundenheit mit diesem neuen Leben. Meine bevorstehende Mutterschaft wurde mir am Telefon mitgeteilt, und das war tatsächlich ein Schock. Aber nach ein oder zwei Minuten völliger Stummheit meinerseits, die ich benötigte, um diese Mitteilung zu verarbeiten, schaltete ich sofort in den »Mutterschaftsgang« und fragte mich, ob ich zusätzliche Vitamine benötigen würde. Dies veranlasste mich, zu dem Arzt zu sagen: »Mein Gott, ich bin schwanger! Was soll ich tun?« Er nahm sofort an, dass ich eine Abtreibung wollte, und wir mussten beide herzlich lachen, als er begriff, dass ich an Folsäure und Eisen gedacht hatte.

Aber für viele Frauen ist die Entscheidung, ob sie eine Schwangerschaft austragen sollen oder nicht, keine heitere Angelegenheit. Ich erinnere mich an eine Klassenkameradin in der Highschool, die Anfang der 60er-Jahre zu einer illegalen Abtreibung auf die Bahamas geschickt wurde. Dieses kontaktfreudige und muntere Mädchen kam traurig und verdrießlich von dort zurück. Ihre Eltern waren verärgert, ihr Freund, der seinen Samen dazu beigetragen hatte, längst entschwunden, und ihr hormonelles Gleichgewicht war völlig gestört. Außerdem trauerte »Annie« um ein Kind, das sie niemals kennen lernen würde – vor 30 Jahren war man sich nicht im Klaren darüber, dass eine Frau um ein abgetriebenes Kind genauso trauern könnte wie um eine Fehlgeburt.

Die Entwicklung der Familie, wie wir sie jetzt kennen, ist eng mit der Problematik der Geburtenkontrolle und Abtreibung verknüpft.

Vor diesem Jahrhundert waren dauerhafte Partnerschaften zwischen Männern und Frauen relativ selten, weil die Frauen so häufig schon in jungen Jahren starben, sei es bei der Entbindung oder aufgrund der ständigen körperlichen und seelischen Belastungen des Gebärens und der Fürsorge für eine große Kinderschar. Allmählich begannen die Frauen, die Zahl ihrer Nachkommen durch sexuelle Abstinenz, die – ziemlich unzuverlässige – Rhythmusmethode und illegale Abtreibungen zu begrenzen. In ihrem wertvollen Buch *What Every American Should Know about Women's History* führt Christine Lunardini folgende Statistik über die Veränderung der Familiengröße an: »Um 1800 entfielen in den Vereinigten Staaten auf jede Frau im Schnitt 7 Kinder. Um 1900 waren es nur noch 3,5 und 1940 knapp über 2.«

Das erste amerikanische Buch über Geburtenkontrolle wurde 1830 von Robert Owen veröffentlicht. Unter dem Titel *Moral Physiology* enthielt es Ratschläge zur Empfängnisverhütung, die auf der Überzeugung beruhten, dass weniger und besser ausgebildete Kinder dem Lande zugute kommen würden. Genau dieses Argument hatte Julia auch nach Bangladesh geführt, wo die Frauen immer noch riesige Kinderscharen zu versorgen haben und oft jung an Komplikationen bei der Entbindung oder bei verzweifelten Abtreibungsversuchen sterben oder durch schiere Erschöpfung, die ihr Immunsystem auslaugt und sie anfällig für Infektionskrankheiten macht. Ihre Kinder bleiben dann als Waisen zurück.

Owens Überzeugung, dass die Geburtenkontrolle das Vorrecht der Frau und ein wichtiges Mittel zur Stärkung der Familie und der Gesellschaft sei, fand im Amerika des 19. Jahrhunderts keine breite Unterstützung. Erst 75 Jahre nach Veröffentlichung von Owens Buch eröffneten Margaret Sanger und ihre Schwester, Ethel Byrne, im Herbst 1916 in Brooklyn/New York eine Klinik für Geburtenkontrolle. Was die Schwestern motivierte, war der verfrühte Tod ihrer eigenen Mutter, nachdem diese in schneller Folge elf Kinder zur Welt gebracht hatte; sie waren von der Notwendigkeit überzeugt, Frauen darüber aufzuklären, wie sie die Zahl ihrer Nachkommen begrenzen konnten, um am Leben bleiben und ihre Kinder aufziehen zu können. Bereits zehn Tage später wurden Sanger und Byrne wegen Verstoß gegen das berüchtigte Comstock-Gesetz verhaftet und ihre Klinik geschlossen.

Das Comstock-Gesetz, mit dem Sanger durch ihre Versuche, Aufklärungsmaterial per Post oder persönlich zu vertreiben, wiederholt in Konflikt geriet, richtete sich ursprünglich gegen Obszönitäten. Aber bald war alles, was mit Sexualität zu tun hatte, von den Restriktionen dieses puritanischen Gesetzes betroffen, bis es 1938 vom Bundesgericht geändert wurde. Sanger eröffnete daraufhin in allen Teilen Amerikas eine Kette von über 300 Kliniken zur Geburtenkontrolle. Die *American Birth Control League*, die sie ins Leben rief, sprach schließlich von Familienplanung und nicht mehr von Geburtenkontrolle; sie ging 1942 in der *Planned Parenthood Association* auf. Über ein halbes Jahrhundert später löst die Problematik der Geburtenkontrolle und speziell der Abtreibung immer noch höchst emotionale Reaktionen aus.

Obwohl die Entscheidung für einen Schwangerschaftsabbruch vielen schwer fällt, ringen sich fast die Hälfte aller Amerikanerinnen dazu durch, und drei Fünftel der Betroffenen unterziehen sich der ersten Abtreibung vor dem 21. Lebensjahr. Welche psychischen Auswirkungen hat dies? Der Psychologe Samuel Janus und die Fachärztin für Geburtshilfe und Gynäkologie Cynthia Janus befragten dazu 4510 Amerikanerinnen, die einen Querschnitt der sozioökonomischen Schichten und religiösen Gruppen in allen Teilen des Landes repräsentierten. Sie stellten fest, dass etwa die Hälfte aller Frauen, die abgetrieben hatten, Erleichterung empfanden, während die andere Hälfte über Schuldgefühle, Bedauern oder Traurigkeit berichtete. Als sie untersuchten, wie sich die religiösen Überzeugungen der Frauen auf ihre Einstellung zur Abtreibung auswirkten, stellte sich heraus, dass 55% der stark religiösen Befragten Abtreibung als Mord empfanden; dennoch hatten sich 18% dieser gläubigen Frauen dafür entschieden, ein Entschluss, der ihnen besonders schwer gefallen sein muss.

Wenn eine Frau in eine Situation gerät, in der sie sich gezwungen sieht, gegen ihre starken Glaubensüberzeugungen zu handeln, dann löst dies in der Regel schweren Stress aus. Als ich in den 80er-Jahren am Bostoner Beth Israel Hospital eine psychosomatische Klinik leitete, wurden dort viele Frauen mit stressbedingten Störungen über psychische Flexibilität, Stressresistenz und Entspannungstechniken unterrichtet. Am allerwichtigsten war vielleicht, dass wir uns gemeinsam mit unerledigten Konflikten aus der Vergangenheit auseinander setzten und dadurch bedingte Verletzungen heilten – jene Gefühle von Reue und Ressentiment, die Körper und Geist gelähmt hatten. Die heftigsten Reuegefühle, von denen stark religiöse Frauen sprachen, waren tatsächlich auf Abtreibungen zurückzuführen. Andrea z.B., eine schöne blonde Frau, war streng katholisch aufgewachsen. Da die Kirche andere Mittel der Empfängnisverhütung verbot, verließ sie sich mit ihrem College-Freund auf die Knaus-Ogino-Methode – und wurde schwanger. Wenn man sich das breite Spektrum an Auslösern vor Augen hält, die sich auf das weibliche Hormonsystem auswirken können – vom Körpergeruch eines Mannes bis zu seinem Tonfall, vom seinem sozialen Rang bis hin zu seiner Bereitschaft, uns Gedichte vorzulesen oder Blumen zu schicken –, dann ist es nicht verwunderlich, dass diese Methode der Empfängnisverhütung so oft versagt. Wenn die triebgesteuerten Reflexbögen des Gehirns die Botschaft erhalten, dass wir es mit einem genetischen Traumpartner zu tun haben, dann kann eine Eizelle im ungünstigsten Moment für die Nichtsahnenden bereitstehen. So binden sich Pheromone an Rezeptoren im Hypothalamus, die ihrerseits die Freisetzung eines winzigen Proteins mit der einschüchternden Bezeichnung Gonadotropin-freisetzendes Hormon (GnRH) bewirken. Es hat die Aufgabe, die Hypophyse zur Ausschüttung des follikelstimulierenden Hormons (FSH) zu veranlassen, damit der Eierstock auf die genetischen Schlüsselreize des Liebespartners mit der Abgabe einer Eizelle reagiert.

Andreas 19-jähriger Freund war zwar bereit zum Sex, aber nicht zur Vaterschaft. Als sie zu einer weiteren Ziffer in der Versagensstatistik von Knaus-Ogino wurden, geriet das junge Paar in Panik. Das Kind zu bekommen hätte eine große Schande für sie und ihre Familien bedeutet, und es wäre das Ende ihrer akademischen Ausbildung gewesen. Unter fürchterlichen Selbstvorwürfen unterzog sich Andrea einer Abtreibung. Alle Gebete, Beichten und Bußübungen verschafften ihr keine innere Ruhe. Zehn Jahre nach dem Ereignis litt Andrea unter chronischen Magenschmerzen und Übelkeit. Seit vier Jahren verheiratet, war sie außerstande, ein Kind zu bekommen, und zutiefst überzeugt, für ihre Sünden bestraft zu werden.

Wir kannten einander schon seit fast einem Jahr, als mir Andrea schließlich ihr Herz ausschüttete. Da ich bereits viele Abtreibungsgeschichten gehört hatte, wusste ich, dass es manchen Frauen schwer fällt, ihren Weg fortzusetzen und ihre Trauerarbeit abzuschließen, ohne ein wirksames Ritual, das ihnen hilft, die alte Wunde in eine neue Stärke umzuwandeln. Mit Hilfe von Meditation gestalteten wir ein Ritual, das es Andrea ermöglichte, mit der Seele des Kindes in Kontakt zu treten, das sie abgetrieben hatte. Sie schloss die Augen und entspannte sich, indem sie sich auf das sanfte Heben und Senken ihres Körpers beim Ein- und Ausatmen konzentrierte. Ich forderte sie auf, sich einen heiligen Hain vorzustellen, einen Ort, erfüllt mit Weisheit und Licht – einem Licht, das Mitgefühl und Verzeihung ausstrahlt. Sie spürte, wie dieses Licht ihren Körper durchströmte, Schuld und Verwirrung fortschwemmte und die reine Liebe offenbarte, die in ihrem eigenen Herzen war. Dann bat ich sie, dieses innere Licht sich ausbreiten zu lassen, bis es ihren ganzen Körper erfüllte und in den heiligen Hain ausstrahlte, wo sie dann der Seele ihres ungeborenen Kindes begegnen könne.

Auf Andreas Gesicht trat ein Ausdruck von Ehrfurcht und innerem Leuchten, dann begannen Tränen ihre Wangen hinabzurinnen. »Er ist da«, flüsterte sie, »in dem Hain. Er sagt, er sei so froh, dass ich gekommen bin, so glücklich, dass ich endlich bereit sei, das Geschenk zu empfangen, das er mir geben will.« In gedämpften Tönen, halb in dieser Welt und halb in einer anderen, erzählte

Andrea von dieser Begegnung. Raphael, der Name, den die Seele ihres abgetriebenen Kindes sich selbst gab, sagte, dass er einer ihrer Schutzengel sei. Er versicherte ihr, dass Menschen über sich hinauswachsen, indem sie schwierige Entscheidungen treffen, und dass sie sich auf diese Weise selbst besser kennen lernten und liebevoller würden. Er sagte ihr, er verstehe nicht nur ihren Entschluss abzutreiben, sondern er sei ihr zu Beginn ihrer Schwangerschaft genau deshalb zugeteilt worden, weil sie im Begriff war, das zu tun, und deshalb der Unterstützung und Heilung bedurfte. Daher auch sein Name. Im Hebräischen bedeutet Raphael »Heiler Gottes«.

Als Andrea Raphael fragte, was er getan hätte, wenn sie die Schwangerschaft nicht unterbrochen hätte, lächelte er und sagte, dass er in Menschengestalt zur Welt gekommen wäre und sie zuerst als Kind und dann als Erwachsener geleitet und geliebt hätte. In jedem Fall werde er immer bei ihr sein, versprach er, und immer bereit, ihr zu helfen. Die wichtigste Lektion, die sie zu lernen habe, erklärte Raphael, sei, sich selbst zu verzeihen. Andrea hatte ihre Handlungen bereut – was bedeutet, über sie nachzudenken und die Verantwortung für sie zu übernehmen –, und es bedurfte nur noch der Vergebung, um den Prozess abzuschließen.

Es erfüllt mich immer mit Ehrfurcht, wenn ich eine Heilung wie die von Andrea miterlebe. Vielleicht werden Sie sich fragen, ob ihr Gespräch mit Raphael »wirklich« war oder eine ihrem Wunschdenken entsprungene Phantasmagorie. Sie stellte mir dieselbe Frage. Ich antwortete ihr mit den Worten von Jesus, den sie liebte: »An ihren Früchten sollt ihr sie erkennen.« Das Begegnungsritual mit Raphael zeitigte viele Früchte. Andreas Magenschmerzen verschwanden, und drei Monate später wurde sie schwanger. Ich bezweifle nicht, dass die Vergebung, die sie sich schließlich selbst zuteil werden ließ, sie nicht nur von ihrem Stress befreite und die Schwangerschaft ermöglichte, sondern auch dazu beitrug, sie zu einer besonders liebevollen und fürsorglichen Mutter zu machen.

Abtreibung ist ein psychisches Problem – und angesichts der Einheit von Körper und Geist kann es auch ein physisches sein. Die

Schuldgefühle und der Kummer, unter dem manche Frauen leiden, kann sogar, wie in Andreas Fall, ihre Fähigkeit beeinträchtigen, ein weiteres Kind zu bekommen. Halten wir uns vor Augen, dass die Ausschüttung von FSH und luteinisierendem Hormon (LH) aus der Hypophyse ihrerseits von der Freisetzung von GnRH aus dem Hypothalamus abhängt, der wiederum von psychischem und physischem Stress in Mitleidenschaft gezogen wird. So haben z.B. die einfachen Belastungen des Reisens oft zur Folge, dass bei Frauen die Periode ausbleibt, und manchmal tragen sie auch zu den so genannten anovulatorischen Zyklen bei – Perioden, bei denen kein Ei freigesetzt wird. Körperlicher Stress, ungesunde Ernährung oder zu viel Sport können ähnliche Störungen des Menstruationsrhythmus hervorrufen, und dasselbe gilt für jede schwere psychische Belastung.

Gebären: Biologie versus Technologie

Julia war 27 Jahre alt und als Sozialarbeiterin in der Entbindungsstation eines Bostoner Krankenhauses tätig, als sie zum ersten Mal schwanger wurde. Die Durchschnittsamerikanerin wird im Alter von 26 Jahren Mutter. Viele gehören nicht dem Durchschnitt an und werden früher, später oder überhaupt nicht Mutter. Aber für diejenigen von uns, die Kinder gebären, existiert ein ganzer Industriezweig, der einen Vorgang pathologisiert hat, für den unser Körper von Natur aus eingerichtet ist. Medizinische Intervention wirkt sich einerseits oft störend auf biologische Abläufe aus, die sich von selbst reibungsloser vollziehen. Andererseits kann sie manchmal das Leben der Mutter, des Kindes oder beider retten. Wie in Bezug auf die meisten Dinge ist es wesentlich, über unseren Körper und unsere Wahlmöglichkeiten Bescheid zu wissen, um den Geburtsvorgang optimal zu gestalten. Und verglichen mit Frauen in früheren Jahrhunderten sind wir in der glücklichen Lage, unter den verschiedensten Angeboten wählen zu können.

Lange Zeit hat die Kirche jede Linderung der Geburtsschmerzen verboten, da man diese den Frauen zusprach – als Strafe für Evas Sündenfall im Paradies. In ihrem Buch *Of Woman Born* führt die feministische Dichterin und Schriftstellerin Adrienne Rich das Beispiel von Agnes Simpson an, einer Hebamme, die 1591 auf dem Scheiterhaufen verbrannt wurde, weil sie Opium zur Linderung der Wehenschmerzen benutzt hatte. Da die Kirche das Sezieren von Leichen verbot, blieb die Medizin in den christlichen Ländern rückständig – im Gegensatz zum Nahen Osten, wo sowohl die islamischen als auch die jüdischen Ärzte relativ gut in Anatomie ausgebildet waren.

Die Hebammen besaßen hingegen eine genaue Kenntnis der weiblichen Anatomie, der Mondzyklen und des Geburtsvorganges. Unseligerweise waren sie bei der männlichen Kirchenhierarchie wegen ihrer Kenntnis von Kräutern, die Empfängnis verhüten oder einen Abort bewirken konnten, und wegen ihrer Fähigkeit, die Geburtsschmerzen zu lindern, weithin gefürchtet. Ebenso wie Agnes Simpson endeten viele Hebammen auf dem Scheiterhaufen, entweder, weil man sie beschuldigte, Hexen zu sein oder ohne Erlaubnis Medizin zu praktizieren. Da man an einer medizinischen Fakultät studieren musste, um eine ärztliche Approbation zu erhalten, und nur Männer zu diesem Studium zugelassen waren, mussten die Hebammen ihre Heilkunst heimlich praktizieren, wenn sie nicht ihr Leben riskieren wollten. Im Mittelalter zogen es viele Frauen vor, ihre Kinder allein zur Welt zu bringen, wenn keine Hebamme zur Verfügung stand, da eine von inkompetenten Ärzten vorgenommene Entbindung zu riskant war.

Ende des 16. Jahrhunderts nahm die Geburtsmedizin eine dramatische Wende. Eine Arztfamilie namens Chamberlain erfand die Geburtszange und erwarb sich den weit verbreiteten Ruf, bei komplizierten Entbindungen erfolgreich Hilfe leisten zu können. Obwohl die Familie dieses Instrument zwei Generationen lang für sich behielt, wurde das Geheimnis 1773 gelüftet. Die Fähigkeit, das Kind in schwierigen Fällen und bei Steißlagen herausholen zu können, war zwar ein großer Fortschritt, aber die Zange wurde bald bei den allermeisten Geburten angewandt. Zu diesem Zeitpunkt hatte sich die Inquisition mit ihren unzähligen Hexenverbrennungen bereits ausgetobt, und die Hebammen konnten wieder praktizieren. Sie wiesen völlig zu Recht darauf hin, dass die Geburtszange eine Erfindung sei, die bei wahllosem Gebrauch Mutter und Kind gefährde.

Die Konkurrenz zwischen Hebammen und Ärzten entschied sich zu Gunsten der Ersteren, als eine zwei Jahrhunderte lang wütende Seuche, das so genannte Kindbettfieber, vom 17. Jahrhundert an europäische Mütter dezimierte, die von Ärzten entbunden wurden. Das Kindbettfieber wurde durch bakterielle Sepsis verursacht. Die Ärzte sezierten Leichen, behandelten Wunden, führten Operationen durch und assistierten dann mit ihren ungewaschenen Händen bei Geburten. Die Keime konnten durch die aufgerissene Uterusschleimhaut ungehindert in die Blutbahn eindringen, und die infizierte Mutter starb einige Tage später eines qualvollen Todes. Adrienne Rich berichtet, dass in der oberitalienischen Provinz Lombardei in einem bestimmten Jahr keine einzige Frau eine Geburt im regionalen Krankenhaus überlebte. Obwohl auch die Hebammen nichts über den Zusammenhang zwischen Keimen und Krankheiten wussten, herrschte in den Privathäusern generell größere Sauberkeit als in den Hospitälern, und die Hebammen sezierten keine Leichen und verbanden keine Wunden, bevor sie sich um die Gebärende kümmerten.

Gemessen an der langen, düsteren Geschichte des Gebärens haben heutige Mütter mehr Wahlmöglichkeiten. Sie können ihr Kind zu Hause, im Geburtshaus, in einer Entbindungsklinik oder in einem Krankenhaus mit angeschlossener Entbindungsstation zur Welt bringen, wo im Normalfall sowohl die Wehen als auch die Geburt in einem anheimelnden Raum stattfinden. Dennoch ist der Geburtsvorgang übertechnisiert worden, und die uralte Auseinandersetzung zwischen Hebammen und Ärzten über den Grad an Intervention, der bei einer normalen Geburt erforderlich ist, bewegt die Gemüter heute nicht weniger als im 18. Jahrhundert. Julia und Roger wurden in diese Debatte hineingezogen. Julia wollte ihr Kind zu Hause mit

Hilfe von Roger oder einer Hebamme zur Welt bringen. Roger hatte dagegen Angst vor möglichen Komplikationen und meinte, er könne es sich nie verzeihen, wenn Julia oder ihrem Kind etwas zustoße. Schließlich einigten sie sich auf einen Kompromiss, und Julia gebar ihre Tochter Amanda unterstützt von einer Hebamme im »Hausgeburtsraum« eines Krankenhauses.

Als ich 1969 mein erstes Kind, Justin, bekam, gab es noch keine Hausgeburtszentren in den Krankenhäusern. Die natürliche Geburt hatte eben angefangen, die älteren Praktiken abzulösen, bei denen die Mutter mit einem Medikamentencocktail in einen so genannten »Dämmerschlaf« versetzt wurde, der manchmal die Lebensfunktionen des Kindes beeinträchtigte. Ich nahm an einer Atemschulung nach Lamaze teil und war zu einer so genannten natürlichen Geburt bereit. Schließlich kam ich inmitten eines heftigen Schneesturms im Februar ins Krankenhaus, nicht weil die Wehen eingesetzt hatten, sondern weil ich seit etwa zwölf Stunden starke Vorwehen gehabt hatte und der Arzt befürchtete, ich würde es wegen der Schneefälle vielleicht nicht bis ins Krankenhaus schaffen, falls die Geburtswehen einsetzten.

Obwohl die Wehen genau genommen noch nicht begonnen hatten, war mein Gebärmuttermund bereits etwa fünf Zentimeter geöffnet, ein ausgezeichneter Beginn. Aber statt die Dinge ihren natürlichen Lauf nehmen zu lassen, spritzte mir der Arzt ein wehenauslösendes Hormon, um die Entwicklung zu beschleunigen, wobei er davon ausging, dass das Kind in zehn bis zwölf Stunden zur Welt kommen werde. Ich bekam sofort starke Wehen und die Fruchtblase platzte, was den Vorgang weiter beschleunigte. Zwei Stunden später setzten die Presswehen ein. Die Krankenschwester, die sich nicht die Mühe machte, die Öffnung des Muttermundes zu überprüfen, nahm einfach an, dass es noch zu früh sei. Aber der Körper fordert sein Recht. Ich presste insgeheim, ganz einfach, weil dadurch der Schmerz verging und ich ein wunderbares Gefühl der Öffnung und Erleichterung empfand. Nach vier oder fünf Presswehen spürte ich einen Druck zwischen den Beinen.

Das Baby war im Begriff, im Bett des Wehenraumes zur Welt zu kommen! Und was wäre dagegen einzuwenden gewesen? Ich rief die Schwester, die beim Anblick von Justins Köpfchen in Panik geriet und mich schleunigst in den Kreißsaal expedierte, wobei sie schrie: »Tief atmen! Nicht pressen!« Durch den Schreck setzten meine Wehen sofort aus, und es bestand keine weitere Notwendigkeit zu pressen. Der natürliche Ablauf war unterbrochen worden. Im Kreißsaal bekam ich eine Regionalanästhesie, und nach einem Dammschnitt wurde Justin mit der Zange herausgezogen. Seine Augen behandelte man mit Silbernitrat, ein Standardverfahren, das ich nicht verhindern konnte, dann wurde er in Tücher gewickelt und in die Kinderkrippe gebracht. Mehrere Stunden vergingen, bis ich ihn wieder sah. Zu diesem Zeitpunkt schien er der Kinderschwester zu gehören, und ich fühlte mich wie ein Eindringling. Bis zum heutigen Tag wünsche ich mir, dass ich den Mund gehalten und ihn im Bett geboren hätte. Wir beide waren ohne die anderen auf dem besten Weg, und es hätte nicht des belastenden technischen Finales einer bis dahin relativ schmerzlosen, intimen und natürlichen Geburt bedurft. Erfahrungen wie die meine sind immer noch die Regel in Krankenhäusern, wo normale Geburten durch den Einsatz von fetalen Überwachungsgeräten oft erst kompliziert werden – alles unter dem Vorzeichen einer »natürlichen Geburt«.

Die Biologie der Mutterschaft: Liebesgefühle und das Neugeborene

Mütterliches Verhalten setzt lange vor der Geburt ein. Ratten z.B. beginnen, Nester zu bauen, und Frauen veranstalten einen Hausputz und räumen ihre Schränke neu ein. Am Abend vor ihrer Niederkunft mit Amanda wurde Julia von dem unabweisbaren Verlangen gepackt, auf eine wackelige Stehleiter zu steigen und die Decke der Küche zu streichen. Dass eine Frau, die einer wandelnden Artischocke glich, es auch nur schaffte, den Kopf zurückzubeugen und zur Zimmerdecke hinaufzuschauen, war schon eine Leistung; dass sie es tatsächlich vermochte, sie in einen Zustand weißer Vollkommenheit zurückzuversetzen, war ein Wunder. Auch in diesem Fall sind Hormone die Vermittler so erstaunlicher Vorgänge.

Sobald sich der Körper darauf vorbereitet, eine wachsende Leibesfrucht zu ernähren, steigt die Konzentration von Östrogen und Progesteron. Progesteron bewirkt, dass sich die Uterusschleimhaut durch Blutgefäße verdickt und schließlich eine Plazenta bildet, ein lebenserhaltendes System, das das Kind mit Nährstoffen versorgt und Ausscheidungsprodukte abtransportiert. Die Anwesenheit des Fetus stimuliert die Plazenta zur Freisetzung von Chorionsomatotropin oder humanem Plazenta-Laktogen (HPL), das eine Zunahme des Drüsengewebes der Brust zur Vorbereitung auf die Milchproduktion bewirkt. Die wunderbare Kaskade biologischer Veränderungen, die es einer Mutter ermöglichen, ihr Kind zu ernähren, setzt sich nach der Geburt fort, wenn die Hypophyse anfängt, große Mengen des Hormons Prolaktin abzusondern, das die vorbereiteten Brüste zur Aufnahme der Milcherzeugung veranlasst. Und sowohl das HPL als auch das Prolaktin wirken unmittelbar auf den Hypothalamus ein und stimulieren mütterliches Verhalten, das weit über den Nestbau hinausgeht. Wie eine Bärin, die ihre Jungen verteidigt, sind die meisten Menschenmütter bereit, Leben und Gesundheit zu riskieren, um ihre Sprösslinge zu beschützen. Tatsächlich ist der Drang, das Leben in all seinen Formen zu schützen, eine der bemerkenswertesten Gaben von Frauen.

Bei der Geburt kommt ein weiteres im Hypothalamus erzeugtes Hormon, Oxytozin, ins Spiel. Es stimuliert nicht nur die Gebärmutter zu Kontraktionen, sobald es vor der Geburt freigesetzt wird, es bewirkt derartige Kontraktionen auch, wenn es als Reaktion auf das Stillen abgesondert wird. Wenn sich die Gebärmutter zusammenzieht, werden Blutgefäße verschlossen und dadurch die Gefahr von Blutungen verringert. Es stimuliert auch den Milchflussreflex, d.h., in den ersten paar Tagen nach der Geburt die Absonderung des so genannten Kolostrums (oder Vormilch, einer Nährflüssigkeit, die vom Drüsengewebe der Brust erzeugt wird, bevor die eigentliche Milchproduktion einsetzt). Manche Frauen, die gestresst sind, haben z.B. Milch in ihren Brüsten, die aber nicht in die Milchgänge gelangen kann, wo sie zum Stillen verfügbar wäre, weil Stress die Ausschüttung von Oxytozin hemmt. Aus diesem Grund können manche Frauen nur in der Ungestörtheit ihres eigenen Heims stillen, aber nicht an fremden Orten, während andere problemlos stillen können, bis ihre Schwiegermutter zu Besuch kommt.

Die Nervenzellen, die Oxytozin in die Blutbahn ausschütten, entsenden Axone auch in andere Areale des Gehirns und der Wirbelsäule. Die Botschaften dieser Axone lösen eine leichte, angenehme sexuelle Erregung aus – ein weiterer Trick der Natur, um zu gewährleisten, dass wir unsere Säuglinge gern stillen. Gegen Ende der Schwangerschaft vollziehen sich bestimmte Veränderungen in zwei Zellverbänden des Hypothalamus, dem Nucleus supraopticus und dem Nucleus paraventricular, die Oxytozin ausscheiden. Bevor die Frau gebärt, sind die Neuronen in diesen Zellverbänden durch Gliazellen voneinander getrennt. Wenige Stunden nach der Geburt verschwindet der »Schleier« von Gliazellen, so dass die oxytozinausscheidenden Zellen in direkten Kontakt miteinander treten. Dieser Kontakt aktiviert die Zellen und stimuliert die Oxytozinfreisetzung. Gleichzeitig stellt die Mutter eine Gefühlsbindung zu ihrem Neugeborenen her: Durch den Anblick, die Laute und den Geruch des Kindes wird Oxytozin freigesetzt, das Gefühle von Zuneigung, Zufriedenheit und freudiger Erregung auslöst. Mit anderen Worten, die Biologie hat für Liebesgefühle gesorgt, um sicherzustellen, dass wir gut für unsere Nachkommen sorgen.

Psychisch gesunde Mütter wie Julia bringen ihren Neugeborenen dieselbe bedingungslose Liebe entgegen wie ihren Partnern in der Verliebtheitsphase ihrer Beziehung. Und auch hier gilt, dass Liebe blind ist. Julia hat das vergötternde Leuchten in ihrem Blick, wenn sie die Geburtsphotos von der roten, runzeligen Amanda immer wieder allen zeigt, die bereit sind, sie sich anzusehen. Mutterliebe auf ist ein weiteres biologisches Geschenk, denn wenn sie fehlte, würden uns die Bürde der Fürsorge für einen hilflosen Säugling vielleicht zu sehr bedrücken. Als Julia die kleine Amanda von der Klinik nach Hause brachte, war sie müde und fühlte sich durch die Bedürfnisse des Babys überfordert. Zum Glück kam Großmama Sylvia, um ihr in den ersten paar Tagen auszuhelfen, dennoch musste Julia die aufgeweckte Amanda fast alle zwei Stunden stillen und dazu ihren eigenen Schlaf unterbrechen. Glücklicherweise war Julia entsprechend vernarrt in ihren kleinen Wonneproppen und erbrachte die übermenschlichen Leistungen mütterlicher Fürsorge mit einer Energie ähnlich derjenigen, wie sie bei Liebespaaren durch PEA entsteht.

Was ist mit Müttern, die aus dem einen oder anderen Grund ihre Kinder nicht stillen? Gehen wir mit Flaschenkindern dieselbe gefühlsmäßige Bindung ein? Ja, das tun wir, nur werden wahrscheinlich andere biologische und verhaltensbezogene Schaltkreise angesprochen. Zum Glück sind Hormone nicht die einzigen Vermittler mütterlichen Verhaltens. Eine weibliche Ratte, die niemals einen eigenen Wurf hatte, beginnt, sich nach mehrtägigem Kontakt mit dem Jungen einer anderen Mutter mütterlich zu verhalten. Bei Menschen gibt es dokumentierte Fälle von Adoptivmüttern, die sogar Milch produzierten und ihre Babys stillten.

Wenn Mütter ihren Nachwuchs abstillen, kehrt der Schleier von Gliazellen zwischen den Oxytozin-produzierenden Neuronen im Hypothalamus wieder an seinen Platz zurück. Das Baby ist nicht länger dieselbe Quelle des Trostes und der Erregung, und es ist seinerseits auch nicht mehr so hilflos. Sein Lächeln und Lachen haben eine gefühlsmäßige Bindung anderer Art geschaffen. Ähnlich, wie wir nach dem Stadium der Verliebtheit in unserem Partner gewöhnlich in eine Phase der seelischen Verbundenheit und schließlich der echten Liebe zu ihm eintreten, entwickelt sich auch die emotionale Beziehung zu unseren Kindern, wenn wir psychisch gesund genug sind, um gute Mütter zu sein.

Die bio-psycho-spirituellen Aspekte der Beziehung zu Partnern und Kindern

Wie wir gesehen haben, ist die biologische Ausstattung einer Frau speziell dafür geschaffen, bei ihr Gefühle der Lust, Erregung und Freude auszulösen, wenn der Geruch, der Anblick und die Berührungen ihres potentiellen Liebhabers die Nervenbahnen zwischen Riechhirn und limbischem System erregen, die das beziehungsrelevante Molekül PEA freisetzen. Die resultierende biochemisch genährte Verliebtheit weckt starke spirituelle Erlebnisse der Verbundenheit und tiefen Zusammengehörigkeit. Aber ein kurzlebiger biochemischer Rausch bereitet leider nicht immer den Boden für wahre Liebe. Er ist wie ein zeitweiliger Zustand der Gnade, auf dem dann eine authentische intime Beziehung aufgebaut werden muss.

Der delikate psychobiologische Rückkopplungsmechanismus, der sich herausgebildet hat, um die Verliebtheit in genetisch geeignete Partner zu gewährleisten, hat eine wichtige kognitive Komponente, die durch unseren Neocortex eingebaut wurde. Wir können über die Beziehungsqualitäten unseres möglichen Partners nachdenken und im Idealfall die chemische Euphorie der Anziehung überwinden, falls er psychologisch ungeeignet ist. Wir fragen uns: Ist dieser Mann fähig zu echter Intimität, kann er seine Gefühle mitteilen und meine bestätigen? Kann ich weiterhin mein wahres Selbst finden, ein Selbst-in-Beziehung zu ihm? Werden wir imstande sein, das Beste im anderen zutage zu fördern und zu unterstützen? Haben wir die gleichen Wertvorstellungen? Wird er fähig sein, eine liebevolle Beziehung zu den Kindern herzustellen, die wir vielleicht miteinander haben werden? Falls die Antwort auf die meisten dieser Fragen Nein ist, sobald unsere vorübergehende biochemische Verliebtheit verfliegt, dann wird sich kaum eine dauerhafte Bindung einstellen, weil die psychospirituelle Seite des Rückkopplungsmechanismus, der die wechselseitige Entwicklung fördert, fehlt.

Aber was geschieht, wenn eine Frau nicht reif genug ist, diese Fragen nach der Authentizität einer Beziehung zu stellen? Da sich ein starkes Beziehungsbewusstsein bei Frauen in der Adoleszenz entwickelt und bestenfalls in den frühen Zwanzigern zu reifen beginnt, ist es nicht verwunderlich, dass die meisten vor dem 20. Lebensjahr geschlossenen Ehen scheitern. Die biologischen Schaltkreise der Verliebtheit funktionierten zwar schon, aber die psychospirituellen Entsprechungen waren noch nicht ausgereift und erschweren so die Wahl eines psychisch reifen Partners. Eine Frau, die das Entwicklungsdilemma »Wie kann ich meine eigenen Bedürfnisse befriedigt bekommen, ohne anderen gegenüber egoistisch zu sein?« noch nicht gelöst hat, lässt sich vielleicht mit einem Mann ein und gibt dessen Meinungen, Bedürfnissen und Wünschen Raum, ohne ihre eigenen zu berücksichtigen. Die Folge davon ist, dass sie sich in dieser Beziehung verliert, statt durch sie zu wachsen. Ein weiterer häufiger Fehler, den Frauen machen, die dieses Dilemma noch nicht gelöst haben, ist, dass sie zwar die Probleme eines Mannes erkennen, aber glauben, sie könnten ihn ändern, retten oder reformieren. »Wenn ich ihn nur genügend liebe«, denkt sie, »wird er sich ändern.« Aber das tut er gewöhnlich nicht. Von Problemen dieser Art zeugt die Tatsache, dass in den USA, wo die Zahl der Teenager-Heiraten hoch ist, die meisten Ehen mit Mitte 20 geschieden werden, weil sich diese frühen Fehlurteile rächen.

Die psychobiologischen Gaben der Weiblichkeit erstrecken sich auch auf unsere Beziehung zu unserem Neugeborenen. Wenn sich der Schleier der Gliazellen zwischen den Oxytozin-erzeugenden Zellverbänden im Hypothalamus beim Geburtsvorgang auflöst, dann geschieht dasselbe mit der Grenze zwischen uns und unserem Kind. Das Gefühl des Einsseins mit ihm ermöglicht nicht nur, dass die Milch einschießt, sondern hat auch einen Zustand der Verbundenheit zur Folge, vergleichbar mit demjenigen, den wir anfangs unserem Partner gegenüber empfanden. Auch in diesem Fall muss jedoch eine psychospirituelle Rückkopplungsschleife vorhanden sein, damit die biologische Disposition zur Herstellung einer affektiven Bindung tatsächlich eine wechselseitig förderliche Beziehung hervorbringen kann. Wenn eine Mutter kein eigenes Selbstgefühl entwickelt hat, dann wird auch ihre Fähigkeit, nach dem anfänglichen Verbundenheitsgefühl eine Beziehung zu ihrem Kind zu entwickeln, begrenzt sein. Der Trend zur späteren Mutterschaft ist in dieser Hinsicht wichtig, denn je psychisch reifer die Mutter ist, desto größer wird die Chance des Kindes für eine optimale Entwicklung sein.

Während ihrer ganzen Kindheit und Jugend ist ein Mädchen in die Welt menschlicher Beziehungen eingebettet und bereitet sich auf ihre spezielle Rolle in der Erhaltung des Netzwerks interdependenter Verbundenheit zwischen ihr selbst und anderen und zwischen den Menschen und der Natur vor. Die Qualität der intensiven Beziehungen, die sich in unseren Zwanzigern herauszubilden beginnen, zeugen einerseits von dem, was wir bereits gelernt haben, sie können uns andererseits aber auch warnen, welche Dinge wir noch nicht beherrschen. Die aufkeimende Spiritualität von Beziehungen ist kein Entwicklungsstadium mit einem unterscheidbaren Anfang und Ende, sondern ein lebenslanger Weg, dessen Kennzeichen Glück, Kreativität, Mitgefühl und ein befriedigendes Bewusstsein beiderseitigen Wachstums sind. Die Tatsache, dass die Schaltkreise unseres Gehirns plastisch und wandelbar sind, bedeutet, dass wir aus emotionalen Rückmeldungen Gewinn ziehen und unseren Kurs, unsere Gedanken und unser Verhalten ändern können, falls die mit der Beziehungsorientierung normalerweise einhergehende Befriedigung fehlt.

6

28. bis 35. Lebensjahr: Die Lebenswende mit Dreißig

Neue Realitäten, neue Pläne

Julias beste Freundin, die 32-jährige Liza, die in einer Krankenhausverwaltung arbeitet, ist mit ihrem Mann, Rob, seit sechs Jahren verheiratet. Wie viele karriereorientierte Frauen wollte sie erst ihren beruflichen Aufstieg sichern, bevor sie daran dachte, Kinder zu bekommen. In ihren Zwanzigern hatte sie das Gefühl, über ihr Leben bestimmen zu können, vorwärts zu kommen und neue berufliche Qualifikationen zu erwerben, bis sie schließlich einen Mann kennen lernte und heiratete, den sie als ihren künftigen Lebenspartner ansah. Inzwischen geht ihre sorgfältig ausgetüftelte Lebensplanung in die Brüche. Überzeugt davon, dass die einzige Voraussetzung für den Aufstieg gute Leistungen seien, ist Liza sich darüber bewusst geworden, dass die meisten Unternehmen pyramidenförmig strukturiert sind. Mit jeder Stufe, die sie auf der Karriereleiter emporsteigt, werden die Sprossen schmaler und weniger Stellen stehen zur Verfügung. Die vorhandenen werden zum Gegenstand erbitterter Konkurrenz und politischer Machenschaften, die sie unfair, inhuman und widerwärtig findet.

Als sie bei der Beförderung übergangen wurde, weil ein Kollege zu Unrecht angedeutet hatte, sie verdanke ihre kreativen Ideen anderen Mitgliedern des Teams, ließ sie sich entmutigen. Arbeiteten Menschen denn nicht am besten, wenn sie ihre Ideen miteinander diskutierten und ihren Einfällen freien Lauf ließen? Zusammenarbeit erschien ihr vom Verstand und vom Gefühl her sinnvoll, aber angesichts der konkurrenzorientierten Unternehmensstruktur war sie nicht das taktisch klügste Vorgehen. Die Lone-Ranger-Typen schaffen es offensichtlich, sich einen Vorsprung zu verschaffen, oft auf Kosten der anderen. Liza fragt sich inzwischen, wozu sie so viel Zeit, Mühe und Kosten aufgewendet hat, um ihr Diplom in Betriebswirtschaft zu machen. Wie es in der Krankenhausverwaltung zugeht, das steht in Widerspruch zu ihren Wertvorstellungen, und außerdem hat sie das Gefühl, in ihrem Job auf der Stelle zu treten: Sie ist erst zwei Stufen über dem Einstellungsniveau und muss sich im Auftrag des Risikomanagement-Teams endlos mit Fragen der Qualitätskontrolle befassen.

Liza war in die Krankenhausverwaltung mit der Hoffnung eingetreten, dass sich ihr Einsatz lohnen könnte, dass sie dazu beitragen könnte, das Gesundheitswesen humaner zu gestalten. Inzwischen fühlt sie sich wie eine Fließbandarbeiterin, dazu verurteilt, mit wenig Hoffnung auf ein Vorwärtskommen immer wieder das gleiche Rädchen zu montieren. Zusammen mit ihrer schmerzhaften beruflichen Desillusionierung haben ihre seit zweieinhalb Jahren erfolglos verlaufenden Bemühungen, schwanger zu werden, sie nahezu in Verzweiflung gestürzt. Was ist bloß aus dem schwarzhaarigen Tausendsassa, wie man sie an der Uni nannte, geworden, fragt sie sich. Nur wenige Jahre später scheint nichts so zu laufen, wie sie es geplant hatte.

Die Lebenswende mit Dreißig

Der verstorbene Yale-Psychologe Daniel J. Levinson, dessen Erforschung des männlichen Lebenszyklus die Grundlage seines Bestsellers von 1978, *The Seasons of a Man's Life*, bildete, der breite Anerkennung fand, hat eine ähnliche Studie über den weiblichen Lebenszyklus veröffentlicht, in deren Mittelpunkt tief schürfende Interviews mit 45 Frauen stehen, die sich auf die Jahre etwa zwischen 19 und Mitte 40 konzentrieren. Er kommt zu dem Schluss, dass der Prozess des Heranreifens in den frühen und mittleren Erwachsenenjahren mit dem Prozess des Alterns und des Abbaus koexistiere, Phasen, in denen sich unsere Lebensstrukturen im Niedergang befinden. Als Lebensstruktur definiert er die Schnittfläche zwischen uns selbst und der Außenwelt, die den Rahmen für unsere beruflichen und familiären Beziehungen bilde. Sie bestehe aus unseren Hoffnungen und Träumen, Wertvorstellungen und Talenten. Wie werden wir uns in die Welt einfügen? Was ist wichtig für uns? Was wird uns glücklich machen?

Die Phase zwischen 19 und 45 dient in Levinsons Modell der Errichtung der Lebensstruktur für unser junges Erwachsenenalter. Die frühen Dreißiger bezeichnet er als ein »strukturveränderndes Übergangsstadium, welches das vorhandene Lebensgefüge beendet und die Möglichkeit eines neuen eröffnet«.

Erfahrungen wie die von Liza, in deren Verlauf ihr früherer Traum, im Gesundheitswesen etwas bewirken zu können, sowie ihre Hoffnung auf Mutterschaft »verwelken«, seien typisch für Frauen in diesem Abschnitt ihres Lebenszyklus. Sie ist ihrem Traum gefolgt und auf einem Terrain gelandet, das ihr missfällt, und jetzt befindet sie sich in einer Phase der Neubewertung ihrer Situation, die zu einem weiteren Zyklus der Entfaltung, einer weiteren Evolution führen wird. Die Hauptaufgabe, um die es bei der Lebenswende mit 30 geht, die sich nach Levinson vom 28. bis zum 32. Lebensjahr erstreckt, ist die Erforschung neuer Möglichkeiten und die Bewältigung alter Konflikte, die dem weiteren Wachstum einer Frau im Wege stehen könnten.

Typisch für diese Neubewertung dessen, was Levinson unsere »zwangsläufig unvollkommenen« Lebensstrukturen nennt – Welche Heranwachsende könnte denn die vielen Umwege voraussehen, die ihr Leben nimmt, wenn sie ihre ursprünglichen Pläne für den Eintritt in die Erwachsenenwelt macht? –, sind bohrende Fragen, ob und wie Arbeit und Familie sich miteinander vereinbaren lassen und ob früh geschlossene Lebenspartnerschaften sich bewähren werden. Diese Fragen werden durch die hinzukommenden Belastungen der Unfruchtbarkeit noch weiter kompliziert. Wie Liza wollen viele Frauen in den Dreißigern Mütter werden, sind aber entweder unfruchtbar oder haben Schwierigkeiten, die Schwangerschaft auszutragen. Werden sie ihre Bemühungen fortsetzen, ein Kind zu bekommen, oder ihren Lebensplan ändern? Im Zentrum der Lebenswende einer 30-jährigen Frau steht die Frage: »Was will ich wirklich?«

Was will eine Frau?

Die Psychologinnen Grace Baruch und Rosalind Barnett vom Wellesley College haben in Zusammenarbeit mit der Bostoner Medienwissenschaftlerin Caryl Rivers 1983 eine bahnbrechende Untersuchung über Frauen, Familie, Arbeit und Liebe veröffentlicht, die als Lifeprints Study bekannt ist. Sie versuchten darin, eine Frage zu beantworten, die Freud einst zu dem frustrierten Ausruf veranlasste: »Was will eine Frau?« Zu den Vorzügen der Studie zählten die Aufschlüsse, die sie hinsichtlich der Belohnungen und Freuden im Leben von Frauen erbrachte. Vor den 60er-Jahren nahm man an, dass eine Frau in ersten Linie zu Hause bleiben und das Leben einer »verhätschelten« Hausfrau führen wolle, wobei sie ihren Mann geschickt zu manipulieren lerne und erreiche, dass er sie mit den jeweils neuesten zeitsparenden Haushaltsgeräten versorgte. Problematisch war natürlich, dass bei dieser Einschätzung alle Frauen in einen Topf geworfen wurden. Ebenso wie Männer haben auch wir

Frauen unterschiedliche Bedürfnisse und Wünsche. Manche blühen in der Rolle einer Hausfrau auf, andere welken dahin. Manche von uns erfüllen ihr Bedürfnis nach Mutterschaft, indem sie selbst Kinder bekommen, andere, indem sie ihre Kräfte Geschwistern, Freunden, ihren Eltern oder Ideen widmen. Es gibt nicht die eine Lebensgeschichte, die für uns alle passt. Nicht jede berufstätige Mutter bricht zwangsläufig zusammen, und ebenso wenig muss es einer Frau, die zu Hause bleibt und ihre Kinder großzieht, notwendigerweise misslingen, mit 35 oder 40 Jahren wieder in den Beruf zurückzukehren.

Die erwähnte Untersuchung umfasste eine Zufallsstichprobe von 300 Frauen aus Massachusetts im Alter zwischen 35 und 55. Das durchschnittliche Bildungsniveau war hoch – 14 Jahre Schulbesuch, d.h. zwei Jahre College. Da es sich um eine überdurchschnittlich gebildete Gruppe handelte, entsprachen ihre Erfahrungen – wie meine Ausführungen in diesem Buch – eher den Erfahrungen weißer Mittel- und Oberschichtfrauen als denen farbiger Frauen und Angehöriger niedriger sozioökonomischer Schichten. Nur zum Vergleich: Den Statistiken von 1991 zufolge hatten nur zwei von fünf Amerikanerinnen im Alter von 25 oder mehr Jahren einen Highschool-Abschluss [entspricht etwa der mittleren Reife], und nur jede Fünfte hatte ein College-Diplom [etwa dem Abitur vergleichbar]. Diese Statistiken gelten übrigens nur für weiße Frauen. Von den schwarzen und hispanischen Frauen schafft nur ein geringerer Prozentsatz einen College-Abschluss, während der Anteil von Frauen, die ein College-Diplom erreichen, bei den Frauen asiatischer Herkunft höher liegt als bei den weißen Frauen.

Die Lifeprints-Studie ist faszinierend, weil sie die gewaltigen Veränderungen dokumentiert, die in den Lebensformen der Frauen eingetreten sind. Die Verfasserinnen schreiben: »Als die von uns untersuchten Frauen Kinder waren, stellten berufstätige Frauen die ›untypische‹ Gruppe dar, und diese Frauen fühlten sich oft isoliert und verunglimpft. Heute sind es dagegen die Hausfrauen in unserer Stichprobe, die sich allein gelassen und von ihrer Umgebung missverstanden fühlen, während berufstätige Frauen ein neuartiges Gefühl der Unterstützung erleben. Diese Trends werden sich in den künftigen Jahren aller Wahrscheinlichkeit nach nicht umkehren: Die Lebensläufe unserer Probandinnen sind deshalb höchst relevant für Frauen, die jetzt in ihren Zwanzigern oder frühen Dreißigern sind.« Die Autorinnen hatten Recht. Die Trends, von denen sie sprachen, haben sich in den zwei Jahrzehnten seit Veröffentlichung ihrer Studie noch verstärkt.

Die von ihnen befragten Frauen wurden in sechs Gruppen unterteilt: nie verheiratet, erwerbstätig; verheiratet ohne Kinder, erwerbstätig; verheiratet mit Kindern, erwerbstätig; geschieden mit Kindern, erwerbstätig; verheiratet mit Kindern, Hausfrau; verheiratet ohne Kinder, Hausfrau. Auf der Skala »Selbstsicherheit«, die als Maßstab für Selbstachtung und Selbstvertrauen dient, lagen die berufstätigen Frauen alle in oder nahe bei der oberen Hälfte und erzielten im Durchschnitt viel höhere Resultate als die Hausfrauen. Am schlechtesten schnitten auf der Selbstsicherheitsskala verheiratete Frauen ohne Kinder ab, die zu Hause blieben. Die geschiedenen Frauen lagen übrigens an der Spitze der Selbstsicherheitsskala. Dies deckt sich mit anderen Untersuchungen, die ebenfalls zeigten, wie günstig es sich auswirkt, wenn frau lernt, schwierige Situationen aus eigener Kraft zu meistern und ihr Leben nach einer größeren Krise neu zu gestalten. Die höchsten Punktezahlen in Bezug auf »Vergnügen« erzielten Verheiratete mit Kindern, die zu Hause blieben, und Verheiratete mit Kindern, die berufstätig waren. Die niedrigsten Ergebnisse in diesem Bereich erzielten verheiratete Hausfrauen ohne Kinder, unverheiratete Berufstätige und geschiedene berufstätige Mütter.

Die Autorinnen waren frappiert über das ausgeprägte Wohlbefinden (die Kombination von Selbstsicherheit und Vergnügen) der »am stärksten beanspruchten Frauen in unserer Studie, nämlich der berufstätigen verheirateten Frauen mit Kindern«. Meine Mutter wäre über die Lifeprints-Ergebnisse vielleicht überrascht gewesen, ich bin es nicht. Obwohl ich selbst jetzt, da die Kinder aus dem Haus sind, immer noch dazu neige, über mein Eingespanntsein zu stöhnen, ist mir doch, wenn ich auf das Leben meiner Mutter zurückblicke, schmerzlich bewusst, wie unglücklich sie war. Bei der Lifeprints-Untersuchung hätte meine blitzgescheite und schöne Mutter sowohl in Bezug auf Selbstsicherheit als auch in puncto Vergnügen schlecht abgeschnitten. Aber zu ihrer Zeit und in ihrer Gesellschaftsschicht blieb ihr kaum eine andere Wahl, als zu Hause zu bleiben und zuerst ohne, dann mit Kindern und schließlich, nachdem wir erwachsen waren, wieder ohne Kinder Hausfrau zu sein.

Ich erinnere mich sowohl mit Heiterkeit (ihre leidenschaftlichen Appelle, mich gegenüber Männern unwissend zu stellen, um sie nicht zu verscheuchen, empfanden wir tatsächlich beide als komisch) als auch mit einer gewissen Trauer an ihre gut gemeinten Versuche, mich nach dem Vorbild von Betty Friedans »Weiblichkeitswahn« großzuziehen. Aber schließlich stellte dies bis vor einer einzigen Generation das Idealbild für Frauen dar – ein Ideal, das an der Mutterschaft gemessen wurde. Keinesfalls überraschend hatten die zwei größten Ängste, die meine Mutter in Bezug auf mich hegte, mit Kindern zu tun. Als ich ein Teenager war, ängstigte kein Gedanke sie mehr, als dass ich vor der Heirat schwanger werden könnte. Später machte sie sich Sorgen, dass mir die Karriere wichtiger sein könnte als Kinder. Und ein Leben ohne Kinder konnte sie sich einfach nicht vorstellen.

Sind Kinder für die Mutterrolle nötig?

Die Autorinnen der Lifeprints-Studie belegen, wie emotionsgeladen die Frage des Nachwuchses für die Frau von heute ist. Tatsächlich ist es ein zentrales Thema für Karrierefrauen, die sich an der Lebenswende um die Dreißig befinden und die ihre Lebensgestaltung überdenken, wie es zu diesem Zeitpunkt die Regel ist. In der Generation meiner Mutter stellte sich diese Frage selten, da einfach davon ausgegangen wurde, dass gesunde verheiratete Frauen Kinder bekommen würden. Das war sowohl unser biologisches Schicksal als auch der Verlauf, von dem man annahm, dass er zu seelischer und spiritueller Erfüllung führen würde. Die Frage der Mutterschaft wird oft von zwei extremen Standpunkten aus diskutiert: einerseits die Vorstellung, Frauen ohne Kinder müssten sich leer und unerfüllt fühlen, andererseits die Überzeugung, Frauen mit Kindern hätten sich auf ein Leben »unentrinnbarer Knechtschaft« eingelassen.

In Wirklichkeit ist die Frage der Mutterschaft weder schwarz noch weiß zu sehen, sondern abhängig von der Qualität all unserer Beziehungen, Lebensziele und natürlichen Vorlieben. Der schlichte Gedanke, dass Frauen Mütter werden müssten, um sich »ganz« zu fühlen, und dass Mutterschaft die höchste Quelle der Erfüllung sei, wird nicht nur von den Ergebnissen der Lifeprints-Forscherinnen widerlegt, sondern auch durch eine in ihrer Studie zitierte Umfrage unter den Leserinnen von Anne Landers. Als Landers Mütter befragte, ob sie die Erfahrung der Mutterschaft ein zweites Mal machen wollten, antworteten unglaubliche 70% mit Nein, ein Beleg dafür, dass Mutterschaft zwangsläufig mit erheblichen Konflikten einhergeht und keine Eintrittskarte zum Paradies ist.

Den Lifeprints-Ergebnissen zufolge hatte Kinderlosigkeit keinen speziellen Einfluss auf Selbstsicherheit oder Vergnügen, außer bei Frauen, die sich vergeblich Kinder wünschten und sich mit deren Ausbleiben nicht abfinden konnten. Interessanterweise zögern Frauen beim Gedanken an Kinder eher als Männer; sie beurteilen die damit verbundenen Schwierigkeiten und Opfer realistischer als diese. Bei der Entscheidung für oder gegen Kinder müssen zahlreiche Faktoren bedacht werden – psychische, physische und ökonomische. Sowohl die Mutterschaft als auch die Entscheidung dagegen hat ihre eigenen Vorzüge und Verantwortlichkeiten.

Obwohl die traditionelle Vorstellung von Mutterschaft mit einem eigenen Kind verknüpft ist, haben viele der 20% kinderloser Frauen andere Möglichkeiten gefunden, ihre Mütterlichkeit auszuleben. Frau kann sich um Patenkinder, Geschwister und Eltern kümmern;

um Ideen, Gemeinwesen und Projekte; um Pflanzen, Tiere, die gesamte Natur. Sechs meiner engsten Freundinnen sind kinderlos; drei aus freier Entscheidung und drei umständehalber. Alle sechs haben sich mit ihrer Kinderlosigkeit ausgesöhnt und führen ein erfülltes und interessantes Leben. Mit drei dieser Frauen habe ich mich eines Abends zusammengesetzt, um über die verschiedenen Wege zu sprechen, wie kinderlose Frauen ihre Mütterlichkeit einbringen können. Eine verheiratete Fachärztin für Geburtshilfe und Gynäkologie, die sich bewusst für Kinderlosigkeit entschied, hat bei der Geburt von Hunderten von Babys mitgewirkt. Sie ist einer der fürsorglichsten Menschen, die ich kenne, und sieht es als ihre Aufgabe an, Frauen darin zu unterweisen, wie sie gut für sich selbst sorgen, ihre Familien planen (einschließlich empfängnisverhütender Maßnahmen, wenn dies ihr Wunsch ist) und gesunde Kinder zur Welt bringen können. Auch anderen ÄrztInnen als Mentorin zu dienen, ist eine wichtige Form von Mütterlichkeit für sie. Und ohne die Belastung eigener Kinder hat sich ihre Ehe durch besondere Intimität und gegenseitige Hilfsbereitschaft ausgezeichnet. Eine andere Freundin, ältestes von fünf Kindern, ist eine unverheiratete Krankenschwester, Wissenschaftlerin und Professorin. Obwohl ohne eigene Kinder, hat sie alle ihre eigenen Geschwister bemuttert, einschließlich eines Bruders, der 13 Jahre jünger ist als sie. Auch sie erwähnte die vielen Männer und Frauen, denen sie im Laufe ihrer Karriere als Mentorin diente – eine Form, ihre Mütterlichkeit auszuleben. Eine dritte unverheiratete Freundin ist eine Hospizarbeiterin und Naturheilerin, die todgeweihten Patienten und deren Angehörigen Kraft spendet. In einem sehr realen Sinn hilft sie Menschen, in ihrer Seele heil zu bleiben, wenn ihre Zeit auf Erden abgelaufen ist. In einer bereits übervölkerten Welt glaubt sie daran, dass ihre Entscheidung gegen die Mutterschaft auch ein Beitrag zur Rettung eines Planeten ist, dessen Ressourcen schon so gefährlich geschwunden sind.

Wir leben in einer Zeit, in der Frauen eine Fülle von Wahlmöglichkeiten in Bezug auf Familie und Karriere haben. Aber der uralte Archetypus der Großen Mutter ist niemals größer gewesen als heute.

Durch unsere wachsende Bewusstheit und Macht tragen wir Frauen sowohl mit als auch ohne Kinder dazu bei, eine neue Welt zu gestalten. Unsere Fähigkeit, Verbindungen herzustellen, zu pflegen und zu stärken und Entscheidungen zu treffen, die nicht auf herkömmlichen Konventionen, sondern auf gegenwärtigen und künftigen Bedürfnissen beruhen, sind die Hoffnung dieses Planeten und der Kinder, die in ihrer Gesamtheit uns allen gehören.

Die Herausforderung durch Unfruchtbarkeit

Aber was ist mit einer Frau wie Liza, die sich nach biologischer Mutterschaft sehnt und erleben muss, dass sie und ihr Mann offenbar kein Kind zeugen können? Die Psychologin Alice D. Domar, Direktorin der Frauengesundheitsprogramme am Mind-Body-Institut des New England Deaconess Hospital von Harvard, hat festgestellt, dass Frauen, die sich erfolglos um eine Schwangerschaft bemühen, einen Stresspegel in Bezug auf Angst und Depression haben, der mit dem von Frauen mit Krebs, HIV-Infektion und Herzkrankheiten vergleichbar ist. Die Empfängnis kann zum Mittelpunkt ihres Lebens werden und sie auf eine Achterbahnfahrt der Gefühle schicken, die jeden Monat, wenn ihre Periode eintritt, mit enttäuschten Hoffnungen endet. Stets auf die Ovulation zu achten kann die Sexualität all ihrer Lust und Spontaneität berauben, und diese Ehen nehmen denn auch häufig Schaden.

Statistisch gesehen ist jedes sechste Paar, d.h. 15% der Paare, die sich Kinder wünschen, mit Unfruchtbarkeit konfrontiert. Von diesen Paaren sind viele Frauen in ihren Dreißigern. In etwa 40% der Fälle liegt die Ursache des Problems beim Mann, in 60% bei der Frau. In letzter Zeit wurde zunehmend über einen Rückgang der Spermienzahl in verschiedenen Ländern berichtet, sowohl beim Menschen als auch bei Tieren wie Alligatoren, die in den pestizidbelasteten Gewässern der Everglades in Florida leben. Obwohl die

Forschung noch nicht zu eindeutigen Ergebnissen gekommen ist, mehren sich die Belege dafür, dass Pestizide, die Moleküle mit östrogenähnlicher Aktivität enthalten (die so genannten Xenoöstrogene), das männliche Fortpflanzungssystem schädigen und Hodenretention, Mikrophallus und geringere Spermienzahl zur Folge haben können. Sie können auch bei Frauen Fortpflanzungsschwierigkeiten auslösen und werden als mögliche Ursache von Brustkrebs untersucht. Etwa 20% aller Fälle von Unfruchtbarkeit werden auf unbekannte Ursachen zurückgeführt, d.h., weder beim Mann noch bei der Frau liegen physische Anomalien vor, die zur Erklärung des Problems ausreichen.

Die Gynäkologin Christiane Northrup führt die bisher nicht erklärte Unfruchtbarkeit auf fünf Ursachen zurück: irregulärer Eisprung, Vernarbung der Eileiter durch Infektionen oder Pessare, immunologische Probleme, wobei Frauen Antikörper gegen die Spermien ihres Partners produzieren, Endometriose und Stress. Die beiden letztgenannten Probleme kommen häufig genug vor, um sie näher zu betrachten. Endometriose ist eine Anomalie, bei der dieselbe Art von Zellen, die den Uterus auskleiden (die Endometriumzellen) auch außerhalb der Gebärmutter vorkommen, gewöhnlich in der Peritoneal- oder Bauchfellhöhle, wo sie die Eierstöcke, die Eileiter, die Gedärme oder die Bauchhöhlenwand überwuchern können. Gelegentlich wandern sie bis zur Lunge. Diese Zellen reagieren auf Hormone genauso, wie sie es in der Gebärmutter tun, d.h., sie vermehren sich in der ersten Hälfte des Menstruationszyklus, füllen sich in der zweiten Hälfte des Zyklus stark mit Blut und stoßen ihre obersten Schichten schließlich als Monatsblutung ab. Diese zyklischen Veränderungen und Blutungen können chronische Schmerzen, Aufgedunsenheit, heftige Menstruationskrämpfe, starke Perioden und Schmerzen beim Koitus hervorrufen und an den Eierstöcken und Eileitern Narben hinterlassen, die unter Umständen zur Unfruchtbarkeit führen. Dieses klinische Bild tritt in erster Linie bei menstruierenden Frauen im Alter zwischen 20 und 45 auf, am häufigsten jedoch in den Dreißigern.

Die Ursache der Endometriose ist unklar, doch die gängigste Theorie besagt, dass alle Frauen Endometriumzellen durch die Eileiter ausstoßen, wenn sich der Uterus während der Periode krampfartig zusammenzieht, ein Vorgang, der als retrograde Menstruation bezeichnet wird. Die Frage, die bisher noch nicht beantwortet wurde, ist, warum diese Zellen bei manchen Frauen einfach resorbiert werden, während sie sich bei anderen festsetzen und vermehren. Eine Ausnahme lautet, dass ein Organismus mit mangelhafter Immunfunktion nicht imstande ist, der Ausbreitung dieses Gewebes an Orten, wo es normalerweise nicht wachsen dürfte, Einhalt zu gebieten. Eine definitive Diagnose von Endometriose ist nur möglich, indem man eine kleine, mit Lichtquellen versehene Röhre, ein so genanntes Laparoskop, in die Bauchhöhle einführt und nach Inseln von Endometriumzellen oder den von ihnen verursachten Narben Ausschau hält. Merkwürdig ist, dass manche Frauen mit umfangreicherer Endometriose geringere Symptome aufweisen, während andere mit kleineren Zellaussiedlungen stärker leiden.

Die alte psychosomatische Theorie der Endometriose erblickte darin die Krankheit von Karrierefrauen, ein Problem, von dem man annahm, dass es in erster Linie Frauen betreffe, die kontaktfreudig und konkurrenzorientiert sind und sich mit dem Nachwuchs Zeit lassen. Da Östrogen das Wachstum der Endometriumimplantate stimuliert, glauben manche ForscherInnen, dass eine Schwangerschaft das Fortschreiten der Krankheit blockiere, da sie die zyklischen hormonellen Fluktuationen unterbricht. Diese Störung hat jedoch sichtlich noch andere Ursachen als Karriere, Stress oder ausbleibende Schwangerschaft. Frauen, deren Mütter oder Schwestern an Endometriose leiden, haben ein erhöhtes Risiko, was auf eine genetische Disposition hindeutet. Weiße Frauen neigen viel eher dazu als schwarze, und Frauen mit chronischen Infekten und anderen Belastungen des Immunsystems weisen ebenso ein erhöhtes Risiko auf wie übergewichtige Frauen und jene, die empfängnisverhütende Präparate auf Östrogenbasis nehmen.

Die Behandlung von Endometriose kann einen chirurgischen

Eingriff zur Entfernung der Endometriumwucherungen und Reduzierung von Narbengewebe oder eine Hormontherapie erfordern, bei der Medikamente eingesetzt werden, die eine vorübergehende Menopause bewirken und dadurch den Östrogenspiegel senken. Diese Präparate werden nach mehreren Monaten abgesetzt, und die Symptome sind dann häufig gelindert. Die Ärztin Susan Lark hat Frauen mit großem Erfolg geholfen, ihre Symptome auf natürliche, nicht-invasive Weise zu reduzieren, und zwar durch ein Programm bestehend aus Symptombeobachtung, Stressminderung, sanften, yoga-artigen Streckübungen, Meditation, Vorstellungsübungen sowie eine Spezialdiät. Sie empfiehlt, insbesondere auf Milchprodukte zu verzichten oder deren Verzehr stark einzuschränken, weil diese reich an Arachidonsäure sind, einem Vorläufer der F2 Alphaprostaglandine, die Muskelkrämpfe verstärken und Bauchschmerzen verschlimmern können. Der hohe Fettgehalt vieler Milchprodukte begünstigt auch eine verstärkte Östrogenproduktion, die bei Frauen, deren Nahrung reich an tierischen Fetten ist, zu einem doppelt so hohen Östrogenspiegel führen kann wie dem von Vegetarierinnen, die eine fettarme und faserstoffreiche Kost bevorzugen.

Stress ist möglicherweise nicht nur ein Faktor bei der Endometriose, die allein schon zu Unfruchtbarkeit führen kann; Stress kann auch ohne sie eine Ursache von Unfruchtbarkeit sein. Die Frage, ob Stress Unfruchtbarkeit verursacht oder Unfruchtbarkeit Stress auslöst, ist heftig debattiert worden, ohne wissenschaftlich endgültig geklärt zu werden. Die Forschungsarbeiten von A.D. Domar beweisen jedoch eindeutig, dass Frauen, die unter Unfruchtbarkeit leiden, aus welchem Grund auch immer stark gestresst sind; sie sind doppelt so häufig von Depressionen geplagt wie Frauen, die zu Routineuntersuchungen zum Gynäkologen kommen, und haben einen ähnlich hohen Stresspegel wie Frauen mit ernsten Krankheiten. Stress kann sowohl die Ovulation hemmen, als auch Krämpfe der Eileiter auslösen, die das Spermium daran hindern können, die Eizelle zu erreichen.

Eine Frage, die sich verschiedene ForscherInnen gestellt haben, ist, ob eine Stressreduktion der Empfängnis förderlich sei. Domar, deren Supervisorin ich zu Beginn ihrer klinischen Ausbildung in psychosomatischer Medizin war, hat auf diesem Gebiet bahnbrechende Arbeit geleistet. So entwickelte sie 1978 ein zehnwöchiges Gruppenprogramm mit jeweils zweistündigen Sitzungen für Frauen mit unerklärlicher Unfruchtbarkeit. Im Rahmen dieses nach dem Prinzip des Kompetenztrainings aufgebauten Progamms lernen die Betroffenen von der Stressreaktion auf die Entspannungsreaktion umzuschalten und erzielen durch Methoden wie Vorstellungsübungen, sanfte Yoga-Streckübungen, gute Ernährung, Aufklärung über Fragen, die für die Fruchtbarkeitsproblematik relevant sind, sowie Unterstützung durch andere Gruppenmitglieder ausgezeichnete Resultate bei der Stressminderung. Der Hauptakzent liegt auf der Verlagerung des Lebensmittelpunkts von der Zeugung eines Kindes zur Befähigung, auf anderen Gebieten ein kreatives, erfülltes Leben zu führen, wie A.D. Domar es in dem ausgezeichneten Buch *Healing Mind, Healthy Woman* beschrieben hat, das sie zusammen mit dem Wissenschaftsautor Henry Dreher verfasste.

Wenn Domar von Frauen nach der Erfolgsquote ihres Programms gefragt wird, antwortet sie lächelnd: 98%, da fast alle Frauen, die es absolvierten, eine signifikante Verminderung von Angst, Aggressionen und Depressionen und eine Zunahme an Vitalität und Wohlbefinden verzeichneten. Einzig und allein auf Schwangerschaft fixiert, geht es den Fragenden jedoch eigentlich darum, wie hoch die Empfängnisrate nach Abschluss des Programms ist. Obwohl das Programm nur auf Stressreduktion abzielt, ergaben die Statistiken, die anhand der fast 300 Frauen aufgestellt wurden, die das Programm abschlossen und für spätere Befragungen zur Verfügung standen, dass 57% der Teilnehmerinnen innerhalb von sechs Monaten nach Abschluss des zehnwöchigen Kurses schwanger wurden, ein sehr ermutigender Nebeneffekt der systematischen Stressreduktion.

Wenn eine Frau mit ihrem Nachwuchs bis in ihre Dreißiger gewartet hat, wie das Liza in der Hoffnung tat, sich beruflich zu etablieren, bevor sie Mutter wird, vergrößert sich ihr Unfruchtbarkeitsrisiko nicht nur aufgrund von Stress, Einwirkung von Umweltgiften und möglicherweise Endometriose, sondern auch, weil ihre Eizellen selbst altern. Alle Eizellen einer Frau befinden sich zum Zeitpunkt ihrer Geburt bereits in ihren Eierstöcken; wenn sie das 30. Lebensjahr erreicht, sind also auch ihre Eier 30 Jahre alt. Forschungen haben ergeben, dass diese Eizellen im Lauf der Zeit degenerieren, so dass mit zunehmendem Alter der Mutter nicht nur mehr Kinder mit Down-Syndrom gezeugt werden, sondern sich auch die Wahrscheinlichkeit erhöht, ein unfruchtbares Ei zu produzieren. Eine befreundete Fachärztin für Geburtsmedizin und Gynäkologie empfiehlt Frauen, die Kinder bekommen wollen, dies so früh im Leben zu tun, wie ihre Situation es gestattet. Dies war bei Julia der Fall, deren erstes Kind, Amanda, geboren wurde, als sie 27 Jahre alt war, und deren zweites Kind, Benjamin, vier Jahre später zur Welt kam.

Kompromiss, Balance und Überprüfung der Lebensplanung

Als Amanda, ein aufgewecktes, gesprächiges Kind, drei Jahre alt war, wurde Julia zum zweiten Mal schwanger. Wie es bei vielen jungen, berufstätigen Müttern der Fall ist, stellte ihr Leben ohnehin schon einen schwierigen Balanceakt zwischen sechs wesentlichen Beziehungsformen dar: zu ihrem Mann, ihrem Kind, ihr selbst, ihrer Arbeit, ihren Freundinnen und Freunden und zu ihren übrigen Familienangehörigen. Jede dieser Beziehungen wurde ihrerseits durch andere beeinflusst wie Rogers Beziehung zu Amanda und zu Julias Verwandten. Das Hinzukommen eines neuen Kindes vergrößert die Fülle und Komplexität dieses Geflechts, über das Julia weniger Kontrolle hat, als sie vielleicht denkt. Wenn man heiratet, hat man zumindest eine Vorstellung von der Persönlichkeit seines Partners. Kinder zu bekommen ist hingegen mit der Drehung eines Rouletterades verglichen worden, und man hat behauptet, dass

Frauen dadurch weniger an Wohlbefinden zu gewinnen hätten als Männer, weil ihnen die primäre Verantwortung für die Kinder obliege. Wie jede Mutter weiß, landen die Probleme der Kinder bei ihr, und Probleme gibt es meistens genug. Außerdem wird angenommen, dass die Unmöglichkeit, das Auftreten von Problemen zu verhindern, und die Tatsache, dass es nicht immer einfache Lösungen gibt, bei Frauen Gefühle von Verletzbarkeit, Unzulänglichkeit und Inkompetenz auslösen, lange Schatten, die auf das Paradies fallen.

Benjamin kam drei Wochen zu früh zur Welt. Als seine kräftigen Schreie des Kreißsaal erfüllten, hatten Julia und Roger den Eindruck, dass Benjamin zornig sei. In den folgenden Monaten schrie er oft und wütend, er litt wie Julia als Säugling an Koliken und war schwer zu trösten. Das labile Gleichgewicht der familiären und beruflichen Beziehungen war ernsthaft gestört, da die Versuche, Benjamin zu beruhigen, nunmehr Vorrang hatten. Im Haushalt herrschte Chaos, und Julia fragte sich zum ersten Mal in ihrem Leben, ob sie sich nicht mehr aufgeladen habe, als sie tragen könne.

1992 waren 60% der Amerikanerinnen mit Vorschulkindern in der gleichen Lage wie Julia, d.h., sie versuchten, Beruf und Mutterschaft zu vereinbaren. Die Art der Berufstätigkeit einer Mutter, die Bereitschaft ihres Mannes, sich an Haushalt und Kinderbetreuung zu beteiligen, und die Frage ob sie ihre Familie oder ihren Beruf als zentrales Element ihres Lebens betrachtet, all dies hat großen Einfluss auf die Lebenswende mit 30 und die Überprüfung ihrer Lebensplanung.

Levinsons Stichprobe von 45 Frauen bestand aus zwei Gruppen mit unterschiedlichen Lebensformen. Die erste Gruppe, Hausfrauen, die zwar aus ökonomischen oder anderen Gründen vorübergehend außer Haus erwerbstätig gewesen sein mochten, hatten am Beginn ihres Erwachsenenlebens Ehe und Familie eindeutig als ihr wichtigstes Anliegen definiert. Ihre Erwerbstätigkeit nahm, falls überhaupt vorhanden, den zweiten Rang gegenüber ihrer primären Rolle als Hausfrau und Mutter ein. Die zweite Gruppe, Karrierefrauen, hatten sich, obwohl viele auch Kinder bekamen, von Anfang an für eine Laufbahn in der traditionell männerdominierten Welt der Wirtschaft oder Wissenschaft engagiert, die für sie entweder Vorrang gegenüber Familienangelegenheiten hatte oder sich in einem häufig prekären Verhältnis dazu befand.

Die meisten »Hausfrauen« in Levinsons Untersuchung waren in ungelernten oder angelernten Tätigkeiten in Verkauf, Büro oder Gastronomie beschäftigt, die es ihnen gestatteten, je nach den Bedürfnissen ihrer Familie Jobs anzunehmen und wieder aufzugeben. Andere übten vorwiegend weibliche Berufe wie den der Lehrerin, Sozialarbeiterin oder Krankenschwester aus, Tätigkeiten, die ich als Karrieren ansehen würde, während sich diese Frauen in erster Linie als Hausfrauen und Familienmütter verstanden. Jede Teilnehmerin wurde über einen Zeitraum von zwei bis drei Monaten wiederholt in Tiefeninterviews befragt, was pro Person Transkripte von durchschnittlich 300 Seiten ergab. Die Frauen erzählten ihre Lebensgeschichte einem sympathisierenden Interviewer, der relevante Auskünfte darüber zutage förderte, welche Dinge der Betreffenden am wichtigsten waren und wie sie den Verlauf ihres Lebens von ihren Jugendjahren bis in ihre Dreißiger und in manchen Fällen ihre Vierziger interpretierte. Levinson identifizierte zwei verinnerlichte Figuren in der Psyche der Frauen: die Figur der traditionellen Hausfrau war das eine archetypische Bild, die antitraditionelle Figur war ihr Gegenstück. Letztere rief die Frauen zu größerer, auch finanzieller Unabhängigkeit auf und ermutigte sie, mehr im Leben anzustreben als das Versorgen von Heim und Familie. Die inneren Auseinandersetzungen zwischen diesen zwei Archetypen waren wie streitende Stimmen, die die Frauen aufforderten, ihre Lebensumstände einschließlich Beruf und Ehe zu überprüfen.

Zur Zeit der Lebenswende mit 30 erreichten die »Hausfrauen« ein neues Gleichgewicht zwischen den widerstreitenden Archetypen. Die drei wichtigsten Umorientierungen, die die Frauen vornahmen, waren Folgende: Sie machten Familie und Beruf zu gleichrangigen Bestandteilen ihres Lebens; sie beließen der Hausfrauenrolle zwar ihren Vorrang, reduzierten aber ihr Engagement in der Familie, während sie Teilzeitstellen oder ehrenamtliche Aufgaben übernahmen, die ihnen ein Gefühl von Kompetenz und Unabhängigkeit gaben; sie nahmen eine faktische oder psychische Scheidung vor, mit anderen Worten, sie distanzierten sich von ihrem Mann und begannen, ein ähnliches Leben zu führen wie allein erziehende Mütter, obwohl der Mann noch Mitglied des Haushalts war. In den Jahren zwischen 28 und 33 begannen acht der 15 Hausfrauen ihre Ehe als gescheitert anzusehen. Vier ließen sich juristisch scheiden, fünf vollzogen die innerliche Trennung. Die Frauen, die sich zur Scheidung entschlossen und sich auf das Leben einer allein erziehenden Mutter einließen, waren finanziell weniger günstig gestellt. Jede Einzelne berichtete, welcher ungeheuren Anstrengungen es bedurfte, ihre Kinder zu versorgen, da sie entweder keine Unterhaltszahlungen von ihren Ex-Männern erhielten oder diese nicht ausreichten. Die Frauen schilderten aber auch Gefühle der Erleichterung, der neuen Unabhängigkeit und der Selbstfindung, die deutlich für die Flexibilität der Frauen sprechen, die den schwierigen, aber lebensbejahenden Entschluss fassen, ihre Lebensumstände allen Widrigkeiten zum Trotz zu verändern.

Levinsons zweite Gruppe der »Karrierefrauen« umfasste 30 Probandinnen; 15 davon waren in der freien Wirtschaft tätig und 15 in Forschung und Lehre. Alle hatten ihr Leben von Anfang an so organisiert, dass ihre Berufstätigkeit beziehungsweise ihr Studium ihnen gestatten würde, autonom, unabhängig und erfolgreich zu sein, so dass sie, wenn sie in der zweiten Hälfte der Zwanzig schließlich heirateten, nicht in einer Ehe herkömmlicher Art untergehen würden, in der die Bedürfnisse der Frau hinter die des Mannes zurücktreten müssen. Die meisten dieser Frauen hofften, sich nach der Geburt ihrer Kinder eine Auszeit gönnen zu können, indem sie ihren Männern eine Weile die Rolle des Ernährers überließen, bis sie ihre Karriere wieder aufnahmen. Nur etwa zwei Drittel der Karrierefrauen waren zum Zeitpunkt der Lebenswende um die 30 verheiratet, im Gegensatz zu den »Hausfrauen«, die alle verheiratet waren.

Während dieser Periode der Neuorientierung ließen sich neun der 21 Verheirateten scheiden, zwei waren bereits geschieden. Für die sieben noch ledigen Karrierefrauen stellte die Umbruchsperiode einen Ansporn dar, sich einen geeigneten Partner zu suchen, da sie spürten, dass die Zeit, eine eigene Familie zu gründen, knapp wurde. Für die sechzehn kinderlosen Frauen (mehr als 50%), ob verheiratet oder ledig, begann die Sorge, die Mutterschaft zu verfehlen, zu einer Quelle von gravierendem Stress zu werden.

Die große Mehrzahl (90%) der Karrierefrauen befanden sich in einer vergleichbaren Lebenssituation wie Liza. Sie machten eine mittlere oder ernste Krise durch, in deren Mittelpunkt jeweils ein bestimmtes Problem stand. Viele äußerten Lizas Dilemma: Soll ich in einer Stellung bleiben, die ich als Sackgasse empfinde, oder mich anderweitig umsehen? Andere waren mit einem Beziehungsdilemma konfrontiert. Was ist schlimmer, in einer unerfüllten Ehe zu verharren oder sowohl den Schmerz des Abbruchs der Beziehung als auch das Risiko, dass nichts Besseres nachkommt, auf sich zu nehmen? Manche hatten mit Problemen in Bezug auf ihre Kinder zu kämpfen. Ebenso wie Julia fühlten sie sich von den Aufgaben der Mutterschaft überfordert. Oder sie litten wie Liza unter der Furcht, dass sie nicht imstande sein würden, Kinder zu bekommen. In allen Fällen stellte die Krise sie vor die Frage, wie sie leben wollten, und zwang sie, ihre Zielvorstellungen und Wertbegriffe zu klären. Diese Klärung zog eine Reihe weiterer Fragen nach sich, welche Umstellungen sie in ihrem Leben vornehmen müssten, um einen anderen Lebensplan zu verwirklichen.

Levinson schreibt: »In ihren späten Dreißigern begriffen die meisten dieser Karrierefrauen den illusorischen Charakter des Bildes der Superfrau, die ›alles‹ mit Anmut und Eleganz bewältigt. Sie hatten eher das Bild der Jongleurin vor Augen, die mit vielen Bällen spielt, ohne einen fallen zu lassen oder bei ihrem Voranschreiten außer Tritt zu geraten. Obwohl sie sich ständig bemühten, die Balance zu halten, fanden es die meisten Frauen unmöglich, den verschiedenen Komponenten ihres Lebens einigermaßen gleiche

Priorität einzuräumen.« Die Frauen neigten dazu, dem Beruf schließlich den Vorrang vor der Mutterrolle zu geben. Die Ehe landete weit abgeschlagen auf dem dritten Platz, und für Muße und Freundschaft blieb ihnen so gut wie gar keine Zeit. Dennoch bestätigen Levinsons Befunde die Schlussfolgerungen der Lifeprints-Studie vom Wellesley College. Obwohl ihr Leben hektisch und kräftezehrend war, bezeichneten sich die meisten der Karrierefrauen insgesamt als zufrieden mit ihrer Situation. Karrierefrauen mit Kindern waren sich auch im Klaren darüber, dass die Jahre des schlimmsten Jonglierens vorbei sein würden, sobald ihre Kinder aus dem Haus gingen, und ihnen dann ein ruhigeres und ausgeglicheneres Leben winken würde.

Die Gaben und Herausforderungen des jungen Erwachsenenalters: Die Geschichte von Blaubart

Clarissa Pinkola Estés, eine Jungsche Analytikerin, *cantadora* (Bewahrerin alter Geschichten in der lateinamerikanischen Tradition) und Dichterin, hörte diese einzigartige Version einer klassischen Geschichte junger Weiblichkeit von ihrer ungarischen Tante Kathé. Ihre eigene literarische Fassung davon ist samt einem eingehenden und provozierenden psychologischen Kommentar in ihrem ausgezeichneten Buch *Women Who Run with the Wolves* [dt.: *Die Wolfsfrau*, München: Heyne, 1996] enthalten. Ich bin ihr dankbar für ihre Erlaubnis, diese Geschichte hier nachzuerzählen, denn sie ist ein Schlüssel zum Verständnis einer wesentlichen Entwicklungsaufgabe des jungen Erwachsenenalters. Die jugendliche Heldin von »Blaubart« muss, wie wir alle, auf die Maske süßer Naivität verzichten, die dem Archetypus entspricht, den Levinson als traditionelle Hausfrauenfigur bezeichnet. In der Auseinandersetzung mit den dunklen Trieben der antitraditionellen Figur, die hinter dieser Maske lauert, finden wir eine authentische Kraft, die Körper und Seele rettet – die

Kraft zu sehen, zu hören und zu wissen, was wirklich geschieht, statt ein beschränktes, kindliches, märchenhaftes Dasein zu führen. Kurz, wir erreichen die Lebenswende um die 30 und sind ernsthaft mit der Notwendigkeit konfrontiert, alten Archetypen unsere Macht zu entreißen und eine eigene Persönlichkeit zu entwickeln.

Blaubart ist ein bedrohlicher Mann, seine Bösartigkeit verrät sich bereits durch seinen seltsamen, blauschimmernden Bart. Er macht gleichzeitig drei Schwestern den Hof, aber keine interessiert sich anfangs für ihn, weil sie ihn intuitiv fürchten. Aber eines Tages überredet er die drei jungen Frauen und deren Mutter zu einem Ausritt und einem Picknick, an dem alle Vergnügen finden. Dennoch haben die zwei älteren Schwestern weiterhin Angst vor ihm. Die jüngste beginnt aber, seine Seltsamkeit zu rationalisieren, und redet sich ein, dass sein Bart vielleicht doch nicht so blau sei. Sie heiratet ihn und zieht zu ihm in sein riesiges Schloss mit 100 Zimmern. Als er eines Tages verreist, vertraut er ihr vorher einen großen Schlüsselring an mit dem Hinweis, sie dürfe jedes Zimmer betreten mit Ausnahme desjenigen, für das der kleinste Schlüssel bestimmt ist.

Ihre Schwestern kommen zu Besuch, und sie machen sich ein Spiel daraus, zu probieren, für welche Tür der kleinste Schlüssel passt. Sie öffnen die Tür und blicken in einen dunklen und Furcht erregenden Raum. Als sie eine Kerze entzünden, gibt das Zimmer sein grässliches Geheimnis preis: es ist voll Blut, verwestem Fleisch und halb verrottetem Gebein. Die Schwestern versperren die Tür wieder und laufen davon, aber das Unheil folgt ihnen. Dem kleinen Schlüssel entströmen zuerst große Tropfen, dann Bäche von Blut, die nicht zu stoppen sind, deshalb verstecken sie ihn. Als Blaubart zurückkehrt und nach seinem Schlüsselring fragt, weiß er sofort, was geschehen ist, und tut kund, dass die Gebeine seinen früheren Frauen gehören, die er ermordet hat. Als er seiner jungen Frau ankündigt, sie werde die Nächste sein, bittet sie ihn um eine Viertelstunde, um sich zu fassen und ihren Frieden mit der Welt zu machen, bevor sie enthauptet wird. In dieser Zeit ruft sie verzweifelt nach ihren Schwestern und fragt sie, ob ihre Brüder schon angekommen seien. Im letzten Moment treffen die Brüder ein und erschlagen Blaubart.

Clarissa Pinkola Estés vergleicht Blaubart mit einer inneren Stimme, die uns einflüstere, dass wir niemals gut genug seien, eine Stimme, die ständig unsere Kreativität und Kraft herabsetze. Diese Stimme stamme aus zwei Quellen. Erstens trage jede Frau die gesellschaftlichen Klischees von den Frauen als dem schwächeren Geschlecht in sich, die traditionelle Hausfrau, so »emanzipiert« sie auch sein möge. Zweitens ringe die Mehrzahl der Frauen in ihren Dreißigern immer noch mit dem Dilemma der Jugendjahre, eine eigene Stimme zu erlangen, indem sie es schafft, zu tun, was ihren Bedürfnissen entspricht, ohne das Gefühl zu haben, sich anderen gegenüber egoistisch zu verhalten. Blaubart repräsentiere die Gesamtheit der inneren Stimmen und Überzeugungen, die eine junge Frau davon abhalten, sich selbst zu verwirklichen.

Natürlich zieht dieser innere Blaubart oft sein Gegenstück aus der äußeren Welt an und inszeniert ein Drama, das die immensen intrapsychischen Energien freisetzt. Die junge Frau in der Geschichte repräsentiert die schöpferische Energie in der Seele einer Frau, die in ihrer Naivität versucht, sich Macht und Prestige von einem Mann zu borgen. Eine Frau, deren ursprünglicher Lebensentwurf der einer Hausfrau ist, lässt sich genau zu diesem Zweck auf diesen Handel ein. Sie unterstützt den Mann hinter den Kulissen und bezieht ihr eigenes Prestige aus der Fürsorge für sein Heim und seine Kinder, indem sie seine Geschäftsfreunde bewirtet oder seinen Kumpeln Bier serviert und ihm hilft, in der Welt voranzukommen. Die Karrierefrau gewinnt ihr Prestige in typischen männerbeherrschten Unternehmen, indem sie die psychologischen Kennzeichen von Männern annimmt und sich vermännlicht, um vorwärts zu kommen. Die ungeschriebenen Regeln für eine Frau in einer Männerwelt schreiben ihr vor, hartgesotten und unabhängig zu sein und wenig oder gar keine Gefühle zu zeigen. Der Prozess der Abtretung unserer Macht an den inneren männlichen Archetypus von Blaubart, den Archetypus, der uns in untergeordneten Positionen zu halten wünscht, betäubt unser intuitives Wissen, dass dies eine tödliche Entscheidung ist. Je mehr wir in der Kindheit verletzt wurden und je mehr wir der äußeren Bestätigung bedürfen, desto weniger Kenntnis haben wir von unserem eigenen Innenleben und desto gefährdeter sind wir durch Blaubarts Macht.

Blaubart verbietet uns, den einen kleinen Schlüssel zu benutzen, den Schlüssel zur Bewusstheit, den Schlüssel zur Selbsterkenntnis und damit zur Freiheit. Für eine junge Frau, die z.B. in der Kindheit misshandelt wurde, bedeutet das Öffnen dieser Tür tatsächlich, einen Raum voll Blut und Gebein zu betreten. Und jede von uns, die auf Hoffnungen und Träume verzichtet und sich mit weniger abgefunden hat, als ihren Möglichkeiten entspricht, erwartet ebenfalls ein Blutbad hinter der Tür. Der Schlüssel repräsentiert eine Frage, die sich eine Frau stellen muss, um aus der Vergangenheit zu lernen, sie zu erlösen und sie als nährende Basis für ihr Wachstum und die Entfaltung ihrer Kräfte zu nutzen. Estés nennt vier grundlegende Fragen, die sich eine Frau wie Liza stellen muss, wenn sie sich in einer Blaubart-Situation befindet: »Was steckt dahinter? Was ist anders, als es scheint? Was weiß ich tief drin in meinen Eierstöcken, was ich lieber nicht wüsste? Welcher Teil von mir ist abgetötet worden oder liegt im Sterben?«

Am Ende, sobald die Tür zur inneren Dunkelheit geöffnet wurde, verlor Blaubarts junge Frau schnell ihre Naivität und bediente sich ihrer List, um gegenüber ihrem mörderischen Gatten Zeit zu gewinnen, bis Hilfe kam. Die Brüder repräsentieren natürlich die eigenen positiven männlichen Kräfte der jungen Frau, die sie befähigen, voller Integrität und Glück autonom in der Welt zu handeln, ohne ihre weiblichen Werte der Beziehungsorientierung, der Kooperation und des Anerkennens wechselseitiger Abhängigkeit zu verraten.

Blaubart zu überwinden ist der Lohn, der nach der Lebenswende um die 30 winkt. Julia erkannte ihren Blaubart, als der Stress der Betreuung eines zweiten Kindes ihr Leben aus dem Gleichgewicht brachte. Vor Benjamins Geburt hatte sie dem Archetypus der Hausfrau entsprochen. Obwohl ihre Tätigkeit als Sozialarbeiterin, ein frauendominierter »Pflegeberuf«, ihr Freude machte, sah sie ihre Hauptziele darin, für ihre Familie zu sorgen und ihren Mann in seinem Arztberuf zu unterstützen. Als sie sich durch das unruhige Kind erschöpft und überfordert fühlte, musste sie sich erneut der Frage stellen, was wichtig für sie sei. Sollte sie ein paar Jahre aus dem Beruf aussteigen und zu Hause bei den Kindern bleiben? Würde sie die Gesellschaft von Erwachsenen und die Herausforderung ihrer Arbeit vermissen, wenn sie das tat? Würde der zeitweilige Ausstieg ihre Pläne gefährden, eine Professur anzustreben und schließlich vielleicht die Leitung ihres Fachbereichs zu übernehmen?

Julia und Roger mussten ihre wechselseitigen Wünsche und Bedürfnisse klären und ihr eheliches Arrangement neu aushandeln, um Julia einen Weg zu eröffnen, der mit ihren inzwischen Kontur gewinnenden Lebenszielen vereinbar war. Während bisher die Familie das zentrale Anliegen ihres Lebens gebildet hatte, kam sie nunmehr zu der Erkenntnis, dass Beruf und Familie den gleichen Stellenwert für sie hatten und dass Roger sein Engagement für die Kinder verstärken müsse, wenn sie glücklich und kreativ bleiben wolle. Erfreulicherweise war Roger dazu bereit und imstande, seine Praxis als Hausarzt so einzurichten, dass ihm Zeit blieb, bei der Kinderbetreuung auszuhelfen. Sowohl Julia als auch Roger organisierten für sich eine Vier-Tage-Woche, so dass die Kinder nur an drei Tagen von einer dritten Person versorgt werden mussten. Dieses Arrangement trug dazu bei, den reizbaren Benjamin zu beruhigen, weil es ihm ein Gefühl von Kontinuität gab. Es diente auch als Symbol der neuen Gleichrangigkeit ihres Engagements für die Familie und für den Beruf.

Die zentrale Frage, die Liza bei ihrer Lebenswende um die 30 bewegte, war, ob die Arbeit in einem männerdominierten Beruf den Tribut wert war, der ihrer Kreativität und Gesundheit abverlangt wurde. Sie wünschte sich ein Kind und begann zu erkennen, dass ihre starke Arbeitsbelastung möglicherweise zu ihrer Empfängnisunfähigkeit beitrug. Schließlich stand sie vor der Frage, welche Art von Arbeit sie befriedigen, ihre bisherige Ausbildung und Erfahrung nutzen und sie weniger belasten würde. Sie entschied sich, den Bereich der Krankenhausverwaltung zu verlassen, wo ihr letztendliches Ziel darin bestanden hätte, in die Spitze der Administration aufzusteigen. Wenn sie wirklich eine Verbesserung in den Krankenhäusern erreichen wollte, überlegte sie, warum arbeitete sie dann nicht im Personalförderungsprogramm und setzte sich für eine erweiterte medizinische Betreuung und innovative Lösungen für das Stress-Management ein? Wenn sich das Krankenhauspersonal besser fühlte, dann würde sich das in Form einer besseren Betreuung der Patienten auswirken.

Im Zeitraum zwischen 1960 und 1992 stieg der Anteil der Frauen am US-amerikanischen Arbeitsmarkt von 38 auf 45%. Von den erwerbstätigen Frauen sind 68% im Dienstleistungssektor und im Handel beschäftigt, eine Tatsache, die oft auf Diskriminierung zurückgeführt wird, die Frauen von höher qualifizierten Berufen fern halte. Obwohl außer Frage steht, dass eine solche Diskriminierung existiert und beseitigt werden muss, sollte man auch die Möglichkeit in Betracht ziehen, dass manche Frauen Stellen im Dienstleistungssektor aus den verschiedensten praktischen, psychologischen und spirituellen Gründen bevorzugen. So erlitt eine meiner Freundinnen, eine sehr erfolgreiche Anwältin, Ende 30 einen psychischen Zusammenbruch, bei dem plötzlich traumatische Erinnerungen in ihr hochkamen. Der Heilungsprozess konfrontierte sie mit Fragen nach dem Sinn des Lebens – tiefe, spirituelle Fragen. Sie entschloss sich zu einer neuen Ausbildung als Therapeutin, eine »Dienstleistungsposition« mit niedrigerem Rang in der gesellschaftlichen Machthierachie als der Anwaltsberuf, aber in Einklang mit ihrer erwachenden Spiritualität.

Der Gewinn, den wir aus der Lebenswende um die 30 ziehen, ist eine Klärung unserer Wertvorstellungen, die erste von mehreren, die sich im Laufe des weiblichen Lebenszyklus vollziehen. Was ist mir wichtig? Nach welchem Maßstab messe ich Erfolg? Was schulde ich mir selbst, was kann ich meinen Kindern geben, und was ist mein Beitrag zur Welt?

7

35. bis 42. Lebensjahr: Heilung und Balance

Stroh zu Gold spinnen

Mit 38 Jahren ist Julia eine hoch qualifizierte Karrierefrau. Sie ist soeben an dem College für Sozialarbeit, wo sie unterrichtet, zur ordentlichen Professorin befördert worden und setzt ihre klinische Tätigkeit als Sozialarbeiterin im Krankenhaus fort, wo sie Frauen in Bezug auf Geburtenkontrolle und Fortpflanzungsprobleme berät. Ihre Kinder Amanda und Benjamin sind elf und sieben, und sie ist seit 13 Jahren mit Roger verheiratet. Wie für die meisten berufstätigen Mütter stellt der Zeitmangel ein ständiges Problem für Julia dar. An guten Tagen erscheint ihr das Leben reich, sinnvoll und erfüllt. An schlechten Tagen fühlt sie sich wie ein Hamster, der endlos in einer Tretmühle läuft, die niemals lang genug anhält, damit sie sich sammeln und zur Besinnung kommen kann.

Das größte emotionale Problem stellt für Julia ihre Ehe dar. Während diese einst den Mittelpunkt bildete, ist sie inzwischen mehr und mehr in den Hintergrund gerückt, und Julia vermisst die freudige Erregung und emotionale Nähe der Anfangszeit, als sie und Roger sich gemeinsam ein neues Leben aufbauten. An den Wochenenden dreht sich alles um die Bedürfnisse der Kinder; diese müssen ständig zum Sport, den Pfadfindern, zu Freunden und den verschiedensten kulturellen Aktivitäten chauffiert werden, die sie alle als wichtig ansehen. Ihr Sexualleben ist bestenfalls als sporadisch zu bezeichnen, und obwohl Julia darauf geachtet hat, körperlich fit und attraktiv zu bleiben, fragt sie sich, ob Roger sie noch begehrenswert finde. Da die Kinder und der Beruf immer im Vordergrund stehen, bleibt wenig Zeit für Romantik. Schlimmer noch, Julia hat der Gedanke beschlichen, ob Roger nicht vielleicht eine Affäre mit seiner Büroleiterin Stacey hat, einer witzigen und kontaktfreudigen Blondine Mitte 20. Er wirkt gefühlsmäßig so distanziert. Da sie es nicht wagt, ihn direkt mit ihren Befürchtungen zu konfrontieren, hat Julia angefangen, Anspielungen über Stacey zu machen, sie hat Bemerkungen fallen gelassen, wie schön sie sei und wie viel Zeit Roger neuerdings mit Bereitschaftsdienst zu verbringen scheine. Julia ist reizbar und nörgelt an Roger wegen Kleinigkeiten herum, etwa wenn er vergisst, Sachen aus der Reinigung zu holen oder sein Geschirr wegzuräumen. Er hat seinerseits angefangen, auf Julia herumzuhacken und sich zu beklagen, dass sie ständig versuche, ihn zu kontrollieren und ihren Kopf durchzusetzen. Die Folge ist, dass die Distanz zwischen den beiden wächst.

Am Höhepunkt der Lebenskurve des jungen Erwachsenenalters

In ihren frühen Vierzigern haben Frauen die drei 7-Jahres-Zyklen abgeschlossen, aus denen die zwei Dekaden des jungen Erwachsenenalters bestehen, ein Zeitraum, in dem sie ihren vorläufigen Lebensentwurf, wie Daniel Levinson es nennt, getestet haben; sie haben ihn in Einklang mit der Lebenswende um die 30 abgeändert und dann für das erste Drittel ihres Erwachsenenlebens eine kulminierende, auf den Höhepunkt zulaufende, Lebenskurve entwickelt.

Julias kulminierende Lebenskurve basiert auf der Gleichrangigkeit von Familie und Beruf, und sie jongliert nach wie vor mit vielen Pflichten und Aufgaben, wobei sie sich nur zu deutlich bewusst ist, dass der Archetypus der Superfrau ein schwer zu verwirklichender Lebensentwurf ist. Außerdem geht es mit ihrer Ehe bergab, was ihr Augenmerk darauf lenkt, dass sie nicht nur ihre Prioritäten in ein neues Gleichgewicht bringen muss, sondern dass es auch seelische Wunden zu heilen gilt. Dass sie es nicht schafft, Roger offen mit ihrer Furcht zu konfrontieren, er könnte ein Verhältnis haben, sondern sich auf sarkastische Andeutungen beschränkt, ist eine alte Schwäche von ihr. Immer, wenn Beziehungen in ihrem Leben schlecht laufen, neigt Julia dazu, sich abgelehnt zu fühlen und dem Anderen die Schuld zu geben. Sie muss lernen, dass in Beziehungen Konflikte zu erwarten sind. Diese können eine große Chance für Wachstum und zunehmende Selbsterkenntnis sein, aber nur, wenn beide Beteiligte bereit sind, einander ihre Gefühle und Gedanken offen und mit gegenseitigem Respekt mitzuteilen. Wenn man schwierigen Gesprächen aus dem Weg geht – ein Verhalten, das Julia von ihrer Mutter Sylvia lernte –, dann stauen sich nur negative Gefühle auf, die unnötigen Schaden verursachen und die Selbstachtung beider Betroffenen untergraben.

In diesem Kapitel werden wir uns auf die Möglichkeiten konzentrieren, die Frauen wie Julia haben, um zwei Hauptprobleme zu lösen, die sie daran hindern, die Lebensform zu genießen, die sie sich so umsichtig geschaffen haben. Diese Möglichkeiten bestehen darin, neue Prioritäten zu setzen und frühere Entwicklungsphasen, die wir vielleicht noch nicht vollständig gemeistert haben, abzuschließen. Bei dem letztgenannten Aspekt geht es darum, an der psychischen Heilung zu arbeiten. Die Notwendigkeit der Heilung wird oft dann evident, wenn uns wiederholt auftretende Beziehungsprobleme signalisieren, dass innerlich etwas in Ordnung gebracht werden muss. Ich bezeichne diese Arbeit der Umwandlung alter Wunden in Weisheit als »Stroh zu Gold spinnen«. Es geht darum, etwas Altes und Wertloses in etwas Kostbares und Dauerhaftes zu verwandeln.

Wenn wir unsere Prioritäten am Ende der frühen Erwachsenenjahre neu ausbalancieren und alte seelische Wunden heilen, dann werden wir in der bestmöglichen Position sein, die Metamorphose der Lebensmitte zu überstehen und unseren Weg mit der Authentizität und Beziehungsorientierung, der Kraft und der Dienstbereitschaft fortzusetzen, die für die zweite Hälfte des weiblichen Lebenszyklus bestimmend sind.

Scheidung und moderne Familienstrukturen

Obwohl Julia und Roger einen Tiefpunkt in ihrer Beziehung erleben, denkt keiner von beiden an Scheidung, womit sie unter den heute heiratenden Paaren bereits zu einer Minderheit zählen. In den USA ist die Scheidungsrate von etwa 10% der 1920 heiratenden Paare auf 50% der 1970 geschlossenen Ehen hochgeschnellt und wird bei den 1990 eingegangenen Ehen auf schätzungsweise 67% ansteigen. Auf der Suche nach einer Antwort auf die Frage, warum sich Menschen scheiden lassen, verweist die Anthropologin Helen Fisher nicht nur auf Zerwürfnisse, Mangel an Sensibilität und gegenseitiger Achtung, sondern auch auf zwei wesentliche soziobiologische Faktoren: Ehebruch und Unfruchtbarkeit. In einer weltweiten Untersuchung von 160 Kulturen führte Ehebruch der Frau bzw. deren Kinderlosigkeit die Liste der Scheidungsgründe an, eine Bestätigung von Darwins Hypothese, dass die Menschen in erster Linie heiraten, um sich fortzupflanzen und ihre Nachkommenschaft zu schützen. Darwins Auffassung wird auch durch andere Daten bestätigt. So ergab eine Studie der Vereinten Nationen (UNO) von Hunderten von Millionen Menschen aus 45 Sozietäten, dass »39% aller Scheidungen Paare ohne abhängige Kinder betreffen, 26% Paare mit einem abhängigen Kind, 19% Paare mit zwei, 7% mit drei und 3% mit vier Kindern, während sich Paare mit fünf oder mehr Kindern selten trennen. Es hat demnach den Anschein, dass die Wahrscheinlichkeit einer Scheidung umso geringer ist, je mehr Kinder ein Paar hat.«

Die Anthropologin Helen Fisher meint dazu, diese Daten seien auf den biologischen Drang zur Fortpflanzung zurückzuführen, denn Paare ohne Kinder könnten neue Partner finden und mit denen Nachkommen zeugen, während Paare mit einer großen Kinderschar eine bessere Chance hätten, diese ökonomisch zu versorgen, wenn sie zusammenblieben. Im Gegensatz zu den Befunden der UNO-Studie hatten viele der geschiedenen Frauen in Levinsons Stichprobe Kinder zu versorgen, was darauf hindeutet, dass im heutigen Amerika soziobiologische Rücksichten auf Kinder oft gegenüber dem psychischen oder physischen (in Fällen von Misshandlung) Bedürfnis nach Trennung zurücktreten. Ein nahe liegender Grund, weshalb sich AmerikanerInnen dem soziobiologischen Trend widersetzen könnten, ist deren relativer Reichtum, selbst der als arm geltenden. Obwohl es für allein erziehende Mütter ungeheuer schwierig sein kann, sich finanziell über Wasser zu halten, verfügen sie dennoch über erheblich mehr Mittel als Mütter in Ländern der Dritten Welt. Außerdem verringert sich durch die zunehmende Verbreitung der archetypischen antitraditionellen Figur die Bereitschaft moderner Frauen, ihre physische oder psychische Gesundheit einer traditionellen Familienstruktur (ohne Scheidung) zu opfern.

Die Scheidungsraten erreichen ihren Höhepunkt nach durchschnittlich vier Jahren Ehe, wenn die Frauen Ende 20 oder Anfang 30 sind. Obwohl der Gipfel also während der Lebenswende um die 30 erreicht wird, bleibt die Quote während der ganzen Dreißiger auf hohem Niveau. So machten in Levinsons Untersuchung mehr als die Hälfte der Frauen (acht von 15) in seiner Stichprobe in ihren Dreißigern gravierende eheliche Probleme durch. Zwei Frauen hatten sich bereits in ihren Zwanzigern scheiden lassen. Drei andere reichten in ihren Dreißigern die Scheidung ein, und weitere fünf »gaben in Bezug auf ihre Männer die Hoffnung auf« und lebten in schlechten, distanzierten Beziehungen neben ihnen her. Drei davon ließen sich im Lauf der nächsten Jahre scheiden. In der Gruppe der Karrierefrauen lebten zwölf von 30 Frauen am Ende der kulminierenden Lebenskurve Anfang 40 in ihrer ersten Ehe. Fünf lebten in zweiter Ehe und neun waren geschieden. Vier der 30 hatten nie geheiratet.

Die Anzahl der von allein erziehenden Müttern geführten Familien ist im Lauf der letzten zwei Jahrzehnte bedingt durch die erhöhten Scheidungsraten dramatisch angestiegen, woraus hervorgeht, dass Kinder nicht immer ein ausreichender Grund sind, um eine Ehe zusammenzuhalten. Während 1970 bloß 10,9% aller amerikanischen Haushalte aus einer allein stehenden Mutter und ihren Kindern bestanden, lag diese Zahl 1991 bereits bei 17,4%. In ökonomischer Hinsicht sind solche Familien entschieden benachteiligt, da ihr Durchschnittseinkommen nur etwa 40% des Einkommens von Ehepaaren entspricht, bei denen beide Partner erwerbstätig sind, und etwas weniger als die Hälfte dessen von Paaren beträgt, bei denen nur der Ehemann verdient. Dennoch geht aus den Interviews, die von Levinsons Gruppe geführt wurden, eindeutig hervor, dass Frauen in ihren Dreißigern es vorzogen, sich auf ökonomische Unsicherheit einzulassen, als in schädlichen oder lieblosen Beziehungen auszuharren, speziell solchen, wo der Mann ein ausgesprochener Schürzenjäger, Trinker oder Suchtkranker war bzw. sich als unfähig oder nicht bereit erwies, die Familie finanziell zu unterstützen. Sobald die Frauen in die Kulminationsphase ihrer ersten Lebenshälfte eintraten, erkannten sie mit zunehmender Klarheit, dass Ehemänner, die nichts zu ihrem Lebensplan beitrugen, gehen mussten.

Der Entschluss zur Scheidung fällt wohl niemals leicht, aber die allmähliche Stärkung des Archetypus, den Levinson als antitraditionelle Figur bezeichnet, hilft Frauen, diesen Entschluss zu fassen. Am Ende der Dreißiger hatte sich der Unterschied zwischen den anfänglichen Lebensstrukturen der Hausfrauen- und der Karrierefrauen-Stichprobe erheblich verringert. Die Hausfrauen waren weniger an einem Leben andauernder Fürsorge für andere interessiert und legten größeren Wert darauf, kreative, bestätigende Lebensaufgaben zu finden, wie das den Karrierefrauen von Anfang an vorgeschwebt war. Viele tendierten dazu, sich aus der traditionellen Eheform zu befreien, bei der die Gattin für Mann und Kinder sorgt, und strebten das modifizierte Modell einer gleichberechtigten Partnerschaft an, die ihnen besser zusagte. Obwohl diese Umstellung nicht zwangsläufig zu einer Scheidung führte, war es bei einer erheblichen Anzahl von Frauen doch dazu gekommen, sobald sie die frühen Vierziger erreicht hatten. Aber die Frage, die nach einer Scheidung bestehen bleibt, ist, ob wir durch unsere Erfahrung etwas gelernt haben, das uns helfen wird, gescheitere, mitfühlendere und seelisch gesündere Menschen zu werden.

Heilung als Voraussetzung von Beziehungsfähigkeit

Helen Luke, eine in Oxford ausgebildete Psychologin, schreibt in *The Way of Woman*: »Wenn wir Gelübde aus irgendeinem anderen Grund brechen als aus Gehorsam gegenüber einer zwingenderen Loyalität, dann wird sich die Situation, der wir zu entrinnen suchten, einfach in anderer Form wiederholen. Dennoch zeigt die Bewährungsprobe des täglichen Lebens bei Tausenden von Männern und Frauen, die das Ehegelübde in aller Aufrichtigkeit ablegten, im Laufe der Jahre in aller Deutlichkeit, dass die von ihnen getroffene Wahl durch Projektionen bedingt war. Sobald diese verblassen, sind sie gezwungen, der Tatsache ins Auge zu sehen, dass ihre beiden Persönlichkeiten schädlich füreinander sind oder es wurden ...«

Man kann in fast jeder Stadt eine Tageszeitung in die Hand nehmen und wird auf einer der hinteren Seiten wahrscheinlich eine Geschichte wie die folgende lesen, die in der *Denver Post* erschien. Ein 27-jähriger Mann erlitt schwere Verbrennungen, als die Frau, mit der er zusammenlebte, ihm eine Flasche Franzbranntwein über den Kopf goss und ihn mit einem brennenden Streichholz anzündete. Der Grund? Er hatte vergessen, beim Lebensmittelladen anzuhalten und eine Flasche Milch mitzubringen. Obwohl die Milch wahrscheinlich der letzte einer endlosen Reihe von Anlässen zur Klage war, weckte der Artikel in mir Erinnerungen an meine eigenen Gefühle von Frustration angesichts der gewaltigen und oft nicht anerkannten Anstrengungen, die viele Frauen auf sich nehmen, um einen Haushalt zu führen, einen Beruf auszuüben und ihre Kinder großzuziehen. Die Frau aus Denver war offensichtlich überfordert und wünschte sich Hilfe von ihrem Mann, aber sie ging das Problem auf fatale Weise an und offenbarte damit in Helen Lukes Worten, wie zerstörerisch sie und ihr Freund füreinander geworden waren.

Der Psychologe Daniel Goleman hat uns zwar überzeugend den Mangel an emotionaler Intelligenz vor Augen geführt, doch im Gegensatz zu der Frau aus Denver tun die meisten Menschen ihr Bestes, um mit anderen gut auszukommen. Das Problem ist, dass die Schwierigkeiten, auf die wir in unseren intimsten Beziehungen stoßen, sich nicht in einem Vakuum abspielen. Sie haben ihre Wurzeln oft in einer Vorgeschichte früherer Verletzungen und falscher Überzeugungen, die buchstäblich zu einem Bestandteil unseres Nervensystems geworden sind. Wenn wir z.B. Eltern hatten, die in unserer Kindheit ihre Streitigkeiten auf gewalttätige Weise austrugen, dann wird, wenn wir als Erwachsene Wut erleben, unser limbisches System dazu neigen, diesen Affekt über die gut myelinisierten Nervenleitungen zu entladen, welche zu den Stirnlappen führen. Die Stirnlappen werden befinden, dass Gewalttätigkeit eine gesellschaftlich akzeptable Reaktion ist, und wir werden dann wie die Frau aus Denver dazu neigen, unseren Ärger durch aggressive Handlungen abzubauen.

Ein altes Sprichwort besagt, dass man nur die Dinge reparieren kann, von denen man weiß, dass sie kaputt sind. Im Fall der jungen Frau, die ihren Freund anzündete, war ganz offensichtlich etwas kaputtgegangen. Aber bei vielen von uns sind die Anzeichen subtiler, und wie Julia sind viele von uns schon weit über 30, wenn wir anfangs unauffällige Verhaltensmuster zu durchschauen beginnen, die die Qualität unserer Beziehungen verschlechtern. Diese Muster sind Gegenstand intensiver Forschungsarbeit gewesen, insbesondere an der Universität von Washington in Seattle. Seit mehr als 20

Jahren werden dort die psychologischen und physiologischen Aspekte von Beziehungen untersucht. Das Family Formation Project, inoffiziell als »Liebeslabor« bezeichnet, wird von dem Psychologen und ehemaligen Mathematiker John Gottman geleitet. Weil es sie beunruhigte, dass der Eheberatung meist eine wissenschaftliche Grundlage fehlt, gingen Gottman und seine KollegInnen daran, die Merkmale gesunder Beziehungen zu definieren, um zu einer wirksameren Therapie zu gelangen. So hat Gottman Computer mit Unmengen von Daten gefüttert, die er durch ausgiebigen Gebrauch von Video-Aufnahmen und physiologischen Beobachtungsgeräten gewann. Die Resultate sind so etwas wie psychologische Röntgenaufnahmen und gestatten erstaunlich genaue Voraussagen über die Haltbarkeit von Beziehungen. Mit der frappierenden Trefferquote von 94% können Gottman und seine Mitarbeiter voraussagen, welche Paare sich innerhalb von vier Jahren nach den Tests scheiden lassen werden. Nachstehend einige der interessantesten Befunde, die aus dem »Liebeslabor« hervorgegangen sind:

- Gesunde Beziehungen basieren nicht überraschenderweise auf Freundlichkeit. Wie Roger und Julia in den Anfangsjahren ihrer Ehe sind die Partner nett zueinander, und positive Interaktionen übertreffen negative zahlenmäßig in einem entscheidenden Verhältnis von fünf zu eins. Paare, die auf eine Scheidung zusteuern, erleben dagegen mehr unerfreuliche als gute Momente. Da sich das Verhältnis von Freundlichkeit und Kritik zwischen Julia und Roger zu verändern beginnt, sind sie in Gefahr, gegen dieses wichtige Fünf-zu-eins-Verhältnis zu verstoßen, wenn sie nicht ihre grundlegenden Kommunikationsprobleme bearbeiten.

- Männer, die sich an der Hausarbeit beteiligen, sind glücklicher, gesünder, haben ein besseres Sexualleben und bleiben mit weitaus höherer Wahrscheinlichkeit verheiratet, eine Tatsache, die viele Frauen geahnt haben, ohne ihre Männer davon überzeugen zu können.

- Frauen, die mit herabsetzenden, verächtlichen Männern verheiratet sind, erkranken mit weitaus größerer Wahrscheinlichkeit als Frauen mit unterstützenden Partnern. Erkältungen, Grippe, Blasenprobleme, Pilzinfektionen und Magen-Darm-Beschwerden, all dies nimmt bei mangelndem Respekt zu.

- Auch respektlose Frauen ruinieren eine Ehe. Gottman stellt fest: »Wenn das Gesicht einer Frau im Lauf eines viertelstündigen Gesprächs viermal oder noch häufiger Ekel ausdrückt, dann ist dies ein stummes Anzeichen, dass sich das Paar wahrscheinlich innerhalb von vier Jahren trennen wird.«

Idealerweise sind Beziehungen die Grundlage für psychisches und spirituelles Wachstum sowie ein Ort der Heilung. Aber wir können nicht gesunden, wenn wir nicht wissen, dass uns etwas fehlt. Wenn es also zu Auseinandersetzungen kommt, speziell solchen, bei denen der Körper massiv reagiert, dann haben wir einen Hinweis darauf, dass Heilung nötig ist. Paare, die in gutem Einvernehmen miteinander leben, bewirken de facto eine Angleichung ihrer autonomen Nervensysteme. Wenn ein Partner gestresst und nervös ist, springt dies häufig auch auf den anderen über. Aber sobald sich ein Partner zu entspannen beginnt, beruhigt sich gewöhnlich auch der andere, so dass es möglich ist, die Emotionen durch rationales Denken zu mäßigen. Dieser psychobiologische Rückkopplungsmechanismus funktioniert nicht nur in unserem eigenen Körper, sondern auch zwischen einer Frau und ihrer wichtigsten Bezugsperson sowie einer Frau und ihren Kindern.

Jeder Mensch enthält sowohl Licht als auch Schatten, heilende Kräfte und Kräfte, die zerstörerisch wirken, wenn man sich nicht mit ihnen auseinander setzt. Am Anfang einer Beziehung sehen wir nur die Lichtseite des anderen, aber im Lauf der Zeit machen sich unsere Schattenseiten bemerkbar. Als Julia und Roger heirateten, machte er z.B. den Eindruck eines sanften Mannes, mit dem sie sehr gut auskam, bis er allmählich anfing, ihr vorzuwerfen, dass sie zur Kritik neige. Ein Vorfall nach dem anderen bewirkte nach und nach, dass Julia ärgerlich wurde und tatsächlich Kritik übte. Rogers Anteil an der unbewussten Dynamik war Folgender: Im Laufe seiner Kindheit hatte er die Botschaft verinnerlicht, dass Aggressionen inakzeptabel seien, und hatte gelernt, sie zu verdrängen, damit sie ihm nicht offen Angst machten. Wenn Roger ärgerlich wird, erreicht dieser Impuls selten sein Bewusstsein, stattdessen beginnt tief in seinem limbischen System eine Art von Projektor zu laufen. Statt dieses Gefühl persönlich zu erleben, erblickt er dessen Abbild buchstäblich außerhalb von sich. Julia erscheint ihm dann als aggressive, kritische Person.

Die Projektion des eigenen Schattens ist ein Beispiel für negative Empathie. In einer Art unbewusstem Einverständnis erlebt Julia schließlich Rogers verdrängte Gefühle. Die Familientherapeutin Virginia Satir hat die verborgenen Impulse des Schattens mit einer Meute hungriger Hunde verglichen, die an der Kellertür kratzen. Es kostet eine Menge Energie, die Tür geschlossen zu halten. Es ist auch unerhört kräftezehrend, mit den verletzten Gefühlen und den verworrenen Emotionen fertig zu werden, die auftreten, wenn so viele unserer Wahrnehmungen und Verhaltensweisen unbewusst bleiben. Kein Wunder, dass Erschöpfungszustände unbekannter Herkunft bei Frauen das Gesundheitsproblem Nummer eins darstellen.

Julias Körper verriet die Geschichte der Verschlechterung ihrer Ehe durch Müdigkeit, Kopfweh und Kreuzschmerzen. Aber statt Roger auch weiterhin die Schuld an ihren gemeinsamen Problemen zu geben und sich auf diese Weise dazu zu verdammen, ähnliche Beziehungsmuster mit anderen zu wiederholen, übernahm sie schließlich die Verantwortung für ihr eigenes Verhalten und begab sich in Therapie. Aus Levinsons Untersuchungen geht hervor, dass die Hälfte seiner Stichprobe bei Karrierefrauen im Laufe ihrer Dreißiger eine Therapie in Anspruch nahm, ein viel größerer Prozentsatz als in der Gruppe der Hausfrauen. Obwohl die Karrierefrauen keine gravierenden Probleme hatten als die Hausfrauen, waren sie sich deutlicher bewusst, dass sich ihre Probleme mit Hilfe von außen leichter lösen lassen würden.

In der Therapie beklagte sich Julia, dass Roger selten im Haushalt mithelfe, aber sie erkannte auch, dass sie ihm wenig Gelegenheit dazu gab, weil ihr eigener Perfektionismus es ihr unmöglich machte, das Geschirr so lange in der Spüle zu lassen, bis er sich dessen annahm. Es missfiel ihr, dass er ein Workaholic war, dennoch ermöglichte sie es ihm auch weiterhin, indem sie ihre eigenen Wünsche oder Bedürfnisse, etwas mehr zu arbeiten oder Freundinnen zu treffen, zurückstellte und stattdessen bei den Kindern zu Hause blieb, während Roger in seiner Praxis Überstunden machte. Ungelöste Probleme im Jugendstadium ihres Lebenszyklus machten es Julia nach wie vor schwer, sich abzugrenzen. Die Fragen »Wo beginne ich und wo enden andere?« und »Wie kann ich meine eigenen Bedürfnisse befriedigt bekommen, ohne egoistisch zu sein?« waren noch nicht beantwortet worden. Die Therapie half ihr, diese Problematik durchzuarbeiten und zu der Erkenntnis zu kommen, dass bessere Kommunikation eine unerlässliche Voraussetzung der Veränderung war. Sie konnte nicht von Roger erwarten, dass er ihre Gedanken las. Sie musste ihm ihre Gefühle und Bedürfnisse mitteilen.

Julia konfrontierte Roger schließlich mit ihren Befürchtungen, dass er ein Verhältnis mit seiner Praxisleiterin habe. Sie war überrascht, als er in Gelächter ausbrach. Er hegte einen ähnlichen Verdacht in Bezug auf Julia, deren herzliche Beziehung zum Dekan ihres College ihn oft eifersüchtig gemacht hatte. Durch das Sprechen über ihre Gefühle fühlten sich beide beruhigt, und die wachsende Angst vor Zurückweisung verringerte sich auf beiden Seiten. Selbsterkenntnis ist ein wachstumsförderndes Geschenk, das potentiell in allen Konflikten vorhanden ist. Aber es liegt an jedem Einzelnen von uns, dieses Geschenk anzunehmen und es als Ausgangsbasis zu benutzen, um zu authentischen und wechselseitig wachstumsfördernden Beziehungen zu sich selbst und zu anderen zu gelangen, wie Julia es getan hatte.

Die Psychiaterin Jean Baker Miller, Begründerin des Zentrums für Frauenforschung am Wellesley College, hat festgestellt, dass Frauen versuchen, in allen Beziehungen das Beste in ihnen selbst und anderen zu wecken. In ihrem klassischen Lehrbuch *Toward a New Psychology of Women* schreibt sie, selbst in schädlichen und gewalttätigen Beziehungen fahren Frauen fort, wertvolle psychische Eigenschaften zu entwickeln, weil sie »darum ringen, wachstumsfördernde Interaktionen in der Familie und in anderen Zusammenhängen zu ermöglichen«. Ich glaube, dass dieses Ringen und die Tatsache, dass wir selbst in suboptimalen Beziehungen unsere Beziehungsorientierung weiterentwickeln, die Erklärung dafür ist, dass so viele Frauen so lange Zeit in schwierigen Ehen ausharren.

Aber wenn Frauen reifer und emotional klüger werden, fällt es ihnen schwerer, sich mit inauthentischen Beziehungen abzufinden. Der Wesenskern einer Frau wird schließlich durch ihre Beziehungsorientierung bestimmt, speziell von dem Konzept des Selbst-in-Beziehung, was bedeutet, dass wir uns am wohlsten in unserer Haut fühlen, wenn sich unsere Beziehungen dadurch auszeichnen, dass beide Partner beim anderen etwas Neues entstehen lassen. Am Ende unserer jungen Erwachsenenjahre sind wir weniger bereit, einseitige Beziehungen zu tolerieren, die nicht für beide Partner wachstumsfördernd sind, weil wir klar erkennen, dass sie unseren natürlichen Anlagen widersprechen. Wenn wir unsere Differenzen nicht auflösen und zu einer neuen, ehrlicheren und respektvollen Beziehung gelangen können, wie es bei Julia und Roger der Fall war, sind wir mit der Notwendigkeit konfrontiert, die Partnerschaft zu beenden, ein Entschluss, der vielen Frauen gerade wegen ihrer Beziehungsorientierung schwer fällt, speziell dann, wenn ihre Arbeit an ihrer eigenen seelischen Gesundung noch nicht abgeschlossen ist.

Misshandlung und sexueller Missbrauch von Frauen

Während es zur Gesundung wie in Julias Fall oft nötig ist, zurückzugehen und eine frühere Entwicklungsphase abzuschließen, müssen viele Frauen einen tieferreichenden Heilungsprozess durchlaufen. Die Soziologin Diana Russell befragte 1980 über 900 nach dem Zufallsprinzip ausgewählte Frauen nach ihren Erfahrungen mit sexuellem Missbrauch und häuslicher Gewalt. Die Ergebnisse waren Grauen erregend. Jede vierte Frau war vergewaltigt worden, und jede dritte war in der Kindheit sexuell missbraucht worden. Darüber hinaus ist wahrscheinlich die Dunkelziffer hoch, zum einen, weil manche Frauen nicht zugeben wollen, sexuell missbraucht worden zu sein, zum anderen, weil Erinnerungen an Missbrauch oft verdrängt bleiben, bis die Betroffene in ihren späten Dreißigern oder frühen Vierzigern ist. In einer Untersuchung am Boston City Hospital wurde Anfang der 70er-Jahre das »Vergewaltigungstrauma-Syndrom« identifiziert, eine Konstellation von Symptomen bestehend aus körperlichen Beschwerden, Angst, Depression, Flashbacks [dissoziationsartige Episoden], phobischen Ängsten und Schlafstörungen einschließlich Alpträumen, die nicht nur bei Frauen auftreten, die als Erwachsene vergewaltigt wurden, sondern auch bei vielen Frauen, die als Kinder Misshandlungen und/oder sexuellen Missbrauch erlitten.

Obwohl Heilung von Misshandlung oder sexuellem Missbrauch normalerweise nicht als Entwicklungsstadium im weiblichen Lebenszyklus betrachtet wird, sollte wir sie vielleicht als solches ansehen. Nicht nur die Häufigkeit von körperlicher Misshandlung und sexuellem Missbrauch ist eklatant – emotionale Misshandlung und erzieherisches Versagen der Eltern sind in unserer Kultur praktisch allgegenwärtig. Ein weiterer Grund, weshalb die emotionale Heilung als vorhersehbarer Bestandteil der Endphase des jungen Erwachsenenalters begriffen werden sollte, beruht auf klinischer Erfahrung. Vielen TherapeutInnen ist aufgefallen, dass Frauen, die in der Kindheit misshandelt und/oder missbraucht wurden und die in ihren Zwanzigern und frühen Dreißigern einigermaßen gut zurechtgekommen sind, in ihren späten Dreißigern und frühen Vierzigern oft plötzlich »zusammenbrechen« und einen Zyklus der Genesung beginnen. Außerdem müssen 25% von uns, gleichgültig, wie idyllisch unsere Kindheit und unser Erwachsenenleben war und ist, damit rechnen, dass sich unser Leben durch eine Vergewaltigung plötzlich und dramatisch ändert. Ob wir selbst das Opfer sind oder unsere Mutter, unsere Tochter oder eine Freundin, kaum eine Frau durchläuft ihren gesamten Lebenszyklus, ohne mit dieser speziellen Tragik in Berührung gekommen zu sein.

»Robbie« z.B. war eine Klientin von mir, als ich die Psychosomatische Klinik am Beth Israel Hospital leitete. Sie war von einer Therapeutin des Interventionszentrums für Vergewaltigungskrisen an diesem Krankenhaus zur Stressbewältigung an mich überwiesen worden. Robbie war bei unserer ersten Begegnung hysterisch, Tränen liefen über ihre blassen Wangen hinab. Mit 34 Jahren sah sie aus wie 50, und zwar schlappe und schlaffe 50. Während ihre Reaktion keineswegs ungewöhnlich für eine kürzlich vergewaltigte Frau war, lag Robbies Trauma schon fast zwei Jahre zurück. Aber noch immer hatte sie Einschlafschwierigkeiten, und wenn sie schließlich einschlief, wurde sie oft durch Alpträume geweckt, in denen sie den Überfall immer wieder aufs Neue durchlebte. Robbie schilderte mir auch Episoden, in denen sie völlig unansprechbar wurde und stundenlang die Wand anstarrte. Sie war schreckhaft, litt unter Konzentrationsstörungen, hatte Schwierigkeiten, in der Werbeagentur, wo sie arbeitete, Fristen und Termine einzuhalten, und sie litt unter chronischen Magenschmerzen. Obwohl Robbies Symptome besonders ausgeprägt waren, habe ich Hunderte von Frauen mit leichteren Varianten desselben Symptoms behandelt, das oft als Posttraumatische Belastungsstörung (PTBS) oder Stress-Syndrom bezeichnet wird.

Die Physiologie traumatischer Erinnerungen

Seit mehr als 100 Jahren ist WissenschaftlerInnen aufgefallen, dass die psychischen Auswirkungen eines Traumas oft somatisiert, d.h.

im Körper erlebt werden. Viele Frauen, die sich an eine Psychosomatische Klinik wegen chronischer Schmerzsyndrome wie Muskelrheumatismus wandten (eine Autoimmunerkrankung, bei der das Immunsystem Teile des eigenen Bindegewebes attackiert und schmerzhafte Entzündungen hervorruft), waren in ihrer Kindheit körperlich misshandelt oder sexuell missbraucht worden. Der Psychiater Pierre Janet vertrat Ende des 19. Jahrhunderts die Hypothese, die heftigen Gefühle, die durch schmerzhafte Situationen hervorgerufen werden, bewirkten, dass Erinnerungen an das Trauma verdrängt werden. Stattdessen würden sie als Empfindungen von Furcht sowie als physische Zustände (darunter seltene und auffallende Symptome wie hysterische Blindheit und Lähmung sowie stressbedingte Störungen wie Reizdarm, Magenschmerzen, Kopfweh, hoher Blutdruck, Herzrhythmusstörungen und Rückenschmerzen) oder visuelle Eindrücke wie Alpträume und Flashbacks erlebt.

Zur Verdrängung kann es kommen, weil es zwei Arten von Gedächtnis gibt. Die übliche Art bezeichnet man als semantisches oder deklarierendes Gedächtnis; es ist in den Worten gespeichert, durch die wir uns an Geschehnisse erinnern. Dieser narrative Modus von Gedächtnis hängt von der Fähigkeit ab, unser Erleben zu verbalisieren, die Gedächtnisspur in einer Gehirnregion namens Hippocampus einzuspeichern und die Erinnerungen dann bewusst in das Schema unserer vorhandenen Erfahrungen einzufügen. Da das semantische Gedächtnis erst in Aktion tritt, wenn wir alt genug sind, um zu sprechen, können wir uns in der Regel nicht an viele Eindrücke vor dem dritten oder vierten Lebensjahr erinnern. Wir haben jedoch Erinnerungen an diese Zeit in einem anderen System kodiert, das Bilder oder Ikonen unseres Erlebens speichert. Dieses frühkindliche Gedächtnissystem bedient sich der Amygdala oder des Mandelkerns, der auch der Speicherplatz für alle emotional aufgeladenen oder traumatischen Erinnerungen ist. Diese Bilder oder visuellen Repräsentationen verblassen nicht mit der Zeit, wie das beim semantischen Gedächtnis oft der Fall ist. Und während uns das semantische Gedächtnis unter Stress im Stich lässt, treten bildhafte Erinnerungen ins Bewusstsein: Semantische Gedächtnisinhalte sind linear und rational, ikonische Erinnerungen sind zeitlos. Sie sind heute ebenso stark wie damals, als sie von den Neurotransmittern erstmals im Mandelkern eingeprägt wurden. Im Schlaf werden die höheren kortikalen Mechanismen, die den Durchbruch ikonischer Erinnerungen kontrollieren, schwächer, so dass es zu Alpträumen und Flashbacks des verdrängten Traumas kommen kann. Unsere bewussten Zensoren werden mit den Jahren ebenfalls schwächer, was den Durchbruch traumatischer Erinnerungen erklären könnte, zu dem es in den späten Dreißigern und in den Vierzigern häufig kommt.

Die Existenz eines ikonischen Speichers macht uns anfällig für eine Retraumatisierung, sooft uns eine aktuelle Situation an die Vergangenheit erinnert oder sooft wir uns auf irgendeine Weise gestresst fühlen. Bessel Van der Kolk, ein Harvard-Psychiater und Experte für Traumatisierung durch Misshandlung und sexuellen Missbrauch, schreibt: »Unter normalen Bedingungen gelingt traumatisierten Menschen einschließlich Vergewaltigungsopfern, misshandelten Frauen und misshandelten bzw. missbrauchten Kindern eine halbwegs gute psychosoziale Anpassung. Sie reagieren auf Stress jedoch nicht so wie andere. Unter Druck empfinden oder handeln sie oft, als würden sie erneut traumatisiert. Starke Erregungszustände scheinen also das Auftauchen traumatischer Erinnerungen selektiv zu fördern.«

Durch das Wiederauftauchen der Erinnerung bzw. die physische Reaktion darauf eskaliert der Stress weiter. Dieser positive Rückkopplungsmechanismus verstärkt die ursprüngliche Gedächtnisspur, was erklärt, warum manche Menschen, die bis dahin einigermaßen gut zurechtgekommen sind, als Erwachsene aufgrund einer belastenden Situation, die für Außenstehende in keinem Verhältnis zu einer so massiven Reaktion steht, plötzlich »zusammenbrechen«. Dieser Mechanismus ist mit einem »schwarzen Loch« in den emotionalen Schaltkreisen verglichen worden, das jedes damit zusammenhängende Ereignis ansaugt und die Lebensqualität des Betroffenen zerstört.

Dieser Schwarzes-Loch-Effekt kann bei einem bis dahin gut angepasst wirkenden Menschen zum plötzlichen Auftreten von phobischer Angst und schrecklichem Leidensdruck führen. Eine scheinbar normale Frau rastet dann z.B. unvermittelt aus und verfällt in eine hysterische Lähmung, wenn sie ein brüllendes Kleinkind, das einen Wutanfall hat, nicht beruhigen kann. Der emotionale Stress der Mutter eskaliert in gleichem Maß wie der des Kindes, bis sich ihr Nervensystem in einem starken Erregungszustand befindet. Die Schreie des Kindes stöpseln sich bedingt durch die heftige Erregung ihres Nervensystems in die Gedächtnisschaltkreise ein, die gebildet wurden, als sie als Kind misshandelt oder missbraucht wurde. Eine Beziehung, in der es zu aggressiven Streitigkeiten kommt, kann in ähnlicher Weise zum scheinbar zusammenhanglosen Auftreten einer Posttraumatischen Belastungsstörung führen.

Die Physiologie des Traumas liefert uns auch Erkenntnisse darüber, warum Menschen häufig in schädlichen Situationen verharren. Für einen Außenstehenden ist es leicht, eine misshandelte Frau zu kritisieren, die weiterhin mit ihrem Misshandler zusammenlebt. Aber Untersuchungen sowohl von Mäusen als auch von Menschen deuten darauf hin, dass wir in extremen Erregungszuständen des Nervensystems – wie sie in jeder Situation auftreten, in der wir ständig auf Gefahren gefasst sein müssen – ungeachtet des Resultats zu dem hinstreben, was uns am vertrautesten ist. So wird eine Maus, die man in einen Käfig sperrt, wo sie elektrische Schläge erhält, nach ihrer Freilassung in den Käfig zurückkehren, sobald sie gestresst ist. Interessanterweise kann man durch Streicheln der Maus helfen, ihre Tendenz zu überwinden, bei Gefahr am falschen Ort nach Geborgenheit zu suchen, und neue Reaktionen zu lernen.

Was ist nun mit der Frau, die immer wieder auf gewalttätige Männer hereinfällt? Obwohl ihr semantisches Gedächtnis gut funktioniert und sie sich erinnert, wie unglücklich sie mit dem letzten aggressiven Macho war, veranlasst ihr ikonisches Gedächtnis sie immer wieder zu Neuinszenierungen der vertrauten Pein. Die wichtigste Frage ist hier, wie können wir diese verhängnisvollen ikonischen Gedächtnisspuren tilgen? Eine Möglichkeit besteht darin, unsere Probleme wiederholt zu verbalisieren und sie mit Freundinnen, einem Therapeuten oder in einem Tagebuch durchzuarbeiten. Dies hilft uns, ikonische Erinnerungen in semantische zu verwandeln, über die wir die größere Kontrolle haben. Manche Traumaopfer tun dies ganz von selbst, indem sie ihre Geschichten immer wieder erzählen. Als mein krebskranker Vater seinem Leben durch einen Sprung aus dem 37. Stock ein Ende setzte, war das für meine Mutter eine emotionale Katastrophe. Sie erzählte ihre Geschichte immer wieder jedem, der ihr zuhörte. Einige Familienmitglieder begannen sich Sorgen zu machen, dass die ständige Wiederholung ihr mehr schaden als nutzen könnte. Aber zu sprechen und angehört zu werden wirkt heilend. Es verändert tatsächlich ebenso wie Berührungen unsere neuralen Schaltkreise.

Zu sprechen, angehört und im Arm gehalten zu werden sind Grundvoraussetzungen der Heilung, und dasselbe gilt für die Sinnstiftung. Der Psychiater Viktor Frankl hat in seinem Bericht über die unerhörten Schrecken der Nazi-Konzentrationslager, in denen er mehrere Jahre inhaftiert war, auf die primäre Bedeutung einer Sinnerfahrung für das Überleben hingewiesen. Jene Gefangenen, die keinen Sinn in ihrem Leiden entdecken konnten, waren viel eher in Gefahr zu erkranken und zu sterben als diejenigen, die ihr Schicksal in einen positiven Bezugsrahmen zu stellen vermochten.

Das alte Sprichwort »Was mich nicht umbringt, macht mich stärker« ist ein wunderbarer Ausgangspunkt für die Sinnstiftung. Jeder Mensch erleidet im Lauf seines Lebens irgendein Trauma und kann während des Heilungsprozesses an Weisheit und Mitgefühl gewinnen. Eine junge Freundin mit einer schweren manisch-depressiven Störung hat sich mit dem starken Glauben geholfen, dass ihre Krankheit ein göttliches Geschenk sei, das ihr Herz für andere Menschen geöffnet habe, denen sie eines Tages als Therapeutin werde helfen können. Eine andere Freundin von mir, die Therapeutin ist, wurde als Kind schwer misshandelt. Sie erinnert sich, dass ihr nach einer besonders grausamen Züchtigung ein Engel erschienen sei, der ihr sagte, sie werde wieder gesund werden und als Erwachsene anderen Menschen helfen können.

Beruf und Sinnfindung

Viele Frauen, die in ihren jungen Erwachsenenjahren alte Traumen geheilt haben, steuern tatsächlich neue berufliche Laufbahnen an, in denen sie die Gaben des Mitgefühls und der Weisheit, die sie errungen haben, einsetzen können, um anderen Menschen zu helfen. Wenn ich sowohl vor Fachleuten wie vor interessierten Laien Vorträge über psychosomatische Medizin, Heilung und Spiritualität halte, sind etwa 80% der Zuhörer ebenso wie viele der Referenten Frauen. Die meisten Teilnehmerinnen sind zwischen Mitte 30 bis Mitte 50, Frauen, die sich entweder im Heilungsprozess befinden oder solche, die bereits weitgehend geheilt sind und jetzt das Bedürfnis verspüren, ihr seelisches und spirituelles Wachstum mit anderen zu teilen.

In den Vereinigten Staaten ist eine tiefreichende psychospirituelle Heilungsbewegung mit zunehmender Breitenwirkung zu beobachten, und Frauen im Kulminationsstadium des jungen Erwachsenenalters sowie in der Lebensmitte bilden deren harten Kern. Es ist nicht überraschend, dass die wesentlichen Grundsätze der physischen, psychischen und spirituellen Heilung die Beziehungsfähigkeit betreffen, insbesondere die Beziehungen eines Menschen zu sich selbst, zu anderen und zum Kosmos. Wenn ich einen Vortrag oder einen Workshop über Heilung und Spiritualität halte, bitte ich oft um Handzeichen von denjenigen, die persönlich physische oder psychische Verletzungen erlitten haben und später beschlossen, ihr Leben der Hilfe für andere zu widmen. Die große Mehrzahl der Anwesenden winkt mir daraufhin enthusiastisch zu. C.G. Jung hat über den

Archetypus des verletzten Heilers geschrieben und darauf hingewiesen, dass wir im Verlauf der Genesung Empathie entwickeln, die uns hilft, intuitivere, mitfühlendere Therapeuten zu werden. Da Frauen bereits einfühlsam und intuitiv sind, bewirkt der Genesungsprozess eine Weiterentwicklung von Gaben, die Bestandteil unserer psychischen und neuralen Veranlagung sind.

Während wir genesen und an Lebenserfahrung zunehmen, rücken jene wertbezogenen Fragen in den Vordergrund, die sich eine Frau im Laufe ihres Lebens viele Male stellt, wie: »Was ist der Sinn des menschlichen Lebens?«, »Was bedeutet eigentlich Erfolg?«, »An welchem Maßstab misst man ein gut geführtes Leben?« All dies sind Fragen, die mit der Betonung von Beziehungsfähigkeit und dem Anerkennen wechselseitiger Abhängigkeit zu tun haben, welche die psychospirituelle Natur von Frauen definieren. Sowohl als Therapeutin als auch als Workshop-Leiterin habe ich von zahlreichen Frauen in ihren Mittdreißigern und Mittvierzigern immer wieder dieselbe Geschichte gehört. Die intuitive Spiritualität der wechselseitigen Verbundenheit ist immer vorhanden gewesen, aber nach dem Bewusstwerden der eigenen Beziehungsorientierung in den Jugendjahren schwindet dieses Bewusstsein im folgenden Zyklus der jungen Erwachsenenjahre, in denen Aufgaben wie die Gestaltung eines unabhängigen Lebens, die Wahl eines Berufs, der Beginn von Beziehungen und die Geburt von Kindern praktischen Vorrang erhalten. Manche der Frauen in Levinsons Stichprobe erklärten, sie hätten sich in dieser Phase »wie in einem Nebel« gefühlt. Wie eine Frau in einem meiner Workshops sagte, in den Zwanzigern und einem Großteil der Dreißiger gilt die Devise: »Mit Volldampf voraus, ohne Rücksicht auf Torpedos«, und man findet kaum Zeit zum Verschnaufen. Wenn wir dann reifer werden, und speziell wenn wir Verletzungen, Enttäuschungen, Misserfolge, den Tod der Eltern und andere Verluste erleben, treten die spirituellen Sinnfragen in den Vordergrund. Die zyklischen Phasen des Hinterfragens, die Frauen durchmachen, führen regelmäßig zu einer Änderung ihrer Prioritäten, ein weiteres wichtiges Merkmal der Dreißiger und frühen Vierziger.

Äußeres Gleichgewicht: Überprüfung von Prioritäten

Nach der Therapie, die Julia und Roger machten, beschlossen beide, ihrer Beziehung wieder den gleichen Vorrang einzuräumen wie in der Anfangszeit ihrer Ehe. Sie verabredeten sich mindestens einmal in der Woche, um allein oder mit Freunden auszugehen. Sie trafen auch Vorkehrungen, um mindestens viermal im Jahr zusammen ein langes Wochenende ohne die Kinder verbringen zu können. Vielleicht am wichtigsten: Sie gaben ihre Gewohnheit auf, ins Bett zu gehen und jeder für sich seine Nase in ein Buch zu stecken. Stattdessen verbrachten sie die letzte halbe Stunde jedes Tages damit, einander zuzuhören und manchmal auch den jeweils Müderen mit einer kurzen Massage zu erfreuen. Diese Wohltat führte, wie sie bald bemerkten, oft zum Kuscheln, Küssen und manchmal zum Geschlechtsverkehr. Beiden wurde bewusst, wie ausgehungert nach Berührungen sie gewesen waren und wie leicht es war, das Bedürfnis nach Hautkontakt mit dem Bedürfnis nach Sex zu verwechseln. Beides war wichtig, aber zuvor, als sie ihr Streichelbedürfnis überwiegend mit Sex befriedigen mussten, hatten sie weder das eine noch das andere bekommen: Sich körperlich zu lieben war ihnen am Ende eines langen Tages oft als eher beschwerlich erschienen, deshalb kam es selten dazu. Es war deshalb eine freudige Überraschung zu entdecken, dass sich der Geschlechtsverkehr oft organisch aus dem Streicheln und Umarmen ergab. Sobald er seinen Pflichtcharakter verlor, wurde er zu einer viel regelmäßigeren Quelle von Intimität und Lust.

Julias Besorgnisse in Bezug auf Zeit, speziell ihr Eindruck, nie genug davon zu haben, war ebenfalls zum Teil durch ihr Pflichtgefühl bedingt. Indem sie sich ständig vorsagte, dass sie mehr Zeit für dieses oder jenes haben sollte, dass ihr Leben aus dem Gleichgewicht sei, verwandelte sie Positives in Negatives. Warum darüber klagen, dass die Arbeit, die sie liebte, ihre ganze Zeit beanspruchte? Warum klagen, wie schwierig es sei, für die Kinder zu sorgen? Hatte sie sich nicht, seit sie ein kleines Mädchen war, Kinder gewünscht, für die sie sorgen konnte? Sie hat getan, was sie konnte, um ihre Prioritäten auszubalancieren und mehr Muße für ihre Ehe zu haben, und dennoch wünscht sie sich, dass sie mehr Zeit hätte, um ihre Freundinnen zu sehen oder allein auszugehen. Kein Menschenleben ist vollkommen, jedenfalls nicht lange, und es gibt kaum jemanden, der alles hat, was er will.

Viele Frauen beklagen sich bitter, dass sie eingespannt seien und zu wenig Zeit hätten. Aber eingespannt zu sein ist normal bei Berufstätigen, speziell bei berufstätigen Müttern, die, wie aus Untersuchungen hervorgeht, immer noch einen viel größeren Teil der Hausarbeit und der Kinderbetreuung auf sich nehmen als ihre erwerbstätigen Männer. Das Problem kann man von zwei Seiten her lösen: entweder durch eine Änderung unserer Prioritäten oder durch eine Änderung unserer Einstellung zu einem vollbeschäftigten Leben. In den letzten Jahren sind voll ausgelastete Frauen zu oft als gestörte Workaholics bezeichnet worden. Viele Bücher preisen die Vorzüge, mehr Zeit für sich selbst zu haben, und lassen durchblicken, wenn uns das nicht gelinge, machten wir psychologisch oder spirituell etwas falsch. Obwohl es unerlässlich für Frauen ist, jeden Tag einige Zeit für sich zu haben, um sich mit neuer Energie aufzuladen, ist es oft unmöglich, sich dafür sehr viel Raum zu nehmen. Aber vielleicht brauchen wir gar nicht sehr viel. Ich weiß, dass ich mich durch ein paar Minuten der Meditation ebenso regeneriert fühlen kann, wie wenn ich meine Hauspflanzen versorge, durch den Garten gehe, eine Freundin anrufe, einen Spaziergang mache, ein wenig Yoga übe oder ein Buch lese. Das Problem ist, dass mir viele Bücher einreden wollen, ich sollte imstande sein, all diese Dinge fast täglich zu tun, und mich tadeln, wenn mir das nicht gelingt. Wenn ich ihnen Glauben schenkte, würde ich mich sehr schuldig fühlen, weil ich mich selbst vernachlässige, Schuldgefühle, unter denen heute viele Frauen leiden.

Wenn man darüber nachdenkt, warum sich Frauen gegenseitig Schuldgefühle machen, weil sie zu beschäftigt seien, ist es aufschlussreich, über die Generation unserer Mütter zu reflektieren. Meine Mutter z.B. war nach dem Muster von Betty Friedans »Weiblichkeitswahn« geprägt. Sie hat ihr Prestige über einen Mann bezogen, und für sie waren die wichtigsten Voraussetzungen für eine erfolgreiche Frau ein wohlhabender Ehemann, Statussymbole wie teure Kleider, ein hübsches Haus und ein großes Auto, viel freie Zeit, ein tip-top geführter Haushalt mit schönen und manierlichen Kindern und Zeit für eine ehrenamtliche Tätigkeit in der Gemeinde. In der Generation meiner Mutter erlebte die archetypische Figur der traditionellen Hausfrau, wie Daniel Levinson es nennt, ihre Glanzzeit.

In seinem Buch *The Seasons of a Woman's Life* zitiert Levinson einen Vortrag, den die englische Autorin Virginia Woolf 1931, als sie 49 Jahre alt war, vor einer Gruppe von Akademikerinnen hielt. Ihr Thema waren die »inneren Phantome«, die in ihrer Psyche miteinander rangen, und deren Auswirkung auf ihre schöpferischen Kräfte. Ihre Bezeichnung für die Figur der traditionellen Hausfrau war »der Engel des Hauses«. Ihr Engel war das vollkommene Beispiel für den Weiblichkeitswahn – brav, opferbereit, mehr auf die Bedürfnisse anderer bedacht als auf die eigenen –, ein Engel, der seine Macht durch seinen Mann bezog. Der Engel des Hauses flüsterte Woolf ständig Anweisungen ins Ohr, wie sie schreiben sollte, Anweisungen, die bewirkt hätten, dass die berühmte Romanautorin, um gesellschaftsfähig zu bleiben, ihre ureigene Stimme verloren hatte. Woolf musste diesem Anteil von ihr selbst entschlossen entgegentreten. Sie hat gesagt, dass sie ihr Bestes tue, um den Engel zu töten, ihn in Notwehr zu erwürgen. Denn anderenfalls würde er ihre Schöpferkraft ersticken und sie ihres unabhängigen Geistes berauben.

Woolf hoffte, dass die nächste Generation von Frauen frei von der hemmenden Stimme eines Engels des Hauses sein würden, dass sie fähig sein würden, ihre Gefühle und Gedanken offen zu äußern und ihre Träume auf allen Gebieten menschlichen Strebens zu verwirklichen. Aber wir sind nicht frei von diesem Engel und seinem

Heilung und Balance 193

ständigen Kampf mit unserem schöpferischen Selbst, der antitraditionellen Figur. Die inneren und äußeren Stimmen, die der aktiven Frau vorwerfen, aus dem Gleichgewicht zu sein, zu wenig Zeit für sich oder ihre Freunde und ihre Familie zu haben, sind ein Chor von Engeln des Hauses, von traditionellen Hausfrauenfiguren. Von der vollkommenen Frau der Generation von Virginia Woolf und danach der meiner Mutter wurde erwartet, dass sie immer reichlich Zeit für Müßiggang, ihre Familie und Freundschaften hatte. Die Ermahnungen des Engels haben sich im Laufe der Jahre nicht verändert, nur dessen äußerliche Erscheinung. Heute tritt er – oder besser gesagt sie – im Gewand einer unspezifischen Spiritualität auf und äußert Anweisungen, wie frau ein vollkommen ausgewogenes Leben als eine Art engelhafte traditionelle Priesterin zu führen habe. Ihr spirituelles Mäntelchen macht ihre höhnischen Bemerkungen besonders verletzend, da sie vorgibt, die wahren Schlüssel zu unserem Glück in Händen zu halten.

Häufig bin ich Zielscheibe von Projektionen aus der Ecke der traditionellen Hausfrauenfigur. Viele Freundinnen und selbst Frauen, die ich eben erst in Workshops kennen gelernt habe, schnalzen missbilligend-besorgt mit der Zunge über mich und äußern ihre Betrübnis, dass ich so viel beschäftigt und deshalb aus dem Gleichgewicht sei. Ich sollte mehr Zeit für mich selbst, für Freunde und meine Familie haben. Tatsache ist, dass meine neue Ehe hohe Priorität für mich hat, dass ich ihr viel Raum gebe und dass ich ein dichtes Netz von Freundinnen habe, denen ich mich ebenfalls widme. Da ich etwa 200 Tage im Jahr auf Reisen bin, verbringe ich einen Großteil dieser Zeit von Flughäfen und Hotelzimmern aus am Telefon, dennoch gelingt es uns, enge, unterstützende Beziehungen aufrechtzuerhalten. Ein zusätzlicher Gewinn des Reisens ist, dass ich meine Kinder, die in verschiedenen Teilen des Landes leben, sowie Freunde und Verwandte an anderen Orten häufig besuchen kann. Die in Flugzeugen verbrachte Zeit ist kein Problem, sie ist ein Vergnügen. Da habe ich Gelegenheit, ungestört zu lesen, zu meditieren, zu dösen, zu schreiben und generell abzuschalten.

Natürlich muss ich Kompromisse schließen. Ich wandere gern und liebe den Aufenthalt in der Natur; das ist der Grund dafür, warum ich in einer abgeschiedenen Gebirgsgegend wohne. Wegen meiner Reisen verbringe ich aber weniger Zeit dort, als es sonst der Fall wäre. Aber insgesamt habe ich wenig zu klagen. Meine Arbeit ist unerhört abwechslungsreich und befriedigend, ich habe das Gefühl, etwas Nützliches zu tun, die Bezahlung ist gut, und ich habe mir diese Aufgabe gewählt. Sicherlich gibt es Tage, an denen ich mir wünsche, Urlaub machen zu können, Tage, an denen ich mich überfordert fühle. Wir alle haben solche Tage. Aber insgesamt bin ich aufrichtig dankbar für die Chance, ein so interessantes, erfülltes Leben zu führen. Seit ich mich mit meiner traditionellen Hausfrauenfigur auseinander gesetzt habe und ihre Versuche, mir Schuldgefühle einzujagen, durchschaue, kann ich das Leben, das ich mir mit so großer Mühe geschaffen habe, ungehindert genießen.

Das Leben ist schwierig und komplex sowohl für die heutige Hausfrau, die oft noch einer zusätzlichen Tätigkeit außer Haus nachgeht, als auch für die heutige Karrierefrau, die nicht selten eine Familie erhält. Unterstützen wir einander in dem Bewusstsein, dass, wie sowohl die Lifeprints-Studie von Wellesley College als auch die Untersuchung von Levinson zeigen, ein komplexes Leben kein unglückliches Leben ist. Der höchste Grad an Lebenszufriedenheit, der in der Lifeprints-Studie festgestellt wurde, betraf die aktivsten Frauen der Stichprobe, die berufstätigen Mütter. Aktivität ist eine Chance, kein Fluch. Eine der Hauptquellen des Vergnügens viel beschäftigter berufstätiger Frauen ist überraschenderweise nicht die relativ große Anzahl von Beziehungen, die sich durch den Beruf entwickeln können, im Gegensatz zu der relativ isolierten Existenz einer Frau, die zu Hause bleibt: Wir sind am glücklichsten, wenn die Gelegenheiten, uns selbst in Beziehung zu anderen zu erleben, am größten sind. Rollenvielfalt mag anstrengend sein, aber da ist auch die Befriedigung, auf vielfältige Weise mit unzähligen Menschen in Kontakt zu treten, die Aspekte von uns ans Licht bringen, deren wir uns bis dahin vielleicht gar nicht bewusst waren.

Inneres Gleichgewicht

Der Gedanke, dass unser Leben ausgewogen sein sollte, ist gut, aber es besteht ein großer Unterschied zwischen äußerem und innerem Gleichgewicht. Das äußere Gleichgewicht fluktuiert mit den Anforderungen des Tages und unseren Bemühungen, die Lebensstrukturen aufrechtzuerhalten, die wir uns mit großer Mühe geschaffen haben. Aber innerhalb jedes Tages, gleichgültig, wie seine Mischung von Aufgaben und Freuden aussieht, können wir eine innere Balance bewahren. Wenn wir es schaffen, frei von der Tyrannei des »du solltest« im Augenblick zu leben, frei von dem bohrenden Gefühl, dass dieser Augenblick nicht wichtig ist, dann werden wir Frieden im Herzen haben.

Mein Kollege Jon Kabat-Zinn, Leiter des Center for Mindfulness and Medicine der Universität von Massachusetts, hat ausführlich über Achtsamkeit [*mindfulness*] geschrieben, d.h. das urteilsfreie Gewahrsein des gegenwärtigen Augenblicks. Dieses Leben im Augenblick ist ein natürliches Vergnügen, ein natürlicher Zustand der Kreativität und des Einsseins mit einem größeren Ganzen. Aber die meisten von uns leben selten im Augenblick. Vielmehr neigen wir dazu, mit unseren Gedanken ganz woanders zu sein. Die Lichter sind an, aber niemand ist zu Hause. Welchen Sinn hat es z.B., Liebe zu machen, wenn wir in Gedanken mit einer Präsentation beschäftigt sind, die uns demnächst bevorsteht, oder mit einem Problem, das wir mit einem Kind haben? Wo bleibt das Vergnügen beim Essen einer Schokoladetorte, wenn wir vom Fernsehen so gefesselt sind, dass wir ihren Duft, ihre Konsistenz und ihren Geschmack nicht wahrnehmen?

In höherem Alter nimmt unsere Tendenz zu, Fragen nach dem Sinn und nach dem Glück zu stellen. Zu hoffen ist, dass eine Frau am Ende ihrer Dreißiger ihre Wertvorstellungen geklärt und ihre Lebensgestaltung mit ihnen in Einklang gebracht hat und dass sie den seelischen Heilungsprozess durchlaufen hat, der nötig war, um ein glückliches, produktives Leben zu führen. Aber vielleicht stellen wir dennoch fest, dass wir das Glück nicht zu fassen kriegen, dass wir gewohnheitsmäßig woanders als im gegenwärtigen Augenblick sind. Besonders, wenn wir sehr aktiv sind, kann es leicht passieren, dass wir die vielen kleinen Freuden des Lebens nicht zu schätzen wissen – den Geschmack von Speisen, die Empfindung eines Lufthauchs, die Farben eines Sonnenuntergangs. Es gibt viele Wege, um bewusster und achtsamer zu werden, eine harmonischere innere Balance zu erreichen. Wenn wir uns Zeit nehmen, zu meditieren, bewusst zu atmen und uns zu entspannen (im Anhang finden Sie einen Abschnitt über Meditation), dann können wir uns besser auf den Augenblick einstellen. Wenn wir das tun, scheint die Zeit zu expandieren, und wir können an unsere Aufgaben mit friedlicherem Herzen, mit offenem Geist und Gelassenheit herangehen.

Auch durch Meditationsübungen kann man, wie bewiesen werden konnte, Stress abbauen und die Gesundheit fördern. Der Harvard-Kardiologe Herbert Benson, dessen Bestseller von 1975, *The Relaxation Response*, ein Klassiker ist, hat demonstriert, dass zehn bis 20 Minuten Meditation an drei oder mehr Tagen pro Woche genügen, um Angst und Depressionen zu verringern, Freude und Vitalität zu steigern und stressbedingte Krankheiten zu mindern. Als Leiterin eines psychosomatischen Trainingsprogramms in Boston konnte ich die positiven Auswirkungen der Meditation nicht nur auf häufige stressbedingte Störungen wie Kopfschmerzen und hohen Blutdruck dokumentieren, sondern auch auf eine Vielzahl anderer Gesundheitsstörungen von insulinpflichtigem Diabetes bis hin zu Asthma und epileptischen Anfällen. Tatsache ist, dass fast jede Krankheit, gleichgültig welcher Ursache, durch Stress verschlimmert und durch Methoden, die uns zu innerer Ausgeglichenheit verhelfen, gelindert werden kann.

Wenn ich im Gleichgewicht bin – die Navajos nennen es »in Schönheit wandeln« –, dann bedenke ich selbstverständlich die Folgen meiner Handlungen. Wenn ich meinen Abfall nicht wiederverwerten lasse, dann schade ich der Erde. Um in Schönheit zu wandeln, nutze ich, was ich habe, und bemühe mich, nichts zu verschwenden. Wenn ich im Gleichgewicht bin, brauche ich mich nicht zu ermahnen, gesunde Dinge für meinen Körper zu tun, ich habe dann den natürlichen Wusch, mich zu bewegen und Speisen zu essen, die mich mit Energie und klarem Denkvermögen erfüllen. Im Zustand der Ausgeglichenheit bin ich am kreativsten, in Harmonie mit meiner Arbeit. Ich bewältige alles eleganter, einfacher und effizienter, weil größere Klugheit meine Gedanken und Handlungen beflügelt. Im Zustand des Gleichgewichts erkenne ich das Beste in jeder Situation und empfinde Dankbarkeit. Mein Herz ist friedlich. Wenn ich ausgeglichen bin, sehe ich das Beste in anderen, und die Magie des Selbst-in-Beziehung wird Wirklichkeit, während jede von uns vollständiger sie selbst wird.

Die Gaben der Kulminationsjahre des jungen Erwachsenenalters

Der Gewinn dieses letzten Zyklus des jungen Erwachsenenalters ist archetypisch in dem Märchen dargestellt, in dem die junge Heldin lernen muss, Stroh zu Gold zu spinnen oder ihr Leben zu verlieren. Keine Erfahrungen, auch schwierige, sind wertlos. Sie können alle zu Gold gesponnen werden und uns einen Gewinn an Verständnis und Mitgefühl bescheren, den wir nicht erwartet hatten. Eine Frau, die z.B. als Kind misshandelt oder missbraucht wurde, wird vielleicht feststellen, dass sie, während sie um den Verlust einer normalen Kindheit trauerte, ihre Wut auszudrücken lernte und schließlich ihren Eltern verzieh, eine Menge über die menschliche Natur begriffen hat und dass ihr das in allen ihren Beziehungen hilft. Menschen neigen dazu, sich ihr anzuvertrauen, weil allein schon ihre Anwesenheit heilend wirkt. Sie strahlt ein Gefühl des Friedens und der Aufgeschlossenheit aus und neigt nicht dazu, über Andere zu urteilen. Eine solche Frau hat ihre Verletzungen in Weisheit verwandelt und den Archetypus hervorgebracht, den Jung den verletzten Heiler nannte.

Nervenleitungen, die einst ikonische Erinnerungen der Angst transportierten, können durch semantische Leitungen ersetzt werden, die neue Erinnerungen von Heilung, Verbundenheit und positiver Bedeutung übermitteln. Dieser Schritt von der Furcht zur Liebe hilft uns, auf dem Wesenskern unserer Weiblichkeit aufbauend unser Selbst-in-Beziehung zu entwickeln, das unserer natürlichen Spiritualität entspricht. Die durch den Heilungsprozess gewonnenen Erkenntnisse bilden zusammen mit der Fähigkeit, viele verschiedene Lebensaufgaben in einem Gleichgewicht zu halten, eine stabile bio-psycho-spirituelle Grundlage, auf der die Lebensklugheit gedeihen kann, die ihre Blüte erlebt, wenn wir in den nächsten Lebenszyklus eintreten. Wenn wir gelernt haben, die Schuldgefühle erzeugende Stimme der traditionellen Hausfrauenfigur zu ignorieren, dann können wir Dankbarkeit für ein erfülltes und aktives Leben empfinden. Und die Gabe der Achtsamkeit hilft uns, dieses voll ausgelastete Leben in jener auf den Augenblick gerichteten Weise zu schätzen, die uns aufgeschlossen für die von Anfang an in uns angelegte intuitive, schöpferische Weisheit macht.

8

42. bis 49. Lebensjahr: Die Metamorphose der Lebensmitte

Authentizität, Stärke und das Auftreten der Wächterin

Als ich Direktorin der Psychosomatischen Klinik war, nahm eine 45-jährige Frau, die wir Shirley nennen wollen, an einer der von mir geleiteten Krebsgruppen teil. Sie hatte eine beiderseitige Brustamputation hinter sich, aber der Tumor hatte sich bereits bis zu den Lymphknoten ausgebreitet. Ihr Leben war eindeutig in Gefahr. Mitten in dem achtwöchigen Programm erklärte sie zu unser aller Überraschung, dass sie sich scheiden lasse. Anfangs war die Gruppe schockiert, und mehrere Frauen zogen den voreiligen Schluss, dass ihr Mann sie wahrscheinlich verlasse, weil sie beide Brüste verloren habe und für ihn sexuell nicht mehr begehrenswert sei. Die Gefühlswogen schlugen hoch, als sowohl die weiblichen als auch die männlichen Gruppenmitglieder sich mit der Frage auseinander setzten, wie sich Shirleys körperliche Veränderungen auf ihre Einstellung zu sich selbst, ihre Partnerschaft und ihre Hoffnung auf künftige Liebesbeziehungen ausgewirkt haben mochten. Nach einer

Weile schaltete sich Shirley in das Gespräch ein, um die Dinge richtig zu stellen. Ihr Mann habe sie nicht um eine Scheidung gebeten, ja er wolle gar keine. Sie habe diese Entscheidung selbst getroffen, weil der Krebs ihr Gelegenheit gegeben habe, ihr Leben einer mutigen und gründlichen Überprüfung zu unterziehen.

Es sind oft Krisen, besonders solche, die unser Leben oder unseren Lebensstil gefährden, die die großen Fragen aufwerfen, über die nachzudenken wir bis dahin zu beschäftigt oder zu abgelenkt waren. Wer sind wir? Was ist der Sinn und Zweck unseres Lebens? Was ist Glück? Shirley, Mutter von zwei Teenagern, hatte über genau diese Fragen nachgedacht, nicht nur, weil sie sich in einer Lebenskrise befand, sondern auch, weil diese Fragen einen natürlichen Bestandteil der Neubewertung unseres Lebens darstellen, zu der es in der Wendezeit der Lebensmitte kommt, wie der Psychologe Daniel Levinson es nennt.

Shirley kam zu der Überzeugung, die wichtigsten Dinge im Leben seien Liebe, Seelenfrieden und Dienst an Anderen, eine Triade, die, wie ich glaube, die Klugheit der Frauen in den mittleren Jahren kennzeichnet und die ich die »Wertetrias der Lebensmitte« nenne. Shirleys Mann war zwar nicht verletzend im üblichen Sinn, wohl aber distanziert, nicht unterstützend und offen ablehnend gegenüber ihrem Wunsch, ihre Ausbildung abzuschließen und eine Laufbahn in einem sozialen Beruf anzustreben. Vor dem Krebs hatte sie Verständnis für ihn geäußert – schließlich sei er einfach ein traditionsgebundener Mensch, der wolle, dass sie zu Hause ein leichtes Leben habe; die Belastungen ihrer Ehe seien ihre Schuld, weil sie sich eine Karriere wünsche. Aber als sie mit der Möglichkeit eines frühen Todes konfrontiert war, erkannte sie plötzlich, dass ihre Ehe nicht in Einklang mit den Wertvorstellungen und Hoffnungen stand, die ihr am meisten bedeuteten. Ihr Mann war nicht bereit, sich zu ändern, und würde sie mit Sicherheit nicht lieben und unterstützen, falls sie ihre Ausbildung fortsetzte. Es lag nun an Shirley, zu entscheiden, was ihr am wichtigsten war, und sich entweder an ihre gegenwärtigen Lebensumstände anzupassen oder den drastischen

Schnitt zu machen, der es ihr gestatten würde, in Einklang mit ihren zentralen Wertvorstellungen zu leben.

Authentizität entsteht durch einen Prozess der Selbsterforschung, wie ihn Shirley durchmachte, der in zwei Ergebnissen gipfelt: Wir gewinnen Klarheit über unsere Wertvorstellungen und ändern dann unsere äußeren Lebensumstände, damit sie diesen entsprechen. Wenn unsere äußere Welt unseren inneren Werte widerspiegelt, dann erreichen wir einen Zustand der Integrität oder Ganzheit. Stimmen im Gegensatz dazu Innen- und Außenwelt nicht überein, dann sind Stress und Spannungen die Folge. Obwohl sich Shirley im Klaren darüber war, dass es schwirig sein würde, aus ihrer Ehe auszubrechen und ihr Studium wieder aufzunehmen, erkannte sie ganz richtig, dass der vorübergehende Stress, sich einer Herausforderung zu stellen, die uns in einen größeren Sinnzusammenhang stellt, viel leichter zu ertragen ist als der chronische Stress, nicht in Einklang mit unseren Grundüberzeugungen zu leben.

Hat ihr Entschluss zur Scheidung und ihr Schritt zu größerer Authentizität Shirleys Körper bei seinem Kampf gegen den Krebs geholfen? Ich kenne die Antwort nicht, aber meine Erfahrungen mit psychosomatischer Medizin lassen mich annehmen, dass es so gewesen sein könnte. Wenn wir uns von uns selbst und von anderen Menschen abgeschnitten und uns von der Natur oder dem Gefühl einer höheren Macht entfremdet fühlen, dann funktioniert das Immunsystem in suboptimalem Maße. Die Anzahl und Aktivität der natürlichen Killerzellen, eine Art von Lymphozyten, die sowohl krebs- als auch virusinfizierte Zellen vernichten, nimmt ab. Wir sehen älter aus als wir sind und fühlen uns auch so, ohne Vitalität und Enthusiasmus. In ihrem faszinierenden Buch *Remarkable Recovery* [dt.: *Gesund werden aus eigener Kraft*, München: Droemer Knaur, 1997] erörtern Caryle Hirshberg und Mark Barasch die Gemeinsamkeiten von Menschen, bei denen Spontanheilungen oder Remissionen schwerer Krankheiten eintraten. Eines dieser Merkmale ist tatsächlich die Authentizität. Dennoch muss man sich im Klaren darüber sein, dass selbst wenn der Betroffene seinen Stresspegel senkt, seine Wertvorstellungen klärt und sein Leben verändert, er physisch vielleicht nicht gesund werden wird, obwohl diese Schritte sein Leben wahrscheinlich verlängern und seine Zufriedenheit in hohem Maße steigern werden.

Ebenso wie Shirley hat sich auch Julia die Frage gestellt, wie zufrieden sie mit ihrem Leben ist, nicht, weil sie eine Krankheit hat, sondern weil Fragen dieser Art einfach zu der Umbruchsphase der Lebensmitte dazugehören, die sie mit 44 Jahren durchmacht. Waren all diese Abhandlungen, die sie widerwillig verfasste, um eine Dauerstellung zu bekommen und auf der akademischen Stufenleiter nach oben zu steigen, das persönliche Opfer wert? Die ständigen politischen Machenschaften an ihrem College sind entmutigend, und da Julia in einer starken Position ist, zur Fachbereichsleiterin befördert zu werden, geht nun eine Menge Zeit mit kleinlichen internen Macht- und Positionskämpfen verloren. Lohnt es sich, angesichts all der Gehässigkeiten und Rivalitäten an einer Universitätslaufbahn festzuhalten? Könnte sie in der Welt draußen nicht genauso viel Gutes tun und sogar größere Befriedigung daraus beziehen, eine klinische Sozialarbeiterin als eine Akademikerin zu sein? Julia ist im Begriff, ihr Leben zu überprüfen und in Einklang mit der Wertetrias zu bringen. Wie kann sie die beste Beziehung zu anderen haben, so dass sie Liebe geben und empfangen kann? Was wird zu Stressabbau und einem Gefühl von Gelassenheit führen? Wie kann sie sich in einer Weise nützlich machen, die sie persönlich als schöpferisch und belebend empfindet?

Die Wendezeit der Lebensmitte

Man könnte denken, Julias bohrendes Fragen und ihre schließliche Entscheidung, die Welt der Wissenschaft zu verlassen, kurz bevor sie Institutsleiterin wurde, sei Anzeichen einer Midlife-Crisis. In diesem Szenarium würde sie eine verzweifelte Frau darstellen, die sich nach ihrer Jugend sehnt und zu unüberlegten Handlungen neigt, die sie später bereut. Aber stimmt es wirklich, dass Frauen in ihren Vierzigern zu ängstlichen Grübeleien, Depressionen, Affären oder dem zwanghaften Kauf von Kreuzfahrt-Billetts und schicken roten Sportwagen neigen? Wenn man in Illustrierten blättert, könnte man den Eindruck gewinnen, dass Frauen speziell in den Wechseljahren völlig ausflippen, bevor sie in tiefe Depressionen versinken und nur durch Schönheitsoperationen und eine Hormontherapie wieder aufleben.

Das Konzept der Krise in der Lebensmitte, das gewöhnlich dem Psychologen Daniel Levinson zugeschrieben wird, wird, wie er sagt, häufig völlig missverstanden. Levinson hat mehrere Umbruchsperioden im Laufe des Lebenszyklus beschrieben, in denen wir überprüfen, was hinter uns und was vor uns liegt, und nach Abschluss dieser Bilanz unser Leben grundlegend ändern. Eine dieser Perioden sei zwischen dem 40. und 45. Lebensjahr festzustellen, wenn wir über die auf den Höhepunkt zulaufende Lebensstruktur des jungen Erwachsenenalters nachdenken und darangehen, eine neue Ausgangslage für das mittlere Erwachsenenalter zu schaffen.

Diese Übergangsperiode geht zwar mit beträchtlicher Reflexion einher, sie ist aber nicht notwendigerweise eine Krise. Sie ist eher ein Entwicklungsstadium als eine psychische Notlage, und bei psychisch gesunden Frauen äußert sie sich nicht in kopflosem Ausagieren, angetrieben von Torschlusspanik. Es ist eine Zeit kalkulierten, rationalen Handelns. Bei manchen Frauen löst der normale Stress, den die Umbruchsituation der Lebensmitte mit sich bringt, tatsächlich eine seelische Krise aus, sei es, weil ungelöste Probleme aus früheren Abschnitten des Lebenszyklus oder besondere aktuelle Belastungen ihre Bewältigungskapazitäten überfordern. Die Menschen in den mittleren Jahren werden z.B. oft als Sandwich-Generation bezeichnet: Frauen in ihren Vierzigern haben häufig nicht nur Kinder zu betreuen, sondern auch alternde Eltern. Da sich ihre berufliche Laufbahn gewöhnlich ebenfalls in ihrer anstrengendsten Phase befindet, kann die Lebensmitte eine sehr belastende Zeit sein, und selbst einigermaßen gut angepasste Frauen haben oft das Gefühl, »es nicht mehr zu packen«, wenn verschiedene Belastungsfaktoren zusammenkommen und ihnen vorübergehend das Gefühl geben, den Anforderungen des Lebens nicht mehr gewachsen zu sein. Dies als Krise in der Lebensmitte zu bezeichnen, wäre jedoch irreführend. Vielmehr ist es eine Lebenskrise, die sich zufällig während der Wendezeit einer Frau in der Lebensmitte ereignet.

Levinson hat ein Reihe von Tiefeninterviews mit einer kleinen Anzahl von Hausfrauen und Karrierefrauen in dieser Übergangsphase zwischen dem 42. und 45. Lebensjahr durchgeführt. Obwohl die Gesamtzahl der Interviews zu gering ist, um als Zufallsstichprobe gelten zu können, die für alle Frauen repräsentativ ist, hat er einige interessante Themen angeschnitten, in deren Mittelpunkt jeweils Beziehungen standen – zum eigenen Selbst, zur Familie und zum Beruf. Wenn die Kinder älter werden und besonders, wenn sie das Haus verlassen, tritt die Beziehung einer Frau zu ihrem Partner in den Vordergrund. Wie ist die Qualität ihrer Ehe beschaffen? Hat sie sich seit der Gründung des gemeinsamen Haushalts verändert? Wird sie von beiden Partnern als ermutigend empfunden? Ist die Frau bereit, während der nächsten Jahreszeit ihres Lebens an der Ehe festzuhalten? Auch die Beziehung zu ihrer Arbeit kann sich verändern. Statt sich mit ihren Aufstiegschancen zu befassen, sagten die von Levinson befragten Frauen, dass es ihnen vor allem darum gehe, wie sinnvoll ihre Arbeit sei und ob sie sie persönlich als kreativ und anregend empfänden.

Die meisten Befragten der Gruppe der Hausfrauen erzählten berührende Geschichten, die sich um ihren Wunsch drehten, sich von ihrer bisherigen Lebensstruktur der Fürsorge für andere zu verabschieden. Sie waren es leid, ständig die Bedürfnisse von Ehemännern und Kindern zu erfüllen, und sehnten sich danach, nicht nur von der Bürde der Fürsorge für andere befreit zu sein, sondern auch, unabhängige Interessen und Fähigkeiten zu entwickeln, kurz, sich selbst zu verwirklichen. Vielleicht der erstaunlichste Aspekt der Hausfrauen-Interviews war, wie traurig sich diese Frauen fühlten. Sie hatten ihren Teil des Ehevertrags eingelöst und für das Heim, die

Kinder und ihren Ehemann gesorgt. Viele waren auch erwerbstätig gewesen und hatten die Familie finanziell unterstützt. Aber statt Zufriedenheit zu empfinden, fühlten sich die meisten betrogen, als ob sie ihre Jugend anderen geopfert und dafür sehr wenig Liebe und Geborgenheit bekommen hätten. Die meisten der Hausfrauen erzählten, dass sie es mehr als satt hätten, von ihren Männern wie Dienstmädchen behandelt zu werden und nicht wie begehrenswerte, interessante Frauen. Sie vermissten Romantik und Sex. Ihre Träume waren erfüllt von Trauer, Wut, Verwirrung und dem Bedürfnis, ihr Leben in einer Weise umzugestalten, die es ihnen ermöglichen würde, sich selbst zu entfalten, statt sich anderen Menschen zu widmen, von denen sie ihrerseits sehr wenig zu bekommen schienen.

Die 13 Befragten in Levinsons Stichprobe bei Karrierefrauen repräsentierten eine sehr gemischte Gruppe. Nur zwei der 13 konnten ihren ursprünglich gehegten Traum verwirklichen, nämlich Beruf, Ehe und Mutterschaft in ein Gleichgewicht zu bringen. Die Übrigen waren entweder unverheiratet, kinderlos oder hatten ihre Karriere aufgegeben. Diese Frauen standen jetzt vor der Aufgabe, sich für die mittleren Jahre ein neues Lebensideal zu schaffen. Ebenso wie Julia wurde ihnen allmählich klar, dass sie als erfolgreiche Karrierefrau eine Menge Kompromisse in Kauf nehmen mussten. Frauen mit führenden Stellungen in der Wirtschaft mussten darüber hinaus feststellen, dass die Diskriminierung gegen Frauen in den oberen Etagen der Unternehmensstruktur zunimmt und dass sie auf dem Weg zum Erfolg nicht bloß eine »unsichtbare Hürde« zu nehmen hatten. Auf jeder Stufe taten sich neue Hindernisse auf. Vielen Frauen wurde die Konkurrenzorientierung der freien Wirtschaft zunehmend zuwider, und sie begannen, sich auf den inneren Wert ihrer Tätigkeit und nicht mehr auf die äußeren Symbole ihrer beruflichen Stellung zu konzentrieren. Levinson brachte die Gefühle der Karrierefrauen in der Übergangsphase ihrer mittleren Jahre auf den Nenner: »Ihre große Hoffnung war, dass ihnen die Arbeit eine stärkere Erfahrung von Kreativität, Befriedigung und gesellschaftlicher Nützlichkeit bieten würde und dass die berufliche Situation spielerischer und liebevoller werden würde, statt dass es nur darum ging, sich in einer konkurrenzbesessenen Welt zu behaupten.«

Die physische Metamorphose der Lebensmitte

So wie unsere Wertvorstellungen und äußeren Lebensstrukturen in der Lebensmitte eine Verwandlung durchmachen, ist dies auch bei unserem Körper der Fall. Die physischen Veränderungen, die sich bei einer Frau in den Vierzigern vollziehen, bereiten sie auf das nächste Lebensstadium vor, das dadurch gekennzeichnet ist, dass sie souveräner über ihre Kreativität verfügen und einen noch größeren gesellschaftlichen Beitrag leisten kann. Leider sind diese physischen Veränderungen in ein negatives Licht gerückt worden, so dass sich Frauen vor der Lebensmitte eher fürchten, als sich darauf zu freuen. Frauen im Klimakterium, die die Jahre des Gebärens hinter sich lassen, benötigen ein neues Verständnis der sehr positiven Veränderungen, die sich in ihrem Körper vollziehen, und dasselbe gilt für jüngere Frauen, die bald genug die Lebensmitte erreichen werden.

Ich betrachte die Menopause als eine zweite Pubertät, als Initiation in die potentiell stärkste, aufregendste und befriedigendste Hälfte eines Frauenlebens. Als Halbwüchsige erlangen wir die physische Kapazität, Kinder zu bemuttern. Als Frauen in der Lebensmitte erlangen wir die Fähigkeit, die größere Welt jenseits der Grenzen unserer Kernfamilie zu bemuttern. Die Jahre vor der ersten Pubertät, in denen unser Leib in seiner Gestalt und Funktion eine erstaunliche Metamorphose durchläuft, gelten als eine positive Zeit des Wandels, als Tor zur Weiblichkeit und den fortpflanzungsfähigen Jahren. Im Gegensatz dazu werden die Wechseljahre, die in der zweiten Pubertät, der Menopause, gipfeln, als Zeit negativer Veränderungen angesehen, weil sie das Ende unserer reproduktiven Jahre ankündigen. Obwohl die Befreiung von der Furcht vor Schwangerschaft das Sexualleben einer Frau intensivieren und ihr ermöglichen könnte, ihre Sinnlichkeit stärker zu entwickeln, haben viele Frauen das Ende der Fruchtbarkeit mit dem Ende der Sexualität gleichgesetzt.

Meine jahrelange klinische Praxis hat mich davon überzeugt, dass es weitgehend eine Frage unserer Einstellung ist, wie es uns in der zweiten Pubertät ergeht. Frauen, die sich fühlen, als ob sie sich erst jetzt ihrer Kräfte bewusst würden, werden wahrscheinlich ein verstärktes Interesse an Sexualität haben und sie mehr zu schätzen wissen als früher. Sie sehen vital und gesund aus und haben das Gefühl, auf der Höhe ihres Lebens zu stehen. Viele meiner Patientinnen haben gesagt, sie fühlten sich, als ob sie erst jetzt Frauen würden, als ob sie erst mit dem Nahen der Lebensmitte ihre ganze Fülle erreichten. Im Gegensatz dazu verlieren Frauen, die dem Ammenmärchen glauben, die Menopause bedeute das Ende ihrer Weiblichkeit, den Anfang eines raschen Niedergangs in das Alter und den Verlust von Attraktivität, tatsächlich bald ihre Vitalität. Sie sehen alt aus und fühlen sich auch so. Untersuchungen haben gezeigt, dass eine negative Einstellung zur Menopause auch die Anzahl der mit der Lebenswende verknüpften unerfreulichen Symptome erhöht wie Hitzewallungen, Nachtschweiß, Müdigkeit, diffuse körperliche Beschwerden und Schlafstörungen.

Negative Gefühle in Bezug auf die Menopause sind Überreste alter Überzeugungen, dass Frauen nur dank ihrer Fähigkeit, Kinder zu bekommen, wertvoll seien, Überzeugungen, die immer noch von der Mehrheit der Weltbevölkerung geteilt werden. Obwohl die meisten westlichen Frauen in dieser Hinsicht äußerlich emanzipiert wirken, ist diese Emanzipation allerjüngsten Datums, und die Vorstellung, dass unser Hauptwert im Gebären bestehe, ist im kollektiven Unbewussten immer noch sehr lebendig. Dies ist der Grund, warum die Figur der traditionellen Hausfrau nach wie vor so viel Macht über unser Leben hat.

Jede Phase der Verwandlung stellt eine Herausforderung dar. In dem Zeitraum, in dem die Raupe zum Schmetterling wird, ist sie weder das eine noch das andere. Sie muss eine Phase des Sowohl-als-auch ertragen, eine Zeitspanne in einem relativen Niemandsland, während sie sich verwandelt. Auch der Körper einer Frau in den Wechseljahren verändert sich rasch und kann ihr seltsam unvertraut erscheinen. Lebhafte, vorausschauende Träume und Hitzewallungen können beunruhigend sein. Wie die Autorin Gail Sheehy in ihrem ausgezeichneten Buch über das Klimakterium, *The Silent Passage* [dt.: *Wechseljahre – na und?*, München: Droemer Knaur, 1995], schreibt: »In den Wechseljahren – in ihren Vierzigern – fühlen sich Frauen ihrem Körper am stärksten entfremdet. Es ist wichtig zu wissen, dass der weibliche Körper zwei oder drei Jahre lang in seinem bisherigen Stoffwechsel durcheinander gerät.« Die Einstellung, die wir zu diesen »asynchronen« Jahren haben, ist entscheidend dafür, wie wir die mehrjährige Phase, die schließlich im Aussetzen der Menstruation – der eigentlichen Menopause – gipfelt, körperlich, geistig und seelisch erleben. Worin bestehen nun eigentlich die chaotischen Anzeichen der körperlichen Veränderungen?

Meine Freundin Carolina Clarke saß eines Abends, als sie Mitte 40 war, in unserem Wohnzimmer. Ihre Augen weiteten sich vor Schreck, als sie sich plötzlich mit beiden Händen an ihre Brüste fasste, wo sie einen brennenden Schmerz verspürte. Fünf Jahre später – ihre Mensis hat inzwischen aufgehört – ist sich Carolina im Klaren darüber, dass sich an jenem »Abend der brennenden Brüste« ihre Menopause ankündigte. Während der nächsten vier Jahre konstatierte sie abwechselnd Hitzewallungen, Stimmungsschwankungen und höchst unregelmäßige Perioden, die schließlich ganz aufhörten. Nach sechs Monaten, als sie glaubte, in der Menopause zu sein, kehrte ihre Periode als wilder Sturzbach zurück – das bekannte Phänomen der Menorrhagie, einer verstärkten Gebärmutterblutung, die auftritt, wenn sich die Uterusschleimhaut nach ausgefallenen Perioden zunehmend verdickt und schließlich als heftige Blutung, von Carolina »Rotes Meer« genannt, abgeht. Nach der Überquerung dieses Meeres blieben ihre Perioden ein paar Zyklen später endgültig aus, ein Faktum, dessen wir uns erst sicher sein können, wenn seit der letzten Monatsblutung ein volles Jahr vergangen ist.

Die körperlichen Begleiterscheinungen der Wechseljahre sind von Frau zu Frau sehr verschieden. Manche weisen keine erkennbaren äußeren Anzeichen »des Wechsels« auf, bis ihre Perioden eines Tages einfach aufhören. Andere berichten über eine unglaubliche Vielfalt von Erfahrungen. Aus der positiven psychischen Rubrik nennen Frauen eine erhöhte Lebhaftigkeit der Träume, Erlebnisse von Déjà vu, das Erkennen von Synchronizitäten, ein erhöhtes Vertrauen zu ihrem Urteil und eine gesteigerte Intuition. Viele berichten auch von Eindrücken plötzlicher Hellsicht, die ihnen helfen, aus alten Verhaltensmustern auszubrechen und einen entscheidenden Schritt hin zu größerer Authentizität zu tun, wie ihn sowohl Shirley als auch Julia erlebte. Aus der negativen psychischen Rubrik führen manche Frauen eine Unfähigkeit an, sich auf Vorgänge zu konzentrieren, die in der Außenwelt geschehen (wahrscheinlich, weil dies eine Phase der Besinnung auf unser Innenleben ist), und Stimmungsschwankungen. In physischer Hinsicht berichten Frauen über ein breites Spektrum an Symptomen, die von wenigen bis vielen, von positiv bis negativ und von leicht bis stark variieren. Dazu zählen entweder Müdigkeit oder enorm gesteigerte Energie, diffuse Schmerzen, empfindliche Brüste, Migräne gegen Ende der Menstruation, Aufgedunsenheit, längere oder kürzere Zyklen, gelegentliche starke Blutungen (Menorrhagie) und/oder zunehmend schwächere Blutung, Hitzewallungen, Nachtschweiß und entweder Zu- oder Abnahme an sexuellem Interesse.

Ich war 47 Jahre alt, als mir eine Freundin ein Buch über natürliches Herangehen an die Menopause und Hormonersatztherapie gab, ein Thema, dem wir uns im nächsten Kapitel zuwenden wollen. Ich dachte sofort: »He, ich brauche das nicht, meine Periode kommt immer noch absolut regelmäßig.« Wie viele Frauen stellte ich mir die Menopause als ein Alles-oder-nichts-Ereignis wie eine Erkältung vor. Entweder frau hat sie oder sie hat sie nicht. Ich war fast 50, als ich die ersten offenkundigen physischen Anzeichen der Wechseljahre wie ab und an Nachtschweiß, gelegentliche Hitzewallungen, Kopfschmerzen während der Menstruation und zeitweilige

Müdigkeit und Muskelschmerzen durchmachte, die ich anfangs für Grippe hielt. Aber verglichen mit meinen frühen Vierzigern traten unverkennbare Veränderungen in meinem Traumleben, meiner Persönlichkeit und meinen intuitiven Fähigkeiten ein, die den wichtigsten und meist übersehenen Aspekt des Wechsels darstellen.

Wir vollenden die Metamorphose der Wechseljahre im Schnitt mit 48,4 Jahren. Zu den physischen Veränderungen, die wir dabei durchmachen, zählt eine Verminderung der weiblichen Hormone Östrogen und Progesteron und ein korrespondierender Anstieg der Produktion männlicher Hormone. So erhöht sich z.B. der Testosteronspiegel mit dem Nahen der Menopause um das Zwanzigfache, was sich in der nunmehr zutage tretenden Resolutheit des Archetypus der Wächterin, wie ich es nenne, äußert. Im Laufe dieser Metamorphose werden bisher eher passive Frauen allmählich durchsetzungsfähiger, und unser Horizont beginnt, sich über den engen Bannkreis von Familie und Freunden auf die Ebene der gesamten Menschheit auszuweiten. C.G. Jung schrieb durchaus zu Recht, dass wir irgendwann in unseren Vierzigern zu gesellschaftlicher Verantwortung erwachen. Dieses Bedürfnis, die Sphäre des Lebendigen zu behüten und unsere verletzliche Erde und deren Bewohner vor Ausbeutung zu beschützen, hängt mit den physischen Veränderungen zusammen, die sich in der Lebensmitte vollziehen.

Das Hervortreten der männlichen Anteile

Jung hat die Theorie vertreten, dass Frauen in der Lebensmitte ihre männliche Seite, den Animus, zu entwickeln beginnen, während Männer ihren weiblichen Aspekt, die Anima, entfalten. In einer Abhandlung über die Lebensstadien beschrieb Jung einen Fall, über den in der ethnologischen Literatur berichtet wird: einen kriegerischen Indianerhäuptling, dem in der Lebensmitte der Große Geist in einem Traum erschien. Der Geist habe ihm verkündet, dass er von nun an unter den Frauen und Kindern sitzen, Frauenkleider tragen und sich wie Frauen ernähren müsse. Er gehorchte dem Traum, ohne einen Prestigeverlust zu erleiden. Diese Vision sei ein echter Ausdruck der psychischen Revolution in der Lebensmitte, am Beginn des zur Neige gehenden Lebens. Die Wertvorstellungen des Mannes und auch sein Körper tendierten dazu, sich in ihr Gegenteil zu verwandeln. Die Tendenz älterer Frauen, einen Flaum im Gesicht zu bekommen, und älterer Männer, Brüste und rundliche Bäuche zu entwickeln, stellen, ob es uns gefällt oder nicht, einen Aspekt dieser Versöhnung von Gegensätzen dar.

Während der Metamorphose in der Lebensmitte hatte ich einen Traum über meinen hervortretenden männlichen Anteil, den ich »die eiserne Johanna« nannte. Er spielte tatsächlich in einer Eisengießerei. In diesem Traum wurden die Männer der Welt systematisch von Frauen getötet, weil sie die Erde durch Habgier und skrupellose Ausbeutung der Naturschätze an den Rand der Zerstörung gebracht hatten. Ich flüchtete aus der Gießerei mit meinem Mann, dem ich mein Namensschild gegeben hatte, um ihn zu schützen. Da ich offensichtlich eine Frau war, hatte ich nichts zu befürchten. Es gelang mir, mit ihm ein Auto zu erreichen, zum Haus einer Freundin zu fahren und ihn in einer leeren Kammer zu verstecken. Die Freundin hatte eine höchst merkwürdig aussehende Tochter: Sie hatte einen Vollbart, der ihren ganzen Körper bedeckte. Ich wunderte mich, dass meine Freundin so selbstverständlich mit diesem sonderbaren Kind umging, bis ich bemerkte, dass auch sie einen Bart trug.

Als ich über diesen lebhaften Traum nachdachte, schien er mir von dem Problem zu zeugen, das ich damit hatte, mir meine männliche Seite anzueignen. Wie viele Frauen fürchte ich den Aspekt von Männlichkeit, der mit Macht und Aggressivität einhergeht, die, wenn sie missbraucht werden, tatsächlich die Welt zerstören können. Aus diesem Grund hatte ich vor diesem Traum meinen männlichen Anteil sorgfältig verborgen gehalten. Tatsächlich überkompensierte ich ihn auf der weiblichen Seite, indem ich mir große Mühe gab, eine Maske selbstloser Liebenswürdigkeit zu tragen, damit mir niemand vorwerfen konnte, aggressiv zu sein oder gar Erfolg haben zu wollen. Und wenn das doch geschah, wurde ich extrem defensiv und fühlte mich dann verpflichtet, jemandem Fürsorge angedeihen zu lassen – quasi als eine Form von Buße und Bestätigung meiner Weiblichkeit.

In diesem Traum repräsentierte mein Mann, wie ich glaube, meine eigenen männlichen Anteile. Die Frauen, die ihn zu ermorden versuchten, repräsentierten nicht nur mich selbst, sondern das kollektive Unbewusste aller Frauen, die sich scheuen, ihren Animus zu zeigen. Dennoch empfand ich diesen Teil von mir als wertvoll, deshalb unternahm ich große Anstrengungen, um ihn zu beschützen. Ich musste mich mit meinem männlichen Aspekt identifizieren, um meine kühne Flucht aus der Gießerei zu inszenieren und eine sichere Zuflucht für meinen Mann zu finden. Diese Verhaltensweisen repräsentieren den umsichtigen Einsatz männlicher Energie. Schließlich war ich mit dem bärtigen Mädchen konfrontiert, einem Symbol meiner eigenen aufkeimenden Ganzheit – der Integration von Männlichem und Weiblichem. Anfangs tat sie mir Leid, bis ich bemerkte, dass ihre Mutter, eine erfolgreiche Wissenschaftlerin und Unternehmerin, die ich sehr bewundere, ihre Tochter völlig akzeptierte, weil sie selbst eine bärtige Frau war. Die Botschaft war mir klar. Es war an der Zeit, die Schönheit und Richtigkeit meines Animus zu akzeptieren, damit auch ich »ganz« werden konnte. Ich entdeckte Kraft und Mut in einer Eisengießerei, einem Kraftfeld, wo das rohe Erz in Stahl verwandelt wird. Dies ist die Transformation, die sich bei jeder Frau in der Lebensmitte vollzieht, zu der sie sich aber bewusst bekennen muss.

Ich stelle mir die Hitzewallungen gern als Energiequelle für die Eisengießerei vor, in der die weibliche Macht gestärkt und gehärtet wird, indem wir unsere männlichen Anteile entwickeln und akzeptieren. Obwohl Hitzewallungen oft auf Östrogenmangel zurückgeführt werden und sich durch Zufuhr von weiblichen Hormonen tatsächlich bessern lassen, haben Forschungen ergeben, dass Frauen mit starken Hitzewallungen faktisch einen ebenso hohen Östrogenspiegel haben wie Frauen, die überhaupt nicht von Schweißausbrüchen betroffen sind. Und obwohl man Östrogen oft als Quelle der Jugend und seine Abnahme als unvermeidliches Anzeichen des Alterns wertet, wird der peri- und postmenopausale Anstieg der Hormone FSH [follikelstimulierendes Hormon] und LH [luteinisierendes Hormon], die um das 1300-fache hochschnellen, gewöhnlich ignoriert.

Neu verschaltet für Intuition?

Während der Jahre, in denen wir einen Eisprung haben, schüttet die Hypophyse in der Mitte des Zyklus, kurz vor dem Eisprung, einen Schwall von FSH und LH aus. FSH stimuliert die Freisetzung der Eizelle, und LH bewirkt, dass sich der Zellsack, der vorher das Ei umgab, vorübergehend in ein endokrines, d.h. hormonproduzierendes Organ verwandelt, den Corpus luteum, der Progesteron erzeugt. Wenn die Ovulation in der Menopause aufhört, verhält sich der Körper merkwürdig. Statt die Produktion von FSH und LH herunterzufahren, vervielfacht die Hypophyse ihren Ausstoß dieser Hormone, vermutlich, um die erschöpften Eierstöcke zum Ausstoß von einigen weiteren Eizellen zu bewegen. Wenn keine Eizellen zum Vorschein kommen und der Körper auch nicht mehr das Östrogen und Progesteron erzeugt, welche die Hypophyse bis dahin zur Einstellung der Produktion von FSH und LH aufforderten, dann schüttet sie noch mehr dieser Hormone aus. Die Frage bleibt, warum der Körper, der sonst sparsam mit seinen Aminosäuren – den Bausteinen von Proteinen – umgeht, diejenigen verschwendet, die zur Erzeugung von FSH und LH nötig sind, ganz abgesehen von der Energie, die erforderlich ist, um diese Hormone noch lange nach dem Ausbleiben des Einachschubs zu synthetisieren. Unser Körper hat die natürliche Tendenz, mit Energie und Proteinen sparsam umzugehen und die natürlichen Ressourcen, die wir durch die Nahrung aufnehmen, optimal zu nutzen. Höchstwahrscheinlich haben diese Hormone nach der Menopause einen anderen Zweck als zuvor – und diese Aufgabe ist nur noch nicht entdeckt worden.

Die Gynäkologin Christiane Northrup, Verfasserin des ausgezeichneten Buches *Women's Bodies, Women's Wisdom* [dt.: *Frauenkörper – Frauenweisheit*, München: Zabert Sandmann, 1996], hat für den Anstieg von LH und FSH nach der Menopause eine interessante Theorie entwickelt. Vor der Menopause steigt der LH- und FSH-Spiegel nur kurz vor dem Eisprung an. Die Hirnkonzentrationen dieser Hormone steigen und fallen also abwechselnd, je nachdem, an welchem Punkt des Menstruationszyklus wir uns gerade befinden. Nach der Menopause bleiben sie die ganze Zeit hoch, und da es einige Anzeichen dafür gibt, dass FSH und LH als Neurotransmitter fungieren könnten, vertritt Northrup die Hypothese, dass sich diese Neuropeptide schließlich als »Weisheitshormone« entpuppen könnten, ein Vorgang, durch den das Nervensystem von Frauen in der Menopause neu verschaltet und auf diese Weise intuitiver wird.

Die Implikationen dieser Theorie, die noch wissenschaftlich bewiesen werden muss, sind faszinierend. Korreliert der Anstieg von FSH und LH, der in den Jahren unserer Fortpflanzungsfähigkeit zur Zeit des Eisprungs auftritt, mit der erhöhten Empfänglichkeit für lebhafte Träume und intuitive Eindrücke, von denen viele Frauen um diese Zeit berichten? Wenn dem so ist, würde der dramatische Anstieg dieser Hormone nach der Menopause die Empfänglichkeit für intuitive Eindrücke begünstigen, und zwar dauerhaft, nicht bloß während der paar Tage des allmonatlichen Eisprungs. Die Naturheilkundeärztin Farida Sharan glaubt aufgrund ihrer klinischen Erfahrungen, dass die weiblichen Menstruationszyklen vor der Menopause eine Art Wechselstrom von Intuition erzeugen, der sich nach der Menopause in einen gleichmäßigen Strom verwandle. Die Heilkräuterspezialistin Susan Weed weist darauf hin, dass sich Männer in allen Teilen der Welt in Gebete und Meditation versenken, um den intuitiven Zustand kosmischer Verbundenheit zu erreichen, in den Frauen in den Wechseljahren von Natur aus gelangen.

In den verschiedensten alten Kulturen, von den amerikanischen Ureinwohnern bis zum Nahen Osten, von afrikanischen Stämmen bis zu australischen Aborigines und von europäischen bis zu isländischen Ethnien, werden Frauen, die die Wechseljahre hinter sich haben, wegen ihrer intuitiven Weisheit und ihrer Fähigkeit geschätzt, durch Träume Erkenntnisse für das Wohl der Gesellschaft zu gewinnen. In vielen dieser Kulturen wurden Frauen, die das Alter erreicht hatten, in dem sie »ihr weises Blut behielten« – eine archaische Vorstellung von der Menopause – zu Orakeln, Priesterinnen, Schamaninnen und Heilerinnen ausgebildet. Noch im 17. Jahrhundert versicherten christliche Schriftsteller, dass alte Frauen Zauberkräfte besäßen, weil ihr Menstruationsblut in ihren Adern bleibe. Die moderne Gesellschaft weiß dagegen den besonderen Wert der postmenopausalen Frauen nicht mehr zu schätzen, deren Klarheit, Weitblick und Entschlossenheit potentiell von großem Nutzen für die Gesellschaft sein könnten.

Die Geburt der Wächterin

Meine Freundin Rima Lurie feierte ihren 48. Geburtstag in dem verschlafenen kleinen Gebirgsstädtchen Gold Hill. Mehrere ihrer Freundinnen, die meisten Ende 40, scharten sich um das Erkerfenster ihres schönen Hauses, das aus in der Umgebung gefundenen Natursteinen errichtet wurde und ausschließlich mit Sonnenlicht und Holz beheizt wird. Bevor sie ihr Solarhaus baute, das sich ideal in die Landschaft einfügt, hatte Rima über zehn Jahre lang in einer alten holzgeheizten Blockhütte ohne elektrischen Strom und fließendes Wasser gelebt. Jahre, in denen sie der Stille gelauscht, das Licht, die Bäume, die Jahreszeiten, den Wind und die vielen Tiere studiert hatte, die sich zu ihrem Refugium hingezogen fühlten, führten zum

Bau eines Hauses, in dem sie autark als Teil des empfindlichen, aber ursprünglichen Gebirgsökosystems leben kann. Wir schwelgten in den rosigen Strahlen der späten Nachmittagssonne und ließen unsere Blicke über die schneebedeckten Gipfel der Rocky Mountains schweifen, als Annie – auch sie eine starke, unabhängige und sanfte Gebirglerin – das interessante Thema der Wechseljahre und der damit einhergehenden physischen und psychischen Wandlungen anschnitt.

Wir sprachen über die »Symptome« dieser allmählichen Verwandlung, die von Hitzewallungen bis zu Muskelschmerzen und Migräne reichen; von Störungen des Schlafmusters bis zu Nachtschweiß und Persönlichkeitsveränderungen. Aber die letztgenannten Zustände waren weit von den Gruselgeschichten entfernt, die manche männliche Ärzte verbreiten, wonach Frauen in den Wechseljahren durch Launenhaftigkeit, Missmut und weinerliche Klagen über das Ende ihrer Jugend auffallen. Im Vordergrund stand vielmehr eine Art von leidenschaftlichem Beschützerinstinkt, eine Abneigung, auch geringe Ungerechtigkeiten unwidersprochen hinzunehmen. Annie, die nicht nur ihr Holz selber hackt, sondern auch Bäume fällt und abtransportiert, sinnierte über ihre Reaktion auf gaffende Touristen nach, die mit ihren Autos die schmale Bergstraße blockieren, ohne zu bedenken, dass dies für die Einheimischen die einzige Verbindung zur nächsten größeren Stadt ist. »Wenn sie nach einem freundlichen Hupen nicht Platz machen«, bemerkte sie, »würde ich ihnen am liebsten ins Knie schießen.« Dies wurde von den übrigen – einer normalerweise höchst selbstlosen, freundlichen Gruppe von Naturheilerinnen, Hospizangestellten und Pflegemüttern – mit verständnisvollem Grinsen und Kichern quittiert.

Das Fazit unseres Gesprächs war, dass wir jetzt in einen Abschnitt unseres Lebens eintraten, in dem wir keine Zeit für Überflüssiges verschwenden und keine Toleranz für Egozentriker aufbringen wollten, die die Rechte und Bedürfnisse anderer missachteten. Daniel Levinson hat diese wachsende Resolutheit von Frauen zwischen ihren frühen Zwanzigern und der Umbruchphase in der Lebensmitte dokumentiert. In unseren jüngeren Jahren sind wir eher geneigt, Kompromisse zu schließen und Situationen hinzunehmen, die uns gegen den Strich gehen. So verharrten viele Hausfrauen in Levinsons Stichprobe in ihren Zwanzigern und Dreißigern in schlechten Ehen, quasi in einem Zustand »psychologischer Scheidung«. Als ihnen in der Lebensmitte klar wurde, dass sie ihr Leben damit zugebracht hatten, anderen Menschen Freude zu bereiten, und dafür sehr wenig zurückbekamen, fassten viele dieser Frauen den grimmigen und unabänderlichen Entschluss, ihr Leben wieder selbst in die Hand zu nehmen und aus eigener Kraft zu gestalten. Nicht länger gewillt, sich mit schlechten Ehen abzufinden, ließen sich drei der an seiner Studie beteiligten Frauen um diese Zeit scheiden.

Ich habe sowohl in meiner klinischen Praxis als auch in der großen Schar meiner Freundinnen in mittleren Jahren beobachtet, dass selbst zuvor sanftmütige Frauen im Laufe der Metamorphose dieser Jahre ein radikale Direktheit entwickeln, die in beide Richtungen losgehen kann. Emotional reife und seelisch gesunde Frauen machen diese neue Kühnheit für persönliche, familiäre und soziale Anliegen nutzbar, die den weiblichen Werten der Beziehungsförderung und des Füreinander-Einstehens zugute kommen. Bei seelisch unreifen Frauen kann sich diese zunehmende Radikalisierung hingegen als verstärkter Selbsthass, Furcht vor dem Altern oder als unerquickliches Bedürfnis äußern, andere zu beherrschen.

Diejenigen von uns, die in ihrer persönlichen Heilung weit genug vorangekommen sind, um am Ende der ersten Lebenshälfte emotionale Reife zu erlangen, treten die zweite Hälfte mit einem bemerkenswerten Schub an neuer Energie und dem Bedürfnis an, sowohl unsere eigenen Rechte als auch die anderer zu schützen. Aus diesem Grund habe ich mich dafür entschieden, die Frau in der Lebensmitte als die Wächterin zu bezeichnen. Sie erkennt Ungerechtigkeiten, und wenn sie bereit ist, Einzelne und Institutionen an ihre höheren Ziele und Aufgaben zu gemahnen, dann ist die Frau, die voll und ganz den Archetypus der Wächterin verkörpert, in der Lage, das Beste aus sich und anderen herauszuholen. Während sie in ihren Vierzigern und

Fünfzigern ihre gesellschaftliche, politische und spirituelle Perspektive zunehmend erweitert, kann sie zu einer Visionärin werden mit der Beherztheit und dem Mut, Veränderungen zu bewirken.

Die Anzahl der Frauen, die jetzt in die Lebensmitte eintreten, ist ein noch nie da gewesenes historisches Phänomen, das nach meiner Überzeugung die Voraussetzungen für die Wiedererweckung weiblicher Werte schafft. Mark Gerzon hat ein wunderbares Buch über die Lebensmitte mit dem Titel *Coming into Our Own* geschrieben. Darin bemerkt er, dass die Zeitspanne, die wir als Lebensmitte ansehen, zurückzuweichen scheint, wenn wir uns ihr nähern, und er zitiert in diesem Zusammenhang einen Dialog zwischen der alternden Katharine Hepburn und Henry Fonda in dem unvergessenen Film *Am goldenen See*. Als Hepburn davon spricht, dass sie mit einem anderen *midlife couple* zu Abend essen würden, grummelt Fonda, dass sie nicht *midlife* seien – schließlich würden Menschen nicht 150 Jahre alt! Aber Frauen werden heute schon im Schnitt mindestens 75, und wenn sie mit 65 bei guter Gesundheit sind, erhöht sich ihre statistische Lebenserwartung auf 84. Wenn wir also gesund leben und unsere Gene und unser Schicksal uns für ein langes Leben prädestinieren, dann haben wir nach heutiger Einschätzung mit 42 noch etwa die Hälfte unseres Lebens vor uns.

Die Zahl der Frauen in der Lebensmitte steigt nunmehr äußerst stark an, eine Tatsache, die niemand übersehen wird, der bemerkt hat, wie sehr sich die Werbung auf diese neue Mehrheit eingestellt hat. Plötzlich tauchen unter den glatten schlanken Generation-X-Models auch echte, unverfälschte üppige Vierzigerinnen auf, die Fleisch auf ihren Knochen und Geld in der Tasche haben. Ich wurde 1945 geboren, kurz vor dem Baby-Boom, der genau genommen 1946 begann. Künftige Väter kamen aus dem Zweiten Weltkrieg nach Hause und künftige Mütter verzichteten (zumindest manche von ihnen) auf ihre kriegsbedingten Arbeitsplätze in Banken, Büros und Munitionsfabriken und wurden zu den typischen Frauen der 50er-Jahre – die letzte Frauengeneration, die in der Tradition des Weiblichkeitswahns erzogen wurde, sich auf eine einzige Rolle einzustellen: die der Hausfrau. Diejenigen von uns, die jetzt in ihren Vierzigern und frühen Fünfzigern sind, sind ihre Töchter, eine Zwischengeneration mit Chancen für Berufstätigkeit und Selbstverwirklichung, die die meisten unserer Mütter nicht hatten.

Die weiblichen »Baby-Boomers« sind eine riesengroße und zunehmend artikulationsfreudige Gruppe starker, unabhängiger, wohlinformierter und emotional reifer Frauen. Schätzungen zufolge wird sich die Zahl der Amerikanerinnen zwischen 45 und 55 bis zum Jahr 2000 noch einmal um die Hälfte (von 13 auf 19 Millionen) erhöhen. Unsere Zeit ist endlich gekommen; die mittleren Jahre erleben ihre soziologische Blütezeit. Während wir uns gegenseitig ermuntern, die Verheißungen der mittleren Jahre beim Schopf zu packen, haben wir die historische Gelegenheit, Visionen zu entwerfen und zu verwirklichen, die unsere problembeladene Gesellschaft zum Besseren wenden. Margaret Mead hat von den mittleren Lebensjahren als einer Zeit gesprochen, in der die Frauen »postmenopausalen Schwung« entfalten. Wenn wir die uns geschenkte Energie gemeinsam nutzen, können wir im kommenden Millenium einen dringend benötigten Wandel herbeiführen und weibliche Werte, basierend auf dem Anerkennen wechselseitiger Abhängigkeit und der Achtung vor dem Leben, zu neuer Geltung verhelfen.

Die Chance der Lebensmitte: Kehraus und Neubeginn

Die Natur- und Pflanzenheilerin Farida Sharan ist hier in den Bergen eine meine interessantesten Nachbarinnen. Sie hat ein wunderbares Buch geschrieben, *Creative Menopause*, das ein Kompendium natürlicher Alternativen für jene interessanten mittleren Lebensjahre enthält, in denen der Körper sein physisches Gleichgewicht neu justiert und wir eine wahrhaft erstaunliche Metamorphose durchmachen, die uns auf dem Weg zur Authentizität substanziell weiterbringt. Sie schreibt: »Frauen sind von Natur aus eher rezeptiv. Während unserer ersten 35 bis 40 Jahre nehmen wir die Welt in uns auf. Viele Frauen erreichen um die Menopause einen Sättigungspunkt, wo wir nichts mehr in uns aufnehmen können. Wir müssen aufräumen. Wir müssen uns entleeren. Wir müssen unseren Wesenskern wieder finden.«

Ich habe meinen Kehraus in der Lebensmitte damit begonnen, meine Schränke zu durchforsten und drei Viertel meiner Kleidung zu verschenken. Ich benahm mich wie eine Besessene. Stücke, die ich seit einem Jahr nicht mehr getragen hatte oder die ich nicht besonders mochte, wurden ausgemustert. Meine Schwägerinnen, denen mein Schrankleerungsritual zugute kam, waren entzückt. Ich habe kaum was ersetzt; es ist erstaunlich, wie vielfältig sich ein paar gute Kleidungsstücke kombinieren lassen. Ich ziehe mich jetzt viel einfallsreicher an als früher, denn dank der Lichtung des Waldes kann ich jetzt die Bäume sehen. Es kostet weniger Energie, zu entscheiden, was man anziehen soll, wenn weniger zur Auswahl steht, und Energie ist ein wesentlicher Faktor. Warum Kraft an Dinge verschwenden, die doch dazu dienen sollen, unser Wohlbefinden zu erhöhen und uns Freude zu machen?

Wie viele Menschen belasten sich mit Kreditkartenzahlungen für Sachen, die sie nicht wirklich brauchen? Im Jahr 1996 hatte eine Durchschnittsamerikanerin mit einem Jahreseinkommen von 25.000 Dollar infolge ihrer Kreditkarten die Schwindel erregende Schuldenlast von 20.000 Dollar am Hals. Und was ist mit dem amerikanischen Traum, zwei Autos in der Garage zu haben? Nachdem wir die realen Kosten nicht nur in Dollar, sondern auch in anderen Formen von Energie zusammengerechnet hatten, fanden mein Mann und ich, dass ein einziges Auto trotz gelegentlicher Engpässe genügt. Dass uns die Belastungen der Wartung und der Inspektionen, des Waschens, der Reparaturen, der Versicherung und der Anschaffungskosten für ein zweites Fahrzeug erspart bleiben, entschädigt uns reichlich für die Anlässe, bei denen wir nach kreativen Beförderungslösungen suchen müssen. Sooft ich etwas in einem Laden sehe, was mir gefällt, stellt mir eine innere Stimme die Frage: »Was bist du bereit, dafür aufzugeben?« Wenn es Zeit, Pflege oder Geld kostet, Dinge, die ich mir besser für den Ruhestand aufhebe, dann bleibt es, wo es ist.

Mit leichterem Gepäck zu leben ist ein Mittel, um unsere Bindungen an die Welt zu lockern und unsere Energie für bessere Zwecke aufzusparen. Wir werden dadurch auch der Realität gerecht, dass die Ressourcen unseres Planeten begrenzt sind und dass materielle Besitztümer Teil eines riesigen Netzwerks sind, das den Bedarf nach weiteren fossilen Brennstoffen, das Abholzen der Regenwälder, die Ausbeutung von Arbeitskräften in der Dritten Welt und die fortgesetzte Zerstörung der Umwelt zur Folge hat. Weniger Autos auf den Straßen, weniger Kleider in unseren Schränken und weniger Überflüssiges bedeutet eine intaktere Umwelt für uns und für künftige Generationen.

Viele Frauen haben festgestellt, dass in der Lebensmitte auch ein Kehraus im Bereich der Freundschaften angesagt ist. Menschen mit negativer Ausstrahlung rauben uns lediglich Zeit und wertvolle Energie. Während es vielen von uns in früheren Jahren schwer fiel, nein zu Menschen und Dingen zu sagen, die uns Kraft kosteten, fällt uns dies in der Lebensmitte dank der wachsenden Energie unseres eigenen männlichen Anteils um vieles leichter. Sobald die Eierstöcke weniger Östrogen und dafür mehr Androgen (männliche Hormone) bilden, beginnen wir, bildlich gesprochen, die hormonellen Hoden zu entwickeln, die uns den Schneid verleihen, unsere Grenzen zu ziehen und Einladungen abzulehnen, die wir nicht als stärkend empfinden. Was »kostet« uns es wirklich, mit jemandem z.B. Mittagessen zu gehen, den wir lieber nicht sehen würden? Wenn wir uns von Verpflichtungen, Freunden und Besitztümern befreien, die nichts zu den drei Werten der Lebensmitte beitragen – Liebe, Seelenfrieden und Dienst am Anderen –, wird uns Energie zuströmen, die wir für bessere Ziele einsetzen können.

In der Lebensmitte beginnt im Idealfall auch unsere emotionale Haut dicker zu werden. Die seelisch gesunde Frau in ihren Vierzigern hat gelernt, kleine Verletzungen loszulassen, statt sie zu hätscheln und zu energieraubenden Ressentiments heranzuzüchten. Jahre der Beobachtung und Erfahrung haben ihr klargemacht, dass Menschen oft gedankenlos leben oder handeln, sei es aus Unwissenheit oder aufgrund eigener Kränkungen. Wir müssen eine wichtige kraftökonomische Entscheidung treffen, wenn wir dies erkennen. Wir können uns entweder ihrer Probleme annehmen und ihnen unsere eigene Freiheit, unseren Seelenfrieden und unsere Energie opfern, oder wir können kleine Verletzungen übergehen und auf diese Weise unsere Integrität wahren. An das Dilemma der Adoleszenz »Wie kann ich meine eigenen Bedürfnisse befriedigen, ohne egoistisch zu sein?« gehen wir in der Lebensmitte mit viel größerer Erfahrung und mehr Testosteron im Körper heran. Es wird nun klar, dass die Erfüllung unserer eigenen Bedürfnisse nicht egoistisch, sondern vernünftig ist, denn wenn wir fortfahren, andere an die erste Stelle zu setzen, berauben wir sie vielleicht nicht nur ihrer eigenen Wachstumschancen, sondern verausgaben darüber hinaus auch unsere eigene Energie bis zu dem Punkt, an dem wir depressiv oder krank werden.

Die Gaben der Lebensmitte

Eine meiner Freundinnen, die Krankenschwester und Forscherin Janet Quinn, hat die Gaben der Lebensmitte – Authentizität, Abwerfen von Ballast und Rückbesinnung auf weibliche Werte – in sehr treffender Weise charakterisiert. Als ich Janet fragte, was Echtheit und Authentizität sei, antwortete sie: »Es ist in erster Linie eine körperliche Empfindung, ein intuitives Gefühl. Integrität. Das Gefühl der Einheit von Körper, Geist und Seele, der Deckungsgleichheit von Sein und Handeln. Wenn unser Handeln aus Werten entspringt, wenn wir uns davon leiten lassen, was am sinnvollsten ist, und nicht von dem Versuch, immer korrekt zu handeln. Wenn wir aus unserer inneren Integrität heraus handeln und nicht aufgrund von Erwartungen und kulturellen Normen und Definitionen dessen, was richtig oder falsch, gut oder schlecht ist, was Erfolg verspricht oder nicht. Wenn wir die Möglichkeit wahrnehmen, Dinge über Bord zu werfen und sich der Metamorphose zu überlassen, so ist dies ungeheuer befreiend – zum ersten Mal habe ich die Chance, zu werden, die ich bin, weil ich mich weder vor dem Urteil anderer Menschen noch vor meinem eigenen fürchte. All das ist in den Hintergrund getreten, im Vordergrund steht jetzt immer die Frage: ›Ist das im Augenblick richtig für mich?‹

Es spielt keine Rolle, was andere Menschen denken, obwohl Beziehungen unerhört wichtig sind. Man wünscht sich, in Beziehungen zu sein, in denen die Wahrheit behutsam und mitfühlend ausgesprochen wird. Man handelt also unter Berücksichtigung Anderer, aber man ist frei von der ständigen Sorge, wie ich wohl bei anderen ankomme. Die Gefühle von Menschen sind mir sehr wichtig. Es geht nicht um Egoismus – das scheint mir ein wichtiger Unterschied. Es geht darum, ich selbst zu sein, selbsterfüllt, seelisch erfüllt, mir selbst tief genug zu vertrauen, um zu wissen, dass ich, wenn ich mit Integrität handle, in meinen Beziehungen automatisch Umsicht, Mitgefühl und Liebe walten lasse, so dass ich nicht zu befürchten brauche, über andere hinwegzugehen, wenn ich ich selbst bin.

Das ist im Wesentlichen der Prozess, und dabei habe ich keine Garantien. Wenn man seine ganze Arbeit gut macht und sich von all dem Negativen befreit, kann man trotzdem nicht erwarten, fortan für alle Zeit glücklich zu sein. Ich könnte nächste Woche Krebs bekommen oder von einem Laster überfahren werden oder mein Haus verlieren. Es gibt keine Garantie durch einer Versicherung für kosmisches Leben. Man kann nicht unter dem Radar hindurchschlüpfen und dem entgehen, was das Leben vielleicht für uns bereithält, indem man alles richtig macht. Ich würde gern glauben: ›Also, ich habe getan, was ich konnte; ich stehe hier entblößt, und jetzt bekomme ich alle Belohnungen.‹ Hm, was glaubst du? Kann sein, aber es gibt keine Gewähr.«

Ich musste über Janets tiefsinnige Erkenntnis, dass es keine kosmische Versicherung gibt, herzlich lachen. Die Leute suchen immer nach zehn Schritten zu ewigem Wohlstand und vollkommener Gesundheit. Aber die gibt es nicht. Wir haben das aus der biblischen Geschichte von Hiob gelernt. Man kann alles richtig machen und dennoch leiden. Janet bemerkte dazu, wenn man aus der Integrität heraus, frei von Erwartungen, lebe, »ist das Ergebnis fast irrelevant – es ist der Prozess von Augenblick zu Augenblick, was zählt«. Diese Erkenntnis und die Freiheit, die sie mit sich bringt, sind große Geschenke.

Die physische Verwandlung der Menopause ist ein weiteres besonderes Geschenk, das Authentizität und Selbsterfüllung fördert. Der relative Anstieg des Testosteronspiegels in den Wechseljahren hilft Frauen, ihre männlichen Anteile mit Autorität zu nutzen und die Leidenschaftlichkeit und das Selbstvertrauen zu entfalten, die uns Kraft geben, uns für das einzusetzen, was wir für richtig halten. Die Neuverschaltung unseres Nervensystems zu Reflexbögen der Intuition verschafft uns Zugang zu einer Weisheit, die unser individuelles Wissen übersteigt und uns Wege aufzeigt, wie Menschen in innerem und äußerem Gleichgewicht und in Harmonie leben können.

Der große Medizinmann der Lakota, Mathew King, fasste die Anweisungen, die der Große Geist den Menschen für ein glückliches und moralisches Leben erteilt hat, in den schlichten Worten zusammen: »Unsere Lebensregeln sind sehr einfach – respektieren wir die Erde und einander, respektieren wir das Leben als solches ... Respekt ist unser Gesetz, Respekt für die göttliche Schöpfung, für alle Lebewesen dieser Erde, für die Mutter Erde selbst.« Die Frau in der Lebensmitte, die ihr halbes Leben damit zugebracht hat, ihre elementaren Gaben der Beziehungsfähigkeit zu entwickeln, hat einen natürlichen, spirituellen Zugang zu diesen Anweisungen. Außerdem verfügt sie über die Kraft und die Stimme, allen Menschen die Botschaft gegenseitiger Achtung, Fürsorge und Abhängigkeit zu vermitteln und in der ganzen Gesellschaft ein neues Verständnis für diese zentralen weiblichen Werte zu wecken. Es ist kein Fehler, dass die gegenwärtige Bewegung psychospirituellen Heilens überwiegend von Frauen in ihren Dreißigern, Vierzigern und Fünfzigern getragen wird. Wir erwachen in Massen und beginnen, der Welt eine dringend benötigte Botschaft von Gesundheit, Hoffnung und Heilung zu übermitteln.

9

49. bis 56. Lebensjahr: Von Heilkräutern und Hormontherapie

Ein überlegter Umgang mit der Menopause

Im September 1995 kamen mehr als 1100 ÄrztInnen, ForscherInnen und PsychologInnen sowie heilkundige und interessierte Frauen aus 50 Ländern in San Francisco zu einer Tagung der kürzlich gegründeten North American Menopause Society zusammen. Gründungsanlass dieser Gesellschaft war das Bedürfnis sowohl von Angehörigen der Heilberufe als auch von betroffenen Frauen, diese wesentliche Phase des Wachstums und der Metamorphose zu verstehen. Während die vorherrschende Einstellung zur Menopause bei den meisten AmerikanerInnen negativ ist, zeigten die Referate der Tagung, dass die weiblichen Wechseljahre in anderen Kulturen positiver gesehen werden. So ergab eine Untersuchung des renommierten Karolinska Instituts in Stockholm, dass die Menopause für viele schwedische Frauen eine Zeit gesteigerter Selbstachtung ist, wie das auch für viele indigene Kulturen zutrifft. In Kulturen, die die Menopause feiern, leiden die Frauen an geringeren

»negativen« Symptomen. Was kann uns dies über den weiblichen bio-psycho-spirituellen Regelkreis lehren? Tragen bestimmte Nahrungsmittel und Gemüsearten, die in anderen Kulturen verzehrt werden, aber der westlichen Kost im Allgemeinen fehlen, wesentlich zu einer reibungslosen menopausalen Wandlung bei? Ist die Hormonersatztherapie wirklich ein Jungbrunnen, der die Symptome in dieser Phase des Wandels lindert und in späteren Jahren Osteoporose und Herzerkrankungen abwendet? Wie steht es mit ihren Nebenwirkungen? In diesem Kapitel werden wir uns sowohl mit dem natürlichen als auch mit dem pharmazeutischen Umgang mit der Menopause und deren Vorzügen und möglichen Nachteilen auseinander setzen.

Der Aufschwung der komplementären Medizin

Mit 50 Jahren weist Julias Geschichte teilweise eine auffallende Ähnlichkeit mit meinem eigenen Leben auf, und wir verschmelzen für eine Weile. Sie ist sowohl aus persönlichen als auch aus beruflichen Gründen brennend an Menopause-Forschung interessiert. Immer noch eine attraktive Frau, zeugt die einst unberührte Landschaft ihres Gesichts nunmehr von einem erfüllten Leben. Lachfalten verlaufen wie Bäche um ihren Mund herum; die Fältchen, die strahlenförmig von ihren Augenwinkeln ausgehen, sind Spuren tief empfundener Freuden und Schmerzen; eine leichte Schlaffheit der Haut unter ihrem Kinn verleiht dem Ganzen eine gewisse Weichheit. Obwohl sie noch regelmäßig menstruiert, hat sie gelegentlich Hitzewallungen und macht sich Sorgen, dass sie in späteren Jahren an Osteoporose erkranken könnte, da ihre Mutter Sylvia, inzwischen fast 80 Jahre alt, um etliche Zentimeter geschrumpft ist und einen ziemlich ausgeprägten Altersbuckel bekommen hat.

In Julias medizinisch-psychologische Beratungsstelle kommen immer mehr Frauen mittleren Alters, einerseits, weil dieser Sektor der Bevölkerung rapide zunimmt, andererseits, weil Frauen eher als

Männer dazu neigen, sich um Hilfe im Umgang mit medizinischen und psychischen Problemen zu bemühen. Das Krankenhaus in Boston, wo Julia arbeitet, hat die Untersuchung des Harvard-Mediziners David Eisenberg von 1993 ernst genommen, die ergab, dass ein Drittel der amerikanischen Öffentlichkeit im Jahr 1990 Vertreter alternativer medizinischer Richtungen aufsuchte, und richtete deshalb eine Klinik für alternative Behandlungsweisen weiblicher Gesundheitsprobleme einschließlich PMS und Menopause ein. Julia leitet diese Klinik zusammen mit einer Gynäkologin namens Sophie Garrett.

Eisenberg und seine MitarbeiterInnen untersuchten 16 Formen von alternativer Medizin – von Akupunktur bis Massage und von Chiropraktik bis Meditation – und stellten fest, dass 1990 mehr Menschen alternative Praxen als herkömmliche Allgemeinärzte aufgesucht hatten. Die Tatsache, dass dafür fast 14 Milliarden Dollar aufgewendet wurden, nahezu zwölf Milliarden davon aus den eigenen Taschen der PatientInnen und nicht von Krankenkassen, ließ Ärzte, Wissenschaftler und Krankenhausverwaltungen aufhorchen. Viele Hospitäler in allen Teilen der USA sind – da sich so viele AmerikanerInnen an die Alternativmedizin wenden, oft ohne ihre Hausärzte zu informieren – zu dem Schluss gekommen, es sei an der Zeit, dass die naturwissenschaftliche oder allopathische Medizin das Phänomen zur Kenntnis nimmt und die Zusammenarbeit mit alternativen Methoden anstrebt. Darüber hinaus bieten heute die Hälfte aller medizinischen Fakultäten in den USA Lehrveranstaltungen in alternativen Therapieformen an. Bücher wie *Spontaneous Healing* [dt.: *Spontanheilung*, München: Bertelsmann, 1995] von dem Arzt Andrew Weil, der in Harvard Botanik studierte und überzeugend für einen natürlichen Weg zur Gesundheit basierend auf Diät, körperlicher Bewegung, richtiger innerer Einstellung, richtiger Atmung und Entspannungstechniken eintritt, sind Bestseller. Obwohl Weil in der Regel Rezepte für pflanzliche und nicht für pharmazeutische Präparate ausstellt, befindet er sich in der gleichen Lage wie wir in diesem Kapitel. Inwieweit die Hormonersatztherapie geeignet ist, Herzkreislauferkrankungen und Osteoporose vorzubeugen, darüber ist die Wissenschaft noch zu keinem definitiven Urteil gelangt; die Entscheidung zwischen alternativen und orthodoxen Verfahren sollte daher von jeder einzelnen Frau und ihrem Arzt umsichtig gemeinsam getroffen werden.

Der Begriff *alternative Medizin* wird häufig im gleichen Sinn verwendet wie *komplementäre Medizin*. Ich persönlich bevorzuge letztere Bezeichnung, da aus Studien hervorgeht, dass die allermeisten Menschen Behandlungsformen wie Akupunktur, Massage, Einsatz von Heilkräutern, Visualisieren, Meditation oder Diätkuren nicht anstelle der Schulmedizin einsetzen, sondern vielmehr zu deren Ergänzung. Komplementäre Verfahren zielen im Allgemeinen darauf ab, den Körper wieder in die Homöostase, d.h. sein physisches Gleichgewicht zurückzuversetzen, so dass seine Selbstheilungsmechanismen wie von der Natur beabsichtigt funktionieren können. Verfahren wie Homöopathie, Akupunktur, Polarity, Reiki und Jin Shin Jyitsu, die auf energetischer Medizin basieren, gehen von Vorstellungen der traditionellen chinesischen Medizin und Ayurveda aus, nach denen der Körper von einer Lebensenergie beseelt ist, die, wenn sie blockiert oder geschwächt wird, den Betroffenen anfällig für Krankheit oder sonstige körperliche Symptome machen kann. Wie ein Radio mit verbrauchten Batterien ist auch ein menschlicher Körper mit einem niedrigen Energiepegel wenig leistungsfähig. Behandlungen, die den Energiefluss steigern, können daher heilend wirken oder in anderen Fällen die Voraussetzungen dafür schaffen, dass allopathische Behandlungen besser anschlagen.

Bewusstes Erleben der Menopause

Ich hatte das Vergnügen, mit einer großen Zahl von peri- und postmenopausalen Frauen zu arbeiten, die in den 80er-Jahren an der von mir geleiteten psychosomatischen Klinik eine zehnwöchige Kur für stressbedingte Störungen machten, und seither habe ich in verschiedenen Wochenend-Workshops mit Frauen gearbeitet. Obwohl unser Klinikprogramm nicht das Ziel verfolgte, Symptome der Wechseljahre zu lindern, berichteten viele Frauen anschließend, dass sich ihre Kopfschmerzen, Ängste, Depressionen, Stimmungsschwankungen und Hitzewallungen durch das Programm gebessert hätten. Manche Teilnehmerinnen stellten fest, dass ihre Schweißausbrüche seltener geworden waren und dass sie die Dauer und Heftigkeit von Hitzewallungen durch Bauchatmung drastisch reduzieren konnten. Bei dieser einfachen Technik macht man einen tiefen, reinigenden Atemzug wie bei einem Seufzer der Erleichterung und stellt sich dann vor, dass man unmittelbar in den Bauch einatmen kann. Spüren Sie, wie sich der Bauch beim Einatmen ausdehnt und beim Ausatmen flach wird? Zählen Sie dann beim ersten Ein- und Ausatmen bis zehn, beim zweiten bis neun, bis Sie bei eins landen. Dieses kontrollierte Atmen löst eine Entspannungsreaktion aus und verkürzt die Kampf- oder Flucht-Reaktion. Herzfrequenz und Blutdruck nehmen ab, wir beruhigen uns, und auch Hitzewallungen klingen ab.

Meine klinischen Beobachtungen sind durch mehrere Untersuchungen bestätigt und erweitert worden. Eine meiner früheren Studentinnen, die Psychologin Alice Domar, Mitautorin des Buches *Healing Mind, Healthy Woman* [dt.: *Gesunder Geist – gesunder Körper*, München: Goldmann, 1998] und Leiterin der Programme für Frauengesundheit der Division of Behavioral Medicine der Harvard Universität, führte zusammen mit der Psychologin Judy Irvin eine Untersuchung kontrollierter Entspannungstechniken gegen Hitzewallungen durch. Sie studierten 33 Frauen zwischen 44 und 66 Jahren, deren letzte Periode mindestens sechs Monate zurücklag und die täglich mehr als fünf Hitzewallungen verzeichneten. Die Frauen wurden in drei Gruppen unterteilt; zwei Kontrollgruppen und eine, die in der Entspannungstechnik unterwiesen wurde und diese sieben Wochen lang mit Hilfe von Tonbandaufzeichnungen täglich anwendete. Die in Entspannungstechnik geübte Gruppe wies eine signifikante Minderung der Intensität der Hitzewallungen (um 28%) sowie der Angst- und Spannungszustände und Depressionen auf, während bei beiden Kontrollgruppen keine merklichen Änderungen aufwiesen. Obwohl die Entspannungsgruppe auch eine geringere Zahl von Hitzewallungen durchmachte, war die Stichprobe zu klein, als dass die Veränderung als statistisch signifikant angesehen werden kann. Mit anderen Worten, trotzdem sich die Berichte sehr ermutigend anhörten, hätte der Effekt auch zufallsbedingt sein können. Die Autorinnen gehen jedoch davon aus, dass bei einer größeren Gruppe von Frauen ebenfalls eine signifikante Abnahme der Hitzewallungen zu beobachten gewesen wäre, ein Ergebnis, über das von drei anderen Forschungsgruppen berichtet wurde, die mit einfachen Formen von Entspannungstraining einschließlich Bauchatmung und progressiver Muskelentspannung das Auftreten von Hitzewallungen um 40, 60 bzw. 70% verringern konnten.

Auch körperliche Bewegung kann die Häufigkeit von Hitzewallungen nach der Menopause günstig beeinflussen. Eine Gruppe von WissenschaftlerInnen in Skandinavien stellte fest, dass »mäßige und starke« Hitzewallungen, Schwitzen, Herzklopfen und erregte Atmung bei Frauen, die sich als körperlich aktiv bezeichneten, nur halb so häufig auftraten wie bei solchen mit sitzender Lebensweise. Sportliche Betätigung bzw. Fitnesstraining ruft eine Unzahl von Veränderungen des Stoffwechsels und des Hormonhaushalts hervor, die sich auf Hitzewallungen auswirken können, und hilft auch, Stress abzubauen. Stress wirkt sich erwiesenermaßen verschlimmernd auf Hitzewallungen aus. Ein Bericht im *Journal of Health Physiology* basierte auf Laboruntersuchungen von 21 postmenopausalen Frauen, die häufige Hitzewallungen verzeichneten. Bei Labortests, in denen die Probandinnen psychischem Stress ausgesetzt waren, traten signifikant mehr Hitzewallungen auf als in belastungsfreien Situationen.

Die Reaktion einer Frau auf Stress und ihre Fähigkeit, gelassen zu bleiben, haben offenbar einen starken Einfluss auf das Auftreten von Hitzewallungen. Die britische Psychologin Frances Reynold vom Brunel University College überprüfte die Hypothese, dass negative Gefühle Hitzewallungen verschlimmern könnten. Sie befragte 56 Frauen, von denen keine die Kontrolle darüber zu haben glaubte, ob oder wann eine Hitzewallung auftrat, obwohl sich manche bewusst waren, ihre diesbezüglichen Gefühle beeinflussen zu können. Jene Probandinnen, die sich wegen ihrer Schweißausbrüche genierten oder die glaubten, ihre besten Jahre hinter sich zu haben und nicht mehr attraktiv zu sein, berichteten über signifikant größere Beschwerden als die Probandinnen, die sich davon nicht beeindrucken ließen.

Zwei Forscherinnen an der Guys Medical Hospital School in London untersuchten, ob sich die Häufigkeit oder Stärke von Hitzewallungen reduzieren ließ, wenn man die Einstellung der Frauen dazu veränderte. Sie untersuchten 24 Frauen, die bei ihren ÄrztInnen über Wechselbeschwerden geklagt hatten. Die Probandinnen konnten zwischen Hormonersatztherapie, bloßer Beobachtung und einer psychologischen Trainingsgruppe wählen. Manche der Probandinnen begannen sofort mit dem psychologischen Training, andere erst nach einer Wartezeit, in der der Placeboeffekt untersucht wurde – mit anderen Worten, ob allein schon die Erwartung, dass ihnen die Gruppensitzungen helfen würden, möglicherweise eine Besserung bewirkte. Die Frauen in der Trainingsgruppe nahmen im Laufe von sechs bis acht Wochen an vier einstündigen Schulungen teil, in denen sie tiefes Atmen und Entspannungstechniken lernten. Das Training bestand auch aus einer »kognitiven Komponente«, bei der es darum ging, sich negativer Gefühle in Bezug auf die Symptome bewusst zu werden und diese zu verändern. Die Frauen, die nur beobachtet wurden oder auf die Schulung warteten, besserten sich nicht. Aber die Teilnehmerinnen an den vier Schulungen erzielten einen Rückgang der Hitzewallungen um 50%. Drei Monate später berichteten 90% der Frauen in der Trainingsgruppe über eine signifikante Besserung, und ein Viertel davon hatte überhaupt keine Hitzewallungen mehr.

Umdeutung von Hitzewallungen zu psychospirituellen Chancen

Könnten wir Hitzewallungen auch als seelische und spirituelle Chance ansehen und nicht als lästiges Symptom? Die Forschung lässt vermuten, dass eine solche positive Sichtweise zu einer Verminderung der Anzahl und Stärke von Hitzewallungen führt; dazu eine interessante Geschichte. Im Alter von 47 Jahren stieg eine couragierte Französin namens Alexandra David-Meel aus ihrem privilegierten, behüteten Leben aus. Sie ließ ihren Mann in Paris zurück, rasierte sich die Haare und reiste in safrangelbe und scharlachrote Roben gewandet um die halbe Welt in die verbotenen Berge von Tibet, wo sie sich in ein Kloster einschmuggelte, indem sie sich als buddhistischer Lama ausgab. Sie war faktisch ein Archetypus für die Figur des Yentl, die Barbra Streisand in ihrem gleichnamigen Film über eine orthodoxe Jüdin berühmt machte, welche sich in ähnlicher Weise Zutritt zu einer Männer vorbehaltenen Talmud-Schule verschaffte. David-Meel war eine der ersten Reisenden aus dem Westen, die Zeugin alter tibetischer Rituale wurde und persönlich die Meditationspraktiken erlernte.

Einmal nahm sie im Februar bei Vollmond an einem Ritual teil, bei dem sich die Mönche in einer eiskalten Höhle des Himalayas nackt auszogen, sich in nasse Leintücher wickelten und diese an ihrem Körper trockneten, dessen Temperatur im Laufe einer Meditationspraxis namens *tumo yoga* beträchtlich anstieg. Der Mönch, dem es gelang, die meisten Leintücher zu trocknen, galt als fortgeschrittenster Adept. *Tumo* bedeutet im Tibetischen »hitzige Frau«. Es bezieht sich auf die Lebensenergie jedes Menschen (gleich welchen Geschlechts), die in Tausenden von feinen Kanälen namens *nadis*, ähnlich den Akupunktur-Meridianen, zirkuliert. Sieben Energiespeicher, die so genannten *chakras*, sind für die Verteilung und den Fluss dieser Körperströme zuständig, und Ärzte der chinesischen, ayurvedischen und vieler anderen Traditionen heilen Krankheiten und fördern die Gesundheit, indem sie diesen vitalen Lebensstrom, der, wie sie glauben, jede Zelle und jedes Organ belebt, in ein Gleichgewicht bringen und von Blockaden befreien.

Tumo Yoga wurde jedoch in erster Linie aus spirituellen Gründen und nicht zu Heilzwecken praktiziert. Durch eine Reihe von genau vorgeschriebenen Visualisierungen und die Wiederholung heiliger Laute trieben die Mönche ihre Lebensenergie von den unteren Energiezentren bis in das höchste Chakra auf dem Scheitel hoch. Im Verlaufe dieses Prozesses verbrennen sie nach ihrer Überzeugung Fehler, falsche Auffassungen und Ich-Bindungen, die sie an der vollständigen Erkenntnis ihres wahren Selbst hindern, das im Tibetischen als *rigpa* bezeichnet wird und das wir als unser »bestes Selbst«, unseren Wesenskern, betrachten könnten. Herbert Benson, ein Arzt, der die Physiologie verschiedener Meditationspraktiken intensiv erforscht hat, reiste mit einem Team von Wissenschaftlern nach Nordindien, wo tibetische Mönche im Exil leben, um Lamas bei der Praxis von Tumo zu studieren. Benson und sein Team stellten fest, dass diese Mönche ihre Hauttemperatur während dieser Meditation tatsächlich um mehr als zehn Grad Fahrenheit [entspricht etwa 3,8 °C] steigern konnten.

Vielleicht war es gar nicht nötig, nach Indien zu fahren. Benson hätte einfach Frauen mit Hitzewallungen beobachten können. Was wäre, wenn Frauen ihre Hitzewallungen in derselben Weise benutzten wie die Mönche, wenn sie sich ihre Belastungen und Sorgen bewusst machten und bereit wären, sie im inneren Feuer der Transformation zu verbrennen? Wenn ich eine Hitzewallung habe, dann denke ich z.B. darüber nach, was mich in letzter Zeit belastet hat. Bin ich erschöpft vom Reisen, ermüdet durch das Schreiben, oder mache ich mir um meine Kinder Sorgen? Ich spreche ein kleines Dankesgebet für all die guten Dinge im meinem Leben, und dann opfere ich alles, was mich belastet, dem inneren, spirituellen Feuer der Hitzewallung in ähnlicher Weise wie Menschen davon sprechen, Gott ihre Plagen zu überantworten.

Ich glaube, dass bei Hitzewallungen die Lebensenergie in uns aufsteigt und ein neues Gleichgewicht sucht und dass sie Frauen helfen kann, ihre Belastungen zu verbrennen, statt sie zu vermehren, ein Gedanke, der eine gewisse Grundlage in der chinesischen Medizin hat. Die Chinesen gehen davon aus, dass in den Wechseljahren das aktive, trockene, heiße Element, das als *yang*-Energie bezeichnet wird, in uns ansteigt. Vor 35 Jahren sei eine Frau mehr *yin* (feucht, rezeptiv und passiv), aber während der Wendezeit ihres Lebens beginne sich ihr *yang* zu äußern. Sie werde leidenschaftlicher in Bezug auf Ideen, gerate schneller in Wut und sei eher bereit, sich oder andere zu verteidigen. Wenn mehr »heiße« Yang-Energie durch die Akupunktur-Meridiane zu fließen beginnt, ist dieser Strom anfangs etwas ungleichmäßig, bis wir uns daran gewöhnen, diese neue Energie zu nutzen. Diese schubartigen Manifestationen zunehmender Yang-Energie bewirken Hitzewallungen. Aber wenn sich die Meridiane der Yang-Energie öffnen und wir uns an deren Nutzung gewöhnen, dann, so lautet jedenfalls die Theorie, stabilisiert sich deren Fluss.

Den 49 verschiedenen kulturellen Traditionen zufolge, deren Medizin auf dem Konzept der Lebensenergie basiert, ist der Fluss der Lebensenergie durch die Meridiane gestört, wenn wir starken Belastungen ausgesetzt sind, sei es durch ungesunde Ernährung und Mangel an Bewegung oder aufgrund mangelhafter Bewältigungsstrategien. In diesem Fall könne sich der Energiefluss kaum stabilisieren, und die Hitzewallungen würden anhalten. Alle Untersuchungen über die Verminderung von Hitzewallungen durch Stress-Management, Atemtechniken und Meditationsübungen mit dem Ziel, den Fluss der Lebensenergie zu verbessern, erscheinen vom energetischen Standpunkt aus durchaus sinnvoll.

Wie ist Ihre Einstellung zu Hitzewallungen? Die Natur- und Kräuterheilerin Farida Sharan beschreibt in ihrem weithin anerkannten Buch *Creative Menopause* ihren aus intensiver Selbstbeobachtung bestehenden Umgang mit ihren sechs Monate lang wiederkehrenden Hitzewallungen. Sie freute sich auf jedes derartige Ereignis und erlebte diese Energie als schön, ja ekstatisch, obwohl manchmal dadurch auch schmerzhafte Erinnerungen geweckt wurden, die durch Reflexion, Bereitschaft zu verzeihen oder auch bestimmte Handlungen bewältigt werden mussten. Sie schreibt: »Im vierten Monat nahmen die Schübe an Reinheit, Schönheit und Intensität zu. Als ich in tiefere Schichten meines Daseins vordrang, begann ich, die Realität meines Lebens und meiner Umwelt in anderer Weise zu sehen. Meine Märtyrer-Persona löste sich auf. Ich konnte Dinge nicht mehr so tun, wie ich sie immer getan hatte. Ich blickte jetzt tiefer. Es war, als ob ich Gedanken lesen und die Motive von Menschen durchschauen konnte, und ich betrachtete mein Leben und erkannte, dass ich mich würde ändern müssen.« Faridas Schilderung der Auflösung eines gewohnheitsmäßigen Umgangs mit der Welt ist charakteristisch für den Prozess des Entleerens und des Vorstoßens zur Authentizität, über den wir im letzten Kapitel gesprochen haben.

Nachdem wir nun Gelegenheit hatten, über die Wirkung von Einstellungen, Überzeugungen und Belastungen auf eine Manifestation der Menopause, Hitzewallungen, zu sprechen, wollen wir uns der Entwicklung von »Cynthia« zuwenden, einer Teilnehmerin der alternativen Menopause-Klinik, die Julia und die Gynäkologin Sophie Garrett gegründet haben. Cynthia benutzt ihre Symptome als Anlass, um in ihrem Denken und ihrem Lebensstil grundlegende Änderungen vorzunehmen. Sie wird unsere Wegweiserin durch das Labyrinth der verschiedenen psychosomatischen, pharmazeutischen und natürlichen Herangehensweisen an die Menopause sein, mit denen sich die Frau von heute auseinander setzen muss.

Eine typische Fallgeschichte

Mit 52 Jahren menstruierte Cynthia noch, aber unregelmäßig. Gelegentlich fällt eine Periode aus, manchmal beträgt das Intervall knapp zwei Wochen, dann hat sie wieder sehr starke Blutungen. Mehrmals täglich hat sie Hitzewallungen von zwei bis drei Minuten Dauer, bei denen Gesicht und Hals rot anlaufen und die ein merkwürdiges Kribbeln hinterlassen. Doch dies ist längst nicht so lästig wie der Nachtschweiß, der sie veranlasst, ihre feuchten Decken zurückzuschlagen und oft auch ihr Nachthemd auszuziehen. Kaum ist sie eingeschlafen, wacht sie fröstelnd auf und zieht daraufhin das Nachthemd wieder an, nur um kurz darauf abermals erhitzt und verschwitzt aufzuwachen. Dieses Ritual wiederholt sich oft zwei- oder dreimal im Laufe einer Nacht, und manchmal wacht sie um vier oder halb fünf Uhr morgens endgültig auf und findet danach keinen Schlaf mehr.

Wie viele Menschen mit Schlafstörungen leidet Cynthia an zwei Arten von Müdigkeit. Eine ist einfach durch Schlafmangel bedingt. Die andere geht auf etwas zurück, was sie als ihr »nächtliches Gruselkabinett« bezeichnet. In den stillen Nachtstunden fühlt sie sich hilflos ihrer angsterfüllten Seele ausgeliefert, die sich potentieller Probleme annimmt und diese zu katastrophalen Proportionen aufbläht. Ihre Gedanken drehen sich im Kreis, während sie sich furchtbare Möglichkeiten ausmalt. Was ist, wenn ihre Tochter Susan nicht das Geld aufbringen kann, um ihre Ausbildung zur Röntgenassistentin abzuschließen? Was ist, wenn die Firma ihres Mannes Einsparungen vornimmt und er seine Stelle verliert? Was ist, wenn ihr im College-Alter befindlicher Sohn zu viel trinkt und einen Unfall hat? Was ist, wenn der Schmerz in ihrer Brust bedeutet, dass sie Krebs hat?

Durch ihre nächtlichen Sorgenexzesse steigt ihr Stresspegel an. Als Folge davon ist sie untertags müde und macht mehr Hitzewallungen durch, als es der Fall wäre, wenn sie sich entspannen könnte. Außerdem fühlt sie sich zu ihrer typischen »Stresskost« hingezogen, bestehend aus Kuchen, Kaffee, Diätlimonaden und fettem Fleisch, all jenen Speisen, mit denen sie sich üblicherweise tröstet. Die Süßigkeiten, die sie oft statt einer Mahlzeit zu sich nimmt, lösen erhebliche Schwankungen des Blutzuckers aus, so dass es zu Unterzucker und Müdigkeit kommt. Das Koffein erhöht den Blutdruck und die Herzfrequenz, was die Hitzewallungen verschlimmert. Die Diätlimonaden enthalten ebenfalls Koffein, aber auch Phosphate, die ihren Knochen Kalzium entziehen und sie damit für Osteoporose disponieren. Das Koffein trägt zur fibrozystischen Mastopathie, den knotenförmigen Verhärtungen in Cynthias Brüsten, bei, die Brustschmerzen auslösen. Der Speck und die Hamburger, die sie so gern isst, sind in vierfacher Hinsicht schädlich. Sie haben einen hohen Fettgehalt, was die Gefahr von Herzerkrankungen erhöht. Sie enthalten viel Protein, und im Gegensatz zu überschüssigen Kohlehydraten, die der Körper als Fett speichert, wird überschüssiges Protein durch die Nieren ausgeschieden und schwemmt dabei Kalzium aus, wodurch sich das Risiko von Osteoporose erhöht. Außerdem enthalten sie Nitrate, die starke Karzinogene, d.h. Krebsauslöser sind. Fettes Fleisch enthält auch einen hohen Anteil nicht fettlöslicher chemischer Schadstoffe namens Xenoöstrogene. Diese Rückstände von Pestiziden auf Organochlorbasis, die zum Pflanzenschutz verwendet werden, konzentrieren sich im tierischen Fett. Butter enthält z.B. eine um 2000% höhere Konzentration dieser Schadstoffe als das Futter, das Kühe erhalten. Obwohl die Forschung noch in den Anfangsphasen steckt, haben mehrere Studien auf einen Zusammenhang zwischen den Xenoöstrogenen – die im Körper wie Östrogen wirken – und der Entstehung von Brustkrebs hingedeutet.

In ihrem ersten einstündigen Gespräch mit Dr. Garrett erhält Cynthia den Rat, ihre Ernährung drastisch umzustellen. Sie soll auf das Koffein verzichten oder es zumindest stark einschränken und anstelle der Diätlimonaden sechs oder sieben Gläser kohlensäurefreies Wasser trinken (kohlensäurehaltiges Wasser enthält viel Phosphate, die dem Körper Mineralien entziehen); sie soll den größten Teil ihres Proteinbedarfs durch Hülsenfrüchte und Tofu decken, ihren Konsum an ganzen Körnern, Obst und Gemüse erhöhen (grüne Blattgemüse sind eine besonders ergiebige Quelle von Kalzium) und ihren Konsum an Süßigkeiten einschränken. Durch diese Ernährung vermindert sich nicht nur das Risiko für verschiedene Krebsarten, Herzerkrankungen und Osteoporose, auch der Stresspegel sinkt. Cynthia erhält auch den Rat, täglich 600 bis 800 internationale Einheiten von Vitamin E einzunehmen, was Hitzewallungen zumeist abflauen lässt, sowie 4 g Vitamin C, 1000 mg Kalzium und 400 mg Magnesium für ihre Knochen, ergänzt durch eine hochdosierte Tablette mit natürlichem Vitamin B.

Cynthia hat schon daran gedacht, ob sie vielleicht Tranquilizer zur Dämpfung ihrer Ängste benötige. Vielleicht würden ihr auch Schlaftabletten helfen, meint sie. Aber Dr. Garrett versichert ihr, dass die Bewältigungs- und Entspannungstechniken, die sie in dem Menopause-Programm lernen wird, zusammen mit den Ernährungsumstellungen wahrscheinlich völlig ausreichen werden. Cynthia bespricht dann ihre Hoffnungen und Befürchtungen in Bezug auf die Hormonersatztherapie (HET) mit Östrogen und Gestagen. Manche ihrer Freundinnen machen eine HET, und sie scheint ihnen sehr gut zu bekommen. Außerdem hat ihre Mutter Osteoporose, bedeutet das nicht, dass ohne Östrogenzufuhr auch sie daran erkranken wird? Aber ihre Mutter hatte außerdem Brustkrebs, so dass sich Östrogen bzw. HET nicht für sie empfiehlt. Ob es denn irgendwelche natürliche Hormonalternativen gebe?

Cynthia vertraut Dr. Garrett an, dass einige ihrer Freundinnen sehr hoffnungsvoll mit HET begannen und sie ein paar Monate oder Jahre später wieder aufgaben, weil sie die Nebenwirkungen nicht mochten. Eine Freundin hatte das Gefühl, dass die Hormone sie verrückt machten. Sie fühlte sich ständig wie vor der Menstruation – angespannt, nervös, mit geschwollenem Bauch und schmerzhaften Brüsten. Eine andere bekam schreckliche Kopfschmerzen, die sie nur durch zwei andere Medikamente unter Kontrolle halten konnte. Die Schmerztabletten machten sie müde, und nach weiteren sechs Monaten warf sie sowohl die Hormone als auch die anderen Präparate weg und suchte einen Dr. Chen in Chinatown auf. Jetzt, erzählt Cynthia, nehme ihre Freundin Heilkräuter namens *don quai*, kaue Ginsengwurzeln und habe mit Tai Chi begonnen. Dr. Chen verschrieb ihr auch Akupunktur-Behandlungen. Ihre Freundin sehe zehn Jahre jünger aus, sei voller Energie und sage, sie habe sich seit

Jahren nicht besser gefühlt. Cynthia will wissen, was Dr. Garrett von diesen alternativen Behandlungsmethoden hält.

Nach einer gründlichen Untersuchung einschließlich einer Knochendichtemessung durch eine gering dosierte Röntgenaufnahme (dual-energy X-ray absorptiometrie oder DEXA) und Messung des FSH- und LH-Spiegels besprach Dr. Garrett in einer zweiten einstündigen Sitzung mit Cynthia die Ergebnisse. Sie hatte die Östrogenkonzentration nicht gemessen, weil der tägliche Östrogenspiegel höchst variabel ist. Auch während des Menstruationszyklus weist er Schwankungen auf, und generell kann man sagen, dass der Gesamtpegel nach der Menopause um 40 bis 60% abfällt. Eine einmalige Messung ist daher von geringem Wert. Cynthias FSH- und LH-Spiegel waren hoch, wie das während der Menopause und kurz danach typisch ist, und ihre Knochendichte lag weit im normalen Bereich.

Während der etwa fünf Jahre dauernden Perimenopause (d.h. in den Wechseljahren) verlieren Frauen jährlich 2 bis 5% ihrer Knochenmasse, anschließend stabilisiert sich die Dichte. Da Cynthia nicht raucht und seit Jahren regelmäßig längere Spaziergänge macht, war ihr Skelett zu Beginn der Wechseljahre in gutem Zustand, ein Faktum, das im Laufe der Perimenopause enorm ins Gewicht fällt. Aus Untersuchungen geht hervor, dass 50% des Knochenverlusts, den eine Frau im Laufe ihres Lebens erleidet, bereits *vor* Beginn der Menopause erfolgt und somit in keinem Zusammenhang mit der nachlassenden Östrogenproduktion steht. Das größte Risiko einer Osteoporose haben vermutlich jene Frauen, deren Lebensweise seit ihrer frühen Jugend zu dem Knochenschwund beitrug. Cynthias Mutter ist z.B. Raucherin und hat niemals einen Sport ausgeübt oder Fitnesstraining betrieben. Sie fährt dreimal um den Block, um einen Parkplatz zu finden, der einen halben Block näher an ihrem Ziel liegt, und sie trinkt Unmengen Diätcola. Da kohlensäurehaltige Getränke Mineralstoffe aus dem Skelett ausschwemmen, genau wie das Rauchen, und da ihr das körperliche Training fehlt, das die Kalziumeinlagerung in den Knochen verbessert, weist ihre Mutter mehrfache Risikofaktoren für Osteoporose auf. Weitere Risikofaktoren sind Östrogen- und Progesteronmangel, Fälle von Osteoporose in der Familie, lebenslange Kinderlosigkeit, starker Alkoholkonsum, fett- und eiweißreiche Ernährung und geringe Kalzium- und Magnesiumzufuhr.

Cynthia und ihre Ärztin sind beide erleichtert über die ausgezeichneten Ergebnisse ihrer Knochendichtemessung. Wenn ihre Werte sehr niedrig wären, dann hätte Dr. Garrett Cynthia entweder eine niedrig dosierte natürliche Progesteroncreme oder ein natürliches Östrogen verschrieben (beides wird aus Yamswurzel gewonnen), die nach ihrer Erfahrung weitaus geringere Nebenwirkungen haben als Presomen, das aus dem Urin trächtiger Stuten stammt und 17 verschiedene Arten von Östrogen enthält, von denen die meisten beim Menschen von Natur aus nicht vorkommen. Außerdem wird Presomen unter äußerst inhumanen Bedingungen erzeugt. Die trächtigen Stuten erhalten einen Dauerkatheter und werden in eine kleine Box eingesperrt. Nachdem sie geboren haben, dürfen sie ihr Fohlen nur eine Woche lang säugen, damit sie so bald wie möglich wieder befruchtet werden können. Diese lebenden Presomen-Fabriken sterben wegen der Belastung durch das Eingesperrtsein oft während ihrer zweiten oder dritten Tragezeit. Manche Frauen, die sich für eine Hormontherapie entschieden haben, bestehen aus Mitgefühl mit den Pferden auf der Verwendung entweder von synthetischem Östrogen oder von natürlichem Phytoöstrogen.

Drei große Klassen von Östrogen – Östron, Östradiol und Östriol – werden vom menschlichen Körper synthetisiert. Sowohl Östron als auch Östradiol sind mit Brustkrebs in Verbindung gebracht worden, wohingegen es eindrucksvolle Belege dafür gibt, dass Östriol in dieser Hinsicht sogar eine Schutzwirkung zu haben scheint. Während eine Erörterung dieser potentiellen Wirkung von Östriol den Rahmen dieses Buches übersteigt, bietet die Medizinerin Christiane Northrup in ihrem ausgezeichneten Buch *Women's Bodies, Women's Wisdom* [dt.: *Frauenkörper – Frauenweisheit,* München: Zabert Sandmann, 1996] eine umfassende Übersicht über den Stand der diesbezüglichen Forschung und welche natürlichen pflanzlichen Quellen für die Gewinnung von Östriol in Frage kommen.

Die Verwendung von Phytoöstrogenen, die aus pflanzlichen Quellen gewonnen werden, ist relativ neu. Auf der Minusseite ist zu vermerken, dass größere Dosen von Östriol nötig sind, um dieselben Wirkungen hervorzurufen, die Östradiol und Östron erzielen, weshalb manche Ärzte geringe Mengen der letztgenannten Hormone mit dem Östriol kombinieren. Auf der Plusseite ist zu vermerken, dass Östriol ein Naturprodukt ist und weltweit von unzähligen Frauen in seiner ursprünglichen Form zu sich genommen wird, da es besonders in Sojaprodukten reichlich enthalten ist. Die Anthropologin Michelle Locke von der McGill-Universität in Montreal hat berichtet, dass Japanerinnen weitaus weniger unter Hitzewallungen und Nachtschweiß leiden als Amerikanerinnen, was sie auf ihre Ernährung zurückführt, die reich an sojahaltigen Nahrungsmitteln wie Tofu und Miso ist, welche große Mengen an Phytoöstrogenen enthalten. Cynthia und ihre Ärztin besprechen also, ob Tofu-Frikadellen oder HET die günstigere Alternative für sie ist. Sie sprechen auch über eine dritte Option, die unter Alternativmedizinern beträchtliche Aufmerksamkeit findet, nämlich die Verwendung von natürlicher Progesteroncreme anstelle von Östrogenersatz, die wir im folgenden Abschnitt erörtern werden.

Bedeutet die Menopause tatsächlich einen Östrogenmangel?

Die orthodoxe medizinische Auffassung lautet, dass die Symptome der Menopause durch Östrogenmangel bedingt seien. Aber wie schlüssig sind die Beweise, die Presomen zu einem pharmazeutischen Renner machten und viele Ärzte davon überzeugten, dass HET das beste Mittel sei, um Herzerkrankungen und Osteoporose vorzubeugen und unerwünschte Symptome der Menopause zu lindern? Und wenn die HET diese Symptome tatsächlich so wirksam bekämpft, warum wird sie dann von so vielen Frauen wegen ihrer Nebenwirkungen abgesetzt, die von Depressionen und Stimmungsschwankungen bis hin zu Gewichtszunahme, unzureichender Flüssigkeitsausscheidung und hohem Blutdruck reichen und vielen schlimmer erscheinen als ihre ursprünglichen Beschwerden? Was ist darüber hinaus von dem erhöhten Risiko von Schlaganfällen, Brust- und Eierstockkrebs zu halten, die mit der HET in Verbindung gebracht werden?

Die HET gelangte im Januar 1964 ins allgemeine Bewusstsein, als *Newsweek* einen Artikel basierend auf der Arbeit des New Yorker Gynäkologen Robert A. Wilson unter dem Titel »No more Menopause« veröffentlichte. Wilson verfasste später ein Buch mit dem Titel *Feminine Forever*, in dem er die Östrogentherapie als einen Jungbrunnen propagierte, der den Frauen ersparen werde, die »Tragödie« des Klimakteriums durchzumachen, das sie zu vertrockneten, depressiven, geschlechtslosen Wesen degradiere. Im Kielwasser dieses öffentlichen Aufsehens wurden die Ärzte von Pharmafirmen, die Östrogen erzeugten, mit Informationsbroschüren überschüttet, und Frauen, die »ewig weiblich« bleiben wollten, gaben sich bereitwillig als Versuchskaninchen für die erste Welle der Hormonersatztherapie her.

Nur zu bald stellte sich heraus, dass die Östrogenersatztherapie (ÖET) bei fast einem Drittel der Frauen, die sie anwendeten, präkanzeröse bzw. kanzeröse [krebsartige] Veränderungen der Uterusschleimhaut hervorrief. Der Grund dafür ist, dass Östrogen die Zellteilung einschließlich der Zellen der Gebärmutterschleimhaut, der Brüste und der Eierstöcke anregt. Das Risiko des Gebärmutterkrebses wurde bald durch die Hinzufügung synthetischer Gestagene überwunden (da natürliches Progesteron nicht patentiert werden kann, können die Pharmaunternehmen damit keine Gewinne machen), die monatliche Perioden zur Folge hatten, bei der beschädigte Zellen der Uterusschleimhaut ausgeschieden werden konnten. Aus ÖET war HET geworden, zumindest für Frauen, die noch eine intakte Gebärmutter hatten.

Manche männliche Ärzte haben den Frauen nahe gelegt, in den Wechseljahren sowohl ihre Gebärmutter als auch ihre Eierstöcke entfernen zu lassen, da diese Organe potentielle Entstehungsorte von Krebs seien. Ein Pathologie-Professor, bei dem ich in den 60er-Jahren in Harvard Vorlesungen hörte, ging noch einen Schritt weiter. Warum sollte man nicht gleichzeitig auch beide Brüste entfernen, meinte er, und den Frauen damit die Möglichkeit ersparen, Brustkrebs zu bekommen? Nach derselben absurden Logik könnte man die Auffassung vertreten, Männer sollten sich kastrieren und ihre Prostatadrüse entfernen lassen, sobald sie so viele Kinder gezeugt haben, wie sie sich wünschen. Auch nach der Menopause sondern die Eierstöcke weiterhin Hormone ab, und es gibt Belege dafür, dass die Entfernung der Eierstöcke vor der Menopause das Risiko von Herzerkrankungen erhöht. Nach einer Hysterektomie [Entfernung der Gebärmutter] berichten manche Frauen auch über eine verminderte sexuelle Ansprechbarkeit.

Es gibt Zeiten, wo eine Hysterektomie und/oder Ovarektomie [Entfernung der Eierstöcke] lebensrettend sein kann, wie im Fall von Krebs, oder nötig zur Linderung starker Schmerzen und Blutungen bedingt durch wuchernde Fibrome [Bindegewebsgeschwülste] oder ausgeprägte Endometriose [Schleimhautwucherungen außerhalb der Gebärmutter]. In Amerika lassen jährlich 600.000 Frauen ihre Gebärmutter entfernen, und nach Schätzung von Dr. Stanley West, dem Direktor für Reproduktive Endokrinologie und Infertilität am St. Vincent's Hospital in New York, sind 500.000 dieser Hysterektomien unnötig. Nach einer Totaloperation, die die Eierstöcke einschließt, wird die Betroffene in eine sofortige chirurgisch bedingte Menopause gestürzt und muss anschließend gewöhnlich lebenslang eine HET bekommen. Falls Ihr Arzt Ihnen eine Hysterektomie empfiehlt, sollten Sie unbedingt eine zweite Meinung einholen.

Wie steht es nun mit den Daten, die die HET mit Brustkrebs in Verbindung bringen? Das renommierte *New England Journal of Medicine* veröffentlichte 1995 die Ergebnisse der bis dahin umfangreichsten Untersuchung. Frauen, die nach den Wechseljahren die

HET fünf oder mehr Jahre lang anwenden, haben gegenüber Frauen, die sich diese Hormone nicht zuführen, ein 30 bis 40% größeres Risiko, Brustkrebs zu bekommen. Andererseits ist bei HET-Anwenderinnen das Risiko von Dickdarmkrebs um 29% reduziert. Die HET ist auch mit einer Zunahme des Risikos von Eierstockkrebs in Verbindung gebracht worden, was besonders alarmierend ist, da dieser Krebs oft erst in relativ fortgeschrittenem Stadium entdeckt wird. Da die HET auch in Zusammenhang mit verschiedenen anderen gesundheitlichen Problemen von Asthma bis hohem Blutdruck in Verdacht geraten ist, sollte die Entscheidung dafür nicht leichtfertig getroffen werden. So wurde in einer 1995 im *American Journal of Respiratory and Critical Care Medicine* veröffentlichten Studie berichtet, dass Frauen auf HET mit 50% höherer Wahrscheinlichkeit an Asthma erkranken als Frauen, die keine Hormone nehmen. Die negativen Aspekte der HET werden von deren Befürwortern gewöhnlich mit dem Argument entkräftet, dass eine Frau mit der HET langfristig dennoch besser dran sei, sofern in ihrer Familie keine Fälle von Brustkrebs aufgetreten seien, da mehr Frauen an Herzkrankheiten als an Brust- oder Eierstockkrebs sterben würden und da die HET vor Osteoporose und Dickdarmkrebs schütze. Aber wie zuverlässig sind die Forschungsergebnisse, auf denen diese Woran-würden-Sie-lieber-sterben-Argumentation beruht?

Osteoporose, der zunehmende Verlust von Knochenmasse, ist ein vermeidbares Schreckgespenst, das alternden Frauen Angst einjagt. Auf die Lebensspanne bezogen, beträgt das Risiko einer Osteoporose-bedingten Fraktur 40%, und fragile, leicht brechende Knochen stellen eine erhebliche Quelle von Schmerzen, Invalidität, Depressionen und Verlust an Lebenswillen dar. Als meine Mutter älter wurde, befürchtete ich, sie könnte stürzen und sich eine Hüfte brechen, mit der Folge, in einem Pflegeheim zu enden, da die Hälfte aller Frauen mit Hüftfrakturen nie wieder gehfähig werden. Und 20% der Frauen mit gebrochener Hüfte sterben innerhalb eines Jahres nach ihrer Fraktur. Aber ist Östrogen ein Allheilmittel? Östrogen verlangsamt den Verlust von Knochenmasse, indem es die Aktivität der Osteoklasten hemmt (Osteoklasten sind Knochenfresszellen, kleine, längliche Zellen, die alte Knochenmasse abbauen, damit neuer Knochen [von den Osteoblasten] gebildet werden kann). Unsere Knochen werden unser ganzes Leben lang umgeformt, je nachdem, wie viel Gewicht wir mit uns herumtragen und wie stark wir körperlicher Beanspruchung durch Fitnesstraining, Sport etc. ausgesetzt sind. Wenn z.B. der Kieferorthopäde Zahnspangen zur Begradigung der Zähne einsetzt, dann üben die Spangen Druck auf den Knochen aus, in dem der Zahn verankert ist. Die Osteoklasten reagieren auf diesen Druck, indem sie den Knochen auf der einen Seite des Zahns abbauen und ihm dadurch ermöglichen, seinen Standort zu ändern. Gleichzeitig bilden die Osteoblasten auf der gegenüberliegenden Seite neue Knochenmasse, um den Zahn in seiner Verankerung zu halten.

Während das Östrogen die Aktivität der Osteoklasten hemmt, so dass die Knochenmasse zunimmt, hat es keine Auswirkung auf die Funktion der Osteoblasten. Mit anderen Worten, Östrogen trägt nicht zum Aufbau neuer Knochenmasse bei. Dagegen erhöht sich durch körperliche Betätigung ebenso wie durch Progesteron die Aktivität der Osteoblasten. Die Forschung sollte uns im Lauf der nächsten Jahre Aufschluss darüber geben können, ob kombinierte Östrogen-Progesteron-Präparate oder Progesteron allein am günstigsten für die Vorbeugung und Behandlung von Osteoporose sind. Halten wir uns bis dahin vor Augen, dass ein Großteil der Knochenmasse bereits vor Beginn der Menopause verloren geht. Eine fett- und proteinarme Kost mit einem hohen Anteil an Faserstoffen und grünen Blattgemüsen, regelmäßige körperliche Betätigung und das Vermeiden von Tabak, Alkohol und kohlesäurehaltigen Getränken, deren hoher Phosphatgehalt den Knochen Kalzium entzieht, ist die beste Strategie, um sich während des ganzen Lebens gesunde Knochen zu erhalten.

Aus den Erkenntnissen über Östrogen und Herzerkrankungen sollten wir ebenfalls Möglichkeiten der Vorbeugung ableiten. Die Hauptrisikofaktoren für Herzerkrankungen sind sitzende Lebensweise, fettreiche Nahrung, Rauchen, Diabetes, hoher Blutdruck und Stress. Tatsächlich könnte der Stressfaktor von größerer Bedeutung sein als jeder andere. Eine Untersuchung hat ergeben, dass die Mehrzahl der erstmaligen Herzinfarkte nicht mit einem der fünf oben angeführten bekannten biologischen Risikofaktoren korrelierten. Sie ereigneten sich an Montagen zwischen acht und neun Uhr früh und hingen mit der Belastung einer unbefriedigenden beruflichen Situation zusammen. Die Herzkrankheiten von Frauen auf Östrogenmangel zurückzuführen stellt daher eine unzulässige Vereinfachung eines komplexen Problems dar. Ebenso wie Osteoporose beginnen sich Herzerkrankungen schon lange vor der Menopause zu entwickeln, und sie hängen mit einer Vielzahl von Risikofaktoren zusammen. Und obwohl viele Studien darauf hindeuten, dass Östrogen bei Frauen nach der Menopause zu einer Verringerung der Todesfälle durch Herzerkrankungen beiträgt, wird dies durch einige andere sehr signifikante Untersuchungen nicht bestätigt. Sehen wir uns einige wichtige Statistiken an, bevor wir auf deren Ergebnisse eingehen.

Herzkreislauferkrankungen stellen in den Vereinigten Staaten sowohl bei Männern als auch bei Frauen die Haupttodesursache dar. Jedes Jahr sterben 40.000 Amerikanerinnen an Brustkrebs, aber 250.000 an Herzinfarkt, und eine gleich große Anzahl fallen Erkrankungen des Herzens und der Blutgefäße zum Opfer. Diese Statistiken sind ein Schock für viele Frauen, die Angst vor Brustkrebs haben, aber Herzerkrankungen keine besondere Beachtung schenken. Außerdem verlaufen Herzinfarkte bei Frauen häufiger tödlich als bei Männern. Die Gefahr, dass eine Frau an einem Herzinfarkt stirbt, ist doppelt so hoch wie bei einem Mann (die Sterbequote beträgt bei Frauen 50%, bei Männern 25%) und Frauen erleiden auch doppelt so häufig einen zweiten Herzinfarkt. Da sich Herzerkrankungen bei Frauen etwa zehn Jahre später entwickeln als bei Männern und das Risiko nach der Menopause anzusteigen beginnt, hat man Östrogenmangel lange als einen Risikofaktor angesehen. Vor dem Klimakterium weisen Frauen eine höhere Konzentration von HDL (dem »guten« Cholesterin) und geringere Mengen an LDL (dem »schlechten« Cholesterin) auf als Männer. Nach der Menopause steigt der gesamte Cholesterinspiegel einer Frau an, HDL verringert sich und LDL nimmt zu. Da Östrogen ein wichtige Rolle im Fettstoffwechsel spielt, scheint der Schluss zulässig, dass es nach der Menopause Herzkreislauferkrankungen verhindern könnte. Aber die Befunde sind widersprüchlich, und sie werden weiter erschwert durch die Tatsache, dass man bei der HET synthetische Gestagene oft zusammen mit Östrogenen verabreicht, so dass keine Aussage darüber möglich ist, ob die Gestagene oder das Östrogen ursächlich die Veränderungen in den Blutfettwerten bzw. des Risikos einer Herzerkrankung bewirkten.

Eine der berühmtesten Untersuchungen von Herzkreislauferkrankungen ist die Framingham-Studie, eine noch laufende epidemiologische Untersuchung, die seit Beginn der 80er-Jahre die Grundlage zahlreicher Veröffentlichungen bildete. Diese renommierte Untersuchung hat keine Verringerung von Erkrankungen der Herzkranzarterien durch die Östrogenersatztherapie ergeben. Darüber hinaus erhöhte sich bei den postmenopausalen Frauen, die Östrogen einnahmen, das Risiko eines Schlaganfalls um 50%.

Eine Untersuchung, die angeblich eine signifikante vorbeugende Wirkung von Östrogen auf Herzkreislauferkrankungen belegt, ist die Nurses' Questionnaire Study [Fragebogenerhebung unter Krankenschwestern], die auf statistischen Daten von über 48.000 Krankenschwestern basiert. Laut einem 1991 im *New England Journal of Medicine* veröffentlichten Artikel verringerte sich das Risiko, an einer Herzerkrankung zu sterben, bei Krankenschwestern, die gegenwärtig Hormone nahmen, um 39% und bei früheren Hormon-Therapierten um 17% gegenüber Nichttherapierten. In einer ausgezeichneten Kritik an dieser Studie weist der Arzt John Lee darauf hin, dass die Hormon-Anwenderinnen mit hoher Wahrscheinlichkeit auch weniger rauchten und Diabetes aufwiesen und auch mehr Sport betrieben. Mit anderen Worten, ihr allgemeines Risiko einer Herzerkrankung war geringer. Lee schließt seine Kritik mit dem

Hinweis auf eine noch bemerkenswertere Tatsache. Im Untersuchungszeitraum starben nur 2,6% der Krankenschwestern (0,2% der gesamten Stichprobe), und nur 8,9% der insgesamt 112 Todesfälle waren auf Herzkrankheiten zurückzuführen. Eine Risikoberechnung auf dieser Grundlage sei gleichbedeutend mit der Beobachtung von 500 Schwestern, bis schließlich eine an einer Herzerkrankung sterbe, eine viel zu kleine Stichprobe, um als Bestätigung dafür zu dienen, dass Östrogen Herzerkrankungen verhindere. Darüber hinaus war auch bei dieser Untersuchung ebenso wie bei der Framingham-Studie eine signifikante Erhöhung von Schlaganfällen unter den Hormon-Anwenderinnen zu verzeichnen.

Die Rolle von Progesteron in der Menopause

Dr. John Lee, der die Nurses' Questionnaire Study kritisch untersuchte, stellt auch die in der Medizin vorherrschende Hypothese in Frage, dass lästige Symptome der Wechseljahre auf Östrogenmangel zurückzuführen seien. Vielmehr vertritt er die Hypothese, das Hauptproblem sei ein Progesteronmangel, der zu einem relativen *Überschuss* an Östrogen führe. Sein Werk wird äußerst kontrovers diskutiert, ist aber weiterer Untersuchungen wert. Seine Argumentation lässt sich folgendermaßen umreißen. Zunächst einmal erzeugen Frauen während ihres ganzen Lebens Östrogen, in höherem Alter etwa 40 bis 60% der Menge, die sie in ihren Zwanzigern produzierten. Im Gegensatz dazu sinkt die Progesteronproduktion nach der Menopause oft auf ein geringeres Niveau als bei Männern. Die medizinische Forschung habe sich jedoch fast ausschließlich auf Östrogen konzentriert und die Tatsache vernachlässigt, dass das Progesteron eine Vielzahl wichtiger Funktionen neben der Verdickung der Gebärmutterschleimhaut als Vorbereitung auf eine Schwangerschaft während der fortpflanzungsfähigen Jahre habe.

Neben anderen Funktionen regt Progesteron das Knochenwachstum an und ist ein natürliches Diuretikum [Entwässerungsmittel] und Antidepressivum. Außerdem gleicht es einige Auswirkungen des Östrogens aus. So bewirkt Östrogen z.B. eine Freisetzung des Stresshormons Kortisol, während das Progesteron dieses neutralisiert; Östrogen führt zu unzureichender Flüssigkeitsausscheidung, während Progesteron entwässernd wirkt. Das Verhältnis zwischen den zwei Hormonen ist entscheidend für die Aufrechterhaltung der Homöostase, d.h. des biochemischen Gleichgewichts.

Forschungsergebnisse, die in Lees provozierendem Buch *What Your Doctor May Not Tell You about Menopause* zusammengefasst sind, deuten darauf hin, dass die Symptome der Wechseljahre sowie Osteoporose und Herzerkrankungen gar nicht auf Östrogenmangel, sondern auf einen relativen Östrogenüberschuss infolge eines Progesterondefizits zurückzuführen sind. Die synthetischen Gestagene, die in den meisten HET-Rezepten enthalten sind, haben nicht die gleichen biologischen Wirkungen wie natürliches Progesteron und können zahlreiche Nebenwirkungen einschließlich unzureichender Flüssigkeitsausscheidung, Depressionen, Brustschmerzen, Schädigung des Gebärmutterhalses, Gelbsucht, Thrombosen und Schlaganfälle hervorrufen. Natürliches Progesteron hat dagegen keine bekannten Nebenwirkungen. Es ist auch nicht patentierbar und daher von geringem Interesse für die Pharmaunternehmen, hat sich aber in der Rückbildung von Bindegewebsgeschwülsten und der Linderung des Prämenstruellen Syndroms, bei Hitzewallungen und anderen Problemen der Wechseljahre sowie in der Vorbeugung und Behandlung von Osteoporose bewährt. Und im Gegensatz zu Östrogen scheinen seine Vorzüge nicht durch Risiken überwogen zu werden.

Während unserer reproduktiven Jahre verlaufen viele Menstruationszyklen anovulatorisch, d.h., die Eierstöcke bringen kein Ei hervor. Wenn die Ovulation ausbleibt, kann sich der Corpus luteum [Gelbkörper], der normalerweise aus dem Follikel oder Eisack wächst, in dem sich vorher die Eizelle befand, nicht bilden. Da der Corpus luteum Progesteron erzeugt, haben anovulatorische Zyklen einen im Verhältnis zum Östrogen niedrigen Progesteronspiegel zur Folge. Dies sind die Zyklen, die mit Brustschmerzen, vermindertem Sexualtrieb, Depressionen, aufgeschwemmtem Bauch, Gewichtszunahme, Kopfschmerzen und Benommenheit einhergehen, Beschwerden, die Lee als Symptome relativen Östrogenüberschusses ansieht.

In den Wechseljahren verlaufen immer mehr Zyklen anovulatorisch, d.h. ohne Eiproduktion. Die beste Behandlung besteht Lee zufolge in der Anwendung einer gering dosierten natürlichen Progesteroncreme, die in den letzten zwei Wochen des Zyklus in Bereichen aufgetragen wird, wo die Haut dünn ist, wie Gesicht, Brüste, Innenseiten der Arme und Schenkel, Kniekehlen, Hals und Bauch. Das Progesteron zieht in das subkutane Fett ein und gelangt auf diesem Weg in die Blutbahn. Solche Cremes enthalten sehr unterschiedliche Progesteronkonzentrationen. Diese reichen von nahezu null bis zu 20 bis 30 mg in einer durchschnittlichen täglichen Anwendungsmenge von einem halben bis zu einem ganzen Teelöffel. Für manche Frauen kann diese Creme eine wirksame Behandlung gegen Hitzewallungen, aufgeschwemmten Bauch, Depressionen, Kopfschmerzen und andere Symptome darstellen, die von Lee auf einen relativen Östrogenüberschuss zurückgeführt werden. Anhand von Knochendichtemessungen durch Röntgenaufnahmen hat er auch festgestellt, dass sich Progesteron für den Aufbau neuer Knochenmasse und zur Behandlung von Osteoporose bewährt. Bedauerlicherweise liegen relativ wenige umfangreiche Untersuchungen über natürliches Progesteron vor.

Angesichts des verwirrenden Sortiments möglicher Behandlungsformen ist es überaus wichtig, einen Arzt zu finden, der partnerschaftlich mit uns zusammenarbeitet. Ohne Zweifel sind manche Frauen mit der Hormonersatztherapie sehr zufrieden und konstatieren ohne diese eine Verminderung ihrer Lebensqualität. Trotz der Risiken ist die HET für sie wahrscheinlich von Vorteil. Aber das konservativste Vorgehen in den Wechseljahren besteht wahrscheinlich darin, sich dem geringstmöglichen hormonellen Risiko auszusetzen. Falls Ihre Knochendichtemessung z.B. niedrig ausfällt und

Ihr Arzt bereit ist, Ihnen experimentieren zu helfen, dann könnten Sie zunächst entsprechende Änderungen in Ihrer Ernährung und körperlichen Aktivität vornehmen, Sie könnten eine natürliche Progesteroncreme benutzen und abwarten, ob sich Ihre Knochendichte erhöht. Ist dies nicht der Fall, dann könnten Sie natürliches Östrogen versuchen, wobei Presomen als letztes Mittel angesehen werden sollte, da es einen hohen Östradiolgehalt hat und das Krebsrisiko erhöht, es sei denn, Ihr Arzt hat überzeugende Argumente für seinen sofortigen Einsatz.

Eine Meditationsübung für die Lebensmitte

Sie werden vielleicht Freude an dieser Meditationsübung haben, die Ihnen nicht nur helfen wird, die Entspannungsreaktion auszulösen und Stress abzubauen, sondern auch, Ihre Einstellung gegenüber der Menopause zu verändern. Die auf der erörterten Forschung und meiner klinischen Erfahrung beruhende Übung kann auch zu einer Verringerung der Hitzewallungen und anderer unerfreulicher Symptome von Schlaflosigkeit bis hin zu Angstzuständen führen. Meditation in jeglicher Form ruft auch einen Zustand des Fließens (»Flow«) hervor, in dem sich der Ausübende deutlicher des inneren Flusses von Bildern, Vorstellungen und Empfindungen bewusst wird, die der Intuition und Kreativität zugrunde liegen. Ideal wäre, die gesamte Meditation eine Woche lang einmal täglich zu praktizieren und in den folgenden drei Wochen lediglich den zweiten, dritten und vierten Schritt. Beurteilen Sie am Ende des 28-tägigen Zyklus, ob die Übung eine positive Wirkung auf Sie hatte. Es versteht sich eigentlich von selbst, dass Meditation kein Ersatz für eine gründliche ärztliche Untersuchung oder für irgendwelche Medikamente ist, die Ihnen Ihr Arzt vielleicht verschrieben hat. Falls Sie jedoch positive Wirkungen feststellen, dann könnten Sie mit Ihrer Ärztin/Ihrem Arzt über eine Umstellung der Behandlung sprechen, die Sie wegen etwaiger Symptome der Wechseljahre benötigen.

Vielleicht möchten Sie diese Meditation auch auf eine Kassette sprechen, damit Sie sie mit oder ohne angenehme Hintergrundmusik sich selbst vorspielen können. In diesem Fall sollten Sie bei den Pünktchen (...) lang genug innehalten, um den jeweiligen Teil des Prozesses abzuschließen.

- *Erster Schritt:* Suchen Sie sich einen ruhigen Platz, wo Sie nicht von anderen Menschen, von Tieren oder dem Telefon gestört werden. Planen Sie, 20 Minuten allein zu verbringen.

- *Zweiter Schritt:* Setzen oder legen Sie sich bequem hin, und decken Sie sich zu, falls es im Zimmer kühl ist. Schließen Sie die Augen und beginnen Sie, sich auf Ihre Atmung zu konzentrieren ... Sie werden bemerken, dass sich Ihr Körper beim Einatmen etwas ausdehnt ... und beim Ausatmen entspannt ... (setzen Sie das etwa eine Minute lang fort.)

- *Dritter Schritt:* Stellen Sie sich vor, dass der Atem Ihre Lebensenergie, Ihr Chi ist. Vielleicht können Sie ihn sogar als ein Licht erleben, das knapp unter dem Nabel in Ihren Körper strömt, dann in Ihre Brust aufsteigt und schließlich in Ihre Stirn hinaufgesogen wird ... Verfolgen Sie dann das Ausatmen von der Stirn zur Brust bis zum Bauch ... Der Atem ist wie eine Welle von Energie, die Sie erfüllt ... Bauch, Herz, Stirn ... Lassen Sie jeglichen Stress in der umgekehrten Richtung aus sich herausfließen ... aus der Stirn, dem Herzen und schließlich aus dem Bauch ... Spüren Sie weiterhin den Weg, auf dem das Chi wie eine Welle in Ihren Körper hereinströmt ... und wie die Spannung aus Ihnen herausfließt, wenn die Welle zurückschwappt. (Setzen Sie die Chi-Atmung noch ein oder zwei Minuten fort, oder falls Sie lediglich die Schritte eins bis vier anwenden, fahren Sie damit noch zehn bis 15 Minuten fort.)

- *Vierter Schritt:* Sobald das Chi Ihren Körper erfüllt und die Spannung schwindet, achten Sie darauf bzw. stellen Sie sich vor, dass sich Ihr ganzer Körper angenehm warm zu fühlen beginnt wie von einem inneren Licht erwärmt. Bekräftigen Sie: »Die Energie meines Körpers kommt in ein vollkommenes Gleichgewicht. Ich bin ganz, gesund, energiegeladen und kreativ.«

- *Fünfter Schritt:* Stellen Sie sich jetzt vor, dass Ihr Leib aus Licht sich aus Ihrem physischen Körper emporhebt und zu einem heiligen Hain hinschwebt, der einen stillen Teich umgibt. Nehmen Sie sich einen Moment Zeit, und lassen Sie Ihre Phantasie diese Szene ausmalen ... Achten Sie darauf, wie Sonnenlicht und Schatten auf den Blättern und dem Wasser spielen ... Sind irgendwelche Geräusche zu hören? ... Vögel oder Frösche? ... Wind oder Musik? ... Man hört das Laub rascheln, und eine Frau, etwas älter als Sie selbst, doch irgendwie alterslos, betritt den Hain. Das kann eine biblische Figur wie Maria oder Sarah sein ... oder vielleicht verkörpert sie die Energien einer Göttin, eines Engels oder einer Menschheitslehrerin ... vielleicht ist sie aber auch eine Frau von heute, die Sie sehr bewundern ... Sie setzen sich zusammen auf einen umgestürzten Baumstamm, und Sie ergreift Ihre Hände, schaut Ihnen in die Augen und erklärt, dass sie Ihr ganzes Leben lang auf Sie gewartet habe, dass sie auf diese wertvolle Wendezeit in Ihrer Lebensmitte gewartet habe, in der sich Ihre weiblichen Kräfte voll entfalten ... diese Zeit, in der Ihre männlichen und weiblichen Energien in ein neues Gleichgewicht kommen. Sie bittet Sie, sich einen Augenblick Zeit zu nehmen und sich nach innen auf die Energieströme zu konzentrieren, die in Ihrem Körper fließen ... Sie empfinden den tiefen Frieden und die Aufgeschlossenheit Ihrer weiblichen Natur als einen großen Schatz an Weisheit und Beziehungsfähigkeit ... Einen Augenblick lang lassen Sie Ihre Grenzen fallen und werden eins mit der Erde ... dem Himmel ... dem Wind ... den Grillen ... der weisen und mächtigen Lehrerin ... dann beginnen Sie zu spüren, wie die Leidenschaftlichkeit und Entschlusskraft Ihrer männlichen Energie ansteigt und Sie belebt ... Die Frau fragt Sie behutsam, ob es irgendwelche alten Denk- oder Verhaltensmuster gibt, die Sie daran hindern, in Einklang mit Ihren höchsten Visionen zu leben ... Sie fordert Sie auf, zu spüren, wie sich diese alten Muster auf den Fluss Ihrer Energie auswirken ... auf Ihren Seelenfrieden und Ihre Leidenschaftlichkeit ... Dann legt sie Ihnen die Hände auf den Scheitel und segnet Sie. Sie spüren ihre Weisheit und ihr Mitgefühl als einen Strom von Licht und Energie, der durch Ihren ganzen Körper fließt und Sie von aller Negativität und allen alten Mustern reinwäscht. Das Licht aus den Händen der Frau wäscht Sie rein und löst die Grenzen Ihres Herzens auf, das sich erwärmt und gute Wünsche an alle Lebewesen auszustrahlen beginnt ...

- *Sechster Schritt*: Danken Sie dieser weisen Frau, und stellen Sie sich jetzt vor, dass Ihr Leib aus Licht in Ihren physischen Körper zurückkehrt ... Ruhen Sie in der Friedlichkeit eines offenen Herzens aus, bis Sie bereit sind, zurückzukehren und Ihre Augen zu öffnen.

Die Gaben einer bewusst erlebten Menopause

Die Symptome der Wechseljahre, die bei Cynthia auftraten, veranlassten sie, ihre Lebensgewohnheiten und ihre Methoden der Stressbewältigung so zu ändern, dass sie ein Geschenk an Gesundheit und Vitalität erhielt, das sie in die späteren Lebenszyklen mitnehmen konnte. Sie stellte fest, dass eine fettarme, faserstoffreiche Ernährung ihr mehr Energie verlieh als die fettreiche Kost, die sie immer bevorzugt hatte; außerdem überwand sie dadurch ihre fast lebenslange Besessenheit von Diäten. Statt eine Diät zu beginnen – bei der sie hungern musste und die zwangsläufig scheiterte, da sie das ganze Gewicht, das sie verloren hatte, ein paar Monate später wieder zulegte –, gestattete ihr die Umstellung ihrer Ernährung, eine breite

Palette schmackhafter Speisen zu essen und dabei allmählich abzunehmen, bis sich ihr Gewicht schließlich etwa 3,5 Kilo über dem niedrigsten Gewicht stabilisierte, das sie während ihrer Studienzeit gehabt hatte. Da das Körperfett zu den Hauptzonen zählt, wo Östrogen nach der Menopause synthetisiert wird, sollte die Durchschnittsfrau in diesem Lebensabschnitt etwas mehr wiegen als als junges Mädchen, ohne jedoch Übergewicht zu bekommen, das mit der Entstehung von Herzerkrankungen, Diabetes und Brustkrebs in Verbindung gebracht wird.

Obwohl Cynthia von Meditation gehört hatte, war sie nie daran interessiert gewesen, es selbst auszuprobieren. Nachdem sie von deren positiver Wirkung auf Stress erfuhr und feststellte, dass Meditation ihre Hitzewallungen und den Nachtschweiß linderte, war sie motiviert, systematisch jeden Morgen 15 bis 20 Minuten lang zu meditieren. Außerdem bemerkte sie, dass die Meditation ihre Angst verminderte und es ihr erleichterte, mit Sorgen fertig zu werden. Sooft sie über Probleme nachzugrübeln begann, die noch gar nicht akut geworden waren, etwa, ob es in der Firma ihres Mannes Entlassungen geben werde, machte sie sich bewusst, dass sie zwar keine Kontrolle über die Zukunft hatte, wohl aber über die Gegenwart. Im Augenblick konnte sie dankbar sein, dass er Arbeit hatte. So wandelte sie ihre Sorgen in Dankbarkeit um und unterstützte ihre psychische Veränderung durch eine physische, indem sie zehn tiefe Bauchatemzüge machte, die ihre Körperchemie aus dem Stresszustand in die Entspannungsreaktion überführten.

Nie zuvor war Cynthia so zufrieden mit sich gewesen, nie zuvor hatte sie sich seelisch und körperlich so fit gefühlt. Durch die Meditation und die Beobachtung der Auswirkung ihrer Ernährung auf ihre Stimmung und ihre Physis war sie in größerer Harmonie mit ihrem Körper und entwickelte eine Art von innerem Biofeedback-Mechanismus, der sie sofort merken ließ, wie sich verschiedene Reize – von einem Streit mit ihrem Mann bis zu einem Glas Wein – auf ihre Energie auswirkten. Sobald sie sich daran gewöhnt hatte, mehr Energie zu haben, als dies seit Jahren der Fall gewesen war, achtete Cynthia bewusster darauf, sich diese Energie und die damit einhergehenden Gefühle des Wohlbefindens und inneren Friedens zu bewahren. Sie hatte zwar nie viel getrunken, verzichtete aber nun vollkommen auf Alkohol, weil sie sich nach dessen Genuss müde und erhitzt fühlte. Obwohl sie ihr Leben lang für körperliche Bewegung gesorgt hatte, ergänzte sie ihre täglichen Spaziergänge jetzt um einige Minuten Hata Yoga, weil ihr dies Energie verlieh und ihre Muskeln dehnte. Nicht mehr von moralischen Appellen in Bezug auf ihre Gesundheit angetrieben – dass sie sich in bestimmter Weise ernähren oder Sport treiben sollte, weil sie es für richtig hielt –, spürte sie deutlich, wie gut sie sich dank ihrer neuen Lebensweise fühlte. Sie hielt daran fest, weil es ihr Wunsch war, nicht weil sie es für ihre Pflicht hielt.

Sobald sich Cynthia deutlicher ihres Körpers, ihres Geistes und ihrer Energie bewusst wurde, fiel es ihr leichter, sich durchzusetzen – wusste sie doch jetzt, was sie aufbaute und was nicht. Die Klarheit, die sie in Bezug auf sich selbst gewann, machte sie verständnisvoller gegenüber anderen Menschen und Situationen. Fast unbewusst begannen sich ihre Beziehungen zu verändern, als sie lernte, Menschen Energie zu verleihen, statt sie ihnen zu rauben. Ein Wort der Ermutigung, ein freundlicher Blick und gelegentlich eine ehrliche Beurteilung der Situation einer Freundin, die Cynthia nötigte, Dinge zu sagen, die sie früher schwer über die Lippen gebracht hätte, wurden ihr jetzt zur Selbstverständlichkeit.

Der gleiche Wunsch nach Ehrlichkeit und ihre tief empfundene Sorge angesichts schädlicher Situationen und Institutionen veranlassten sie, gesellschaftlich und politisch aktiver zu werden. Als bei Cynthias Freundin Margaret Brustkrebs diagnostiziert wurde, stellte Cynthia sich z.B. die Frage, warum ein solcher Anstieg dieser Krankheit zu verzeichnen war. Hing das mit einer zu fettreichen Ernährung zusammen oder mit Schadstoffen, die im Fettgewebe gespeichert werden? Cynthia rief in ihrer Stadt eine Bürgerinneninitiative ins Leben, die ihre Abgeordneten unter Druck setzte, mehr Forschungsmittel für die Gesundheit von Frauen zur Verfügung zu stellen. Die leidenschaftliche und direkte Energie der Wächterin begann, ihre Wirkung zu tun.

Ebenso wie Cynthia können wir uns alle von den Herausforderungen der Metamorphose in den Wechseljahren anspornen lassen, in ein neues Verhältnis zu unserem Körper, unserem Geist und unserem Energiesystem einzutreten. Das Geschenk dieser mittleren Jahre kann ein vitaler und gesunder Lebensstil sein, der uns nicht nur hilft, uns vor vielen der degenerativen Erkrankungen zu schützen, die mit dem Altern einhergehen, sondern uns auch die Energie verleiht, unsere Klugheit zu nutzen, um diese Welt zu einem besseren Ort zu machen.

10

56. bis 63. Lebensjahr: Das Herz einer Frau

Weibliche Kraft und soziales Handeln

Mit 60 Jahren ist Julia, deren dunkles Haar in ihren Vierzigern vorzeitig ergraut war, als attraktiv zu bezeichnen, eine jener Frauen, die in einer Weise alterte, welche sie noch schöner werden ließ als in ihrer Jugend. Sie ist schlank und muskulös, das Ergebnis langjährigen Radfahrens am Charles River und des Bergwanderns in New Hampshire an vielen Wochenenden. Ihr Haar ist kurz, und sie akzentuiert ihre fein geschnittenen Gesichtszüge mit erlesenen silbernen Ohrringen, die sie fast immer trägt.

Sie ist jetzt die Großmutter von Amandas dreijähriger Tochter, die ihr zu Ehren ebenfalls Julia heißt. Sie ist auch die Großmutter des vierjährigen Jorge und des einjährigen Simon, der Söhne von Benjamin und seiner Frau Anna, die er in Mexiko kennen lernte, als er auf einem Kreuzfahrtschiff als Steward arbeitete. Erstaunlicherweise haben sich ihre beiden Kinder mit ihren Familien im Großraum von Los Angeles niedergelassen, und obwohl sie das ganze Land von ihrer Mutter in Boston trennt, sind wenigstens die Kinder einander nahe. Außerdem wurden die Familienbesuche dadurch zu festlichen

Anlässen, da sie sich alle in Los Angeles treffen können, Zusammenkünfte, an denen auch Julias Mutter Sylvia häufig teilnimmt, die jetzt Mitte 80 und die einzige noch lebende Urgroßmutter ist, die die drei Kleinen gekannt haben. Julias Vater John ist plötzlich an einem Herzinfarkt gestorben, als Jorge sechs Monate alt war, und Rogers Eltern starben beide mehrere Jahre vor der Geburt ihrer Enkel.

Julia und Roger telefonieren mindestens einmal in der Woche mit ihren Kindern und Enkeln und besuchen sie drei- oder viermal im Jahr, oft zusammen mit Urgroßmutter Sylvia, die ebenfalls im Raum von Boston lebt. Dazwischen tragen Briefe, Postkarten und Pakete dazu bei, die Vertrautheit aufrechtzuerhalten. Roger, inzwischen Anfang 70, praktiziert Medizin zumindest theoretisch nur noch auf Teilzeitbasis. Doch sobald er seine eigene Praxis als Allgemeinarzt einschränkte, widmete er umgehend einen Großteil der gewonnenen Zeit – mehrere Stunden wöchentlich – einer kostenlosen Klinik für Bostoner Obdachlose. Julia unterstützte ihn bald in ihrer Eigenschaft als medizinische Sozialarbeiterin, und die beiden sind jetzt jeden Dienstag- und Donnerstagnachmittag ehrenamtlich tätig.

In letzter Zeit hat Roger davon gesprochen, ihr Haus in Boston zu verkaufen und eine Eigentumswohnung zu beziehen, die weniger Arbeit macht, und sich möglicherweise wieder zum Peace Corps oder einer anderen Freiwilligenorganisation zu melden, die in Ländern der Dritten Welt medizinische Dienstleistungen anbieten. Julia fühlt sich diesbezüglich hin und her gerissen. Einerseits findet sie die Aussicht aufregend, wieder zurück nach Bangladesh oder vielleicht nach Indien oder Nepal zu gehen, wo die Armut drückend und die Not groß ist. Andererseits gibt es auch hier in den Vereinigten Staaten, wo ihre betagte Mutter, ihre Kinder und Enkel leben, genügend Not, und sie möchte nicht für lange Zeitspannen ohne Verbindung mit ihnen sein. Nach mehrmonatigen Erkundungen bei verschiedenen Entwicklungshilfediensten einigen sich Julia und Roger auf einen Kompromiss. Sie werden in ein Dorf in Zentralindien, einige Autostunden östlich von Bombay, gehen und dort ein Jahr lang ähnliche Arbeit verrichten wie damals in Bangladesh, wo sie sich im Rahmen des Peace Corps kennen lernten. Roger wird als Arzt arbeiten und Julia in einer Frauenklinik aushelfen, wo sie die Patientinnen über Empfängnisverhütung und Säuglingspflege aufklären wird. Roger wird nach etwa einem halben Jahr für einen Monat in die Vereinigten Staaten zurückkehren, und Julia will zweimal nach Hause fahren, so dass sie jeweils nur vier Monate lang fort sein werden.

Leeres-Nest-Syndrom: Altruismus statt Depression

Obwohl Julias Nest bereits leer war, als sie Anfang 50 war, hat sie nie unter dem gelitten, was man als »Leeres-Nest-Syndrom« bezeichnet – ein weiteres Schreckgespenst, das den Frauen das Leben schwer macht, weil es zu ihrer Furcht beiträgt, ihre Nützlichkeit habe sich erschöpft, sobald die Kinder flügge sind. Wie die meisten Mütter erkannte Julia, dass die Fürsorge für ihre Kinder eine lebenslange Aufgabe war, die nicht endete, sobald sie eigene Wege gingen. Als die Zeit ihrer täglichen Betreuung zu Hause vorüber war, setzte sie ihre mütterliche Energie in anderer Weise ein – in der Klinik für Frauen in der Lebensmitte, die sie mitbegründete, und bei ihren ehrenamtlichen Tätigkeiten. Untersuchungen haben gezeigt, dass es unsere eigene Gesundheit und Vitalität begünstigt, wenn wir unsere Lebensenergie dazu benutzen, anderen zu helfen.

Die Soziologin Phyllis Moen und ihre MitarbeiterInnen an der Cornell University haben eine den Zeitraum von 30 Jahren umfassende Studie an 427 Ehefrauen und Müttern des Bundesstaates New York durchgeführt. Sie stellten fest, dass Frauen, die verschiedene Rollen ausfüllten und daher ein großes Netz sozialer Verbindungen hatten, gesünder waren und länger lebten als jene, bei denen das nicht der Fall war. Vielfältige Kontakte mit anderen Menschen schützen nicht nur vor Isolierung, die, wie aus vielen Studien hervorgeht, ein Gesundheitsrisiko ist, die VerfasserInnen sind auch zu dem Schluss gekommen, dass sie die Selbstachtung erhöhen, was sich positiv auf die Gesundheit auswirkt, und vorbeugende Maßnahmen zum Schutz der Gesundheit fördern. Insbesondere stellten sie fest, dass Frauen, die sich in Bürgerinitiativen und anderen sozialen Gruppen engagierten, ein längeres, gesünderes und glücklicheres Leben führten.

Eines der eindeutigsten Korrelate von Langlebigkeit ist tatsächlich, anderen zu helfen, wie es uns unsere psychologischen und spirituellen Erkenntnisse der Lebensmitte nahe legen. C.G. Jung schrieb, die Jahre jenseits der Lebensmitte seien eine Zeit, in der sich unsere Energie ganz natürlich von der Fürsorge um unsere persönliche Familie in ein Interesse an der Weltfamilie umwandle. Während diese Botschaft bei vielen Männern angekommen ist, wird sie von den meisten Frauen, die in dem Glauben aufwuchsen, unsere größte Nützlichkeit bestehe in der Fortpflanzung und der Erziehung von Kindern, immer noch als Offenbarung empfunden. Wenn wir von der Annahme ausgehen, unsere nützlichen Jahre seien vorbei, wenn die Kinder das Nest verlassen, und uns zu isolieren beginnen, dann ist es kein Wunder, dass unsere Energie abnimmt und Depressionen einsetzen.

Die Wahrscheinlichkeit, unter Depressionen zu leiden, ist bei Frauen tatsächlich zwei- bis dreimal so hoch wie bei Männern, obwohl es keinen angeborenen biologischen Grund für diesen Unterschied zu geben scheint. 40 Untersuchungen in 30 verschiedenen Ländern haben dieses Überwiegen von Depressionen bei Frauen bestätigt. Obwohl die Forschung bisher keine spezifische Begründung dafür geliefert hat, warum Frauen anfälliger für Depressionen sind, gibt es mehrere Theorien. Erstens fällt es Frauen aufgrund ihrer kulturellen Konditionierung schwerer, Aggressionen zu äußern als Männern, und sie sind deshalb manchmal weniger ehrlich in Bezug auf ihre Gefühle. Da man von manchen Formen von Depression annimmt, dass sie mit dem Nichtausagieren von Wut zusammenhängt – die Aggressionen werden dann gegen die eigene Person gekehrt –, ist zu vermuten, dass Frauen aus diesem Grund depressiver sind. Zweitens werden mehr als ein Drittel aller Frauen in ihrer Kindheit körperlich misshandelt oder sexuell missbraucht, was ihnen ein Gefühl der Hilflosigkeit gibt, weil sie nichts tun konnten, um sich selbst zu schützen.

Experimente sowohl mit Tieren als auch mit Menschen haben gezeigt, dass die Unfähigkeit, schädlichen Situationen wie elektrischen Schlägen oder lautem Lärm zu entfliehen, in der Regel zwei Folgen für das Verhalten hat: Erstens reagiert der Betroffene langsam auf neue Herausforderungen und unternimmt wenig oder gar keine Versuche, Notlagen zu überwinden, sondern findet sich einfach damit ab. Wenn ein Tier zweitens durch einen zufälligen Akt wie die zufällige Berührung eines Hebels, mit dem elektrische Schläge abgeschaltet werden können, eine belastende Situation beendet, erkennt es in der Regel nicht, dass sein eigenes Verhalten die Verbesserung der Situation bewirkt hat. Menschen oder Tiere, die zuvor hilflos gemacht wurden, lernen somit im Gegensatz zu anderen sehr langsam. Während wir über die Gefühle von Tieren nur spekulieren können, empfinden hilflose Menschen in Zeiten der Bedrohung zunächst Angst und werden dann depressiv.

Eines der einleuchtendsten verhaltensbezogenen Modelle der Depression basiert auf Hilflosigkeit. Wenn wir uns außerstande fühlen, die Welt um uns herum zu steuern und jene Dinge zu verändern, die sich auf unsere Lebensqualität negativ auswirken, versinken wir bald in Selbstvorwürfe und Hoffnungslosigkeit und vermögen unsere eigenen Stärken nicht mehr richtig zu schätzen. Dies macht uns weniger flexibel angesichts von Stress und anfälliger für Depressionen, wenn wir mit Herausforderungen des Lebens konfrontiert sind. Eine dritte Theorie für das gehäufte Auftreten von Depressionen bei Frauen hängt mit deren größerer Sensibilität gegenüber Beziehungsproblemen zusammen. Männer reagieren auf Partnerschaftsprobleme häufiger, indem sie sich Medikamente oder Alkohol »verordnen«, die sie emotional anästhetisieren, oder indem sie sich in ablenkende Beschäftigungen wie Sport oder Arbeit stürzen. Frauen neigen im Gegensatz dazu zum zwanghaften Grübeln über Probleme, die unlösbar erscheinen. Ihre Gefühle von Hilflosigkeit führen dann zur Depression. Eine vierte Theorie besagt, die Tendenz der Frauen zur Depression beginne in der Pubertät, wenn sie sich ihrer relativen Machtlosigkeit in einer männerbeherrschten Gesellschaft bewusst werden. Fünftens sind gesellschaftliche Faktoren wie geringerer Lohn für ähnliche Arbeit, die gesellschaftliche Betonung körperlicher Schönheit, die kaum oder gar nicht zu erreichen ist, und der Mangel an beruflichen Möglichkeiten mit Depression in Verbindung gebracht worden. Was Frauen in mittleren Jahren mit »leeren Nestern« betrifft, so hat sich herausgestellt, dass das Risiko einer Depression bei denjenigen am größten ist, die starken Belastungen ausgesetzt sind, ohne selbst berufstätig zu sein.

Während meiner Jahre der klinischen Praxis habe ich mit Hunderten von Frauen jenseits der Lebensmitte gearbeitet. Diejenigen, die am anfälligsten für »Leeres-Nest-Depressionen« waren, hatten drei Dinge miteinander gemein. Erstens hatten sie sich primär als Mütter gesehen und ihre Selbstachtung größtenteils aus dem Großziehen ihrer Kinder gewonnen. Zweitens hatten sie ihre Beteiligung an der Welt überwiegend auf die Aktivitäten ihrer Kinder begrenzt und großen Anteil an deren sportlichen Ereignissen, gesellschaftlichen Anlässen und ihrer Bildung und Ausbildung genommen. Drittens hatten sie oft ein schlechtes Verhältnis zu ihren Männern, weil sich diese von ihrer Frau, die »die Sache in die Hand nahm«, aus dem Leben ihrer Kinder hinausgedrängt fühlten und sich überdies durch die Kinder um die Zuneigung ihrer Frau gebracht sahen. Sobald die Kinder das Haus verließen, trieben diese Frauen richtungslos dahin. Ihr emotionales Schiff war gekentert, und sie wussten nicht, wie sie ihre Talente und Energien nutzen sollten. Außerdem waren sie ohne den Puffer, den die Aktivitäten ihrer Kinder gebildet hatten, plötzlich mit der Realität einer schlechten Beziehung zu ihrem Partner konfrontiert.

Die meisten der Frauen in mittleren Jahren, mit denen ich zu tun hatte, waren keine Beispiele für das Leeres-Nest-Syndrom. Die

Mehrzahl empfand ein Gefühl von Freiheit und freudiger Erregung, als die Kinder das Haus verließen – die Eröffnung neuer Lebenschancen. Die Forschung hat aber gezeigt, dass selbst jene Frauen, die an Depressionen leiden und ein Gefühl der Ziellosigkeit empfinden, wenn ihre Kinder aus dem Haus gehen, in den meisten Fällen nicht in diesem Zustand verharren. Vielmehr leitet diese Phase der Depression in der Lebensmitte und der Trauer über den Verlust ihrer Familie häufig eine Zeit der Neubesinnung ein, die eine Frau in ihre nächste Lebensphase trägt – die eines erweiterten Interesses an der Weltfamilie. »Sandy«, eine ehemalige Patientin von mir, ist ein gutes Beispiel dafür. Sie hatte ihre vier Kinder buchstäblich zum ausschließlichen Mittelpunkt ihrer Tage gemacht und fühlte sich ohne den ständigen Trubel im Haus und ihre endlosen Pflichten und Aufgaben, die sie genossen hatte, verloren. Sie vermisste ihre Musik, ihre Energie, ja selbst die Aufregungen, die die unvermeidlichen Probleme Halbwüchsiger mit sich bringen können.

Sandy war grüblerisch und depressiv, als ich sie kennen lernte. In ihrer Trauer um ihre verlorene Jugend und die einzige Rolle, die sie je gekannt hatte, erlag sie dem Irrglauben, dass ihr produktives Leben zu Ende sei. Sie war niedergeschlagen und erschöpft, fühlte sich wertlos und neigte zu Selbstkritik. Was Sandy nicht wusste, war, dass, wenn eine Lebensphase zu Ende geht, wir eine Phase der Erneuerung durchmachen, in der sich der nächste Lebenszyklus zu entfalten beginnt. Es ist natürlich, dass man sich in diesen Zeiten des Loslassens ängstlich oder deprimiert fühlt, in diesen Zeiten der Ungewissheit, die im Laufe des Lebens periodisch wiederkehren. Eine Rolle ist ausgespielt, und die nächste zeichnet sich noch nicht deutlich ab.

Obwohl Sandy leicht depressiv war, litt sie nicht unter dem Vollbild einer klinischen Depression. Letztere ist mit dem Sturz in ein schwarzes Loch verglichen worden, aus dem es keinen Ausweg gibt. Sie ist durch Symptome gekennzeichnet wie Appetitmangel oder übermäßiges Essen, Schlaflosigkeit oder exzessives Schlafen, Gefühle von starker Wertlosigkeit und Schuld, zwanghaftes Sorgenmachen, mangelndes Interesse an Sex oder anderen normalerweise erfreulichen Aktivitäten, extreme Müdigkeit, Konzentrationsschwierigkeiten, Angst, Hoffnungslosigkeit und den Gedanken, es wäre besser, tot zu sein. Eine ernste Depression stellt einen echten medizinischen Notfall dar.

Ohne Behandlung versuchen etwa 30% der depressiven Menschen, sich das Leben zu nehmen, und bedauerlicherweise erreichen sie zu 50% ihr Ziel. Falls Sie oder einer Ihrer Angehörigen über einen Zeitraum von zwei Wochen oder länger fünf oder mehr der oben genannten Symptome aufweisen (eines davon ist Verlust an Interesse und Lebensfreude), dann sollten Sie sich um professionelle Hilfe bemühen. Eine Kombination von medikamentöser Behandlung und Psychotherapie vermag die Depression in den meisten Fällen zu beheben.

Sandy überwand ihre Depression dank einer solchen kombinierten Therapie, die ihr half, ihre Ehe neu aufzubauen sowie ein besseres Selbstwertgefühl zu entwickeln und nach außen gerichtete Aktivitäten, speziell Hilfe für andere. Der erste Schritt bestand darin, ihre Energie in ehrenamtliche Tätigkeit zu leiten, die ihrem Leben in kürzester Zeit Sinn und Inhalt gab und ihre Depression vertrieb. 12-Schritte-Programme wie das der Anonymen Alkoholiker empfehlen oft das gleiche Vorgehen gegen Depressionen; den Gruppenmitgliedern wird geraten, aktiv zu sein und anderen Menschen zu helfen. Es leuchtet unmittelbar ein, dass die Verlagerung des Augenmerks von den eigenen Problemen auf die Unterstützung anderer geeignet ist, eine Depression zu vertreiben. Dies wird durch neuroanatomische Erkenntnisse bestätigt. Die Veränderungen im Gehirn während einer Depression sind mittels bildgebender Verfahren wie der Positron-Emissions-Tomographie (PET) studiert worden. Eine Region des Stirnlappens, der so genannte vordere Gyrus cinguli, ist Bestandteil einer Struktur, die man als limbische Schleife bezeichnet. Diese limbische Schleife ist an den emotionalen Aspekten des Denkens und Verhaltens beteiligt und hat eine spezielle Relevanz für die Depression. Bei einer Depression ist der Betroffene fast ausschließlich mit sich selbst beschäftigt. Depressive Mütter bekunden z.B. wenig oder gar kein Interesse an ihren Kindern. Die Blutzufuhr zum vorderen Gyrus cinguli nimmt zu, wenn wir damit beschäftigt sind, innere emotionale Informationen zu verarbeiten; dieser Teil des Gehirns wird dadurch aktiviert. Bei depressiven Menschen weist er eine Hyperaktivität auf, mit der Folge zwanghaften Grübelns. Wenn wir hingegen den Brennpunkt des Interesses von uns weg auf die Außenwelt verlagern, werden andere Gehirnstrukturen aktiv. Körperliche Betätigung wie Gehen oder Laufen helfen uns, die Aufmerksamkeit nach außen zu richten. Wenn wir anderen durch ehrenamtliche Arbeit oder andere altruistische Betätigungen helfen, dann geschieht etwas ganz Ähnliches. Unsere Aufmerksamkeit wird von uns selbst abgezogen, und nach außen gerichtete Hirnzentren, die an sprachlicher und motorischer Aktivität beteiligt sind, werden angeregt.

Sobald Sandys Depression gewichen war, vermochte sie ihrem Leben eine neue Richtung zu geben. Es machte ihr Freude, andere Menschen zu unterstützen, und sie beschloss, dies zu ihrem Beruf zu machen. Während ihres Studiums für einen Abschluss in Sozialarbeit lernte sie eine ganze Reihe von Frauen mittleren Alters kennen und fand unter ihnen interessierte und interessante Freundinnen, die alle von dem Wunsch beseelt waren, ihre mütterlichen Fähigkeiten und den Schatz ihrer Lebenserfahrung zum gesellschaftlichen Wohl zu nutzen. Einige Jahre nach unserer ersten Begegnung gestand mir Sandy, sie sei in ihrem ganzen Leben noch nie glücklicher gewesen. Tatsächlich hat die Forschung gezeigt, dass die Mehrzahl der Frauen, die ursprünglich mit Angst und Depression auf den Weggang ihrer Kinder reagierten, innerhalb von fünf bis zehn Jahren viel stärker und auch besser angepasst als Männer gleichen Alters sind.

In ihrem Buch *The Fountain of Age* [dt.: *Mythos Alter*, Reinbek: Rowohlt, 1997] setzt sich Betty Friedan mit der Frage auseinander, warum Frauen in unserer Kultur im Schnitt 7,8 Jahre länger leben als Männer und welche sozialen und physischen Faktoren für diesen Unterschied verantwortlich sein mögen. Sie schreibt: »Könnte es sein, dass der ständige Zwang zur Veränderung, das dauernde Anfangen und Enden, mit dem es Frauen in ihrer reproduktiven Rolle zu tun haben, sie für das Alter stärken? Tatsächlich habe ich viele Untersuchungen gesehen, aus denen hervorgeht, dass gerade die Frauen, die die meisten Veränderungen und Umbrüche durchmachten, in ihrem späteren Leben am vitalsten waren.« Sie zitiert eine Untersuchung über Frauen während der Jahre des leeren Nestes, die diese in zwei Gruppen einteilt, die »statischen« bzw. »schrumpfenden« versus die »expandierenden«, »neu anfangenden«. Sandy war typisch für die zweite Gruppe, Frauen, die ihre Rolle erweiterten oder sich eine neue suchten, im Gegensatz zu ersteren, die in geschrumpften Rollen zu Hause blieben. Die Frauen, die einen Neubeginn wagen, sind mit ihrem Leben gewöhnlich sehr zufrieden. Tatsächlich sind die Jahre, nachdem die Kinder das Haus verlassen haben, oft die erfüllteste Zeit im Leben einer Frau. Und da jetzt mehr Frauen als je zuvor in der Geschichte dieses Stadium der Freiheit, der Erfahrung und des Einflusses erreichen, haben wir die Chance, zu einer gewaltigen Kraft gesellschaftlicher Veränderung zu werden, während wir uns auf diese Weise gleichzeitig vor Isolierung bewahren, unsere Flexibilität und Zufriedenheit erhöhen und unsere Gesundheit schützen.

Die weibliche Botschaft der Beziehungsorientierung und Interdependenz verbreiten

In der Lebensmitte haben die meisten Frauen die weiblichen Werte schätzen gelernt: Liebe und Partnerschaft, durch die zwei Menschen einander helfen, auf eine höhere Stufe von Kreativität und Glück zu gelangen; das Gefühl von Klarheit, die auf Authentizität beruht; und die Bereitschaft, anderen zu dienen, die auf der Erkenntnis basiert, dass es Freude macht zu geben, weil alle Dinge in einem Bezug zueinander stehen und alle Menschen aufeinander angewiesen sind.

Dieser letztgenannte Wert führt zu einem Engagement für die Umwelt und die Erhaltung des Planeten für künftige Generationen.

In einer Studie, die der Soziologe Paul Ray 1996 vorlegte, bezeichnet er weibliche Werte als Kern einer neuen gesellschaftlichen Bewegung, die 44 Millionen Menschen, das sind 24% aller AmerikanerInnen, umfasse, die er als Kulturell Kreative oder KKs bezeichnet. Diese Bewegung habe sich in den 70er-Jahren zu formieren begonnen, und sie sei insofern ungewöhnlich, als sie schon zu Beginn erheblich mehr Menschen umfasst habe als jede andere neu auftretende gesellschaftliche Gruppierung. Ray unterscheidet zwei Untergruppen von KKs, die so genannten Kernkreativen und die Grünen Kreativen. Die Kernkreativen, die 20 Millionen AmerikanerInnen oder 10,6% der Bevölkerung repräsentieren, »befassen sich ernsthaft mit Psychologie, Spiritualität und Selbstverwirklichung; sie sind aufgeschlossen gegenüber allem Fremden und Exotischen (xenophil); sie sind interessiert an gesellschaftlichen Problemen und an Frauenfragen; sie setzen sich entschieden für ökologische Zukunftsfähigkeit ein. In ihren Reihen finden sich die führenden DenkerInnen und Kulturschaffenden. Sie gehören vorwiegend der oberen Mittelschicht an, ihr Frauenanteil beträgt 67%, ist also doppelt so hoch wie der der Männer.« Die Grünen Kreativen, die 24 Millionen AmerikanerInnen oder 13% der Bevölkerung repräsentieren, »haben Wertbegriffe, in deren Mittelpunkt die Erhaltung der Umwelt steht, sie nehmen an sozialen Fragen von einem religionsfreien Standpunkt aus Anteil, bei durchschnittlichem Interesse an Spiritualität, Psychologie oder personenzentrierten Werten. Sie scheinen ihre Leitideen von den Kernkreativen zu übernehmen und gehören überwiegend der Mittelschicht an.«

Ray identifiziert drei vorherrschende Mentalitäten in der amerikanischen Gesellschaft: Traditionalisten, Modernisten und Kulturell Kreative. Die Traditionalisten, deren Wurzeln bis in das europäische Mittelalter zurückverfolgt werden könnten, seien eher auf dem Land zu finden und neigten zu Rassismus und Fremdenfeindlichkeit. Sie sehnten sich nach einer Rückkehr zu dem kleinstädtischen, religiösen Amerika, wie es etwa von 1890 bis 1930 existiert habe; Ray zufolge umfassen sie 56 Millionen Personen, das sind 29% der Bevölkerung. Die Modernisten, deren Vorläufer vor etwa 500 Jahren gegen Ende der Renaissance zu finden seien, hätten Wertbegriffe, in deren Mittelpunkt wirtschaftliche Fragen, militärische Stärke, Wissenschaft, Technologie und intellektuelle Interessen stünden. Diese Gruppe bestehe aus zwei Fraktionen, eher progressiven Liberalen und eher reaktionären Konservativen. Die Kulturell Kreativen seien die jüngste Gruppe, ihre Wurzeln reichten bis in die spirituellen Bewegungen zurück, die aus der Renaissance hervorgingen, und seien beeinflusst von amerikanischen Transzendentalisten des 19. Jahrhunderts wie Emerson und Thoreau und den neueren Bewegungen der transpersonalen und humanistischen Psychologie, der Ökologie und der Frauenbewegung, die allesamt in den 60er-Jahren oder später entstanden sind.

Zu den von Ray angeführten Werten der Kulturell Kreativen zählen ein Interesse an ökologischer Nachhaltigkeit, das über bloßen Umweltschutz hinausgeht und die Natur als etwas Heiliges begreift; die Sorge um globale Probleme der Bevölkerungszunahme und Zerstörung der Lebensgrundlagen; die Hinwendung zu einfacheren Lebensstilen und ein Interesse an der Sanierung von Wohnquartieren und Gemeinden. Das Interesse der KKs an Frauenfragen schließe ihre Sorge angesichts der Gewalt in Gesellschaft und Familie gegenüber Frauen und Kindern ein; sie bemühten sich, liebevolle Beziehungen zu fördern und die Familie zu erhalten. KKs interessierten sich auch speziell für alternative Medizin, spirituelles Wachstum und das Seelenleben. Das letztgenannte Interesse sei jedoch weit von Egozentrik entfernt. KKs sind keine Aussteiger, die sich durch ichbezogene Versenkung Selbstverwirklichung erhofften. Ihnen gehe es vielmehr um das Gemeinwohl und um Projekte, die der Gemeinschaft zugute kämen. Kurz, sie agierten auf einer Stufe, auf der das Bewusstsein wechselseitiger Abhängigkeit ausgeprägt sei und einen höheren Wert darstelle als Unabhängigkeit. Ihr eigenes Glück erwachse zum Teil aus der Förderung des Gemeinwohls.

Die Werte der Kulturell Kreativen wirken sich prägend auf deren Lebensstil aus. So bevorzugen die KKs Lesen und Radiohören (speziell Klassiksender) gegenüber dem Fernsehen, dem sie nur geringen Wert beimessen. Besonders entschieden lehnen sie Kindersendungen ab, und in Bezug auf die Warenwelt bestehen sie darauf, die »ganze Geschichte zu hören«. Eine solche vollständige Geschichte sagt uns, wo ein Produkt herkommt, wie und von wem es hergestellt wurde und wo es nach seinem Gebrauch entsorgt werden wird. Das ist eine Geschichte über wechselseitige Abhängigkeiten, die uns hilft zu entscheiden, ob ein Produkt für den Planeten als Ganzes gut ist. Die KKs sind daher auch aufmerksame EtikettenleserInnen und gut informierte VerbraucherInnen. Sie haben Spaß an technischen Geräten, legen Wert auf gesunde Ernährung und experimentieren in der Küche mit Gourmet-Speisen. Sie bevorzugen Echtes gegenüber Imitationen – Leder statt Kunststoff, Holz statt Plastik. Sie schätzen traditionelle Dinge, die auf eine Geschichte zurückblicken, und dies schlägt sich oft in der kreativen Weise nieder, wie sie ihren Lebensraum und Arbeitsplatz gestalten. Sie bevorzugen Häuser, die von der Straße aus nicht einsehbar sind und Zugang zur Natur bieten, gegenüber »protzigen« Häusern, die der Straße mit ihren Dimensionen imponieren wollen.

Ray vertritt die Hypothese, die Kulturell Kreativen repräsentierten das Potential für eine »neue und markante soziale Kraft«, die er als Integrale Kultur bezeichnet. Dabei geht er von der Tatsache aus, dass wir zum ersten Mal in der Geschichte eine echte Weltkultur entwickeln, die die Bedürfnisse aller Menschen erfüllen müsse, nicht bloß die der reichen und mächtigen Länder. Diese neue Kultur werde vor der Aufgabe stehen, Ökologie und Ökonomie miteinander in Einklang zu bringen, die globale Kommunikation zu verbessern, unsere Verbindung zur Natur zu stärken und die unterschiedlichsten Glaubensbekenntnisse, Religionen und Traditionen auf der Basis gegenseitiger Achtung miteinander zu vereinbaren. Die Tatsache, dass innerhalb von 20 Jahren ein Viertel der amerikanischen Bevölkerung sich den Werten verschrieben habe, die zur Entstehung einer

Integralen Kultur nötig sind, sei sehr ermutigend. Und die Tatsache, dass Frauen die Mehrheit in dieser Bewegung bilden, sei kaum überraschend. Aber Ray gibt zu bedenken, dass die Entstehung einer Integralen Kultur keine Selbstverständlichkeit sei, sondern noch ungeheure Arbeit geleistet werden müsse, bis die weiblichen Werte der Beziehungsorientierung und Interdependenz eine neue Weltkultur erschaffen können.

Weibliche Werte beginnen jedoch allmählich, den Zeitgeist in Amerika zu verändern, nicht bloß durch politische Aktionen, sondern durch das, was Frauen von Natur aus tun, nämlich in Beziehung zu anderen Frauen zu treten. Dies lässt sich in der Unterhaltungsindustrie in Dollar messen – und diese liefert auch das Medium zur Verbreitung der Botschaft. Naomi Judd, die sich als Country-Sängerin zurückzog, als chronische Hepatitis ihr Leben bedrohte, hat ihren beträchtlichen Einfluss zugunsten von Heilung und Spiritualität eingesetzt. Oprah Winfrey, die täglich ein Millionenpublikum erreicht, hat ihren Einfluss in ähnlicher Weise benutzt und will dies künftig auch durch die Produktion von Filmen tun, die inspirieren, ermutigen und heilen. Geschichten über Menschen, die sich Herausforderungen stellen und diese überwinden, Geschichten über Menschen, die zerbrochene Beziehungen wiederherstellen, und Geschichten über Menschen, die selbst in Krankheit und Tod ihr Heil finden – wie der Film *Zeit der Zärtlichkeit* mit Shirley MacLaine und Debra Winger – sind Beispiele dieses Genres.

Frauen sind das am schnellsten wachsende Segment häufiger Kinogänger, und sie entleihen auch 60% der Videofilme, die doppelt so viel einbringen, wie für Kinokarten ausgegeben wird. Und immer häufiger erweisen sich mit bescheidenem Budget gedrehte Filme über Beziehungsprobleme als Kassenschlager. Viele junge weibliche Stars wie Demi Moore, Michelle Pfeiffer, Jody Foster, Meg Ryan, Sharon Stone und Winona Ryder beginnen Regie zu führen oder Filme zu produzieren, und statt Millionen auf Action- und Gewaltfilme zu verschwenden, setzen sie auf Werke, die das Leben der Menschen bereichern. In einem Artikel im *Time*-Magazin wird die Stellungnahme von Sarah Pillsbury, einer Hollywood-Produzentin, zu diesem neuen Genre der Frauenfilme zitiert: »Frauen wissen gewöhnlich den Alltag und das, was zwischen Menschen abläuft, zu schätzen, und sie sind sich bewusst, dass sich das Wunderbare oft im Trivialen verbirgt.«

Viele der besten Filme sind genau deshalb so inspirierend, weil sie den spirituellen Aspekt von Beziehungen und das tägliche Bemühen, authentisch zu werden, bezeugen. *Magnolien aus Stahl*, ein Theaterstück und später ein Film über Frauen in einem Städtchen in den Südstaaten, vermittelte seine Botschaft von der Geschmeidigkeit, der Anteilnahme und Ehrlichkeit von Frauen durch deren Alltagsgespräche in einem Schönheitssalon.

Frauen in mittleren Jahren unterziehen ihr Leben einer ernsthaften Bewertung, sie trennen sich von Überflüssigem und streben nach Echtheit. Da sie auch einen größeren Prozentsatz von Buchkäufern und Kinobesuchern ausmachen, ist es nicht überraschend, dass die Unterhaltungsindustrie aus unserem Interesse an seelischem Wachstum und Spiritualität materiellen Gewinn zieht. Die Autorin Susan Cheever hat einige interessante Reminiszenzen an die Zeit, als sie 50 Jahre alt wurde: da habe sie aufgehört, sich zu fragen, wer sie sei, und sich »in meinem eigenen Leben eingerichtet«. Sie schreibt in *Living Fit*, einer Zeitschrift für Frauen in mittlerem und höherem Alter: »Ich begann, mich weniger mit Gloria Steinems Bemerkung anlässlich ihres 50. Geburtstags zu identifizieren – ›50 ist heute, was früher 40 war‹ –, sondern mehr mit ihrer feministischen Mitschwester Jane O'Reilly, die sagte: ›50 ist nicht ein verzögertes 40. Beglückwünschen wir uns weniger dazu, wie wunderbar wir erhalten sind, und haben wir mehr Respekt vor unserer geistigen und seelischen Reife.‹«

Wir können etwas bewegen, jede Einzelne von uns

Es ist nicht jeder von uns gegeben, einen Film zu machen oder an der Spitze einer Bewegung zu stehen, aber jede von uns kann tief in ihr Herz hineinhorchen und der Stimme voller Klarheit und Mitgefühl lauschen, die uns bei unseren täglichen Taten der Freundlichkeit und Ermutigung leitet, aus denen unser spiritueller Weg im Wesentlichen besteht. Wir können uns gezielt die Filme anschauen und die Bücher kaufen, die das Wachstum des menschlichen Geistes fördern, und auf diese Weise Produzentinnen und Autorinnen unterstützen. Was am wichtigsten ist, wir können uns »in unserem eigenen Leben einrichten«. Auf einer Tagung der humanistischen Psychologie, an der ich teilnahm – die meisten Anwesenden waren Frauen –, bestieg zu meiner anfänglichen Verwunderung und späteren Zustimmung eine Frau unangekündigt das Podium. Sie erinnerte uns daran, dass wir an dieser Tagung teilnähmen, weil uns die Welt nicht gleichgültig sei, und dennoch sei sie soeben Zeugin eines Aktes besonderer Gleichgültigkeit gewesen. Zwei Frauen waren eilig durch eine Schwingtür gestürmt und hatten dabei eine ältere Frau umgestoßen. In ihrer Unaufmerksamkeit hatten sie gar nicht bemerkt, dass diese Frau gestürzt war. Ich war nicht als Einzige erfreut darüber, dass diese Rednerin spontan an unser kollektives Gewissen appellierte. Bewunderung für ihre Aufmerksamkeit und die beherzte Art, wie sie für ihr Anliegen eintrat, veranlasste uns zu einer stehenden Ovation und später zu lebhaften Gesprächen in den Korridoren. Was für einen Sinn hat es schließlich, über Mitmenschlichkeit zu sprechen, wenn wir nicht selbst praktizieren, was wir predigen?

Wie oft, frage ich mich, verhalte ich mich in meinem eigenen Leben noch gleichgültig oder rücksichtslos? Wenn ich in Gedanken bin, neige ich dazu, VerkäuferInnen zu ignorieren und meine Einkäufe von ihnen entgegenzunehmen, als ob sie Automaten wären. Ich versuche, mich zu bessern, indem ich KassiererInnen für ihre Freundlichkeit lobe oder ihre Bemühungen in anderer Weise anerkenne. Meistens dankt man mir mit einem Lächeln. Ein bisschen Energie fließt zwischen uns, die uns beide belebt und die wir an andere Menschen weitergeben können, mit denen wir an diesem Tag zu tun haben. Manchmal ist die Frau an der Kasse zu beschäftigt, um zu reagieren, und das ist auch in Ordnung. Ein freundliches Wort ist nie verschwendet, weil es dem, der es ausspricht, genauso viel Auftrieb gibt wie dem Adressaten. Das trifft nicht nur psychisch zu, sondern auch physisch. Die Krankenschwester und Forscherin Janet Quinn von der Universität von Colorado hat z.B. eine Untersuchung über eine Form von Energieheilung durchgeführt, die als therapeutische Berührung (TB) bezeichnet wird. Das Grundprinzip von TB ist die starke mentale Intention, dem Patienten durch die Berührung Respekt und Mitgefühl zu vermitteln. Die Spenderin von TB hat ein kraftvolles inneres Bild von der Empfängerin als heil und gesund vor Augen und lässt durch ihre Hände, die eine Handbreit über dem Körper der zu Heilenden gehalten werden, universelle heilende Energie in das Kraftfeld der Empfängerin einfließen. Messungen des Effekts von TB auf die T-Lymphozytenfunktion, einen Gradmesser der Immunität, ergaben eine Verbesserung nicht nur bei der Empfängerin, sondern auch bei der Heilerin.

Manchmal setzen scheinbar kleine Akte der Mitmenschlichkeit eine Kettenreaktion in Gang, die plötzlich ein neues Universum von Möglichkeiten eröffnet. Denken wir an Mutter Teresa, die ihre Mission 1952 begann, indem sie einen Sterbenden aus der Gosse in Kalkutta aufhob und ihm während seiner letzten Atemzüge Liebe und Trost spendete. In den folgenden 30 Jahren haben sie und ihre Ordensschwestern über 40.000 todkranke Menschen von der Straße aufgelesen. Die Tatsache, dass fast die Hälfte davon wieder gesund wurde, ist ein erstaunlicher Beweis für die Heilkraft der Liebe.

Der Psychologe David McClelland hat während seiner Professur in Harvard eine Studie über Mutter Teresa durchgeführt. Er ging dabei von der Prämisse aus, dass sie einen seelischen Wesenszug ähnlich der bedingungslosen Liebe verkörpere, den er verbindendes Vertrauen nannte. Unter verbindendem Vertrauen versteht er die

Bereitschaft, sein Herz zu öffnen, die Überzeugung, dass Liebe zu geben und zu empfangen das Wichtigste im Leben sei. Tests ergaben, dass die ProbandInnen nach dem Betrachten eines Dokumentarfilms über das Leben von Mutter Teresa nicht nur mehr Gedanken von verbindendem Vertrauen hatten, sondern dass bei ihnen auch die Konzentration eines im Speichel enthaltenen Antikörpers, des so genannten sekretorischen Immunglobulins A (s-IgA), signifikant angestiegen war. Das s-IgA stellt unsere erste Abwehrfront gegen Keime dar, die durch Nase und Mund eindringen; es ist ein integraler Bestandteil der Verteidigung des Körpers gegen Infektionskrankheiten sowie Karies und Gingivitis [Zahnfleischentzündung]. Etwa eine Stunde nach Vorführung des Films über Mutter Teresa begannen die s-IgA-Konzentrationen der ProbandInnen wieder abzunehmen. Sie stiegen erneut an, als die Versuchspersonen aufgefordert wurden, die Augen zu schließen und sich an eine Zeit in ihrem eigenen Leben zu erinnern, in der sie entweder bedingungslos liebten oder geliebt wurden. Verbindendes Vertrauen ist eine gute Arbeitsdefinition für das Selbst-in-Beziehung, ein psychospiritueller Zustand, in dem beide Beteiligten aufgrund ihrer Verbundenheit eine höhere Stufe von Gesundheit und Glück erreichen.

Die meisten Menschen, mich eingeschlossen, fühlen sich bei der Vorstellung, sich um so viele Menschen zu kümmern wie Mutter Teresa, völlig überfordert. Aber sie beschreibt eine Einstellung, wie wir der Verwirrung, nicht zu wissen, wo wir beginnen sollen, und der Lähmung, die uns überfällt, wenn die nötigen Veränderungen zu gewaltig sind, aus dem Weg gehen können. Sie schreibt: »Ich betrachte niemals die Massen als meine Aufgabe. Ich schaue mir den Einzelnen an. Ich kann jeweils immer nur einen Menschen lieben. Ich kann nur einem Menschen zu essen geben. Nur einem und dann dem nächsten und dem nächsten. Wir kommen Christus näher, indem wir einander näher kommen. Wie Jesus sagte: ›Was ihr dem geringsten meiner Brüder getan habt, das habt ihr mir getan.‹ Und so beginnt man ... ich beginne. Ich habe einen Menschen aufgelesen – hätte ich diesen einen nicht aufgelesen, dann hätte ich vielleicht nicht 42.000 aufgelesen. Die ganze Arbeit ist nur ein Tropfen im Meer. Aber wenn ich diesen Tropfen nicht hineingetan hätte, dann hätte das Meer um einen Tropfen weniger. Dasselbe gilt für Sie, dasselbe gilt in Ihrer Familie, dasselbe gilt in der Kirche, in die Sie gehen. Fangen Sie einfach an – immer eines nach dem anderen.«

Ein weiblicher Weg zur Macht und zu sozialem Handeln

Obwohl dies nicht als ein Buch über Sozialpolitik gedacht ist, sollten wir uns überlegen, wie wir Frauen in der späteren Lebensmitte Nutzen aus dem ziehen könnten, was die Anthropologin Margaret Mead als »postmenopausalen Schwung« bezeichnet hat und was ich das Hervortreten der Wächterin genannt habe, indem wir andere in einer Weise unterstützen, die auch zu unserem eigenen Glück und einem längeren Leben beiträgt. Die zahlreichen physischen Veränderungen der Menopause, die wir in den letzten zwei Kapiteln erörtert haben, haben den Geist des Yang, der männlichen Energie, aus der Flasche herausgelassen. In den mittleren Jahren ist der Testosteronspiegel bei Frauen hoch, aber im Gegensatz zu den Männern gilt dasselbe auch für unsere Östrogenkonzentrationen, wenn diese auch niedriger sind als vor dem Wechsel. Die Befürchtung, dass gesellschaftlich aktive Frauen einen Kader von wilden, männlichen Kriegerinnen bilden werden, ist also durch unsere Physis nicht gerechtfertigt. Ebenso wenig ist sie aufgrund unserer lebenslangen psychischen Entwicklung berechtigt, die auf den primären spirituellen Werten der wechselseitigen Abhängigkeit und Verbundenheit beruht.

Viele Frauen fürchten sich vor Macht und Erfolg, sie scheuen sich, Führungsrollen zu übernehmen, und ich glaube, einer der tieferen Gründe dafür liegt in der Tatsache, dass wir uns bewusst sind, wie sehr Macht all die Jahrtausende hindurch missbraucht wurde, meistens von Männern, die herausgehobene politische und gesellschaftliche Positionen bekleideten. Deshalb ist es wichtig, einen Augenblick innezuhalten und über weibliche Konzeptionen von Macht nachzudenken, wenn wir in unseren mittleren und späteren Erwachsenenjahren tatsächlich die Rolle der Wächterin beanspruchen wollen.

Werfen wir einen hypothetischen Blick auf die amerikanische Geschichte und wie anders sie sich entwickelt hätte, wenn Christoph Columbus von einer weiblichen Machtbasis aus operiert hätte. Am Ende seiner langen Seefahrt landete Columbus schließlich in der Neuen Welt und entdeckte dort eingeborene Völker, die nach dem weiblichen Prinzip wechselseitiger Abhängigkeit lebten. Sie waren untereinander und gegenüber Columbus und seinen Männern freigibig und achteten die Verbundenheit – untereinander und mit der Erde und dem Schöpfer –, und sie lebten im Einklang mit der Wertetrias von Liebe, Seelenfrieden und Dienstbereitschaft. Columbus schrieb an König Ferdinand und Königin Isabella, die Schirmherren seiner Reise: »Diese Menschen sind so folgsam und friedlich, dass ich Euren Majestäten schwöre, es gibt keine bessere Nation in der Welt. Sie lieben ihre Nächsten wie sich selbst, und ihre Gespräche sind immer freundlich und sanft und werden von einem Lächeln begleitet.«

Das Leben der Indianer mochte mit den Geboten des Christentums zwar in Einklang stehen, dennoch erhielt Columbus, diktiert von jener Auffassung von Macht, die die meisten Frauen fürchten, den Auftrag, die Indianer zur »Annahme unserer Lebensweise zu zwingen«. Und so begann das blutigste, moralisch verwerflichste Kapitel der amerikanischen Geschichte – die Ausplünderung und Vernichtung der Indianervölker, jener Ureinwohner des Kontinents, auf deren Asche das moderne Amerika errichtet wurde. Wäre Columbus eine Frau gewesen oder ein Mann, der von einer weiblichen Machtbasis aus operierte, dann hätte sich das Szenarium vielleicht von dem des Eroberers, der die Indianer zu unterwerfen und zu verändern sucht, zu dem eines kulturellen Austauschs gewandelt, aus dem beide Parteien Nutzen ziehen. Nach Paul Rays Auffassung hätten die Spanier und die Indianer möglicherweise eine für beide segensreiche, auf gegenseitiger Achtung basierende integrierte Kultur erschaffen können.

In dem Maße, wie die Welt mehr und mehr zu einem Schmelztiegel wird, gewinnt weibliche Macht zunehmend an Bedeutung. Soll unser Planet zu einer gleichförmigen Steppe werden, die McDonald's und Coca-Cola unter sich aufteilen und wo von jeder Kultur erwartet wird, dass sie sich dem *American Dream* unterordnet, oder können wir von anderen Kulturen lernen und unsere eigene dadurch bereichern?

Nach ihrer Teilnahme an der UNO-Weltkonferenz der Frauen 1995 in Peking, wo über 40.000 Frauen aus 184 Nationen über die Möglichkeiten diskutierten, eine neue Zukunft zu erschaffen, schrieb Betty Friedan: »Die Frauen der Welt, die sich jetzt in Peking versammeln, zeichnen sich plötzlich als eine große Macht ab, genau in dem Augenblick, wo tödliche neue Exzesse von Gewalt und Habgier von der ganzen Welt Besitz zu ergreifen scheinen. Können sich diese Gewalthaber über die Frauen hinwegsetzen? Vielleicht glauben sie das; sie wünschen sich vielleicht, dass die Frauen einfach aufhören würden, über Werte, Menschenrechte, über den Schutz von Kindern und die Umwelt, die Alten und die Kranken zu sprechen, die gesamten sozialen Errungenschaften, die jene Männer, welche jetzt in vielen Ländern die Macht an sich reißen, wieder zunichte machen wollen. Ich weiß, dass wir nicht aufhören werden, darüber zu sprechen.«

Der Schlüssel zu einer weiblichen Form von Macht, die den sozialen Fortschritt prägen könnte, liegt nicht in der Opposition gegen die männliche Macht des Beherrschens und Eroberns und ebenso wenig in deren Nachahmung. Vielmehr beruht sie auf der ihr eigenen Wertschätzung von Vielfalt, einem Glauben an den Wert aller Menschen und der Fähigkeit, unterschiedliche Sichtweisen gelten zu lassen, wie sie der Biologie und Psychologie der Frauen entspricht. So basieren die biologischen Schaltkreise der Empathie, die sich in früher Kindheit entwickeln, auf der Fähigkeit, uns an die Stelle eines anderen zu versetzen und zu verstehen, wie sich der andere fühlt. Wenn wir die Welt aus der Perspektive eines anderen Menschen nachempfinden können, macht uns das toleranter. Wir begreifen dann, dass unser eigener Standpunkt nicht der einzige ist. Die empathische Beziehungsorientierung von Frauen macht es auch schwieriger, im anderen »den Feind« zu sehen und sich damit über seine Rechte hinwegzusetzen. Wenn Macht von Einfühlung geprägt ist, dann kann sich soziales Handeln auf eine ganz neue Stufe erheben.

In den mittleren Kindheitsjahren lernen Mädchen, nicht nur mit der linearen Logik des Verstandes zu denken, sondern auch mit der beziehungsorientierten Logik des Herzens. Ähnlich wie Amy, das elfjährige Mädchen, das Carol Gilligan als Beispiel für moralische Überlegungen anführte, sind erwachsene Frauen imstande, sich die weitreichenden Auswirkungen einer Handlung vorzustellen. Jene Frauen, die zu den Kulturell Kreativen zählen, haben besonders feine Antennen für die Konsequenzen, die unsere kollektiven Entscheidungen in so unterschiedlichen Fragen wie dem Einsatz von Pestiziden, der Bildungspolitik und dem Anstieg von Verbrechen und Gewalt auf die gesamte Lebensqualität haben. So kann z.B. der Einsatz von Pestiziden die Ernteerträge manchmal steigern und mehr Nahrung verfügbar machen; auf der anderen Seite können Pflanzenschutzmittel den Boden und das Grundwasser verseuchen, sich schließlich im Fettgewebe von Tieren und Menschen anreichern und dadurch das Krebswachstum fördern oder die DNS schädigen und Mutationen hervorrufen. Außerdem werden Pestizide wie DDT, die in den Vereinigten Staaten und Europa verboten sind, in Länder der Dritten Welt exportiert und gelangen dort zum Einsatz. Ist das Leben der Bürger dieser Länder weniger wertvoll als das unsere? Stellt es einen vertretbaren Kompromiss dar, DDT zur Tötung von Moskitos in Malaria-Gebieten einzusetzen, falls es billiger ist als weniger toxische Substanzen? Ist Wirtschaftlichkeit tatsächlich die wichtigste Variable in jeder Gleichung, wie das bisher so häufig der Fall war?

Frauen in den mittleren Jahren sind allein schon aufgrund ihrer Zahl und Erfahrung jetzt in der Position, eine neue Art von sozialem Engagement, geprägt vom Prinzip der Verbundenheit, zu praktizieren und ihre Energie als Wächterinnen des Lebens wirksam werden zu lassen. Paul Rays Untersuchung über die Kulturell Kreativen, deren Mehrzahl aus Frauen besteht, deutet darauf hin, dass der Wunsch, eine neue Integrale Kultur, basierend auf empathischer Verbundenheit mit verschiedenen Völkern und mit der Umwelt, zu schaffen, weit verbreitet ist und fast ein Viertel aller AmerikanerInnen erfasst hat. Aber um eine neue gesellschaftliche Ordnung der Integralen Kultur herbeizuführen, sollten wir ständig reflektieren, was es wirklich bedeutet, miteinander in Beziehung zu stehen und vom Geist der Dienstbereitschaft erfüllt zu sein. Sonst ist die Gefahr groß, wieder in das alte Schema zu verfallen, Macht über andere Menschen, Institutionen oder Kulturen auszuüben, weil wir glauben, dass unsere Lebensweise besser sei.

Die Ärztin Rachel Naomi Remen, eine Frau in mittleren Jahren, die in Bolinas/Kalifornien ein Krebstherapieprogramm leitet und Verfasserin des Buches *Kitchen Table Wisdom* [dt.: *Dem Leben trauen,* München: Blessing, 1997] ist, schreibt über den Unterschied zwischen Dienst als Form der Verbundenheit mit dem Leben und Dienst als verschleierter Form des Urteils, d.h. der Aussage, dass jemand gebrochen sei und zusammengefügt werden müsse. »Das Konzept des Reparierens impliziert eine Ungleichheit in der Sachkenntnis, die leicht zu einer moralischen Distanz werden kann. Aus der Distanz können wir nicht dienen. Wir können nur demjenigen dienen, dem wir uns tief verbunden fühlen, demjenigen, den wir bereit sind zu berühren. Dies ist die eigentliche Botschaft von Mutter Teresa. Wir dienen dem Leben, nicht weil es gebrochen ist, sondern weil es heilig ist.«

Das Herz einer Frau: Ein Rollenmodell für den Geist in Aktion

Ein altes Sprichwort der Cheyenne-Indianer besagt, dass »eine Nation so lange nicht besiegt ist, bis die Herzen ihrer Frauen auf dem Boden liegen; dann aber ist es um sie geschehen, so tapfer ihre Krieger und so stark ihre Waffen auch sein mögen«. In diesem Abschnitt möchte ich das Werk einer Frau beleuchten, die ein Beispiel dafür ist, was Frauen zuwege bringen können, wenn ihr soziales Engagement von den weiblichen Werten der Beziehungsorientierung und gegenseitigen Achtung geleitet wird. Ihr Name ist Robin Casarjian, eine Frau mittleren Alters aus Boston/Massachusetts. Die Aufgabe, der sie ihre ganze Kraft gewidmet hat, ist die Reform des Strafvollzugs.

Robin hatte sich nicht vorgenommen, eine Gefängnisreformatorin zu werden, sie reagierte einfach mit ihrem Herzen und ihrer Persönlichkeit auf Bedürfnisse, denen sie in ihrem Leben begegnete. Während sie in den 80er-Jahren im Rahmen des Harvard-Programms für gemeindenahe Gesundheitsvorsorge Stress-Management unterrichtete, gelangte Robin immer mehr zu der Überzeugung, dass Mangel an Vergebung für viele Menschen eine häufig übersehene Quelle der Belastung sei. Sie wurde bekannt für ihr Interesse an diesem Thema und erhielt die Einladung, am MCI Gardner, einer Strafvollzugsanstalt in Massachusetts mit mittlerem Sicherheitsstandard, wo 700 Männer einsaßen, einen Vortrag über Vergebung zu halten. Unglaublicherweise erschienen 120 Häftlinge zu diesem Vortrag und hörten ihr zwei Stunden lang gebannt zu. Da war ein Hunger nach Erkenntnis, ein Hunger nach Heilung. Robin reagierte auf dieses Bedürfnis mit dem Angebot, in der Strafanstalt einen aus 15 Sitzungen bestehenden Kurs über Vergebung und emotionale Heilung abzuhalten.

Im Laufe der nächsten Jahre hielt sie viele solche Vorträge und Workshops sowohl in Männer- als auch in Frauengefängnissen und stieß dabei auf einige erstaunliche Fakten in Bezug auf Verbrechen und Bestrafung. Die folgenden Fakten stammen aus einem Informationsblatt der Lionheart Foundation, einem gemeinnützigen Projekt mit dem Ziel, Haftanstalten in Häuser der Heilung umzuwandeln, ein Projekt, das Robin 1992 ins Leben rief. Die Bestrafungsindustrie (Gefängnisse und Jugendstrafanstalten) ist gegenwärtig der am schnellsten wachsende Sektor der amerikanischen Wirtschaft. Eineinhalb Millionen AmerikanerInnen befinden sich momentan hinter Gittern – ein Anstieg um 400% seit 1970, mit einer wöchentlichen Nettozunahme von 2000 Häftlingen. Um diesen explosiven Anstieg zu verkraften, müssten vier neue Gefängnisse pro Woche gebaut werden. Eine Berechnung ergibt, dass Mitte des nächsten Jahrhunderts mehr als die Hälfte der Bevölkerung eingesperrt sein wird, wenn die Zahl der Häftlinge im gegenwärtigen Tempo weiterwächst. Dies würde natürlich den Bankrott der Regierung bedeuten. Die traurige Tatsache ist, dass sich fast jeder dritte Afroamerikaner zwischen 20 und 30 Jahren unter der Kontrolle der Strafjustiz befindet (in Haft, auf Bewährung oder bedingt entlassen); dasselbe gilt für jeden achten jungen Latino und jeden 15. weißen Amerikaner dieser Altersgruppe. Drei Viertel aller Strafgefangenen im Staat New York (fast 70.000 Personen) stammen aus sieben Stadtbezirken von New York City, typischen verelendeten Innenstadtvierteln. Die dort herrschende Armut, Krankheiten, mangelhafte Gesundheit der Kleinkinder und die grassierende Arbeitslosigkeit bilden den Nährboden für Lethargie, Hoffnungslosigkeit und Verbrechen. Über 50% der Jungen in diesen Vierteln gehen vorzeitig von der Schule ab, und von den Afroamerikanern sind 60% arbeitslos.

Dennoch gibt es einen Hoffnungsschimmer. Häftlinge, die an Drogen- und Alkohol-Entzugsprogrammen teilnehmen, haben ein nur halb so hohes Risiko, wieder im Gefängnis zu landen, wie die übrigen Strafgefangenen. Eine in Kalifornien durchgeführte Studie hat ergeben, dass jeder für solche Programme aufgewendete Dollar sieben Dollar an künftigen Kosten einsparen hilft. Auch Häftlinge, die einen College-Abschluss schaffen, weisen eine extrem niedrige Rückfallquote von nur 7% auf; leider wurden die Stipendien für den

College-Besuch, die so vielen Strafgefangenen Hoffnung gaben, in letzter Zeit zusammengestrichen, weil sich die zuständigen Politiker weigerten, »Verbrecher weiterhin zu verhätscheln«. Viele Menschen wünschen sich Vergeltung und betrachten Bildungsprogramme und psychotherapeutische Betreuung als eine Form von »Weichheit« gegenüber den Tätern. Wirksame Rehabilitation ist jedoch kein Verhätscheln. Sie fordert von den Verurteilten, die Verantwortung für ihre Taten zu übernehmen, und bemüht sich gleichzeitig um Heilung der tiefer sitzenden Probleme mangelnder Beziehungsfähigkeit, die sie veranlasst, sich gegen andere zu vergehen, weil sie außerstande sind, sich an die Stelle eines anderen zu versetzen. Wenn die Fähigkeit fehlt, die Rechte oder Gefühle anderer zu begreifen, dann wird es leicht, sie als etwas Geringeres anzusehen als uns selbst und sich emotional, politisch, kriminell oder militärisch über sie hinwegzusetzen.

Robin hat die Vision, dass Gefängnisse Stätten der Heilung sein sollten, Orte, wo Menschen emotional nachreifen können, wo sie lernen können, sich und anderen zu verzeihen und aus dem Teufelskreis von Gewalt und Hoffnungslosigkeit auszubrechen. Sie arbeitet ständig mit Mördern, Einbrechern, Sexualtätern und Drogenhändlern und versichert uns mit den leuchtenden Augen einer stolzen Mutter, dass viele von ihnen bei entsprechender Anleitung und Unterstützung seelisch gesunden und liebesfähige Menschen werden können. Robin hat die Gabe, »ihr Licht zu sehen, nicht ihre Lampenschirme« (wie es der Psychiater Jerry Jampolsky formulierte), sie bringt den Menschen, mit denen sie arbeitet, den Respekt und die Ermutigung entgegen, die nötig sind, damit Heilung und Verwandlung möglich werden.

Robins großartiges Buch *Forgiveness: A Bold Choice for a Peaceful Heart* erschien 1992. Ihr zweites Buch, beschloss sie, würde sie ganz speziell und ausschließlich für Häftlinge schreiben. Für Bücher dieser Art gibt es keine Vorschüsse, keine Verleger rennen einem die Tür ein, man wird nicht mit Lob überhäuft und verdient kein Geld damit. Um dieses Buch, das den Titel trägt *Houses of Healing: A*

Prisoner's Guide to Inner Power and Freedom, überhaupt schreiben, herausgeben und vertreiben zu können, gründete Robin die gemeinnützige Lionheart Foundation. Anfang 1996 hatte sie die erste Phase ihrer Mission weitgehend abgeschlossen. Mehrere Exemplare des Buches waren an alle öffentlichen Strafvollzugsanstalten in den meisten Bundesstaaten verteilt worden. Robin veröffentlichte auch einen Leitfaden für die VollzugsbeamtInnen, die an der Umsetzung des Rehabilitationsprogramms mitwirken wollten, und sobald diese Materialien in allen Haftanstalten der Nation vorhanden sind, wird die zweite Phase ihrer Arbeit beginnen – eine Ausgabe in spanischer Sprache und die Herstellung von Tonbändern für Analphabeten. Täglich treffen Briefe von dankbaren Häftlingen ein, die sich das Buch in ihrer Gefängnisbücherei besorgt haben. In manchen Haftanstalten besteht erfreulicher-, aber auch bedauerlicherweise eine lange Warteliste für dieses Werk. Und obwohl viele Häftlinge um ein eigenes Exemplar von *Houses of Healing* ersucht haben, muss erst mehr Geld aufgebracht werden, um diese Wünsche erfüllen und das Buch auch in spanischer Sprache und in einer Tonbandfassung verteilen zu können. Falls Sie mit einer Spende dazu beitragen möchten, dann schicken Sie diese bitte an die Lionheart Foundation, Box 194, Back Bay, Boston, MA 02117.

Die Gaben des Altruismus und der Dienstbereitschaft

Im Laufe der Jahre sind mir so viele Frauen begegnet, die gern bereit wären, Hilfe zu leisten, aber nicht wissen, was sie tun könnten. Robins Rat an sie lautet: »Wenn Sie unschlüssig sind, in welche Richtung Sie gehen sollen, dann fragen Sie sich: ›Welcher Gruppe von Menschen möchte ich am liebsten dienen? Sind es Kinder, alte Menschen, Obdachlose?‹ Sobald Sie diese Frage beantwortet haben, sehen Sie sich um, welche Möglichkeiten es gibt – Mithilfe an einer

Schule, Tätigkeit als Große Schwester, Besuche bei alten Menschen, Säuberung des Wohnumfeldes, Tätigkeit ›hinter den Kulissen‹ für eine Organisation, Betreuung der Kinder allein erziehender Mütter, gemeinsame Unternehmungen mit den eigenen alten Eltern. Unsere Dienstbereitschaft ist überall und ständig gefragt. Jede Begegnung ist eine Gelegenheit, dem Anderen etwas Gutes zu tun.«

Wenn wir dem Anderen etwas von unserer Liebe und unserem guten Willen abgeben, so ist dies keine Einbahnstraße. Es gibt ein altes Sprichwort, das besagt, was wir verschenken, kommt zu uns zurück. Wir empfangen, was wir geben. Was die Gesundheit betrifft, so bewirkt die Gabe des Schenkens eine Stärkung unseres Immunsystems, weniger Krankheiten und ein längeres Leben. Allein schon als Gesundheitsstrategie ist also die Bereitschaft zum Dienst am Nächsten sinnvoll. Aus psychologischer Sicht trägt mitfühlende, fürsorgliche Hilfsbereitschaft zur Überwindung von Depressionen bei. Wenn wir in einer persönlichen Beziehung zu dem Menschen stehen, dem wir helfen, fühlen wir uns erneuert, kreativer und friedlicher. Die Selbstachtung, die aus dem Dienst am anderen erwächst, lässt Hoffnungslosigkeit erst gar nicht Wurzeln schlagen. Aus spiritueller Sicht ist die Bereitschaft zu dienen eine gute Arbeitsdefinition von gelebter Spiritualität. Der jüdische Glaube basiert auf der Praxis von *mitzvot*, Akten der Güte, des Mitgefühls und des Dienstes an Anderen. Dies gilt als die höchste Form des Gebets. Jesus, der ein Rabbiner des ersten Jahrhunderts war, brachte diese tief empfundenen Überzeugungen über den Dienst am Anderen in das Lehrgebäude ein, das später zum Christentum wurde. Auch der Buddhismus basiert in seinem Kern auf altruistischem Dienen, ausgehend von der Erkenntnis, dass wir, nachdem alles wechselseitig voneinander abhängt, alles, was wir für andere tun, auch für uns selbst tun. Ohne die Anderen hätten wir nicht die Chance, bessere Menschen zu werden.

Wenn wir unsere Rolle als Wächterinnen des Lebens voll ausfüllen und den Boden für eine neue Integrale Kultur bereiten, basierend auf der weiblichen Wertetrias von Liebe, Seelenfrieden und Dienst am Anderen, dann steigern wir dadurch gleichzeitig unser eigenes Glück, unsere Gesundheit und Langlebigkeit. Jeder Akt der Güte und des Mitgefühls gegenüber anderen vervielfacht sich, wenn diese ihn ihrerseits weitergeben. So wird die Welt Schritt für Schritt zu einem besseren Ort. Dem Anderen zu dienen ist tatsächlich ein Geschenk, das immer weiterschenkt.

11

63. bis 70. Lebensjahr: Töchter der Weisheit

Das Erschaffen einer neuen Integralen Kultur

Julia lag in tiefem Schlaf, eingehüllt in die wechselnden Bilder eines merkwürdig lebhaften Traumes. Ihre Mutter Sylvia war eine junge Frau von etwa 35 Jahren in viktorianischen Gewändern – einem weißen Kleid mit Turnüre und einem breitkrempigen Hut mit flatternden Bändern. Auf dem Deck eines Ozeandampfers stehend schützte sie sich mit einem spitzenbesetzten Parasol vor der blendenden Sonne, während sich der Himmel in einem überirdischen Azurblau über ihr dehnte, das am Horizont mit dem glitzernden Meer verschmolz. Sylvia winkte zum Abschied fröhlich Julia zu, die im Traum ihr wirkliches Alter, 64, hatte, obwohl sie sich so verlassen wie ein Kind fühlte. Vom Kai aus zu dem Schiff hinaufschauend, flehte Julia ihre Mutter an, nicht auf diese Reise zu gehen. Tränen strömten über ihr Gesicht. Aber Sylvia schien sich nicht darum zu kümmern. »Freu dich für mich«, rief sie, »ich fahre nach Hause zu John, ich habe ihn so sehr vermisst.«

Julia versuchte, ihre Mutter davon abzubringen. »Aber Papa ist tot, und du lebst in Brooklyn. Du kannst nicht wegfahren. Du wirst dich verirren!« schrie sie. Aber der Wind trug ihr das Lachen ihrer Mutter zu. »Nein, Julia, ich werde mich nicht verirren, ich finde mich. Ich fahre nach Hause. Für dich wird schon gesorgt werden. Alles ist in Ordnung. Ich habe so lange auf meine Freiheit gewartet. Bitte freu dich für mich.« Die Szene wechselte, und Julia fand sich in den Armen ihrer Mutter wieder. »Ich liebe dich, kleine Raupe«, flüsterte Sylvia Julia ins Haar, ihre Tochter mit einem Spitznamen aus deren Kindheit neckend, »und ich werde immer bei dir sein, wo immer du auch bist.«

Plötzlich befand sich Julia wieder unten auf dem Kai, und das große Dampfschiff setzte sich langsam in Bewegung, wobei es mit durchdringendem Tuten sein Ablegen verkündete und Julia aus ihrer Traumwelt riss, während sich das Tuten in das hartnäckige Läuten des Telefons neben ihrem Bett verwandelte. Es war ein Anruf aus dem Krankenhaus – Julia erfuhr, dass ihre 90-jährige Mutter die Herzambulanz angerufen hatte, als sie um fünf Uhr früh mit Brustschmerzen aufgewacht war. Sie befand sich jetzt in der Intensivstation und fragte nach ihrer Tochter.

Julia war in fünf Minuten angezogen und aus der Tür, eine halbe Stunde später traf sie im Krankenhaus ein. Unterwegs betete sie zum Himmel, dass ihre Mutter lange genug durchhalten möge, bis sie bei ihr war, damit sie sich voneinander verabschieden konnten oder zumindest sie sich von ihr verabschieden konnte. Julia empfand mit eindringlicher Gewissheit, dass sich ihre Mutter bereits in ihrem Traum von ihr verabschiedet hatte und bereit war, aus diesem Leben zu scheiden. Als Julia die Klinik erreichte, gestattete man ihr nur zehn Minuten mit Sylvia, eine Regel, die den Patienten in der Herzstation Ruhe verschaffen und dem Pflegepersonal die Störung durch Besucher ersparen sollte.

Sylvia war schwach und blass, aber durchaus klar im Kopf. Julia erzählte ihrer Mutter von ihrem Traum und weinte, als sie zu der Stelle kam, an der Sylvia ihr versprochen hatte, immer für sie da zu sein, und dabei hielt sie die magere Hand ihrer Mutter mit der dünnen, pergamentenen Haut an ihr Herz gedrückt. Julia sah ihrer

Mutter tief in die Augen und sagte ihr, wie sehr sie sie vermissen werde, aber dass sie verstehe, dass es für ihre Mutter jetzt Zeit sei zu gehen. Sylvia drückte die Hand ihrer Tochter und sagte: »Ich bin fast bereit, aber ein paar Menschen möchte ich noch Lebewohl sagen.« Sie hielt inne und schloss die Augen, um sich einen Moment auszuruhen. »Ich habe die Schwester gebeten, deinen Bruder Alex anzurufen, er wird von Florida herauffliegen. Wenn Gott will, wird er heute Nachmittag hier sein. Es tut mir nur leid, dass nicht genug Zeit bleibt, damit auch Amanda und Benjamin kommen können.«

Julia begann zu protestieren: »Aber Mama, es ist Zeit genug, ich werde sie sofort anrufen. Sie können es schaffen, morgen oder sogar heute Abend da zu sein.« Sylvia sah so friedlich in ihrem Kissen aus, trotz der Infusion, die in ihre Venen floss, und des ständigen Piepens der Herzmonitore, das in der ganzen Station zu hören war. Sie drückte erneut Julias Hand. »Morgen ist es wahrscheinlich zu spät, meine Liebe. Ich kann durchhalten, bis Alex kommt, aber danach weiß ich nicht. Sooft ich die Augen schließe«, fuhr sie verträumt fort, »sehe ich eine Art durchscheinendes Licht, ein warmes Licht, und eine Art tief azurblauen Himmel. Ich sehe John auf mich warten und meine Eltern ...« Sylvia hielt inne, als sehe sie tatsächlich die Szene vor sich, die sie Julia schilderte. »Ich bin bereit, zu ihnen zu gehen, Liebling. Ich fühle mich schon halb dort ... ich musste bloß dich und Alex noch ein letztes Mal sehen.«

Ihre zehn Minuten waren schnell vorbei, und Julia beugte sich hinunter, um ihre Mutter zu küssen, dann veranlasste sie, dass Sylvia aus der Intensivstation in ein normales Einzelzimmer mit unbegrenzter Besuchszeit verlegt wurde, wo sie im Kreise von Angehörigen und Freunden sterben konnte. Sylvia verließ friedlich ihren Leib am nächsten Morgen um zehn Uhr in Gegenwart ihrer beiden Kinder und ihres Schwiegersohns Roger. Während Julia die 24 Stunden lang, die Sylvia brauchte, um sich zu verabschieden und von dieser Welt in die nächste überzugehen, am Bett ihrer Mutter saß, dachte sie über die Generationen ihrer Familie nach, und diese erschienen ihr wie Wellen, die Kämme bilden und auf den Strand zurollen.

Sylvias Welle hatte soeben das Land erreicht und sie nach Hause getragen. Ihre eigene Welle und die ihres Mannes bildeten jetzt Kämme, sie würden die nächsten sein, die sich an der Küste brachen. Hinter ihnen folgten die Wellen ihrer Kinder und Enkel, insgesamt vier Generationen. Sie und Roger hatten drei Viertel des Lebensrades durchlebt und befanden sich jetzt in dessen letztem Quadranten, den Weisheitsjahren.

Julia hatte das Glück gehabt, eine Mutter zu haben, die im letzten Viertel ihres Lebens ein Ausbund an Vitalität und anhaltendem Wachstum gewesen war. Sylvia hatte 90 Jahre in guter Gesundheit zugebracht, was zumindest teilweise darauf zurückzuführen war, dass sie immer gut für sich gesorgt hatte, Beziehungen zu anderen Menschen pflegte und ihre Hilfe anbot, wann immer sie konnte. Dank lebenslanger geistiger Aktivität entwickelte sie sich auch intellektuell ständig weiter. Jeden Sonntag arbeitete sie ehrenamtlich in einer Obdachlosenunterkunft, und in der Seniorenwohnanlage, wo sie bis zu ihrem Tod unabhängig gelebt hatte, leitete sie Bücher-Gesprächskreise. Da sie als älterer Mensch geachtet wurde und Gelegenheit hatte, die Erkenntnisse eines langen Lebens an ihre Angehörigen und Freunde weiterzugeben, blieb Sylvia auch emotional stark. Einer der Familienscherze bezog sich auf ihre Gewohnheit, den Telefonhörer mit einem Spruch abzuheben, den Lucy einmal in einem Peanuts-Comic losgelassen hatte: »Die Psychiaterin ist jetzt anwesend, bitte werfen Sie fünf Cents ein.«

Die Klischeevorstellung vom Altern als einer fortschreitenden Funktionseinbuße stimmt im Allgemeinen nur für Menschen, die ihre Aktivität einschränken. Das Sprichwort »Wer rastet, der rostet« hat für das letzte Viertel des Lebens mehr Gültigkeit denn je. In diesem und den folgenden zwei Kapiteln über die späteren Jahre werden wir uns relativ wenig mit Biologie befassen, weil die physische Entwicklung, zumindest nach unseren heutigen wissenschaftlichen Erkenntnissen, im Wesentlichen abgeschlossen ist, obwohl das Gehirn bis zum Augenblick unseres Todes als Reaktion auf geistige Anregung neue Schaltkreise myelinisiert. Idealerweise erhält sich eine Frau in höherem Alter die biologische Funktionsfähigkeit, die sie bis zur Menopause erreicht hatte, und setzt ihre psychische und spirituelle Entwicklung als Wahr-Sagerin fort, die sowohl Menschen als auch Institutionen ständig an ihre höchsten Potentiale erinnert.

Der Lebenszyklus gleicht in vieler Hinsicht einer Spirale, auf der wir früheren Phasen aus höherer Perspektive wiederbegegnen. Das junge Mädchen im ersten Viertel des Lebens hat noch nicht die Masken gesellschaftlichen Anstands aufgesetzt, sie unterzieht ihre Äußerungen noch keiner Zensur. Sie nennt die Dinge, so wie sie sie sieht, ihre Äußerungen werden häufig als fatal aufrichtig empfunden. In der Adoleszenz beginnen wir, unsere Stimme zu verlieren, sobald die Zwänge der Zivilisation und der Grundsatz »Sei nett, verstecke deine Gefühle« uns daran hindern, freimütig über unsere Wahrnehmungen und Intuitionen zu sprechen. In unseren frühen und mittleren Erwachsenenjahren gewinnen wir unsere Stimme wieder, und im letzten Viertel des Lebens äußern sich die meisten von uns so offen wie als kleine Mädchen. Wenn wir unser Leben sinnvoll gelebt, alte Wunden geheilt und Empathie entwickelt haben, dann werden die Erkenntnisse, die wir aussprechen, klug und mitfühlend sein. Wenn das nicht der Fall ist, können sie bitter und destruktiv sein. Nachdem sie die hemmende Warnung »Was werden die anderen Leute von mir denken, wenn ich das sage?« schließlich überwunden haben, wirken viele ältere Frauen schroff in ihrer Ehrlichkeit.

Meine Mutter Lillian war ein gutes Beispiel dafür. Wenn ich sie anrief, stieß sie mich nach dem anfänglichen Smalltalk oft mit der Nase auf unerfreuliche Fakten meiner Lebensführung. Ein typisches Gespräch lief dann etwa so ab: »Du lässt dir von deinem Chef einfach alles gefallen. Wofür hält er sich eigentlich, Albert Einstein? Das ist ein geistiger Ausbeuter. Du arbeitest 60 Stunden in der Woche, und was kriegst du bezahlt? Peanuts. Du bist viel mehr wert. Was ist eigentlich mit dir los? Warum trittst du nicht für deine Rechte ein, Joani? Du benimmst dich wie ein Schwachkopf. Denk darüber nach. Du hast nicht genug Zeit für Justin und Andrei. Glaubst du nicht, dass es auf ihre Kosten geht, wenn du den Mund nicht aufkriegst? Dir bleibt auch für dich selbst keine Zeit. Wann hast du das letzte Mal Urlaub gemacht oder dir auch nur ein neues Kleid gekauft? Manchmal siehst du wie ein Kind auf einem Plakat der Caritas aus. Gib mir die Telefonnummer von diesem Scheißtyp (meine Mutter neigte in höherem Alter zu Flüchen), und ich werde ihm meine Meinung sagen. Er wird gar nicht wissen, wie ihm geschieht.«

Sie hatte Recht. Leider gehörte Taktgefühl nicht zu ihren Stärken, und sie tendierte dazu, die Wahrheit in einer Weise auszusprechen, die ich nur schwer ertrug. Ihr innerer Zensor schien irgendwann in ihren Sechzigern den Dienst quittiert zu haben, und sie hatte eine unheimliche Art, die Dinge auf den Punkt zu bringen. Tatsächlich betrachtete sie sich als eine Art Orakel und beendete ihre Weissagungen nur halb im Scherz, indem sie ihre ohnehin schon rauchige Stimme noch tiefer schraubte und feierlich verkündete: »Ich habe gesprochen.«

Ein Rollenvorbild für den Eintritt in die Weisheitsjahre

Meine Mutter war eine kluge Frau, aber wie Sie vielleicht bestätigen werden, nicht gerade behutsam. Statt ihr Leben nach dem Tod meines Vaters – sie waren damals beide Mitte 60 – neu zu gestalten, isolierte sie sich und wurde immer bitterer gegenüber dem Leben. Statt sich aus ihrer Depression aufzurappeln, indem sie auf andere zuging, zog sie sich in eine einsame Welt von Büchern und Fernseh-Gameshows zurück. Was sie sagte, traf oft den Nagel auf den Kopf, aber wie sie es sagte, hinderte andere Menschen nicht selten daran, ihr aufgeschlossen zuzuhören.

Zu meinem Glück habe ich ein anderes älteres Rollenvorbild, eine Frau, die die Fähigkeit, die Wahrheit zu sagen, mit der Gabe verknüpft, andere so anzusprechen, dass man ihr gern zuhört. Ich lernte Celia Thaxter Hubbard kennen, als sie 68 Jahre alt war. Celia ist die Urenkelin der in New England wirkenden transzendentalistischen Dichterin Celia Thaxter, und sie selbst ist eine bekannte Fotografin und Malerin. Celia, die über eine eindrucksvolle Auswahl von Kameras von einer hochkarätigen Nikon bis zu einer kleinen Kodak 110 verfügt, hat mir geholfen, meine Augen für die Schönheiten um uns herum zu öffnen. Wir haben die Strände von Cape Cod abgegrast auf der Suche nach den herzförmigen Steinen, Glasscherben und Muscheln, von denen Celia glaubt, dass Gott sie uns als Zeichen dafür schickt, dass wir geliebt werden. Fotos von herzförmigen Klecksen, die zurückbleiben, wenn die Katzenmilch in der Schüssel trocknet oder eine Zigarettenschachtel von einem Auto überfahren wird, bedecken ihren Arbeitstisch und warten darauf, für das Buch ausgewählt zu werden, an dem sie gerade arbeitet, *Cosmic Valentines*.

Celias Aureole von grauem Haar und die charmanten Fältchen, die Augen voller Liebe, Schalk und Wissbegier umrahmen, verleihen ihr das Aussehen eines klugen Kindes. Sie kleidet sich mit Flair, wobei sie oft farbenfrohe Jacken und ethnischen Schmuck über Hosen und Hemden aus Fleece trägt, um sich in der renovierten Scheune, die sie in einer historischen Straße von Cambridge/Massachusetts bewohnt, vor der Zugluft zu schützen. Mit 75 Jahren kann man sie oft mit ihrem langhaarigen Corgi, Sophie, spazieren gehen und Freunden und Nachbarn gesellige Besuche abstatten sehen. Celia ist immer mit einem freundlichen Wort oder einer helfenden Hand zur Stelle. Sie berät viele Menschen zwanglos in ihrer »öffentlichen Praxis«, wie sie es scherzhaft nennt.

Im Laufe der Jahre unserer Freundschaft hat mir Celia mit ihrem lebhaften Interesse an Religion und Spiritualität ebenso viel gegeben wie mit ihren Empfehlungen von Büchern, Artikeln und Videos, auf die sie mich ständig aufmerksam macht. Celia befindet sich in einem dauernden Entdeckungsprozess voll neuer Erkenntnisse über diese und die kommende Welt. Dank ihres Bedürfnisses, sich und andere zu informieren, ist Celia stets über die neuesten Entwicklungen auf den Gebieten Gesundheit, alternative Medizin, Psychologie und Theologie auf dem Laufenden. Und zweifellos ist Celia einfach der drolligste Mensch, der mir je begegnet ist. Sie versucht gar nicht, jung auszusehen. Warum sollte sie? Sie ist alterslos in einer Weise, wie es nur die EntdeckerInnen unter uns bleiben können.

Bevor ich Celia kennen lernte, fürchtete ich mich vor dem Altern, weil ich keine positive Rollenvorbilder für diesen Prozess hatte. Ich wollte nicht unbeweglich und desinteressiert am Leben werden, wie es mit meiner Mutter geschehen war, die sich nach dem Tod meines Vaters körperlich, geistig und gesellschaftlich einfach hatte gehen lassen. Ebenso wenig wollte ich jene Art von zerbrechlicher, magerer und aufgetakelter älterer Dame werden, die einem »Sack voll Geweihen« gleicht, wie es die Mutter einer Freundin ausdrückt, weil sie ebenso törichter- wie vergeblicherweise auszusehen versucht wie mit 40. Aber durch Celias Beispiel ist mir klar geworden, dass das Alter eine Frage der Einstellung und nicht der Jahre ist.

Es gibt den Begriff der »jungen Alten« für Menschen wie Celia, was darauf hinweist, dass die althergebrachten Unterscheidungen zwischen den Lebensstadien zu verschwimmen beginnen. Die jungen Alten können 65 oder 90 sein – sie sind vital, aktiv im Leben, interessiert an den Problemen der Gesellschaft und in keiner Weise repräsentativ für die abgewrackte, marginalisierte, senile Karikatur, die sich im Bewusstsein der Masse festgesetzt hat. Das höhere Alter einer Frau – Jahre der Entdeckung, Weisheit und Vision – ist als eine Zeit der körperlichen und geistigen Degeneration dargestellt worden. Nichts könnte weiter von der Wahrheit entfernt sein. Frauen ist das Blaue vom Himmel herunter vorgelogen worden über Menstruation, Geburt, Menopause und Machtlosigkeit, Lügen, die wir allmählich zu überwinden beginnen. Das Alter ist das letzte Testgelände unserer Freiheit, die letzte Einstellung, die korrigiert werden muss. Und genauso, wie sich die Frauen in mittleren Jahren jetzt in zunehmender Zahl erheben und ihre Macht beanspruchen, tun dies auch die älteren, deren Reihen in wahrhaft historischen Proportionen sich vergrößern.

Die alternde Mehrheit

Die Frauen, die jetzt in ihre weisen Jahre eintreten, bilden wieder einmal die Speerspitze einer Revolution. Die USA ist ein Land, in dem die Altersgruppe über 65 das am schnellsten wachsende Segment der Bevölkerung ist. Dafür sind zwei Trends verantwortlich. Der erste ist, dass sich die durchschnittliche Lebenserwartung in weniger als 100 Jahren von 47 auf 75 erhöht hat, hauptsächlich dank des Rückgangs von Infektionskrankheiten sowie der Säuglings- und Müttersterblichkeit. Der zweite ist die sinkende Geburtenrate. Tatsächlich hat sich die Zahl der AmerikanerInnen über 65 zwischen 1950 und 1992 nahezu verdreifacht und beträgt jetzt über 32 Millionen – mehr als die Gesamtpopulation von Kanada –, das ist etwa ein Achtel der amerikanischen Bevölkerung. Darüber hinaus besteht die große Mehrzahl der über 65-jährigen aus Frauen, nämlich 19 Millionen gegenüber 13 Millionen Männern. Im Jahr 2010 werden die ersten der jetzt in der Lebensmitte befindlichen Baby-Boomer in den Ruhestand treten, und im Jahr 2035 werden nahezu 25 % der AmerikanerInnen 65 oder darüber sein.

Parallel zu diesem Ergrauen der Bevölkerung wird die Anzahl der jungen Menschen abnehmen. Die ForscherInnen Alan Pfifer und Lydia Brontë führen Statistiken an, die einen signifikanten Abschwung der Fortpflanzungsrate bestätigen, welche Mitte der 70er-Jahre den Tiefpunkt erreichte – eine »Baby-Baisse« nach dem Baby-Boom. Sie schreiben: »In einer alternden Gesellschaft sind zwangsläufig weniger Haushalte mit Kindern vorhanden. Heute sind auf die USA bezogen in weniger als 38 % der Haushalte Personen unter 18 Jahren vorhanden, während es 1960 noch fast 50 % waren.« Dieser Trend gilt natürlich nur für die westlichen industrialisierten Länder. In der Dritten Welt wachsen die Bevölkerungen immer noch exponentiell, mit der Folge ständig zunehmender Armut, die ihrerseits zu erhöhter Umweltverschmutzung und -zerstörung führt.

Hüterinnen der Flamme

Zum ersten Mal in der amerikanischen Geschichte wird die Fackel von der Jugend an die Älteren weitergereicht. Bis vor kurzem war Amerika ein junges Land, nicht nur bezogen auf unsere 200-jährige Geschichte, sondern auch, was das Alter unserer BürgerInnen betrifft. Um 1800 war die Hälfte der Bevölkerung jünger als 16 Jahre, und sehr wenige Menschen wurden älter als 60. Das Land war von den Jungen besiedelt, der Westen von ihnen erobert worden (oder verloren, je nachdem, ob man den Standpunkt eines Cowboys oder eines Indianers einnimmt). Eliza Pinckney war 17 Jahre alt, als sie 1740 die 5000 Acres umfassende Familienplantage in North Carolina übernahm, eine Situation, in der sich viele der Grenzerfrauen in diesem dünn besiedelten Land befanden, in dem die Männer oft zum Kriegsdienst einberufen wurden. George Washington war erst 23 Jahre alt, als er als Oberst das Oberkommando über die Miliz von Virginia übernahm.

Die Zeiten haben sich dramatisch verändert, und die Bevölkerung ist nicht mehr jung, aber unsere Auffassungen vom Altern haben damit nicht Schritt gehalten, speziell was die Frauen betrifft. Alternde Männer behalten oft eine Aura von Macht bei, und speziell für Politiker scheint der Irrglaube nicht zu gelten, dass wir im magischen Alter von 65, wenn wir in den Ruhestand treten sollen, unsere Kreativität und unseren Wert verlieren. Ebenso wie die alten Chinesen und die Franzosen, Engländer und Amerikaner des 18. Jahrhunderts, die einst gepuderte Perücken trugen, um Alter vorzutäuschen, glauben die heutigen AmerikanerInnen, dass Männer (zumindest jene in Machtpositionen) während ihres ganzen Lebens an Klugheit gewinnen. Während J.F. Kennedy und Bill Clinton in der Lebensmitte zum Präsidenten gewählt wurden, trat Ronald Reagan seine erste Amtszeit mit 70 an und sein Nachfolger, George Bush, war 65, als er das Oval Office übernahm.

Aber bei Frauen wird das Alter im Allgemeinen nicht als Stadium der Klugheit und Macht angesehen. Es gilt eher als ein notwendiges

Übel. Alt zu werden mag besser sein, als jung zu sterben, aber niemand hat uns beigebracht, dass das etwas ist, worauf wir uns freuen könnten. Diejenigen von uns, die in den 60er-Jahren erwachsen wurden, als der Schlachtruf lautete: »Trau keinem über 30«, sind schlecht auf ihre eigenen Sechziger vorbereitet, sofern sie nicht in jüngster Zeit radikal umgedacht haben. Die alten Paradigmen unserer Gesellschaft – Materialismus, Militarismus und das Fehlen gleicher Rechte für Frauen und Farbige – wurden von der Generation der 68er als unmoralisch und unhaltbar verworfen. Aber wir waren jung und sollten erst allmählich klüger werden, wie es die Natur vorsieht. Wir haben unseren Traum von Frieden und Freiheit nicht verloren, wie manche glauben, wir haben bloß einige Zeit gebraucht, um in ihn hineinzureifen.

Als wir »Blumenkinder« heirateten, Berufe ergriffen und Kinder bekamen, wurden die meisten von uns von genau jenem System assimiliert, gegen das wir uns aufgelehnt hatten, und konnten sich selbst ein Bild von seiner Funktionsweise machen, ein Bild, das wir in unserer Jugend noch nicht haben konnten. Jetzt wird diese alte Vision von einer ganzen Generation von Midlifers und Sixty-somethings wieder belebt. Was uns in unserem jugendlichen Idealismus, der keinem über 30 traute, nicht klar war, ist, dass wir gegen ein altes System rebellierten, nicht gegen alte Menschen. Und jetzt, da wir selbst älter werden, haben diejenigen von uns, die an der Vision von Kooperation, Mitgefühl, Gleichheit und Frieden festhielten, endlich die Erfahrung und die Macht, sie Früchte tragen zu lassen. Wir haben sogar einen neuen Namen, die Kulturell Kreativen, und eine neue Mission, die Schaffung einer Integralen Kultur, basierend auf den weiblichen Werten der Interdependenz und Beziehungsorientierung. Aber um diese Macht für uns in Anspruch nehmen zu können, müssen wir zuerst die Vorurteile gegen das Altern abbauen.

Der Alterswahn

Betty Friedan, die 1963 mit der Veröffentlichung ihres Buches *The Feminine Mystique* [dt.: *Der Weiblichkeitswahn*, Reinbek: Rowohlt] den Frauen eine neue Welt eröffnete, hat ein ebenso erhellendes Buch über das Altern geschrieben. In *The Fountain of Age* [dt.: *Mythos Alter*, Reinbek: Rowohlt, 1997] schreibt sie: »Ich habe gemerkt, dass ein wesentlicher Unterschied zwischen dem Bild besteht, das sich die Gesellschaft von alten Menschen macht, und ›uns Alten‹, wie wir uns kennen und fühlen.« So universell sei unsere Furcht vor dem Alter, meint Friedan, dass wir es sorgsam aus unserem Leben herausredigiert haben. Sie führt zahlreiche Beispiele von Altersdiskriminierung an, von denen ich unten einige zitiere, einschließlich einer Untersuchung über amerikanische Fernsehprogramme der Hauptsendezeit, bei der eine Woche lang TV-Dramen ausgewertet wurden. Von 464 dargestellten Figuren sahen nur sieben (1,5 %) älter als 65 aus. Und von 290 Gesichtern in *Vogue* war nur eine Frau eindeutig über 60, und das auf einem kleinen Foto mit dem Titel *Oma und ich*. (Im Gegensatz dazu gab es jedoch vier »Machtporträts« von älteren Männern.) In dieses Bild passt auch, dass von 265 Artikeln einer großen Tageszeitung des Mittelwestens über das Altern kein einziger Beitrag ältere Menschen in einem positiven Licht zeigte. Jeder Artikel hatte mit Problemen zu tun. Friedan kam zu dem Schluss, dass der Alterswahn noch tödlicher sei als der Weiblichkeitswahn, auf den sie in den 60er-Jahren unsere Aufmerksamkeit gelenkt hatte.

Den Weiblichkeitswahn in Frage zu stellen, der Frauen in die Rolle von Anhängseln und Helferinnen der Männer drängte, die die eigentliche Macht hatten, war ein notwendiger Schritt bei der Entstehung der neuen Welle von Kulturell Kreativen (KKs), die die Speerspitze der gesellschaftlichen Reformbewegung bilden. Dem Soziologen Paul Ray zufolge begannen die KKs in den 70er-Jahren ihr soziales und kulturelles Weltbild zu entwickeln, und für ihn steht es außer Frage, dass die Frauenbewegung einen wichtigen Anstoß zur Bildung und Verbreitung der Wertvorstellungen geliefert hat, die die KKs charakterisieren, einschließlich ihres Interesses an Frauenthemen, Beziehungen, Psychologie, Spiritualität, Alternativmedizin und ihr entschiedenes Eintreten für den Schutz der Kinder, der Umwelt und der Dritten Welt.

Die KKs repräsentieren bereits 24% aller AmerikanerInnen. Die Entwicklung dieser neuen kulturellen Weltsicht, die starken Auftrieb durch die Infragestellung des Weiblichkeitswahns erhielt, wird einen zweiten wichtigen Schwung durch die Infragestellung des Alterswahns bekommen. Wenn sowohl Frauen als auch Männer von dem Irrglauben befreit werden, dass ältere Menschen nutzlos seien, dann können die enormen Reserven an Begabungen, die in den wachsenden Reihen älterer AmerikanerInnen latent vorhanden sind, mobilisiert werden, um die Integrale Kultur zu schaffen, die Paul Ray am Horizont heraufziehen sieht. Wenn die Alten ihre Ruhestandsjahre dazu nutzen, um sich gesellschaftlich und politisch zu engagieren, dann wird das nicht nur ihrer eigenen Gesundheit und Lebenserwartung zugute kommen, sondern es könnte ihnen auch gelingen, die vorherrschenden Werte der Moderne zu einer transmodernen, d.h. beziehungsorientierten Weise, die Welt zu sehen, umzuformen. Ray vertritt die Auffassung, dass unsere zeitgenössischen Institutionen der Arbeit, Bildung und Wirtschaft zwar überleben werden, aber in neuen Formen, basierend auf mehr weiblichen Werten. Er schreibt: »Die Möglichkeit einer neuen Kultur beruht auf der erneuten Zusammenfügung dessen, was durch die Moderne fragmentiert wurde: Selbstintegration und Authentizität; Integration in die Gemeinschaft und Verbundenheit mit anderen in allen Teilen der Welt, nicht bloß zu Hause; Verbundenheit mit der Natur und zunehmende Integration von Ökologie und Ökonomie; und eine Synthese unterschiedlicher Auffassungen und Traditionen, einschließlich der Philosophien des Ostens und Westens. Kurz, die *Integrale* Kultur.«

Die Entlarvung des Alterswahns und der Aufschwung der Integralen Kultur werden nach meiner Überzeugung Hand in Hand gehen, mit dem Ergebnis, dass ältere Menschen anregende neue Aufgaben für sich entdecken und die Bedeutung des »Ruhestandes« neu definieren werden. Wenn wir uns von unserem bisherigen Beruf verabschiedet haben, um uns für ein neues kulturelles Ideal zu engagieren, dann könnte das Alter die vitalste Zeit des Lebens werden, eine Zeit der Neugestaltung der Weltkultur. Janet Sainer, die im Alter von 70 Jahren aus ihrer Position als Leiterin des New Yorker Sozialreferats für Altersfragen ausschied, um Beraterin der Regierungen der USA und Israels zu werden, spricht von den Gefahren dessen, was sie als den »Ruhestandswahn« bezeichnet. Die Vorstellung, dass wir mit 65 verbraucht seien, ist nach ihrer Überzeugung absolut lächerlich. Warum sollten wir die Erfahrung eines ganzen Lebens vergeuden, die doch in der Wirtschaft, der Industrie, im Bildungswesen, in den sozialen Einrichtungen und in der Regierung so dringend benötigt wird? Sainer macht zwei Instanzen für die Diskriminierung der Alten verantwortlich: die Medien und die Gerontologen. Erstere schlagen Profit aus Elendsgeschichten und Angstverbreitung, Letztere konzentrieren ihre Forschungsarbeit auf Pathologie statt auf menschliche Potentiale. Indem sie sich auf die kranke Minderheit konzentrieren, jene 5% AmerikanerInnen über 65, die in Pflegeheimen untergebracht sind, ignorieren sie die vitale Mehrheit – vergessen wir nicht, dass die meisten davon Frauen sind – und die Beiträge, die diese nicht nur in ihren Sechzigern, sondern auch noch in ihren Achtzigern und darüber leisten können.

Kulturelle Unterschiede: Töchter der Weisheit oder Abfall der Gesellschaft?

Ältere weiße Frauen haben sehr wenige Rollenvorbilder, an denen sie sich orientieren können, weil der Alterswahn so viele unserer Alten ihrer Macht beraubt hat. Im Gegensatz dazu werden in der schwarzen und hispanischen Kultur und bei den amerikanischen

Ureinwohnern ältere Frauen verehrt. In diesen Kulturen herrscht die Überzeugung vor, dass wir im Alter weiser und schöner werden als zuvor statt physisch, emotional und spirituell auf eine geringere Stufe abzusinken. Weise Alte sind eine unerhörte Quelle der Erkenntnis, da sie lang genug gelebt haben, um das zarte und manchmal unsichtbare Geflecht von Verbindungen zu verstehen, das jede unserer Handlungen mit einem Netz greifbarer und ungreifbarer Resultate verknüpft.

Betty Laverdure ist eine Ojibwa-Indianerin des Bären-Clans, eine Stammesrichterin und Gesetzgeberin, die seit ihrem 45. Geburtstag, an dem sie den Ehrentitel Großmutter erhielt, als Seniorin anerkannt ist. Sie sagt: »Großmutter, diese wunderbare Bezeichnung, hat in unserer gesamten Gesellschaft immer Lehrerin bedeutet. Das ist eine wertvolle Auszeichnung, und ich bin stolz darauf.« Sie schildert uns ihre eigene Großmutter, eine hoch geachtete Medizinfrau: »Ihr Name bedeutete, dass man einen Stein ins Wasser werfen kann und die entstehenden Wellen sich weit ausbreiten. Mit zunehmendem Alter habe ich gelernt, eine erfolgreiche Frau in genau dieser Weise zu sehen: als eine Person, deren Gedanken, Worte und Handlungen Wellen aussenden, die andere in positiver Weise berühren.«

Bei den Ojibwa und in vielen anderen Kulturen der amerikanischen Urbevölkerung werden Frauen verehrt, weil man von ihnen annimmt, dass sie in besonders enger Verbindung zum Großen Mysterium stehen. Traditionelle Indianerinnen haben tatsächlich sehr feine Antennen für die Vorgänge in der Natur und die inneren Verbindungen zwischen den Jahreszeiten, den Pflanzen, den Festen und Feiertagen und der Erntezeit. Sie haben häufig hellseherische Fähigkeiten, Intuitionen und Träume wie Julia vom bevorstehenden Tod ihrer Mutter. In früheren Zeiten wurden alle Entscheidungen nach Beratung mit den alten Frauen getroffen, deren weibliches Gespür für den Zusammenhang der verschiedenen Facetten des Lebens ihnen zu der Erkenntnis verhalf, wie sich »jeder in das Wasser geworfene Stein« sieben Generationen lang auf die Zukunft des Stammes und der Erde auswirken würde. Wenn sich das Ergebnis einer bestimmten Handlung in Zukunft nicht als günstig erweisen würde, legten sie ein Veto dagegen ein. Können Sie sich vorstellen, wie anders unsere Welt aussehen könnte, wenn die mitfühlende, empathische, von wechselseitigen Abhängigkeiten ausgehende, intuitive Weisheit des Weiblichen – das sowohl bei Frauen als auch bei Männern potentiell vorhanden ist – das letzte Wort in den Staatsangelegenheiten hätte?

Das Orakel: Die Wiedergewinnung der weiblichen Erkenntnis wechselseitiger Abhängigkeit

Ein Orakel verkündet die Wahrheit, und die Wahrheit ist nicht immer erfreulich für diejenigen, die den Status quo erhalten möchten. Wenn wir Frauen wie bei den amerikanischen Ureinwohnern die Macht hätten, ein Veto gegen Kriege auszusprechen, dann wäre unser Orakel ein Todesstoß für den gigantischen militärisch-industriellen Komplex, auf dem die Wirtschaft der USA, mehr noch, der ganzen Welt, beruht. Viele Wahrheiten sind nur schwer zu verheimlichen, etwa die Tatsache, dass 80% aller Krebserkrankungen durch Umweltverschmutzung bedingt sind. Auch dass weit verbreitete Umweltgifte wie Blei, das in Farben ebenso enthalten ist wie im Boden, wohin es durch die Autoabgase gelangt, die geistige Leistungsfähigkeit vermindern. Sowohl Blei als auch Polychlorbiphenyl (PCB), beides Nebenprodukte der Erzeugung von Elektrogeräten, die über den Boden und das Wasser in die Nahrungskette gelangen, sind mit gewalttätigem Verhalten von Kindern in Verbindung gebracht worden.

Time, *Newsweek*, die großen überregionalen Zeitungen und zahlreiche Bücher haben 1996 die Öffentlichkeit darauf aufmerksam gemacht, dass Pestizide, die bestimmte Organochlorverbindungen enthalten, östrogenähnliche Wirkungen entfalten. Diese Verbindungen bezeichnet man auch als Xenoöstrogene (*xeno* = fremd), weil sie dem Körper von außen zugeführt werden. Diese Moleküle binden sich dann an die körpereigenen Rezeptoren für Östradiol und ahmen dessen biologische Wirkweise nach. Obwohl noch weitere Untersuchungen benötigt werden, haben die bisherigen Forschungsergebnisse die Xenoöstrogene mit der Entstehung von Prostatakrebs bei Männern sowie Brust- und Eierstockkrebs bei Frauen in Verbindung gebracht. Außerdem schädigen die Xenoöstrogene möglicherweise die Keimdrüsen heranwachsender Feten, was zu verminderter Fruchtbarkeit beitragen könnte. Als ich mir einen Literaturüberblick über die Verhaltensauswirkungen von PCB verschaffen wollte und mich per Computer an die National Library of Medicine wandte, musste ich bestürzt feststellen, dass zu diesem Thema mehrere tausend Artikel existieren.

Die Biologin Rachel Carson war ein Orakel, als sie 1962 – sie war damals in ihren Sechzigern – *Silent Spring* [dt.: *Der stumme Frühling*, München: CH. Beck, 1996] das erste populärwissenschaftliche Buch über Pestizide veröffentlichte. Sie hatte die Umweltschäden von DDT und anderen Pflanzenschutzmitteln penibel recherchiert, welche nach ihrem Eindruck skrupellos und ohne Rücksicht darauf eingesetzt wurden, wie sie sich auf das prekäre Gleichgewicht der Natur auswirkten. Sie sagte voraus, dass die Vergiftung der Luft, des Wassers und der Erde durch diese Chemikalien schließlich zum Tod der meisten Insekten, Vögel und kleinen Säugetiere führen würden, bis uns eines Tages ein stummer Frühling bevorstünde. Ihre Thesen wurden von den Chemiekonzernen angegriffen, die alles Mögliche versuchten, um sie zum Schweigen zu bringen. Aber ihre Botschaft fand anderenorts offenes Gehör. Präsident J.F. Kennedy ernannte einen speziellen wissenschaftlichen Beratungsausschuss, der die Wirkung von Pestiziden erforschen sollte.

Die Verwendung von DDT wurde in Nordamerika und Europa schließlich verboten, aber bedauerlicherweise wird es immer noch in Länder der Dritten Welt exportiert, von wo es schließlich als Inhaltsstoff von Produkten, die wir von dort einführen, zu uns zurückkehrt. Wie die meisten Pflanzenschutzmittel ist auch DDT fettlöslich, sonst würde es bei Regen oder bei der Bewässerung von den Feldfrüchten abgewaschen werden. Wenn diese Pestizide erst einmal in das Körperfett gelangt sind, dann kann ihre Halbwertzeit (die Zeitspanne, die nötig ist, damit die Hälfte davon aus dem Körper verschwindet) viele Jahre umfassen. Wenn Mütter ihre Säuglinge stillen, dann wird Körperfett mobilisiert, und die Pestizide und andere Schadstoffe gelangen in die Brustmilch. 1976, als ich an der Tufts Medical School Vorlesungen über Struktur und Funktion der Brust hielt, stieß ich auf eine erschreckende Statistik. Fast die Hälfte aller stillenden Frauen, die getestet worden waren, wiesen höhere Konzentrationen von PCB in ihrer Brustmilch auf, als von der Regierung als gefahrlos eingestuft wurde. Ich will damit nicht sagen, dass es besser sei, Kinder mit der Flasche zu ernähren, da sich die Schadstoffe in der Kuhmilch genauso anreichern wie in der menschlichen Milch und weil es viele wichtige Gründe gibt, warum das Bruststillen für die Säuglinge am besten ist. Worauf ich hinauswill, ist, dass die Muttermilch – im wörtlichen wie höchst symbolischen Sinn Spenderin des Lebens – durch die Schadstoffbelastung zur Überbringerin des Todes wird. Trifft es zu, dass das PCB in der Muttermilch Krebs oder Gewalttätigkeit bei Kindern auslöst? Wird Säuglingsnahrung aus Milch von Kühen, die mit ökologisch einwandfreiem Futter versorgt werden, eines Tages die einzige gefahrlose Option für unsere Kinder darstellen? Bedürfen wir eines stärkeren Antriebs, unsere Luft, unseren Boden und unser Wasser sauber zu halten, als die Gesundheit und Lebensqualität unserer Kinder und Enkel zu sichern?

Wenn sich weibliche Stimmen gegen den Expansionismus der westlichen Kultur erhoben, wurden sie fast immer zum Schweigen gebracht. Kluge alte Frauen wie Betty Friedan, die Theologin und Ökologin Rosemary Radford Ruether und die Kinderschützerin Marion Wright Edelman verschaffen sich jetzt in zunehmender Zahl Gehör. Angesichts unserer gigantischen zahlenmäßigen Zunahme und der Tatsache, dass es doppelt so viele alte Frauen wie Männer gibt, haben die Seniorinnen jetzt eine nie da gewesene Chance, ihre

Stimme gegen die Umweltverschmutzung zu erheben und den Chemiekonzernen entgegenzutreten, die uns zum Schweigen bringen wollen; die Chance, Gewalt in der Familie anzuprangern und Gesetze durchzubringen, die gewalttätige Männer verpflichten, sich Rehabilitationsprogrammen zu unterziehen; die Chance, gegen Kürzungen auf dem Erziehungs- und Bildungssektor zu protestieren, die unsere Kinder der Möglichkeit berauben würden, sich zu moralisch, geistig und emotional kompetenten Erwachsenen zu entwickeln.

Rosemary Radford Ruether, Theologie-Professorin in Evanston/Illinois, ist eine lebenskluge und gesellschaftlich engagierte Frau. Sie steht an der Spitze einer Bewegung, die von dem Gedanken ausgeht, dass Spiritualität und Bewahrung der Erde miteinander zusammenhängende Konzepte sind. Ruether tritt für ein neues Bewusstsein davon ein, dass die Erde selbst ein lebendiges Ganzes ist, eine Überzeugung, die die amerikanische Urbevölkerung und andere indigene Kulturen immer gehegt haben. Zwei BiologInnen, James Lovelock und Lynn Margulis, haben die lebendige Erde Gaia genannt, das altgriechische Wort für »Erdgöttin«.

In ihrem großartigen Buch *Gaia and God* [dt.: *Gaia und Gott*, Luzern: Edition Exodus, 1994] spricht Ruether von der Transformation des alten Systems der Ausbeutung der Naturschätze als Treibstoffe für Kriege und industrielle Expansion in ein neues System, das auf der Fürsorge für einen lebendigen, sich entwickelnden Planeten basiert. Über unser heutiges militärisches System schreibt sie: »Ihr Machtsystem ist der wahre ›Feind der Menschheit‹ und der Erde. Aber die Demontage dieses Systems destruktiver Macht erfordert eine echte ›Bekehrung‹, eine *metanoia*, eine Wandlung des Herzens und des Bewusstseins. Dieser Bewusstseinswandel beruht auf der Erkenntnis, dass echte ›Sicherheit‹ nicht in beherrschender Macht und dem unerfüllbaren Streben nach totaler Unverletzbarkeit liegt, sondern vielmehr im Akzeptieren von Verletzbarkeit, von Grenzen und wechselseitiger Abhängigkeit von anderen – sowohl im Verhältnis zu anderen Menschen wie auch zur Erde.« Weise Großmütter wie Rosemary Radford Ruether fordern unsere Gesellschaft zu einem Sinneswandel auf, ein Appell, der bei der wachsenden Zahl der Kulturell Kreativen Gehör findet.

Eine andere alte Frau, Marian Diamond, hat faszinierende Untersuchungen durchgeführt, aus denen hervorgeht, dass sich das weibliche Gehirn während unseres ganzen Lebenszyklus in einer Weise weiterentwickelt, die das interdependente, prophetische Denken fördert. Diamond, jetzt in ihren Siebzigern, ist eine in Berkley tätige Neurologin, die ihre eigenen immensen und ständig wachsenden geistigen Fähigkeiten dazu benutzt, um zu studieren, wie sich Stimulierung und Altern auf die neuralen Schaltkreise auswirken. Ihr Büro ist angefüllt mit interessanten Artefakten, darunter Teile von Albert Einsteins Gehirn, das sie in einem Mayonnaiseglas aufbewahrt. Diamond und ihre MitarbeiterInnen studierten die Auswirkung einer stimulierenden Umgebung (viele Spielsachen und häufig wechselnde Labyrinthe) auf die Entwicklung von Rattengehirnen. Derart angeregte junge Ratten entwickelten größere Gehirne als solche, die in den üblichen Drahtkäfigen gehalten wurden. Aber die stimulierten älteren Ratten wiesen Gehirnwachstum auch noch in einem Stadium auf, in dem die Gehirngröße normalerweise schon abnimmt. Diamond interpretiert ihre Ergebnisse als Beleg dafür, dass unser Gehirn bis ins hohe Alter seine Plastizität behält – die Fähigkeit, neue funktionale Verbindungen herzustellen.

Auch die Gehirnmorphologie, d.h. die anatomischen Grundstrukturen, verändern sich mit dem Alter in einer Weise, die mit der Entwicklung prophetischer Gaben zusammenhängen könnte. Diamond stellte fest, dass sich die Lateralitätsmuster (der relative Umfang der rechten und linken Hirnhemisphäre) im Alter verändern. Zumindest bei weiblichen Ratten vergrößern sich bestimmte Teile der rechten Hemisphäre erheblich. Diese Veränderungen werden von Faktoren wie Stress und Sexualhormonen beeinflusst, und Diamond meint, dass auch ein Zusammenhang mit Verhaltensänderungen bestehen könnte. Sie weist zwar darauf hin, dass wir noch nichts über die Verhaltensänderungen wissen, die durch diese Umkehrung der Größenverhältnisse bedingt sein könnten, äußert aber die Vermutung, dass der linke Cortex in den jüngeren Jahren einer Ratte insofern nützlich sein könnte, als er zu verstärkter Lautgebung führt (Sprache ist eine linkshemisphärische Funktion), die ein Weibchen sowohl zu ihrem eigenen Schutz benötigt als auch, um ihre Jungen zu rufen und deren Wohlbefinden zu gewährleisten. Beim Menschen könnte sich ein größerer rechter Cortex im höheren Alter wegen des vermehrten intuitiven, imaginativen und interdependenten Denkens als günstig erweisen, dessen Grundlage er zumindest theoretisch bildet.

Die Gaben der Weisheitsjahre

Als der Schriftsteller und Fotograf Steve Wall Indianerreservate besuchte, um alte Frauen der amerikanischen Ureinwohner zu interviewen, wurde er von einer alten Frau angesprochen, die, wie sie sagte, von diesem Projekt gehört hatte. Ohne ihren Namen zu nennen, erklärte ihm diese geheimnisvolle Großmutter: »Es sind Kräfte am Werk, die die meisten von uns nicht anerkennen möchten. Erst jetzt verstehen wir genug, um diese Gaben zu bekommen. Ich komme zu Ihnen auf der weiblichen Seite, denn dies ist das Zeitalter der Frau, das Zeitalter des Weiblichen. Wir haben unsere Prophezeiungen, und diese Dinge müssen ans Licht kommen ... Die spirituellen Mitteilungen erfolgen durch die weibliche Seite. Damit will ich nichts gegen die männliche sagen. Handeln ist männlich. Produzieren ist männlich, aber es muss eine Balance geben.«

Lange Zeit hat das Männliche dominiert, und unsere Gesellschaft hat in vieler Hinsicht von den männlichen Prinzipien der Aktivität und Produktivität profitiert. Jetzt ist es jedoch an der Zeit, dass das Pendel wieder zurück zum Weiblichen schwingt, damit eine physisch gesunde Erde und eine psychisch gesunde Weltbevölkerung erhalten und gefördert werden können. Sobald wir Mitte 60 sind, fühlen sich viele von uns relativ frei von den Aufgaben unserer jüngeren Jahre: Kinder großziehen und den Lebensunterhalt verdienen. Wenn wir diese Jahre der Freiheit produktiv nutzen und dazu beitragen, die Weichen in Richtung auf eine Integrale Kultur zu stellen, die der Natur einen ebenso hohen Stellenwert beimisst wie der Technik, die Vielfalt als Chance zu schätzen weiß, dass unterschiedliche Kulturen voneinander lernen können, dann werden wir damit nicht nur unsere Gesundheit fördern und uns ein langes Leben sichern, wir verhelfen dadurch auch einer neuen Weltsicht zum Durchbruch.

Indem wir aktiv bleiben, uns gesellschaftlich engagieren und unserer Stimme Gehör verschaffen, können wir wahrhaft visionäre Großmütter werden. Und wie die Natur dies nun einmal vorgesehen hat, je mehr wir unser intellektuelles und emotionales Wissen nutzen, desto mehr werden sich die neuralen Verschaltungen, auf denen es beruht, weiterentwickeln. Vielleicht wird die nächste Generation auf die Seniorinnen am Ende des 20. Jahrhunderts als die Vormütter eines neuen Jahrtausends zurückblicken, in dem der Geist der Beziehungsorientierung eine problembeladene Welt wieder ins Gleichgewicht brachte.

12

70. bis 77. Lebensjahr: Die Gaben des Wandels

Geschmeidigkeit, Verlust und Wachstum

Mit 73 Jahren leitet Julia ein SeniorInnen-Projekt in der Nähe des medizinischen Komplexes der Harvard-Universität in Boston. Die Planung und Realisierung dieses Projekts nahm drei Jahre in Anspruch, und inzwischen ist es im ganzen Land als ein vorbildliches multikulturelles Zentrum anerkannt, das sich nicht nur mit der Frage befasst, wie die Gemeinschaft den Alten am besten dienen kann, sondern auch, wie die älteren BürgerInnen einen Beitrag zur Gemeinschaft leisten und sie bereichern können.

Die Jahre der Planung stellten für Julia einen schwierigen Balanceakt zwischen ihrem beruflichen und privaten Leben dar. Sie hatte seit fast 20 Jahren auf Teilzeitbasis gearbeitet, und die Übernahme der Leitung des SeniorInnenProjekts zwang sie, mit Ende 60 noch einmal eine Vollzeitaufgabe zu übernehmen, gerade als bei Roger kurz vor seinem 81. Geburtstag chronische lymphozytische Leukämie diagnostiziert wurde. Sie hatten sich beide das Angebot an Julia, die Leitung des Projekts zu übernehmen, gründlich überlegt, denn es war ihnen bewusst, dass diese Verpflichtung die gemeinsam verbrachte Zeit stark einschränken würde, Zeit, die durch Rogers Krankheit ohnehin begrenzt war.

Als Julia die Position annahm, geschah dies zu ihren Bedingungen, d.h., sie hatte alle drei Monate Anspruch auf einen Monat unbezahlten Urlaub. In diesen Urlauben hatten sie und Roger noch einmal Bangladesh und Indien besucht, einige Zeit in einem gemieteten Häuschen an der Küste von Martha's Vineyard verbracht und ein Buch mit Materialien über ihre Vorfahren zusammengestellt. Sie waren nach England und Italien gefahren, um ihren Familienstammbaum mehrere Generationen zurückzuverfolgen, damit sich ihre zwei Kinder und fünf Enkel, die zwischen vier und 13 Jahre alt waren, als Rogers Leukämie festgestellt wurde, ein Bild von ihrer Herkunft machen konnten. Dabei entdeckten sie sogar, dass Rogers Urgroßvater ein halber Seminole-Indianer war, deshalb fügten sie in ihre Familiengeschichte auch Legenden und Erzählungen aus der Seminole-Tradition ein.

Das Buch gewann im Laufe von zwei Jahren seine eigene legendäre Bedeutung für die Familie. Amanda und Benjamin beteiligten sich ebenso an der Ahnenforschung wie deren Ehepartner, die ihren eigenen Familienstammbaum zu erforschen begannen, damit die Kinder ein vollständiges Bild von ihrer Genealogie haben würden. Das Buch wurde mit Gedichten, historischen Abrissen, Literaturauszügen, Mythen und Sagen aus den Herkunftsländern der Vorfahren angereichert und um Geschichten und Fotos aus Rogers und Julias langer Ehe ergänzt.

Da chronische lymphozytische Leukämie gewöhnlich sehr langsam voranschreitet, blieb Roger bis zum letzten halben Jahr seines Lebens relativ gesund und vital. Dieser letzte Abschnitt war die schwierigste Zeit für Julia, sowohl, weil die Nähe von Rogers Tod täglich spürbarer wurde, und auch, weil das SeniorInnen-Projekt gerade eröffnet worden war und ihr mehr Zeit abforderte als in der Planungsphase. Jede Stunde, die Roger und Julia zusammen verbrachten, erschien ihnen wie ein Geschenk, und es fiel ihr morgens immer schwerer, ihr Heim zu verlassen und zur Arbeit zu fahren. Als

Roger schwächer wurde, machten Julia und er Pläne für einen »liebevollen, bewussten Tod«, wie sie es nannten. Falls irgend möglich wollte Roger lieber zu Hause als im Krankenhaus sterben. Und falls er ins Krankenhaus musste, wenn sein Ende nahte, dann wollte er keine heroischen Maßnahmen zur Verlängerung seines Lebens. Ebenso wie es seine Schwiegermutter Sylvia getan hatte, unterschrieb er eine Patientenverfügung, worin er bat, auf Reanimation zu verzichten, und er zog auch die Möglichkeit in Erwägung, die Aufnahme von Nahrung und Wasser einzustellen, sobald der Tod unausweichlich schien. Seine Krankheit erlaubte es jedoch, den Tod durch ambulant verabreichte Bluttransfusionen immer wieder hinauszuzögern.

Als er eine Woche nach seiner letzten Transfusion ernsthaft anämisch zu werden begann, machte Roger Julia klar, dass er bereit sei zu sterben und keine weitere Behandlung wünsche. Sie nahm sich frei und verwandelte das gemeinsame Schlafzimmer mit täglicher Unterstützung durch die Hospizschwester, die Roger bis dahin einmal wöchentlich betreut hatte, in einen »Entbindungsraum«, wo er sich ganz ernsthaft darauf vorbereitete, seine Seele zu gebären. An dem Morgen, als dies geschah, war er umgeben von geliebten Menschen. Julia, Amanda, Benjamin und mehrere seiner Freunde waren bei ihm, als er friedlich einschlief.

Verlust, Trauer und Ungebrochenheit

Frauen in ihren späten Sechzigern und Siebzigern befinden sich in einem Lebensstadium, in dem sie häufig mit Verlusten und wechselnden Lebensumständen konfrontiert sind. Der Umzug von einem Haus in eine Wohnung oder ein Seniorenheim, das Ausscheiden aus dem Beruf oder in manchen Fällen die Aufnahme einer neuen Arbeit und der unausbleibliche Tod von Familienangehörigen und Freunden sind häufige Herausforderungen in den Weisheitsjahren einer Frau. Da Frauen im Schnitt 7,8 Jahre länger leben als Männer, werden viele von uns in ihren Siebzigern und Achtzigern zu Witwen. Manche Frauen reagieren auf die Witwenschaft wie Julia mit Ungebrochenheit und verwenden ihre Lebenserfahrungen dazu, anderen zu helfen. So erweiterte Julia z.B. ihr SeniorInnen-Programm als unmittelbares Ergebnis von Rogers Tod um das Element »bewusstes Sterben«, sowohl, damit die alten Menschen den Sterbenden beistehen konnten, als auch, damit sie sich mit ihrer eigenen Sterblichkeit in einer Weise aussöhnen konnten, die die Erkenntnis förderte, dass der Tod ein letzter Wachstumsprozess ist und nicht eine Phase des Zerfalls und des Scheiterns. Die Großmutter einer Freundin von mir war so eine ungebrochene Seniorin. Als ihr Mann starb, war sie 68, aber das hinderte sie nicht daran, sich wieder an der Universität zu immatrikulieren und einen Studienabschluss in Archäologie zu machen. Die Großmutter meiner Stieftochter war Mitte 70, als ihr Mann starb und sie mit einem 40-jährigen Sohn mit Down-Syndrom zurückließ, der zu Hause lebt. Sie ist nach wie vor von ungebrochener Energie erfüllt, verwaltet das ihr gehörende Miethaus, leistet karitative Arbeit in der Gemeinde und hilft ihrer Enkelin, indem sie ihren Urenkel betreut.

Mein Vater hat mir wiederholt geraten, einen Mann zu heiraten, der zehn Jahre jünger ist als ich, damit ich im Alter nicht allein sein würde. Obwohl ich das nicht tat, war das ein vernünftiger, demokratischer Ratschlag. Fast 12% der amerikanischen weiblichen Bevölkerung sind verwitwet, hingegen bloß 3% der Männer, eine Statistik, die von unserer relativen Langlebigkeit zeugt. Sobald eine Frau verwitwet ist, kann sie damit rechnen, im Schnitt noch 17 Jahre zu leben, oft ohne männliche Gesellschaft, da die Zahl der verfügbaren Männer verhältnismäßig klein ist. Aus amerikanischen Statistiken des Jahres 1992 geht hervor, dass 34% der Frauen im Alter zwischen 65 und 74 Jahren allein lebten. Die Hälfte der Frauen im Alter von 75 und darüber lebten allein, und weniger als ein Viertel lebten mit einem Ehemann. Bei Männern ist die Lage ganz anders. Selbst im Alter von 75 Jahren leben noch zwei Drittel der Männer mit einer Ehepartnerin.

Es ist ein Glück für die Männer, dass die Frauen relativ langlebig sind, denn was die psychische und physische Ungebrochenheit nach dem Verlust des Partners betrifft, sind Männer das schwächere Geschlecht. Zahlreiche Untersuchungsergebnisse bestätigen die Tatsache, dass Witwer in den sechs Monaten bis zwei Jahren nach dem Verlust ihrer Partnerin signifikant stärker gefährdet sind, zu erkranken und zu sterben. Frauen haben kein solches erhöhtes Risiko. Betty Friedan glaubt, dass Frauen deshalb ungebrochener seien, weil sie ihr Leben lang Übung darin sammelten, sich an verschiedene Rollen anzupassen. Ein weiterer Grund könnte mit unserer lebenslangen Neigung zur Verbundenheit zusammenhängen. Frauen sind traditionell diejenigen, die die Sippe zusammenhalten, den gesellschaftlichen Terminkalender führen, Feiertage und Urlaube organisieren und den Kontakt mit Freunden und Verwandten aufrechterhalten. Eine große Zahl von Studien haben gezeigt, dass soziale Kontakte eine wichtige Schutzfunktion gegen Belastungen und Verluste aller Art einschließlich Todesfällen haben. Und obwohl die Zahl der Menschen, mit denen man sich verbunden fühlt, eine Rolle spielt, ist die Qualität der Verbindung noch wichtiger. Kann man von dem oder der Betreffenden Hilfe erwarten? Kann man mit ihr oder ihm über seine Gefühle sprechen? Männer neigen nicht nur eher dazu, Einzelgänger mit wenigen guten Freunden zu sein, sie wurden auch dahingehend sozialisiert, mit anderen Männern nicht über ihre Gefühle zu sprechen. Ihre Frauen werden oft zu ihrem emotionalen Rettungsanker, ohne den sie verloren sind. Die emotionale Isolierung, in die sie nach dem Tod ihrer Frau geraten, bedeutet Stress und Einsamkeit. Die Psychologin Janice Kiecolt-Glaser und ihr Mann, der Immunologe Ronald Glaser von der medizinischen Fakultät der Ohio State University, stellten fest, dass bei einsamen Menschen die Zahl bestimmter Immunzellen, die so genannten natürlichen Killerzellen, verglichen mit Personen, die sich sozial verbunden fühlen, signifikant absinkt. Die natürlichen Killerzellen säubern den Körper von krebs- und virenbefallenen Zellen. Ein relativer Mangel an diesen Zellen kann uns also krankheitsanfällig machen.

Der Psychologe James Pennebaker an der Southern Methodist University in Texas hat herausgefunden, dass es für das Immunsystem und unsere Gesundheit unerlässlich ist, ein Ventil für Gefühle zu haben. Selbst der einfache Ausweg, die eigenen Traumen einem Duschvorhang zu erzählen, hinter dem sich niemand befand, erwies sich als schützend für die Gesundheit von StudentInnen, wie eine sechs Monate später erfolgende Nachuntersuchung ergab. Auch in Tagebüchern über seine Verletzungen zu schreiben resultierte, sofern nicht nur die Fakten, sondern auch die Gefühle zur Sprache kamen, in besserer Gesundheit und einer höheren Anzahl aktiver natürlicher Killerzellen, die die Blutbahn durchstreifen und Viren und Krebszellen abtöten.

Die natürliche Tendenz von Frauen, über ihre Gefühle zu sprechen und während des Trauerprozesses Unterstützung zu suchen, schützt unsere Gesundheit. Nach Rogers Tod fand Julia großen Trost darin, mit ihren Angehörigen und Freunden Erinnerungen an ihren Mann auszutauschen. Diese waren auch für sie da, wenn sie sich einsam, von Schmerz überwältigt oder niedergeschlagen fühlte – die natürlichen anfänglichen Reaktionen auf Verlust. Als mein Vater starb, kamen Familienmitglieder und Freunde mehrere Abende hintereinander in das Haus meiner Mutter, um mit ihr »Schiwa zu sitzen«, eine jüdische Trauersitte, die besagt, dass Freunde und Angehörige den trauernden Hinterbliebenen sieben Tage lang Gesellschaft leisten und ihnen Gelegenheit geben sollen, sich an die verstorbene Person zu erinnern und von ihrem gemeinsamen Leben zu erzählen. Es gibt Speise und Trank, Gesellschaft und Menschen, die uns trösten können. Aus solchen alten Traditionen spricht eine tiefe Lebensweisheit. Als ich mit den Menschen sprach, die bei uns Schiwa saßen, erzählte mir jeder Einzelne etwas Besonderes über meinen Vater, oft Dinge, die mir neu waren. Durch diese Gespräche konnte ich mir ein vollständigeres Bild von ihm machen, als ich aus der alleinigen Perspektive seiner Tochter hatte. Sie erfüllten sein Leben und meine Erinnerungen an ihn mit tieferer Bedeutung.

Die Bedeutung, die wir einer Krise zuschreiben – sei es, dass wir aus einem geliebten Haus in eine Wohnung oder ein Pflegeheim umziehen müssen, wir einen finanziellen Rückschlag erleiden, einen geliebten Menschen verlieren oder krank werden –, hat entscheidenden Einfluss darauf, wie wir seelisch und körperlich damit fertig werden. Manche Menschen reagieren auf Krisen mit Verzweiflung, Hoffnungslosigkeit und Depressionen, die, wie viele Untersuchungen zeigten, mit mangelhafter Gesundheit korrelieren; andere reagieren auf ähnliche Ereignisse mit einer Ungebrochenheit, die es ihnen ermöglicht, einen neuen Sinn in ihrem Leben zu finden und ihren Weg fortzusetzen. Der Psychiater Viktor Frankl, der vier Nazi-Konzentrationslager überlebte, schrieb, sinnloses Leiden bedeute Verzweiflung. Ungebrochene Menschen werden mit Herausforderungen fertig, indem sie irgendeinen positiven Sinn in ihrem Leiden finden, während sich verzweifelnde Menschen oft als Opfer fühlen.

Der Psychologe Martin Seligman von der Universität von Pennsylvania stellte fest, dass pessimistische Menschen, die sich hilflos fühlen, oft sich selbst die Schuld an belastenden Ereignissen geben und dass sie auch nicht an eine Besserung der Lage glauben, weil sie sich nicht zutrauen, diese herbeizuführen. Meine Mutter war eine solche Pessimistin, die sich die Schuld am Tod meines Vaters gab. Durch Krebs geschwächt und aus Angst vor weiteren Behandlungen, die katastrophale Veränderungen in seiner Persönlichkeit bewirkt hatten, entschied sich mein Vater an einem Sommermorgen um drei Uhr früh, aus dem Fenster ihrer gemeinsamen Wohnung im 37. Stock eines Hochhauses zu springen. Meine Mutter hat sich nie verziehen, dass sie zu dieser Zeit schlief. Für sie war der Tod meines Vaters nicht seine Entscheidung. Es war ihre Schuld, nicht wach gewesen zu sein und ihn davor zu bewahren. Die Folge dieser Überzeugung, dieser Bedeutung, die sie seinem Tod zuschrieb, war anhaltende Verzweiflung.

Wir bewältigen die unvermeidlichen Verluste, die das späte Erwachsenenalter mit sich bringt, in der gleichen Weise, wie wir unser ganzes Leben lang Schicksalsschläge bewältigt haben. Während meine Mutter eine Pessimistin war, hatte bei Julia immer der Optimismus überwogen. Die Psychologin Suzanne Ouelette vom City College in New York hat optimistische, ungebrochene Menschen wie Julia untersucht, die sie als »stressresistent« bezeichnet. Die drei wesentlichen Elemente, die Stressresistenz charakterisieren, sind, Ouellette zufolge, Herausforderung, Kontrolle und Engagement. Als Roger starb, war das Single-Dasein für Julia eine Herausforderung und nicht eine Bedrohung des Status quo. Obwohl ihre Einsamkeit real war, galt dies auch für ihre Chancen eines andauernden Wachstums, eines Beitrags zur Gesellschaft und von Vergnügen. Obwohl sich Julia bewusst war, dass sie keine Kontrolle über Rogers Tod hatte, erkannte sie auch, dass ihre Reaktion auf diese neue Lebensphase ihrer Kontrolle unterlag. Sie hatte auch das Glück, dass Rogers Tod nicht unerwartet gekommen war. Selbst wenn wir keinen Kontrolle über einen Verlust haben, sind solche Ereignisse weniger belastend, wenn wir voraussagen können, wann sie wahrscheinlich eintreten werden. Wenn man z.B. Ratten elektrischen Schlägen aussetzt, dann entwickeln jene Tiere, die regelmäßig zehn Sekunden vor dem Stromstoß einen Summton hören, weniger Magengeschwüre als Ratten, die nicht vorgewarnt werden. Das letzte der drei Elemente, die Julias Einstellung kennzeichneten, war Engagement, das man als einen alles überspannenden Katalog an Werten definieren könnte, die dem Leben Sinn verleihen. Julia war es ein echtes Anliegen, einen Beitrag zur Gesellschaft zu leisten, Menschen im SeniorInnen-Zentrum, in der Dritten Welt und wo immer sich die Gelegenheit ergab zu helfen, weil sie darin den höchsten Ausdruck ihrer spirituellen Überzeugungen sah.

Diese Kombination von starkem sozialem Engagement plus einer optimistischen Einstellung, die Julia ungebrochen und stressresistent machte, steht grundsätzlich allen Frauen offen. Frauen, die es nicht schaffen, mit dem Kummer fertig zu werden, den Verluste in den späteren Jahren mit sich bringen können, benötigen professionelle Unterstützung, die ihnen nicht nur Halt geben, sondern auch helfen wird, ihre Einstellungen zu überprüfen. Eine Patientin von mir namens »Beverly« war Anfang 70, als sie in die Psychosomatische Klinik kam, um ihren hohen Blutdruck unter Kontrolle zu bringen. Es wurde bald klar, dass Hypertonie das geringste ihrer Probleme war. Ihr Mann, Mel, war etwa 18 Monate zuvor gestorben, und sie hatte das Gefühl, haltlos dahinzutreiben. Die Bridge-Partien, die sie mit Freunden gespielt hatte, kamen für sie nicht mehr in Frage, da dies ein Zeitvertreib für Paare war. Und da Mel nicht mehr da war, für den sie kochen konnte, verlor sie ihr ausgeprägtes Interesse an raffinierter Küche, das ihr geholfen hatte, ihre Zeit zu strukturieren. Beverly war traurig und depressiv, als ich sie kennen lernte, sie erinnerte mich an Frauen mittleren Alters, die es gewohnt waren, zu Hause zu bleiben und für ihre Familie zu sorgen und die dann unter dem Syndrom des leeren Nestes litten, bis sie den Übergang zur nächsten Lebensphase geschafft hatten.

In unserem zehnwöchigen psychosomatischen Trainingsprogramm erlernte Beverly Techniken zur Stressminderung wie Zwerchfellatmung, Auslösung der Entspannungsreaktion und Revision von Überzeugungen, die sie daran hinderten, ihren Weg weiterzugehen. War die zusätzliche Zeit, die sie seit Mels Tod zur Verfügung hatte, ein Problem oder eine Chance, etwas Neues und Interessantes anzufangen? War die Tatsache, dass sich einige ihrer alten Freunde, die sie nur als Teil eines Paares gelten ließen, von ihr zurückzogen, unbedingt ein Verlust oder wurde dadurch Platz für Freunde geschaffen, mit denen sie das Leben in einer tiefer gehenden Weise teilen konnte?

Als das zehnwöchige Programm vorüber war, bot uns Beverly an, bei uns mitzuhelfen, Telefondienst zu machen, Anrufer über klinische Programme zu informieren und den Terminkalender zu führen. Sie empfand die Arbeit als sehr befriedigend und freute sich über die Kameradschaft und die Chance, mehr über psychosomatische Medizin zu erfahren. Sie hatte auch ein Talent für Innenausstattung und half mehreren von uns, ihre Büros zu renovieren. Die Kenntnisse und Fertigkeiten, die sie sich im Bereich der emotionalen Kompetenz und des psychischen Wachstums angeeignet hatte, faszinierten sie, und sie begann, sich in der Gemeinde nach Möglichkeiten umzusehen, ihre Entwicklung zu fördern und ihre Interessen zu erweitern. Sie wurde Mitglied des Jüdischen Gemeindezentrums und nahm an Kursen über Mystik und über Trauerarbeit teil. Etwa ein Jahr nach unserer ersten Begegnung arbeitete Beverly an Trauergruppen mit und hatte zusammen mit anderen abenteuerlustigen SeniorInnen mehrere Reisen im Rahmen der Spezialhotels für SeniorInnen gemacht. Obwohl sie ihr altes Leben niemals zurückbekommen würde, fand sie unerwartetes Vergnügen an ihren neuen Unternehmungen. »Hältst du es für möglich, dass ich im Grand Canyon campiert habe?«, fragte sie mich eines Tages schalkhaft schmunzelnd. »Ich hätte nie gedacht, dass es ein Leben außerhalb des Holiday Inn gibt. Ich habe drei Monate gebraucht, um in die richtige Kondition für das Bergwandern zu kommen, aber ich habe mich in meinem ganzen Leben nie so fit gefühlt.« Ihr Blutdruck war gesunken und ihre Stimmung gestiegen, während sie sich von Tag zu Tag ein neues Leben schuf. Trauer und Verlust waren für Beverly ein Wachstumsimpuls und ein Beweis für die Tatsache, dass wir uns unser ganzes Leben lang psychisch, emotional, physisch, geistig und spirituell weiterentwickeln können.

Geistig fit bleiben

Beverly stellte fest, dass ihr Verstand schärfer denn je war. Es machte ihr unendliches Vergnügen, wieder Studentin zu sein und Bücher über weise jüdische Männer und Frauen zu lesen und ihre Geschichten dann ihren FreundInnen und den TeilnehmerInnen der Trauergruppen, bei denen sie aushalf, zu erzählen. Hier und da »entschwindet« ihr ein Wort, und sie ist gelegentlich frustriert, wenn ihr ein Name nicht einfällt, den sie so gut kennt wie ihren eigenen. Aber im Gegensatz zur allgemeinen Meinung ist dieser geringfügige Wortschwund nicht durch einen Untergang unserer Gehirnzellen und damit unseres Verstandes bedingt. Obwohl ein Teil der Neuronen tatsächlich im Alter abstirbt, wird der größte Teil der überflüssigen Gehirnzellen de facto schon im Uterus abgebaut, bevor wir zur Welt kommen. Bei der Geburt haben wir bereits 50% unserer Neuronen eingebüßt, aber niemand beklagt diesen Kapazitätsschwund des kindlichen Gehirns. Im Gegenteil, wenn dieser Abbau im fetalen Gehirn nicht erfolgt, kommt es häufiger zu Geistesschwäche, weil zu viele überflüssige Schaltkreise vorhanden sind, zu viel Hintergrundrauschen, ähnlich wie wenn konkurrierende Fernsehkanäle auf der gleichen Frequenz empfangen werden und sich gegenseitig stören.

Warum sollte ein neurologischer Vorgang, der in jüngeren Jahren zu Klarheit führt, in höherem Alter suspekt werden? Sowohl Laien als auch Fachleute sind durch unseren »Alterswahn« konditioniert worden, in den späteren Lebensstadien einen fortschreitenden Verlust an kognitiven Funktionen, d.h. an Denkvermögen zu befürchten. Doch wie die Neurologin Marian Diamond von Berkeley nachgewiesen hat, entwickeln alternde Ratten, die in einer stimulierenden Umgebung leben, ständig neue kortikale Verbindungen, die ihre Gehirnmasse vergrößern. Wir haben gute Gründe für die Annahme, dass der Verstand gesunder Frauen wie Beverly oder Julia im Alter trotz fortschreitendem neuronalem Abbau bei gleichzeitiger Entwicklung neuer funktionaler Schaltkreise durchaus an Schärfe gewinnen kann.

Welche Bereiche an Schärfe gewinnen, das hängt natürlich davon ab, welche Leitungsbahnen wir im Laufe unseres Lebens häufig benutzt haben. Wenn wir uns gewohnheitsmäßig auf Reaktionen der Hilflosigkeit oder der Rache zurückgezogen haben, dann werden wir in zunehmendem Maße verbitterter werden. Wenn wir Freude an Liebe und am Lernen hatten und bereit zur Hilfeleistung waren wie Julia, dann werden wir unsere prophetischen Gaben ebenso weiterentwickeln wie unser Mitgefühl, das ein natürliches Resultat der Empathie und des beziehungsorientierten Denkens ist. Wir altern so, wie wir gelebt haben, und bringen die Stärken und Schwächen unseres ganzen Lebens in diesen Prozess ein. Wie Katharine

Hepburn in ihren Achtzigern bemerkte: »Ich habe keine romantischen Gefühle in Bezug auf das Alter. Entweder man ist interessant, egal in welchem Alter auch immer, oder man ist es nicht.«

Neugier, Kontrolle und Langlebigkeit

Die Harvard-Psychologin Ellen Langer und ihre Yale-Kollegin Judith Rodin glauben, dass Menschen, die aktiv am Leben teilnehmen und die Kontrolle über ihr Umfeld haben, gesünder bleiben und länger leben als jene, bei denen das nicht der Fall ist. Sie überprüften ihre Hypothese in einem Pflegeheim, indem sie die BewohnerInnen in zwei Gruppen aufteilten. Die eine Gruppe wurde passiv vom Personal versorgt. Die andere Gruppe ermutigte man, persönliche Entscheidungen bezüglich ihres Tagesablaufs zu treffen. Außerdem erhielten beide Gruppen Topfpflanzen. In der passiven Gruppe wurden die Pflanzen von den Schwestern gepflegt, während die Mitglieder der aktiven Gruppe sie selbst zu versorgen hatten. 18 Monate später zeigte sich, dass die ProbandInnen, deren Initiative gefördert worden war, sich als weitaus vitaler, glücklicher und gesünder erwiesen als die Gruppe der passiv Betreuten. Außerdem hatte es in der aktiven Gruppe nur 15% Todesfälle gegeben, in der passiven hingegen 30%.

Die Vorurteile gegen das Alter beruhen, Ellen Langer zufolge, teilweise auf der irrigen Annahme, dass alte Menschen unfähig seien, Dinge selbständig zu tun, dass sie also inkompetent seien. Dies ist natürlich eine sich selbst erfüllende Prophezeiung, denn wenn andere Menschen Dinge für uns erledigen, die wir selbst tun könnten, dann verlieren wir den Anreiz, der nötig ist, um sich geistig weiterzuentwickeln. Langer wandte ihre Theorie auf Gedächtnisverlust an, einen der gefürchtetsten Aspekte des Alterns. Sie und ihre MitarbeiterInnen stellten PflegeheimbewohnerInnen verschiedene Fragen, die ihre geistige und soziale Kompetenz erweisen sollten. Die eine Gruppe wurde für richtige bzw. positive Antworten mit Chips belohnt, die gegen Leckereien eingetauscht werden konnten, während die zwei Kontrollgruppen entweder Chips erhielten, die in keinem Zusammenhang mit ihren Antworten standen, oder ganz leer ausgingen. Diejenigen, die für ihre guten Gedächtnisleistungen belohnt wurden, wiesen schließlich allgemein ein besseres Erinnerungsvermögen auf, waren vitaler und lebten länger als die Angehörigen der anderen zwei Gruppen. Zweieinhalb Jahre später waren von der experimentellen Gruppe nur 7% gestorben, von den beiden Kontrollgruppen hingegen etwa 30%.

Wenn uns die Anregungen fehlen, dann beginnen die geistigen Prozesse und die Kreativität in jedem Lebensalter nachzulassen. Und wenn wir aufhören, etwas zu schaffen, dann verringert sich unsere Lebensenergie und die Depression setzt ein. Der vorherrschende Irrglaube in Bezug auf das Altern besagt, dass wir allmählich unsere Funktionsfähigkeit verlieren und schließlich sterben. Aber was ist, wenn sich der Funktionsverlust und die damit einhergehende Abnahme an Vitalität als gesellschaftliche Weichenstellung erweisen, die wir vermeiden könnten? Ellen Langers Forschungsergebnisse lassen genau dies vermuten. Durch geringfügige Veränderungen in der Art und Weise, wie wir uns zum Alterungsprozess einstellen, lässt sich die Lebenserwartung steigern und die geistige Weiterentwicklung fördern.

Langlebigkeit: Möglichkeiten und Fallstricke

Ich habe nicht den geringsten Zweifel daran, dass der Alterungsprozess, was seine degenerativen Aspekte betrifft, durch unsere innere Einstellung, Gelegenheiten, sich nützlich zu machen, andauernde geistige Stimulierung und gesunde Lebensweise erheblich verzögert werden kann. Der Markt für Bücher über Langlebigkeit wächst rasant, während parallel dazu die bücherkaufende Bevölkerungsschicht älter wird. Dasselbe gilt für den Einsatz von Hormonpräparaten wie DHEA (Dehydroepiandrosteron), das geradezu als Jungbrunnen angepriesen wurde. Verzögert es tatsächlich den Alterungsprozess, schützt es vor Krebs, und stärkt es die lebenswichtigen Organe? Es wurde noch nicht genügend darüber geforscht, um schon definitiv über seine Vorzüge und potentiellen Risiken zu urteilen, aber es gibt einige interessante Theorien und Warnungen.

DHEA ist das häufigste und in den größten Mengen vorhandene Steroid (andere Steroide sind Kortisol, die Östrogene, Progesteron, Testosteron und Aldosteron, das den Natrium- und Kaliumhaushalt und damit den Blutdruck regelt). Es ist auch ein Vorläufer oder Baustein, aus dem viele andere Steroide einschließlich Testosteron und die Östrogene synthetisiert werden. Deshalb hat eine Abnahme an DHEA einen Rückgang aller anderen Steroide zur Folge. DHEA hat auch eine Menge eigener Funktionen, von denen eine der wichtigsten sein Beitrag zum Wachstum und zur Reparatur von Gewebe ist. Diese letztgenannte Fähigkeit kann tatsächlich helfen, bestimmte Funktionen wie das Immunsystem wiederherzustellen, die im Alter nachlassen. Da der DHEA-Spiegel im jungen Erwachsenenalter am höchsten ist und danach abfällt, ist die Theorie vertreten worden, das Absinken von DHEA könnte mit der Zunahme altersbedingter degenerativer Krankheiten wie Arthritis, Herzkreislaufleiden und Diabetes zusammenhängen. Obwohl sich diese Theorie als zutreffend erweisen könnte, sind noch beträchtliche Forschungsarbeiten zu leisten; überdies bezieht sich ein Großteil der diesbezüglichen Veröffentlichungen ausschließlich auf Männer.

John Lee, ein Arzt, dessen Interesse an der Verwendung von natürlichem Progesteron zur Linderung von Postmenstruellem Syndrom und Symptomen der Menopause ihn veranlasste, die Feinheiten der Steroidsynthese und der biologischen Auswirkungen von Hormonen gründlich zu erforschen, warnt vor der Anwendung von DHEA bei Frauen, da dessen Einfluss auf Brustkrebs unklar sei. Er führt Daten an, die auf einen Zusammenhang zwischen DHEA und Brustkrebs hindeuten, wobei vor der Menopause ein niedriger

DHEA-Spiegel und nach der Menopause hohe DHEA-Konzentrationen das Risiko zu vergrößern scheinen. Außerdem hemme DHEA das Wachstum von Brustkrebs bei normalen Mäusen, fördere dessen Wachstum jedoch bei Tieren, deren Eierstöcke entfernt wurden und die deshalb einen niedrigen Östrogenspiegel aufweisen. Es steht also fest, dass mehr Forschung über DHEA nötig ist, aber auch, dass zwischen dessen Auswirkung auf Frauen und jener auf Männer zu unterscheiden ist, bevor die Frage nach der Sicherheit und Wirksamkeit von DHEA als Schutz vor den Degenerationserscheinungen des Alters beantwortet werden kann.

Wie die Folgen des Alterns umzukehren sind, ist am gründlichsten im Bereich des Herzkreislauf- und des Immunsystems erforscht worden, mit dem Ergebnis, dass eine gesunde Lebensweise und ein Entspannungstraining dazu beitragen können, den Körper optimal funktionsfähig zu erhalten.

Die Häufigkeit von Herzkrankheiten bei Frauen beginnt nach den Wechseljahren anzusteigen und erreicht im letzten Lebensviertel den Höhepunkt. Tatsächlich sterben mehr Frauen an Herzerkrankungen als an Brust- und Lungenkrebs zusammengenommen. Der Arzt und Forscher Dean Ornish, Verfasser von *Dr. Ornish's Program for Reversing Heart Disease* [dt.: *Die Ornish-Herz-Diät*, Stuttgart: Kreuz, 1996], hat zahlreiche Artikel in wissenschaftlichen Fachzeitschriften über die Rolle von extrem fettarmer vegetarischer Ernährung, Stress-Management, Meditation, Yoga und menschlicher Unterstützung zur Heilung von koronaren Herzerkrankungen veröffentlicht. Ausgeklügelte Begleitstudien vor und nach Absolvierung seines Programms haben gezeigt, dass arteriosklerotische Plaques tatsächlich schrumpften und in manchen Fällen ganz verschwanden. Alte Arterien werden buchstäblich wieder jung.

Wiederum erweist sich die menschliche Zuwendung sowohl für die Entstehung als auch für die Behandlung von Herzkreislaufkrankheiten als wichtiger Faktor. EpidemiologInnen haben eine gründliche Untersuchung in einer Kleinstadt namens Roseto in Pennsylvania durchgeführt, weil dessen EinwohnerInnen eine auffallend niedrige Rate an Herzkreislauferkrankungen aufwiesen. Zu ihrer Überraschung stellten sie fest, dass in der Bevölkerung Risikofaktoren wie sitzender Lebensstil, fettreiche Kost, Übergewicht, Rauchen und Diabetes in durchschnittlichem Ausmaß vorhanden waren. Sie kamen zu dem Schluss, dass der Zusammenhalt der Gemeinde, die außergewöhnlich fest gefügt war, jener Faktor war, der das Risiko von Herzkrankheiten verminderte. Den höchsten Wert maßen die Gemeindemitglieder der Zeit zu, die sie mit Angehörigen und Freunden verbrachten. Als das Forscherteam 25 Jahre später nach Roseto zurückkehrte, hatten die Herzerkrankungen dort dasselbe Niveau erreicht wie im übrigen Land. Im Laufe dieser Jahre war der Zusammenhalt der Gemeinde verloren gegangen. Die Kinder waren erwachsen geworden und auf der Suche nach dem amerikanischen Traum fortgezogen, in der Hoffnung, anderswo bessere Arbeitsmöglichkeiten zu finden und mehr Geld zu verdienen. Die verbleibenden EinwohnerInnen fingen an, größeren Wert auf Konsumgüter zu legen und sich weniger um menschliche Verbundenheit zu kümmern.

Die meisten von uns sind wie die heutigen Einwohner von Roseto. Sie werden sich vielleicht daran erinnern, dass für viel beschäftigte berufstätige Frauen in ihren Dreißigern und Vierzigern die Beziehung zu ihrem Partner und ihren FreundInnen hinter ihrer Arbeit und der Sorge für den Haushalt und die Kinder zurückstehen mussten. Wenn berufstätige Frauen den Wechsel von den ausgefüllten mittleren Jahren, in denen ihnen menschlicher Beistand oft von ihren ArbeitskollegInnen zuteil wird, in den Ruhestand vollziehen, stellen sie häufig fest, dass ihr soziales Netz Löcher bekommen hat.

Mitte der 80er-Jahre lernte ich einen Psychiater aus Indien kennen, der eine einjährige Gastprofessur in Harvard innehatte. Als ich 1989 an der ersten Internationalen Konferenz über Ganzheitliche Gesundheit und Medizin in Indien teilnahm, begegnete ich ihm erneut. Auf meine Frage, was sein nachhaltigster Eindruck von Amerika sei, gab er mir eine schockierende Antwort. »Die traurige Lage der amerikanischen Frauen«, sagte er. Frauen seien von Natur aus beziehungsorientiert, das sei der Kern ihrer Weltsicht und die Grundlage ihrer Gesundheit und ihres Glücks. Doch die meisten Amerikanerinnen, die er kennen gelernt habe, seien so beschäftigt gewesen, dass sie wenig Zeit für Beziehungen gehabt hätten. Wenn wir in unseren späteren Jahren das Netz menschlichen Beistands, das wir an unserem Arbeitsplatz haben, nicht durch andere Quellen der Freundschaft und gegenseitigen Ermutigung ersetzen, dann wird unser physisches Herz, das sagt uns die Forschung, Schaden nehmen. Ich bin überzeugt davon, dass der Anstieg an Herzerkrankungen, zu dem es im letzten Viertel des Frauenlebens kommt, tatsächlich auf die relative Isolierung zurückzuführen ist, unter der viele ältere Frauen leiden. Die gute Nachricht ist, dass Forschungen wie die von Dean Ornish gezeigt haben, dass uns menschliche Verbundenheit ungeachtet der Ursache von Herzkrankheiten helfen kann, die Innenwände unserer Blutgefäße zu erneuern und damit unser Risiko eines Herzinfarkts zu senken.

Auch das Immunsystem hat die Fähigkeit, sich zu regenerieren. Obwohl die Immunfunktion im Alter allmählich nachlässt, hat noch niemand den eigentlichen Grund für diesen Niedergang dokumentiert. Ist er genetisch vorprogrammiert, oder ist er eine sekundäre Folge der kumulativen Auswirkungen unserer Lebensweise und inneren Einstellung? Wie bereits erörtert, haben ForscherInnen der Ohio State University herausgefunden, dass einsame Menschen ein signifikant schwächeres Immunsystem haben als jene, die sich sozial eingebunden fühlen. Die Immunität lässt bei Menschen mit mangelhafter Bewältigungskompetenz auch schlagartig nach, wenn wir mit plötzlichem Stress konfrontiert sind, wie das bei vielen älteren Menschen der Fall ist. Aber diese Auswirkungen sind alle vorübergehend bzw. leicht umkehrbar, und dasselbe gilt für das Nachlassen des Immunsystems, das typischerweise mit dem Altern einhergeht.

Die Psychologin Janice Kiecolt-Glaser und ihr Mann, der Immunologe Ronald Glaser, untersuchten ältere Menschen in Pflegeheimen. Eine Gruppe erhielt Unterricht in progressiver Muskelentspannung, einer einfachen Meditationsübung, die den Körper aus der

Stressreaktion in die Entspannungsreaktion überleitet. Eine Studentin machte diese Übung drei Wochen lang dreimal wöchentlich mit den Senioren. Eine zweite Gruppe wurde zur Kontrolle für mögliche positive Effekte sozialer Unterstützung ebenso viele Stunden von StudentInnen besucht, während bei einer dritten Gruppe keinerlei Intervention erfolgte. Schon nach Ablauf von drei Wochen war bei der Gruppe, die progressive Muskelentspannung praktizierte, ein signifikanter Anstieg von zwei verschiedenen Messwerten des Immunsystems festzustellen, d.h., in mindestens zwei Bereichen des Immunsystems waren die Werte mit denen jüngerer Menschen vergleichbar. Nachdem die Mitglieder dieser Gruppe aufgefordert worden waren, diese Übungen abzubrechen, fielen ihre Werte innerhalb weniger Wochen wieder auf den vorherigen Stand zurück. Noch ist nicht bekannt, ob die Immunregeneration auf die physischen Auswirkungen der Meditation zurückzuführen ist oder ob sie durch das neugeweckte Interesse und ein gesteigertes Gefühl von Kontrolle bedingt war.

Obwohl ich persönlich hoffe, lange zu leben, ist mir nicht wohl bei der selbstverständlichen Annahme mancher AutorInnen, dass wir erwarten können, automatisch 100 Jahre alt zu werden, wenn wir bloß alles richtig machen. Dies geht mit der meist unausgesprochenen Annahme einher, wir seien selbst daran schuld, wenn wir jung sterben. Wir haben es hier mit einer Variante dessen zu tun, was der transpersonale Psychologe Ken Wilber den »Schuldkomplex des New Age« bezeichnet, nämlich die Vorstellung, wenn wir krank werden oder es nicht schaffen, uns mit unseren geistigen Kräften zu heilen, dann hätten wir etwas falsch gemacht. Ich kann mich bei diesem Thema sehr aufregen, weil es über das Psychologische und Biologische hinaus die spirituelle Ebene berührt – eine zweite selbstverständliche Annahme lautet nämlich, Krankheit und Alter würden uns verschonen, wenn wir spirituell nur weit genug entwickelt wären.

Obwohl wir tatsächlich die Macht haben, das Altern hinauszuzögern und ein gesünderes Leben zu führen, werden wir schließlich alle sterben, und manche wird es in relativ jungen Jahren treffen – trotz psychischer Elastizität, gutem menschlichem Beistand, entwickelter Liebesfähigkeit und beneidenswert gesunder Lebensweise. Adele Davis, renommiert für ihr Wissen über gesunde Lebensformen und organische Küche, ist in ihren Sechzigern an Krebs gestorben. Mehr als einer meiner Bekannten hat bei dieser Nachricht die Flinte ins Korn geworfen und seinen Kummer bei McDonald's betäubt. Und zwar aufgrund der verkorksten Überlegung: »Mein Gott, sie hat alles richtig gemacht und ist trotzdem gestorben. Warum soll ich mich also anstrengen?« Wie Janet Quinn sagte, es gibt keine kosmische Versicherung, die uns Garantien bietet. Nur unsere Furcht veranlasst uns, Garantien zu fordern, wo keine existieren. Bernadette Soubiros, das 14-jährige Mädchen, der in Lourdes die Jungfrau erschienen war, ist trotz ihres hochgestimmten spirituellen Lebens in ihren frühen Dreißigern an Knochenkrebs gestorben. Ein körperlich und seelisch gesundes Leben zu führen trägt seine Belohnung in sich, und obwohl diese Faktoren unser Leben statistisch gesehen verlängern können, darf man Einzelne nicht mit Statistiken gleichsetzen. Niemand von uns weiß, wann und wie wir sterben werden. Aber wenn wir das Glück haben, 75 Jahre alt zu werden, die durchschnittliche Lebenserwartung für Frauen in den USA, dann tun wir gut daran, den Tod als letzte Phase unseres Wachstums zu begreifen.

Der Umgang mit dem Tod: Eine Herausforderung für Ärzte und Angehörige

In ihrem Buch *Mindfulness* [dt.: *Fit im Kopf*, Reinbek: Rowohlt, 1996] erzählt die Psychologin Ellen Langer, dass ihre Großmutter an einem Gehirntumor starb, der von den Ärzten nicht erkannt worden war, während die alte Frau das Problem intuitiv erfasst hatte. Sie habe das Gefühl, sagte sie, dass eine Schlange in ihrem Kopf umherkrieche. Die Ärzte hatten sie jedoch als senil abgeschrieben, statt diese wertvolle Metapher als einen Fingerzeig für ihre Diagnose zu begreifen.

Überlastete Mediziner ignorieren allzu oft die implizite Weisheit älterer Menschen und deren explizite Anweisungen, wie sie zu sterben wünschen. Eine 1995 in dem renommierten *Journal of the American Medical Association* veröffentlichte Studie dokumentierte gravierende Mängel in der Kommunikation zwischen schwer kranken stationären PatientInnen und deren ÄrztInnen. Eine groß angelegte Untersuchung an 9000 PatientInnen ergab, dass nur 47% aller behandelnden ÄrztInnen wussten, welche ihrer PatientInnen keine Reanimation wünschten. Doch selbst in jenen Fällen, wo sich die ÄrztInnen einer solchen Bitte bewusst waren, verstießen sie manchmal gegen den ausdrücklichen Wunsch der PatientInnen, in der Überzeugung, am besten zu wissen, wie mit den Betreffenden umzugehen sei.

Eine der Patientinnen, mit denen ich arbeitete, war ein trauriges Beispiel dafür. »Ramona« hatte sich bei ihrem Mann, der vor ihrer Heirat einen einzigen homosexuellen Kontakt gehabt hatte, mit HIV angesteckt. Ihre Erkrankung an Lungenentzündung ließ erkennen, dass bei ihr Aids diagnostiziert werden musste. Ramona war eine der Teilnehmerinnen einer Aids-Gruppe, die ich Mitte der 80er-Jahre leitete, und sie kehrte im folgenden Jahr häufig an die Psychosomatische Klinik zurück, wo sie an weiteren Gruppen teilnahm und anderen Beistand leistete. Trotz der geringen Zahl ihrer T-Lymphozyten war sie meist bei guter Gesundheit, und sie erwies sich als einer jener außergewöhnlichen Menschen, die durch die Nähe des Todes das Leben mehr schätzen lernen. Alle liebten sie und hielten an der Hoffnung fest, dass sie zu den Langzeitüberlebenden gehöre oder dass vielleicht sogar eine Spontanremission der Krankheit eintreten werde.

Ich hatte mir so erfolgreich eingeredet, sie sei unverwundbar, dass ich geschockt war, als sie zum zweiten Mal mit Lungenentzündung ins Krankenhaus kam. Sie hatte ihrem Arzt unmissverständlich gesagt, sie wolle nicht an ein Beatmungsgerät angeschlossen oder reanimiert werden, denn sie zog es vor, lieber zu sterben, als ein langes Siechtum durchzumachen. Wie viele Frauen, mit denen ich gearbeitet habe, fürchtete sich Ramona weniger vor dem Tod als vor einem langen Sterbeprozess. Ihr Zimmer war voller Glückwunschkarten und Blumen, und Kassetten mit ihrer Lieblingsmusik liefen Tag und Nacht, weil sie zu einer friedlichen Atmosphäre beitrugen. Als ich eines Morgens in ihr Zimmer kam, war anstelle der beruhigenden Musik das mechanische Zischen eines Beatmungsgeräts zu hören. Man hatte ihren Körper durch ein Mittel namens Curare chemisch gelähmt, damit ihre eigene Atmung dem Pumpmechanismus der Maschine nicht in die Quere kam. Ihre Augen hatte man mit Heftpflaster zugeklebt, da ihre Lider sich nicht mehr schließen konnten. Der Raum war erfüllt von dem unverkennbaren Geruch animalischer Angst.

Ihre Schwester saß weinend an ihrem Bett, als sie mir erzählte, wie man Ramona gegen ihren Willen an das Beatmungsgerät angeschlossen habe und wie diese vergebens protestiert und sich körperlich dagegen gewehrt habe. Der Arzt hatte sich in der Hoffnung, dass diese junge Frau ihre Lungenentzündung überwinden könne, wenn man ihr mit einem Beatmungsgerät über die Krise hinweghelfe, einfach über ihre Bitten hinweggesetzt, man möge sie eines natürlichen Todes sterben lassen. Tatsächlich trat der Tod 48 Stunden später ein, und ich bin bis zum heutigen Tag überzeugt, dass sie an ihrer panischen Angst gestorben ist.

Versuche, Sterbende am Leben zu erhalten, setzen den Betroffenen oft furchtbaren körperlichen und seelischen Schmerzen aus und bedeuten für die Angehörigen eine erhebliche Belastung. Davon abgesehen belasten solche heroischen Maßnahmen die Volkswirtschaft mit enormen Kosten. Meine Mutter war unrettbar an einem Emphysem und an Herzinsuffizienz erkrankt, als sie in den letzten zehn Tagen ihres Lebens ins Krankenhaus eingeliefert wurde. Man führte unentwegt Untersuchungen an ihr durch, obwohl die Ärzte ebenso gut wussten wie sie selbst, dass sie im Sterben lag und sie eine Patientenverfügung gegen Reanimation unterschrieben hatte. Krankenhäuser stellen sich die Aufgabe, das Leben um jeden Preis zu verlängern, indem sie lebenswichtige Funktionen überwachen, sie so lange wie möglich aufrechterhalten und Untersuchungen durchführen, um herauszufinden, was schief läuft – selbst wenn der Patient im Sterben liegt und den Wunsch geäußert hat, nicht reanimiert zu werden.

Am Morgen des Tages, an dem meine Mutter starb, setzten bei ihr innere Blutungen ein. Statt sie schmerzfrei zu halten und ihr den Besuch von Freunden und Verwandten zu gestatten, die gekommen waren, um sich von ihr zu verabschieden, verfrachtete man sie in die Eingeweide des Hospitals, die Abteilung für Nuklearmedizin, zur Untersuchung. Man wollte den Sitz der Blutung feststellen. Sie verschwand um zehn Uhr Vormittag, und als sie am späten Nachmittag noch nicht zurück war, wurde ich ausgesandt, sie zu suchen. Sie lag allein und verängstigt auf einem fahrbaren Bett im Krankenhauskorridor, weil die Abteilung für Nuklearmedizin an diesem Tag überlastet war. Ich bat den diensttuenden Arzt, sie in ihr Zimmer zurückkehren zu lassen. Er lehnte das zuerst ab, indem er den Standpunkt der Klinik vertrat, dass sie eine Diagnose benötigten. Meine Mutter, streitlustig wie eh und je, mischte sich mit ihrer rauen Stimme ein: »Diagnose? Ich bin den ganzen Tag hier gelegen, weil Sie eine Diagnose brauchen? Warum haben Sie nicht mich gefragt?« Der Arzt wirkte verblüfft. »Ich sterbe«, schloss meine Mutter, »da ist Ihre Diagnose.« Zu seinen Gunsten muss ich sagen, dass er sie danach ohne Untersuchung gehen ließ.

Meine Mutter hatte offenkundig Recht. Doch um einer sinnlosen Diagnose willen hatte unsere Familie mehrere der kostbarsten Stunden unseres gemeinsamen Lebens verloren. In den Tagen der Untersuchungen vor ihrem Tod lief auch eine gewaltige Krankenhausrechnung auf, die von der gesetzlichen Versicherung – d.h. von uns allen – beglichen werden musste. Das Problem mit der Medizin ist, dass sie nicht weiß, wann es genug ist, und ein Teil des Grundes dafür ist, dass sie sich in der Defensive befindet. Manche trauernden Hinterbliebenen verklagen die Ärzte im Namen sterbender Angehöriger in dem Glauben, ihre Lieben hätten durch eine weitere Maßnahme, eine weitere Untersuchung am Leben erhalten werden können. Tatsächlich sind es oft die Angehörigen eines Patienten, die verlangen, dass dessen schriftliche Verfügung gegen Reanimation aus der Krankenakte entfernt wird und dass gegen die eigenen Wünsche des Patienten heroische Maßnahmen eingeleitet werden.

Der Allgemeinarzt David Hibbard und seine Frau Christine, eine Psychologin, die in Boulder/Colorado eine Familienpraxis betreiben, haben einen einfachen und erstaunlich effektiven Weg zur Förderung der Kommunikation zwischen PatientInnen, deren Angehörigen und den ÄrztInnen gefunden. Sie nennen ihre Broschüre »Leitfaden für Patienten, Angehörige und Ärzte«. Meine Freundin und Kollegin Chris Hibbard erklärte mir, sie hätten diesen Leitfaden aufgrund ihrer Erfahrungen konzipiert, dass die Wünsche eines Patienten entweder wegen mangelhafter Kommunikation mit den Ärzten oder wohlmeinender Einmischung seitens Angehöriger übergangen werden. Wenn man die Wünsche eines Menschen, wie er sterben möchte, nicht respektiert, dann zieht dies nach Erfahrung der Hibbards nicht nur jenes sinnlose Leiden nach sich, von dem wir gesprochen haben, sondern es bleibt auch die Chance eines psychischen und spirituellen Wachstums während des Sterbeprozesses ungenutzt. Wenn eine Familie z.B. beharrlich leugnet, dass ihr Angehöriger stirbt, dann erschwert sie es diesem, über seine Ängste zu sprechen und seinen Lieben Lebewohl zu sagen. Eine Verabschiedung hingegen führt häufig zu frohen Erinnerungen über gemeinsam verbrachte Zeit und gibt dem Sterbenden Gelegenheit, seine Erkenntnisse weiterzugeben. Die Angehörigen erhalten dadurch auch eine Chance, dem Sterbenden ihre Dankbarkeit zu bezeugen und ihm zu sagen, was er ihnen bedeutet hat. Ich bin bei solchen Anlässen Zeugin von Wundern geworden, wie es mir nachgerade schien, wenn alte Kränkungen losgelassen werden, Vergebung gewährt wird und in die Herzen aller Beteiligten größerer Friede einkehrt. Die den Tod umgebende Zeit ist emotional extrem aufgeladen, und es gibt reichlich Gelegenheiten, Unerledigtes aus der Welt zu schaffen und eine neue Stufe gegenseitigen Verständnisses zu erreichen. Dies ist das Geschenk bewussten Sterbens. So kann sich eine schwierige Zeit in eine gesegnete verwandeln.

In der Einführung zum Leitfaden der Hibbards heißt es: »Der Tod ist ein Bestandteil des Lebens, wir alle werden diesen Prozess irgendwann durchlaufen. Obwohl uns unsere Gesellschaft vor dem Tod abschottet, sollten wir die Rolle anerkennen, die er spielt, und auch seine Schönheit, um von ihm zu lernen und um die richtigen Entscheidungen zu treffen. Wir haben das Gefühl, dass es für uns alle notwendig ist, ein Verhältnis zum Tod zu finden, das nicht auf der Furcht beruht, die von unserer gegenwärtigen Kultur gefördert wird.« Diese Furcht könne unter anderem durch das Wissen gemildert werden, dass jeder von uns das Recht hat, mit Würde zu sterben, umgeben von seinen Lieben, denen wir unsere Wünsche klargemacht haben. Die Gelegenheit, einander zu danken, einander zu verzeihen und einen tieferen Sinn in den gemeinsam verbrachten Jahren zu finden, wird gefördert, wenn schwerkranke PatientInnen über ihre Wünsche in Bezug auf den Sterbevorgang sprechen.

Ich erinnere mich an eine Frau namens »Grace«, die in der Hoffnung in die Psychosomatische Klinik kam, Meditation und Imaginationsverfahren könnten ihr Leiden an einem chronischen Juckreiz lindern, der nach einer Dialyse wegen Nierenversagens aufgetreten war. Grace war Mitte 70, als wir uns kennen lernten, seit über 50 Jahren glücklich verheiratet und Mutter von drei Kindern. Sie und ihre Angehörigen hatten der Tatsache ins Auge gesehen, dass Grace nicht mehr viel Lebenszeit blieb, und sie hatte das Gefühl, dass ihre Gespräche über ihren Tod und wie sie zu sterben wünschte sie einander näher gebracht hatten.

Grace wollte zu Hause sterben, aber ihrem Mann Mathew machte dies zunächst Angst. Würde er mit ihrem Schmerz umgehen können? Wie würde das sein, den Menschen, den er am meisten auf dieser Welt liebte, sterben zu sehen? Was wäre, wenn er nicht die Kraft hätte, sie zu Hause zu behalten, und unter dem Druck stünde, sie entgegen ihren Wünschen ins Krankenhaus zu bringen? Zwei von

Graces Kindern wohnten in der Nähe, und die Familie besprach gemeinsam, wie sie Grace und Mathew unterstützen könnten. Sie wandten sich an ein Sterbehospiz, und Mathew begriff, dass ihm von dort beträchtliche Hilfe zuteil werden würde, speziell in Bezug auf Graces medizinische Bedürfnisse. Sobald Grace eine weitere Dialyse ablehnte, würde ihr »aktives Sterben« nicht mehr lange dauern, und beide Kinder boten an, in dieser Zeit nötigenfalls bei den Eltern zu bleiben. Die Solidarität der Familie war eine Quelle der Kraft für sie alle. Grace bleibt mir unauslöschlich in Erinnerung als einer der liebevollsten, friedlichsten Menschen, denen ich je begegnet bin.

Die Gaben der Trauer, des Verlustes und der Ungebrochenheit

»In ruhiger See meistert jedes Schiff seinen Weg. Nur im Sturm muss es sich bewähren«, heißt es bei Shakespeare. Die Weisheitsjahre bringen viele Stürme mit sich: Witwenschaft, Verlust von Freunden, Wohnungswechsel, Verlust des Arbeitsplatzes oder berufliche Veränderungen. All dies sehen wir gewöhnlich als unvermeidliche Schicksalsschläge des Alters anstatt als Chance, zu erkennen, aus welchem Holz wir geschnitzt sind. Der lebenslange Pessimist, der auf diese Veränderungen mit Niedergeschlagenheit reagiert, kann lernen, geschmeidig zu werden. Die Ehefrau, die ihren Mann verliert, wird vielleicht entdecken, dass sich ihr ein völlig neues und aufregendes Leben eröffnet.

Womöglich das größte Geschenk der Weisheitsjahre ist ein erneuertes Verständnis, wie wichtig ein Netz enger Freunde für unsere Gesundheit, unser Glück und ein langes Leben ist. Eine Frau, die sich isoliert fühlt, sei es, weil sie kürzlich in den Ruhestand getreten ist und ihre ArbeitskollegInnen zurückgelassen hat oder weil ihr Ehepartner gestorben ist, hat eine wichtige Gelegenheit, ihre Situation zu überdenken und sich aufs Neue in das Gewebe des Lebens einzuflechten. 70% aller Frauen sind in ihren Siebzigern noch gesund und können seelisch, geistig und spirituell weiterwachsen. Eine Menge aktives und vitales Leben liegt noch vor ihnen. Auch das Bewusstsein des Todes ist eine Realität, nicht bloß für andere, sondern für uns selbst, und ein Geschenk. Durch die Gestaltung der Umstände unseres Todes gewinnt unser Lebensstil seine endgültigen Konturen. Gibt es Dinge, die ich in der mir verbleibenden Zeit noch erreichen möchte? Welches sind die wichtigsten Dinge, die ich für mich und andere tun kann? Bin ich in eingefahrene Gleise geraten? Die Nähe des Todes wirft diese Fragen auf und kann zu Entscheidungen führen, die uns in unseren späteren Jahren helfen, uns ein neues und erfüllteres Leben zu schaffen.

13

77. bis 84. Lebensjahr und darüber hinaus: Die Lebensbilanz ziehen

Generativität, Rückblick und Transzendenz

Mit 80 Jahren ist Julia unverheiratet wie 75% der amerikanischen Frauen dieser Altersstufe. Sie ist geplagt von Arthritis, besonders in den Fingern ihrer linken Hand und in den Knien, aber ansonsten bei guter Gesundheit wie zwei Drittel der Frauen, die dieses Alter erreichen. Seit sechs Jahren wohnt sie mit ihrer Freundin Barbara, ebenfalls Witwe, in einer Vier-Zimmer-Eigentumswohnung an einer Küstenstraße in Boston zusammen. Der amerikanischen Statistik zufolge leben 51% der Frauen im Alter zwischen 75 und 84 allein, 29% leben mit einem Partner, und 20% leben mit anderen Personen. Julia ist mit einem Mann namens Mike befreundet, einem pensionierten Polizeibeamten, der ehrenamtlich an dem SeniorInnen-Zentrum arbeitet, das sie bis zum Alter von 74 Jahren leitete und wo sie immer noch mehrere Stunden pro Woche beratend tätig ist. Da auf jeweils 100 Frauen im Alter von 80 bis 84 nur 53 Männer entfallen, schätzt sie sich glücklich, ein Liebesleben zu haben. Sie ist gern mit Mike zusammen, und ihre sexuelle Beziehung ist ein willkommenes Geschenk.

Mike ist 78 Jahre alt, mit 75 hatte er einen mittelschweren Herzinfarkt. Er würde sie gern heiraten, aber Julia zieht es vor, sich ihre Freiheit zu bewahren, teilweise aus Furcht, dass Mike pflegebedürftig werden könnte und sie dann für ihn da sein müsste. Frauen in Julias Alter werden mit viel größerer Wahrscheinlichkeit zur Pflegerin kranker Partner, als dass sie selbst Pflege erhalten. In sieben von zehn Fällen wird die Pflege von Frauen ausgeübt – Gattinen, Töchtern oder Schwiegertöchtern. Noch im Jahr 1982 wurden 37% der pflegebedürftigen Männer mit über 65 Jahren von ihren Ehefrauen gepflegt. Frauen landen mit viel größerer Wahrscheinlichkeit in Pflegeheimen, dennoch geht aus amerikanischen Statistiken für 1985 hervor, dass sich nur 45 von 1000 Frauen, d.h. 4,5% der über 75-jährigen, in langfristigen Pflegeeinrichtungen befanden. Wenn wir das Glück haben, unsere Achtziger zu erreichen, dann ist unsere Gesundheit im Allgemeinen ziemlich robust.

Die wirtschaftliche Situation ist eine andere Sache. Julia hat insofern Glück, als sie aufgrund des Geldes, das sie von Roger erbte, ihres eigenen Pensionsfonds und Investitionen sowie der gesetzlichen Altersrente finanziell gesichert ist. Im Gegensatz dazu mussten über 25% der älteren Amerikanerinnen 1991 von Einkommen leben, die unter der Armutsgrenze lagen, und die Mehrzahl der Übrigen kamen dieser sehr nahe. Dank ihrer guten Gesundheit und finanziellen Situation hat Julia ihr lebenslanges Engagement für die Gemeinschaft fortsetzen können. Sie gehört mehreren Beratungsgremien im Bereich Medizin und Erziehung an und arbeitet noch häufig an dem SeniorInnen-Zentrum, wo sie eine bezahlte Beratungsstelle hat.

In vieler Hinsicht ist Julia ein Beispiel dafür, was der Entwicklungstheoretiker Erik Erikson als »Generativität« bezeichnete. Julia produziert immer noch neue Ideen und fördert diese auch bei anderen. Sie erinnert an andere generative SeniorInnen wie die weltberühmte Dirigentin Nadia Boulanger, die als erste Frau die New

Yorker Philharmoniker dirigierte. Die 1887 in Paris geborene Nadia Boulanger starb 1979 im Alter von 91 Jahren. Mit 90 Jahren war sie blind, unterrichtete aber immer noch Musik mit der gleichen Leidenschaft und Begeisterung und demselben hohen Anspruch, die ihre ganze Karriere gekennzeichnet hatten. In ihren späteren Jahren betrachtete sie sich als doppelt glücklich: glücklich, am Leben zu sein, und glücklich, von jungen Menschen umgeben zu sein, die sie inspirieren konnte und von denen sie inspiriert wurde. Ihr hoher Leistungsanspruch in allen Dingen holte das Beste aus ihren StudentInnen heraus. Ihre Generativität wird in einer Erzählung lebendig: »Ich erinnere mich an die alte Madame Duval, die in meinem Haus in Gargenville den Boden putzte. Sie ist vor ein paar Jahren gestorben. Immer denke ich mit höchstem Respekt und höchster Ehrerbietung an sie. Sie war 80 Jahre alt. Eines Tages klopfte sie an meine Tür und sagte: ›Mademoiselle, ich weiß, dass Sie nicht gestört werden möchten, aber der Boden glänzt ganz besonders. Sehen Sie sich das an.‹ Jetzt muss ich immer an sie denken. Für mich werden Strawinsky und Madame Duval aus dem gleichen Grund in den Himmel berufen worden sein; beide haben ihre Aufgaben mit größter Gewissenhaftigkeit erfüllt.«

Die Abenteuer bis ins hohe Alter fortsetzen

Der letzte Abschnitt des Lebenszyklus hat ebenso wie alle vorangehenden seine eigenen speziellen Herausforderungen und Geschenke. In physischer Hinsicht beginnt das Immunsystem der älteren Frau nachzulassen. Unser Immunsystem hat die Aufgabe, zwischen »selbst« und »nicht-selbst« zu unterscheiden und uns vor Infektionen und Krankheiten zu schützen. Im Alter fällt es dem Immunsystem zunehmend schwer, das »nicht-selbst« zu erkennen. Alles beginnt wie »selbst« auszusehen. Statt dies als Problem zu betrachten, können wir uns sagen, dass unsere Grenzen durchlässiger werden und das Individuum mehr einzuschließen beginnt, als es sich ursprünglich zuschrieb. Die ältere Frau wird inklusiv, universell, sie macht sich alles zu Eigen.

Wenn wir uns der Herausforderung der Generativität stellen, anstatt dem Gegenteil zu erliegen, das Erik Erikson als Verzweiflung ansah, können wir unser Leben vollenden und ein Vermächtnis hinterlassen, von dem andere noch lange nach unserem Weggang zehren können. Nadia Boulanger hinterließ Hunderte von StudentInnen, die ihrerseits viele weitere inspirieren werden, nicht nur zur Vollendung in der Musik, sondern auch zur Ausbildung der Vortrefflichkeit des Herzens. Ihre Haushälterin Madame Duval hinterließ ein Vermächtnis der Inspiration, die übernommene Aufgabe – und erscheine sie auch noch so gering wie die Reinigung des Bodens – mit absoluter Hingabe auszuführen. Auch Julias Engagement für das SeniorInnen-Projekt hinterließ ein Vermächtnis, und nachdem sie sich davon zurückgezogen hatte, verspürte sie weiterhin ein Bedürfnis nach kreativer Betätigung. Die Inspiration für ihr nächstes Projekt – ein Buch mit Geschichten, die Frauen helfen würden, ihre Kraft wiederzugewinnen – kam aus einer unerwarteten Quelle, einem Büchlein, verfasst von einer Frau aus Alaska, einer Athabaskan-Indianerin namens Velma Wallis, die darin eine alte Legende unter dem Titel *Two Old Women* [dt.: *Zwei alte Frauen,* München: Heyne, 1998] erzählte.

Bei dieser Geschichte geht es um zwei verwöhnte alte Frauen, 80 und 75 Jahre alt, die sich von ihrem Stamm verhätscheln ließen und allmählich ihre eigenen Stärken vergaßen. In einem besonders harten und kalten Winter gab es in den Jagdgründen des Stammes nicht genügend Wild, um das Überleben zu sichern. Geschwächt, hungrig und entmutigt rang sich der Häuptling zu dem Entschluss durch, die zwei alten Frauen zurückzulassen, um kostbare Ressourcen zu sparen, die der Stamm auf der Suche nach besseren Jagdgründen benötigte. Vor die Wahl gestellt, sich auf ihre eigenen Kräfte zu besinnen oder zu sterben, erinnerten sich die beiden an einen mehrere Tagesreisen entfernten Fluss in einem Teil der Arktis, wo es früher reichlich Fisch und Wild gegeben hatte. Bis an die Grenzen ihrer Möglichkeiten und darüber hinausgehend, eisigen Temperaturen trotzend und dem Hungertod nahe kämpften sich die zwei alten Frauen bis zu diesem Fluss durch. Dort fanden sie eine Fülle von Kleintieren vor, die sie mit ihren Fallen fangen konnten, und verbrachten den Winter behaglich in ihrem robusten Zelt aus Tierhäuten kampierend. Aus Kaninchenhäuten nähten sie mehr Decken, Hüte und Fäustlinge, als sie brauchen konnten. Allein an ihrem Feuer sitzend hielten die Frauen Rückschau auf ihr Leben und gewannen ihm Bedeutungen ab, die ihnen davor nicht aufgegangen waren.

Während des folgenden Frühjahrs, Sommers und Herbstes fischten sie, stellten ihre Fallen und durchstreiften jagend die Umgebung, und dabei merkten sie, dass ihre Kraft und Vitalität täglich zunahm. Sie legten sich beträchtliche Nahrungsreserven an, viel mehr, als sie für den folgenden Winter benötigten. Ihr früherer Stamm zog inzwischen in heruntergekommenem Zustand umher, da es ihm nicht gelungen war, gute Jagdgründe zu finden. Ausgehungert, abgerissen und frierend erreichte der Haufen schließlich wieder das Lager, wo sie die zwei Frauen im Vorjahr zurückgelassen hatten. Beschämt über ihre Handlungsweise – von der sie annahmen, dass sie ihnen Unglück gebracht habe – schickten sie einen Kundschafter aus, der nach den Frauen suchen sollte, für den unwahrscheinlichen Fall, dass sie noch am Leben waren. Als der Kundschafter die alten Frauen tatsächlich in ihrem bestens ausgestatteten Camp aufspürte, war er erstaunt, sie in so guter Verfassung vorzufinden, während selbst die besten Jäger des Stammes Not gelitten hatten. Aus Furcht vor einem zweiten Verrat waren die alten Frauen anfangs zurückhaltend, aber allmählich verziehen sie ihren Angehörigen und Freunden, da auch sie froh über die Wiedervereinigung waren. Dank der zwei Großmütter, die man zuvor als nutzlos zurückgelassen hatte, war genügend Nahrung und Kleidung für alle vorhanden, um bis zum Frühjahr zu überleben. Die außergewöhnliche Geschichte ihres Mutes und Überlebenswillens entfachte Hoffnung und Zuversicht, und der Stamm fasste wieder neuen Lebensmut.

Die Legende von den zwei alten Frauen gefiel Julia, weil sie selbst in einer Lebensphase war, in der eine natürliche Tendenz besteht, die Dinge neu zu bewerten, über sie nachzudenken und nach Sinnzusammenhängen zu suchen. Worum ging es im Leben eigentlich? Welche Hauptthemen hatten sich herauskristallisiert? Wie können wir die Geschichte unseres Lebens am ehesten verstehen und daraus lernen?

Rückblick und letzte Wendezeit

Wir machen eine Reihe von Übergangsphasen im Leben durch, in denen wir das Vorhergewesene einer Überprüfung unterziehen. Die erste Wendezeit tritt am Ende der Adoleszenz ein, wenn wir das herauszubilden beginnen, was der verstorbene Yale-Psychologe Daniel Levinson als Eingangslebensstruktur für die frühen Erwachsenenjahre bezeichnete. Er beschrieb eine zweite Wendezeit in der Lebensmitte, in der wir über unsere jungen Erwachsenenjahre nachdenken, das herausdestillieren, was uns am bedeutsamsten und wichtigsten erscheint und dann unsere Lebensstruktur für das mittlere Erwachsenenalter planen. Die dritte Wendezeit, die der späten Jahre, die zwischen 60 und 65 eintritt, ist mit einer weiteren Periode des Rückblicks und der Planung für unser höheres Alter verbunden.

Ich glaube, dass es eine vierte, bisher noch nicht beschriebene Wendezeit gibt, die in unseren Achtzigern auftritt. Statt die nächste Phase unseres irdischen Lebens zu planen, beginnen wir, den Sinn unserer gesamten Lebenszeit herauszufiltern und über spirituelle Fragen nachzudenken. Bei jeder Lebenswende geht es um die zentrale Frage: »Was habe ich bisher gelernt, und in welcher Weise wird es mir in meiner nächsten Lebensphase nutzen?« Da die nächste Lebensphase diesmal der Tod ist, nehmen die Rückbesinnungen oftmals eine moralische Qualität an. War ich insgesamt gut oder nicht? Habe ich die mir gebotenen Chancen genutzt? In welcher Hinsicht hätte ich anders handeln oder die Dinge anders betrachten können? Was war der Sinn und Zweck dieses Lebens, das jeden Tag so langsam zu vergehen schien, doch vom Ende aus gesehen so schnell vorbei war wie ein Wimpernschlag? Was glaube ich in Bezug auf ein Leben nach dem Tod, und wie wird sich die Art und Weise, wie ich mein Leben zubrachte, darauf auswirken? Obwohl wir nicht alle unsere Achtziger erreichen, in denen sich diese Art der Rückschau von selbst einstellt, glaube ich doch, dass die meisten Menschen sie erleben, wenn sich herausstellt, dass sie eine möglicherweise lebensbedrohliche Krankheit haben, gleichgültig, wann diese Krankheit im Laufe des Lebenszyklus auftritt.

Als ich eines Tages meine Mutter besuchte, die damals 80 Jahre alt war, sagte sie zu mir, sie habe über ihr Leben nachgedacht und bedaure zutiefst all die Zeiten, in denen sie kleinlich und selbstgerecht gewesen sei. Da ich sie nie als jemand erlebt hatte, der in sich hineinblickt und über psychologische Fragen nachdenkt, war ich überrascht, dass sie nicht nur über ihr Verhalten nachdachte, sondern auch nach dessen Ursachen fragte. Warum urteilte sie manchmal so hart? Woher kam dieses Verhalten? So wollte sie sich nicht in Erinnerung behalten. Dies waren irritierende Fragen für meine Mutter. Etwa ein Jahr später, als sie kurz vor ihrem Tod ins Krankenhaus kam, nahmen ihre Rückblicke und Fragen eine offenkundigere spirituelle Qualität an. Sie machte sich Gedanken über den Himmel und die Möglichkeit eines Jenseits. Sie wollte wissen, ob ich glaube, dass ihre Eltern und mein Vater sie im Jenseits erwarteten. Und sie wollte Frieden schließen. Während einer kurzen Liftfahrt aus dem Untergeschoss, wo sie auf eine Untersuchung gewartet hatte, in den siebten Stock, wo ihr Zimmer war, verziehen wir einander. Mit großer Einfachheit und Direktheit schaute sie mich an und sagte, sie wisse, dass sie viele Fehler gemacht habe. Ob ich es übers Herz brächte, ihr zu verzeihen? In diesem Augenblick verflogen die Missverständnisse und der Ärger eines ganzen Lebens. Ich war ebenso fähig, die vielen Fehler zuzugeben, die ich gemacht hatte, und sie um Verzeihung zu bitten. In diesem kostbaren Moment, in dem uns keine Schranken trennten, stellte ich mein Glück auf die

Probe. Ich bat sie, eine seelische Eigenschaft mit mir zu tauschen. Normalerweise war sie nicht die Sorte Mensch, dem das sinnvoll erschienen wäre. Aber in ihrem Zustand geschärfter spiritueller Bewusstheit hatte sie offenbar volles Verständnis dafür. Ohne lang zu überlegen, sagte sie, dass sie mein Mitgefühl bewundere, und bat mich, es ihr zu schenken. Ich bat sie meinerseits um ihren Mut. Dies ist die Art von psychospirituellem Wachstum und Transzendenz früherer Probleme, die sich in der vierten Wendezeit, der letzten Wachstumsphase, ereignen können.

Eine Einstellung der Dankbarkeit

Meine Tante Bertha ist gegenwärtig Anfang 90 und immer noch aktiv, trotz eines Hüftbruchs in ihren späten Achtzigern, von dem sie sich rechtzeitig erholte, um auf der Hochzeit ihrer Großnichte zu tanzen. Es hat mir immer Spaß gemacht, sie Geschichten aus ihrem Leben erzählen zu hören. Sie blickt ohne Bedauern zurück, nachdem sie alle ihre Probleme aus ihrem Leben herausredigiert hat und sich stattdessen auf die Dinge konzentriert, für die sie dankbar ist. In der ihr eigenen unprätentiösen Weise verkörpert Bertha einen wichtigen psychospirituellen Prozess. Wenn wir uns auf die guten Dinge im Leben konzentrieren, die Dinge, für die wir dankbar sind, dann kommt keine Bitterkeit auf. Der Benediktinermönch David Steindl-Rast hat ein brillantes Buch mit dem Titel *Gratefulness, The Heart of Prayer* [dt.: *Fülle und Nichts*, München: Goldmann, 1994] geschrieben. Wenn ihm an jedem Abend eine Sache einfällt, für die er dankbar sein kann und für die er noch nie zuvor dankbar gewesen ist, hat er bemerkt, dann mache ihn das den ganzen Tag über bewusster, achtsamer, entspannter und positiver. Bertha tut dies ganz von selbst. Sie erinnert mich an einen kleinen jüdischen Kobold, wenn sie lächelnd zurückblickt und mir Geschichten über ihre Dankbarkeit erzählt.

Eine ihrer Lieblingsgeschichten handelt von dem berüchtigten Brand im Coconut Grove in Boston. Das Coconut Grove war ein beliebter Nachtclub, in den meine Eltern oft mit Bertha und ihrem Mann gingen. Eines Tages erhielt Bertha von den anderen den Auftrag, dort einen Tisch zu reservieren. Obwohl sie eine überaus gewissenhafte Person ist, vergaß sie aus irgendeinem rätselhaften Grund, den Club anzurufen. Am Samstagabend, als meine Eltern sie abholen kamen, hörten sie zu ihrer Enttäuschung, dass kein Tisch reserviert worden war und sie anderswo hingehen mussten. Bertha lacht, sooft sie sich daran erinnert, wie verärgert meine Mutter war. Aber nicht lange. Im Laufe dieses Abends brach im Coconut Groove ein Feuer aus, und Hunderte von Menschen kamen entweder in den Flammen um oder wurden beim Versuch zu fliehen totgetrampelt. Es war eine der schlimmsten Tragödien von Boston. Von der Warte ihres Alters aus glaubt Bertha inzwischen, dass den Vieren ihre Stunde einfach noch nicht geschlagen hatte und daher ein Schutzengel sie davor bewahrte, an die Reservierung zu denken.

Während unseres ganzen Lebenszyklus redigieren wir bewusst und unbewusst die Ereignisse unseres Lebens und versuchen, ihnen Sinn zu verleihen. Wir alle haben Fehler gemacht, andere verletzt und sind selbst verletzt worden, und durch unsere Schwierigkeiten haben wir etwas über das Leben gelernt. Was haben wir gelernt? Was ist am wichtigsten? In den Jahren meiner Arbeit an Krankenhäusern habe ich oft psychologische Beratungen für stationäre PatientInnen gemacht, und wenn ich durch die Korridore ging, wo alte PatientInnen vor ihren Zimmern in Rollstühlen saßen, wurde ich manchmal angesprochen, speziell von Frauen, die aufgrund ihrer lebenslangen Beziehungsorientierung im Alter häufig recht gesellig sind. Wenn ich Zeit hatte, setzte ich mich eine Weile zu ihnen, weil diese Gespräche oft höchst interessant waren. An vielen älteren Frauen ist mir eine außergewöhnliche Eigenschaft aufgefallen, eine Art von Transparenz. Es ist, als ob sie nichts mehr beweisen und nichts mehr verbergen müssten, deshalb sind sie vollständig präsent. Sie sind wieder wie Kinder geworden, mit einer Art von unschuldiger Direktheit.

Eine Frau, die nach meiner Schätzung etwa 90 gewesen sein muss, erzählte mir die Geschichte ihrer Auswanderung als junges Mädchen von Irland nach Boston. Sie heiratete mit 19 Jahren und bekam fünf Kinder, bevor ihr Mann bei einem Eisenbahnunfall ums Leben kam. Danach arbeitete sie in einem Geschäft in der Innenstadt als Putzfrau, wo sie gerade so viel verdiente, um ihre Familie zu ernähren. Aber ihr Leben war voll Liebe. Die Geschichte, die sie mir erzählte, war nicht von Bitterkeit geprägt, sondern von menschlicher Güte, denn sie erinnerte sich an so viele Menschen, die ihrer Familie in harten Zeiten geholfen hatten. Für sie war der Sinn eines gut gelebten Lebens Mitgefühl und Gemeinschaft. Nachdem ich sie verlassen hatte und in mein Büro zurückgekehrt war, bemühte ich mich etwas mehr, jede Interaktion als eine Gelegenheit für Mitgefühl anzusehen. Die alte Frau hatte ihre Generativität auf mich übertragen.

Geschichten und die Suche nach Sinn

Das Bedürfnis älterer Frauen, die Geschichten ihres Lebens immer wieder neu zu erzählen, ist kein müßiges Kreisen um die Vergangenheit. Es ist ein lebenswichtiger Prozess, sich Ereignisse und Erfahrungen anzueignen, so dass diese schließlich in einen erweiterten Bezugsrahmen eingeordnet werden und das Drama einer Lebenszeit eine schlüssige spirituelle Bedeutung bekommt. Es ist auch ein Mittel für sie, ihre Erkenntnisse an jüngere Menschen weiterzugeben. Große Dichtung und Literatur beziehen ebenso wie zeitgenössische Filme ihre Kraft oft aus spirituellen Themen. Filmliebhaber z.B. lassen sich von Themen wie dem von *Ghost* faszinieren, in dem der Geist des ermordeten Patrick Swayze in der Nähe seiner Geliebten, Demi Moore, verharrt, um sie zu beschützen. Erst nachdem sie in Sicherheit ist, fährt er an einem Lichtstrahl in einen Himmel hinauf, dessen Aussehen der Phantasie der Zuschauer überlassen bleibt. In dem Film *Rendezvous im Jenseits* wird das Leben der eben verstorbenen Meryl Streep in der Stadt des Jüngsten Gerichts vor einem Engelskomitee einem Rückblick unterzogen. Dank ihres Mitgefühls und Mutes ist ihr ein Platz im Himmel sicher. Ein junger Mann, der ebenfalls eine Lebensrückschau halten muss und der es nicht geschafft hat, seine Ängste zu überwinden und seine Möglichkeiten voll zu nutzen, verliebt sich in sie. Als er erfährt, dass er nochmals zur Erde zurückkehren muss, um seine Furcht diesmal zu überwinden, reagiert er niedergeschlagen auf die Aussicht, von seiner neuen Liebe getrennt zu werden. In letzter Minute bringt er den Mut auf, von seinem abfahrenden Zug abzuspringen und den ihren zu erklimmen. Diese mutige Tat, mit der er seine frühere Feigheit und Tendenz, sich Chancen entgehen zu lassen, überwindet, genügt, um die Engel zu überzeugen, dass er bereit ist, mit Meryl zu gehen.

Sowohl persönlich als auch kollektiv als Kultur hungern wir nach Geschichten mit spirituellem Sinngehalt, die die unausbleiblichen Freuden, Schmerzen und Frustrationen eines ganzen Lebens in einen sinnvollen Kontext stellen. In früheren Zeiten wurden Schöpfungsgeschichten und Geschichten, die Handlungsanweisungen für das menschliche Leben enthielten, am Feuer erzählt. Traditionellerweise waren es die Älteren, die dieses Wissen weitergaben. Der Neurowissenschaftler Marcel Mesulam von der Northwestern University in Chicago ist von der Tatsache fasziniert, dass Blutgerinnsel und leichte Gehirnschläge vor allem das Kurzzeitgedächtnis älterer Menschen schädigen, das vom Hippocampus aus gesteuert wird, während das Langzeitgedächtnis verschont bleibt. Die Betroffenen können immer noch Geschichten aus der Vergangenheit erzählen – nach Mesulam eine wichtige Funktion der späteren Jahre. Die Neurowissenschaftlerin und Psychiaterin Mona Lisa Schulz vom Maine Medical Center interpretiert diese Erkenntnisse dahingehend, dass unser Körper die Klugheit besitze, lebenswichtige Funktionen zu erhalten. Wenn z.B. jemand innere Blutungen erleide, werde der Blutfluss zum Gehirn und den Nieren verstärkt, um sein Leben zu schützen. Vergleichbar damit seien auch die neuralen Schaltkreise darauf angelegt, die Fähigkeit, Geschichten zu erzählen, zu erhalten, selbst nachdem das Kurzzeitgedächtnis durch Schlaganfälle oder bestimmte Formen von Demenz gestört ist.

Eine ältere Verwandte von mir ist ein Beispiel dafür. Jetzt in ihren Neunzigern, begann ihr Kurzzeitgedächtnis irgendwann in ihren Siebzigern nachzulassen. Bei einem Familientreffen – sie war damals Ende 80 – zog sie sich zu einem Mittagsschlaf zurück. Als sie wieder zu den versammelten Festgästen zurückkehrte, trat ein strahlendes Lächeln in ihr Gesicht. »Wie ist das geschehen, wie bin ich hierher gekommen?«, fragte sie sich vernehmbar. »Alle Menschen, die ich liebe, sind hier.« Sie begann dann, Geschichten von dieser Liebe zu erzählen. So rief sie mir z.B. alle möglichen Einzelheiten meiner Teenager-Jahre in Erinnerung, als ich den Wunsch gehabt hatte, ein Blumenkind zu werden. Ich ließ mir die Haare lang wachsen, trug baumelnde Ohrringe und frequentierte die Kaffeehäuser am Harvard Square, wo ich der Folkmusik lauschte. Meine Mutter war entsetzt über mein Aussehen und meine Interessen, aber Esta verteidigte meine keimende Kreativität sowohl in der Kleidung als auch in der Musik. Sie war selbst eine Künstlerin, und sie begleitete mich zum Harvard Square und kaufte mir einen fransenbesetzten Schal, den ich immer noch habe. Er war stets ein Symbol der Selbstentfaltung für mich und ein Band der Liebe zu einer Frau, die mich ermutigte, ich selbst zu sein.

Als ich ihre Geschichten von unseren Eskapaden am Harvard Square hörte, wurde mir klar, wie wichtig es ist, dass ältere Frauen jüngeren als Mentorinnen dienen und sie ermutigen, ihre Talente zu finden. Estas Kurzzeitgedächtnis hatte zwar gelitten, aber sie war eine weise alte Frau, die Geschichten erzählte, welche den jüngeren Mitgliedern der Sippe halfen, sich an das zu erinnern, was am wichtigsten war. Vom Anbeginn der Zeit an sind die alten Menschen die Vermittler des Stammeswissens gewesen, und sie haben durch das Medium von Geschichten Anweisungen darüber weitergegeben, was die beste Lebensweise ist. Manche dieser Geschichten, die als mündliche Überlieferungen begannen, wurden schließlich in heiligen Schriften kodifiziert, die transzendente spirituelle Bedeutung enthalten, einen herausgehobenen Kontext, in dem wir die Geschichten unseres Lebens verstehen können.

Die Lehren der amerikanischen Ureinwohner verharrten in der mündlichen Tradition, sie werden von den Alten von Generation zu Generation weitergegeben. Vickie Downey ist eine amerikanische Ureinwohnerin aus dem Stamm der Tewa, sie lebt im Tesuque Pueblo in New Mexico. Sie hatte eine Menge über die mündliche Überlieferung von Geschichten, über Frauen, geheimes Wissen und die sich ändernden Zeiten zu sagen. »Am Anfang waren die Gebote. Wir sollten Mitgefühl füreinander haben, zusammen leben und arbeiten und uns gegenseitig unterstützen. Man sagte uns, dass wir alle miteinander verwandt und untereinander verbunden seien. Jetzt bezeichnen die Menschen unsere Instruktionen als Legenden, weil sie in Form von Geschichten weitergegeben werden. Aber für die Indianervölker war dies in einer früheren Zeit ihrer Geschichte gleichsam etwas Wirkliches.«

Die Gaben und Herausforderungen des höheren Alters: Eine Geschichte von Tod und Wiedergeburt

Auf unserem Gang durch den weiblichen Lebenszyklus habe ich häufig Geschichten zur Illustration der Herausforderungen und Gaben jedes einzelnen der 7-Jahres-Zyklen und des Lebensquadranten, in dem sie eingebettet sind, herangezogen. Meine Lieblingsgeschichte über Generativität und Transzendenz, die Gaben des letzten Lebenszyklus, handelt von meiner Mutter, die 81 Jahre alt war, als sie starb. Sie war eine Frau von immenser Kraft, der Gefühle peinlich waren, und ihre größte Furcht war, dass wir, wenn wir uns zu sehr mit den dunklen Winkeln des Lebens beschäftigten, von Kummer überwältigt werden und uns der Verzweiflung überlassen würden. »Unwissenheit macht glücklich«, war ihr Motto, und obwohl sie damit durchs Leben kam, wählte ich einen ganz anderen Weg. Während sie wegsah, schaute ich genau hin. Während sie ihren Glauben verlor, als viele ihrer Angehörigen im Holocaust starben, trieb mich ebendieses Ereignis zur Suche nach Glauben. Während psychologische Erforschung bis in ihr letztes Lebensjahr für sie Unsinn war, war es für mich der Stoff des Wachstums. Kurz, wir waren Gegensätze, die einander manchmal wahnsinnig machten.

In der Nacht ihres Todes saßen mein Sohn Justin, damals 20 Jahre alt, und ich meditierend zu beiden Seiten ihres Bettes. Plötzlich verspürte ich eine Art von innerem Umschwung, als verlagere sich meine Aufmerksamkeit auf eine andere Ebene, und dann hatte ich eine Vision. Ich glaube nicht, dass es ein Traum war, weil es mir wie ein Erwachen zu einer erweiterten Realität vorkam, in der dieses Leben wie ein Traum erschien. In der Vision war ich eine schwangere Mutter, die ein Kind gebärt, und ich war auch das Kind, das geboren wird. Es war mir bewusst, dass ich gleichzeitig in zwei Körpern war, und dies ging mit dem tiefen Wissen einher, dass alle Menschen miteinander verbunden, ein Teil voneinander sind. Mutter und Kind durchlitten eine dunkle Nacht der Seele, einen tiefen Schmerz, der der Vorbote der Wiedergeburt war.

Dann konzentrierte sich mein Bewusstsein allein in dem zur Welt kommenden Kind, und ich spürte, wie ich durch einen langen finsteren Tunnel getrieben wurde. Am Ende gelangte ich in ein strahlendes Licht, wie es von Menschen beschrieben wird, die Nah-Tod-Erfahrungen hatten. Dieses Licht – eine Art von gestaltloser Gottheit – strahlte grenzenlose Liebe, Seligkeit, Weisheit und Gnade aus. Ich fühlte mich, als hätte »es« in die tiefsten Tiefen meiner Seele geblickt und mich rein gefunden, trotz der vielen Fehler, die ich in den 43 Jahren meines Lebens gemacht hatte. Diese Reinheit, erfuhr ich, sei ein Resultat der Reue – meines Versuchs, aus meinen Fehlern zu lernen. Ich erfuhr dann viele Dinge über die Beziehung zwischen meiner Mutter und mir; jede Prüfung und Schwierigkeit schien einen höheren Sinn gehabt zu haben. In diesem Augenblick erkannte ich, dass unser gemeinsames Leben seinen Kreislauf vollendet hatte.

Meine Mutter hatte mich physisch in dieses Leben hineingeboren, und ich hatte ihre Seele soeben im Jenseits geboren und war dabei selbst wieder geboren worden.

Als ich die Augen öffnete, schien der ganze Raum aus Licht und Energie zu bestehen. Es gab keine Grenzen zwischen den Dingen. Der Leib meiner Mutter war eine Energieform, die mit der Luft, dem Fußboden, dem Bett und dem Körper meines Sohnes verschwamm, der einen Ausdruck von Ehrfurcht im Gesicht hatte, über das die Tränen liefen. Justin sah mich mit sanften Augen an und fragte, ob ich sehen könne, dass alles aus Licht bestehe. Ich nickte und ging um das Bett herum, um mich neben ihn zu setzen. Er sah mir tief in die Augen: »Dies ist Großmamas letztes Geschenk. Sie hält die Tür zur Ewigkeit offen, damit wir einen Blick hineinwerfen können.« Er fügte hinzu, ich müsste meiner Mutter sehr dankbar für die Geschenke sein, die sie mir gegeben habe. Als ich nickte, berichtete er mir von den Offenbarungen, die ihm in dem Augenblick zuteil geworden waren, als sich der Durchlass zwischen den zwei Welten vorübergehend öffnete. Er sagte, er habe begriffen, dass seine Großmutter eine weise Seele sei, ein sehr großer Mensch, und dass sie in diesem Leben viel weniger Weisheit gezeigt habe, als sie in Wirklichkeit besaß. Dies sei ein Bestandteil unseres gemeinsamen Schicksals, fuhr er fort, denn um meine eigene Bestimmung im Leben vollständiger zu begreifen, hätte ich etwas gebraucht, an dem ich mich reiben und dem ich Widerstand leisten konnte, damit ich vollständiger ich selbst werden und meine Erkenntnisse mit anderen teilen konnte.

Es gibt einen alten Navajo-Spruch, dass unser Leben von der irdischen Seite aus betrachtet wie die Unterseite eines Teppichs aussehe. Unansehnliche Fäden hängen herab, und das Muster ist verworren und unklar. Aber wenn wir unser Leben von oben betrachten, wie Justin und ich es in der Sterbestunde meiner Mutter getan hatten, erblicken wir ein Kunstwerk, gewoben aus vielen Strähnen, dunklen wie hellen, und wir begreifen, dass all die Fäden nötig waren, damit ein schöner Teppich daraus wird. Das Leben ist ein Geschenk, ein Kunstwerk, und ich hoffe, dass dieses Buch Ihnen

Gelegenheit gab, die Fäden zu würdigen, aus denen die Tapisserie des weiblichen Lebenszyklus in der Regel besteht, und dass es Ihnen einen Anstoß lieferte, den Fäden Ihres eigenen Lebens nachzuspüren. Barbara Means Adams, eine Lakota-Sioux-Indianerin, schrieb: »Jedes Leben ist ein Kreis, und innerhalb jeden Lebens gibt es kleinere Kreise. Ein Teil unseres Lebens vollendet alle sieben Jahre einen Kreis. Wir sprechen davon, dass wir in siebenjährigen Kreisläufen leben.« Halten wir nun gemeinsam Rückschau auf den weiblichen Lebenszyklus, eingedenk der bio-psycho-spirituellen Geschenke, die wir erhalten haben.

Der weibliche Lebenszyklus – ein Geschenk

Im zeitlosen Tanz der Befruchtung haben sich einst eine Ei- und eine Samenzelle miteinander vereinigt. Das Ei, von Natur aus nährend und rezeptiv, nahm den Samen in seine Substanz auf und heilte kleinere Verletzungen seiner DNS, die im Bauplan des Lebens unwillkommene Veränderungen bewirkt hätten. Die DNS aus der einstigen Eizelle, die Informationen aus der Morgendämmerung des Lebens in ihren Mitochondrien enthält, steuerte die neuentstandene Zelle durch die komplexen Bahnen der Entwicklung. Nach neun Mondmonaten, in denen das entstehende Kind auf die Rhythmen der Erde, des Mondes und der Informationen der Hormone seiner Mutter reagierte, wurde es bei Vollmond geboren – ein schönes kleines Mädchen.

Der Anblick und Geruch des Kindes stimulierte die Hypophyse der Mutter zur Ausschüttung des Hormons Oxytozin, das ihre Gebärmutter veranlasste, sich zusammenzuziehen und die Blutgefäße zu verschließen, die die Plazenta ernährt hatten, und es regte ihre Brüste zur Absonderung von Kolostrum an, die erste Nahrung, die ihr Säugling erhalten würde. Das Oxytozin stimulierte auch Gefühle im limbischen System, dem »emotionalen Gehirn« der Mutter. Sie wurde völlig vernarrt in ihr Neugeborenes, entzückt über jedes seiner Bewegungen und jeden seiner Blicke. Es war Liebe auf den ersten Blick, ein biologisches Geschenk, das den Stress der schlaflosen Nächte, die Müdigkeit und unvermeidlichen Frustrationen der Pflege eines Neugeborenen linderte.

Nach mehreren Wochen begann das Baby zu lächeln und zu gurren, und damit entstand eine neue Form der Bindung. Das Baby lächelte, die Mutter erwiderte sein Lächeln. Das Baby gurrte, die Mutter antwortete ihm gurrend. Es war, als wären die beiden eins. Als die Mutter, der Vater oder andere Bezugspersonen die Aktionen des Kindes spiegelten, begann dessen Nervensystem die Leitungsbahnen zu myelinisieren, die sich von den emotionalen Zentren des limbischen Systems zu den Stirnlappen, dem »Herz des Gehirns« erstrecken. Diese Nervenleitungen ermöglichen es dem Baby, sich genauer auf seine Mutter und andere einzustellen, deren Gefühle von ihren Gesichtern abzulesen und ihre Gefühle in einem Maße zu spiegeln, dass es tatsächlich die gleichen Gefühle empfinden konnte. Im Alter von eineinhalb Jahren waren die neuralen Schaltkreise für Empathie bei dem kleinen Mädchen fest installiert. Sie hatte das kostbare Geschenk erhalten, das sie in die Lage versetzen würde, mit anderen mitfühlend in Beziehung zu treten.

Das kleine Mädchen fuhr fort, die Zeichen von Empathie und Zärtlichkeit nachzuahmen, die ihr von ihrer Mutter und anderen Frauen gezeigt wurden, und sie entwickelte ein Selbstgefühl, basierend nicht auf Unabhängigkeit von anderen, sondern auf einer Beziehung zu ihnen. Diese Art der Kontaktaufnahme mit der Welt auf der Basis der Beziehungsorientierung liefert einen Kontext, in dem zwei Menschen wachsen können durch eine Form von gegenseitiger Ermutigung, bei der aus der Beziehung etwas hervorgeht, das größer ist als die Summe ihrer Teile. Aber das wachsende Gefühl des Kindes, mit anderen in Beziehung zu stehen, erstreckt sich über andere Menschen hinaus auf sein Verhältnis zur ganzen Welt. Das kleine Mädchen, das in einer seelisch gesunden Umwelt heranwächst, hat eine natürliche Beziehung zur Mystik. Wie der Dichter

William Blake, der schrieb, dass er in einem Sandkorn eine Welt sehe, ist sie imstande, das komplexe Netz wechselseitiger Verbundenheit zu erfassen, das in einem Schokoladenplätzchen zusammenläuft. Der Regen und die Sonne, die das Getreide und den Kakao wachsen ließen, die Erntearbeiter und die Bäcker, die Lieferanten und der kleine Junge, der ihr das Plätzchen gab, sie alle sind eng miteinander verbunden. Sie begreift intuitiv, dass nichts isoliert existiert und dass jegliches Leben in Wechselbeziehungen und gegenseitige Abhängigkeiten eingebunden ist.

Das intuitive, ganzheitliche Denken des kleinen Mädchens ist eines der größten Geschenke des Lebens, eine angeborene Spiritualität, die eine Moral begründet, welche viele unterschiedliche Standpunkte berücksichtigt. Da das Kind sozialisiert wurde, ihre Phantasie spielen zu lassen, entwickelt die rechte Hemisphäre ihrer Großhirnrinde einen besonderen Reichtum an Verbindungen, die das bewahren, was Freud als »primärprozesshaftes Denken« bezeichnete, jene Art von Denken, das selbst unbelebten Objekten eine Seele zuschreibt. Dies macht das kleine Mädchen zu einer scharfen Beobachterin, die nicht nur ihre Augen, ihre Ohren und ihre Logik gebrauchen kann, sondern die tiefere Beziehungen zwischen den Dingen wahrnimmt, die sie »weiß«, ohne zu wissen, woher sie sie weiß. Diese intuitive Logik des Herzens ist ein Geschenk, das es ihr ermöglicht, die Welt als ein Geflecht komplexer Beziehungen zu begreifen.

Kommunikativ und aufrichtig, wie sie ist, spricht das Mädchen in ihrer mittleren Kindheit aus, was sie weiß. Sie hat eine Art von prophetischer Gabe, mit der sie Höflichkeitsfloskeln und Masken durchschaut. Die siebenjährige Brie, Tochter einer Freundin von mir, stellte mir z.B. unverblümte Fragen über meine Scheidung und meine neue Beziehung, die sich viele meiner Freundinnen nicht auszusprechen getrauten. »Was ist bei euch denn nach 25 Jahren Ehe passiert? Du hast schon wieder einen neuen Freund? Ist das nicht zu bald? Musst du nicht zuerst um Miron und euer gemeinsames Leben trauern?«

Impulsiv und selbstsicher in der mittleren Kindheit, beginnt das Mädchen mit etwa elf Jahren, bestimmte gesellschaftliche Gebote und Verbote ernst zu nehmen. Es ist nicht höflich, so offen zu reden. Das schickt sich nicht für eine junge Dame. Sei nicht so klug, sonst mögen dich die Jungen nicht. Die Stirnlappen des Gehirns myelinisieren diese Konventionen und schaffen einen Grundstock an gesellschaftlich akzeptablen Verhaltensweisen, und das Kind, das bis dahin die Wahrheit sagte, beginnt, seine Stimme zu verlieren. Etwa zur gleichen Zeit setzen die tief greifenden physischen Veränderungen der Pubertät ein, Veränderungen, die oft mit lebhaften Träumen einhergehen. Diese Träume wurden von indigenen Kulturen als Geschenke von Geistern angesehen, die das junge Mädchen über ihren Lebenszweck aufklären. Die Zirbeldrüse, die empfindlich auf Zyklen und Jahreszeiten, hell und dunkel reagiert, beginnt, Botschaften an die Hypophyse auszusenden. Schübe von follikelstimulierendem Hormon (FSH) und luteinisierendem Hormon (LH) veranlassen die Ovarien, Eier reifen zu lassen, und bereiten die Innenwand der Gebärmutter auf eine mögliche Schwangerschaft vor. Östrogen und Progesteron werden produziert und verändern die Konturen des halbwüchsigen Körpers in die Figur einer Frau, die mit den Mondzyklen schwingt. Das junge Mädchen erhält dann das Geschenk einer tieferen Beziehung zu ihrem Gefühlsleben. Im ersten Teil des Menstruationszyklus, wenn der Östrogenspiegel hoch ist, ist sie kontaktfreudig und kreativ. Im zweiten Teil des Zyklus, unter dem Einfluss von Progesteron, ist sie nachdenklicher. Kurz vor Einsetzen ihrer Periode befähigt ihr hormoneller Rhythmus sie, den Schleier vor der Wahrheit wegzuziehen, und es kommt vor, dass sie über Probleme zu brüten beginnt. Neuropsychologische Tests haben ergeben, dass Frauen vor der Menstruation weniger positive Wörter vernehmen. Richtig verstanden, ist dieser seelische Hausputz, der oft als Prämenstruelles Syndrom bezeichnet wird, ein biologischer Segen, der uns auf Dinge in unserem Leben aufmerksam machen soll, die möglicherweise unser Glück und unsere Kreativität hemmen.

In der westlichen Gesellschaft mögen die Jahre zwischen 13 und 19 weniger als ein Geschenk erscheinen als in indigenen Kulturen, weil das intuitive Beziehungswissen, das dazu neigt, die Wahrheit zu sagen und gute Beziehungen zu initiieren bzw. wiederherzustellen, in unserer westlichen Kultur, die diese Gaben abwertet, nicht gefördert wird. Um erfolgreich zu sein, bekommt das junge Mädchen zu hören, solle sie sich die männlicheren Werte der Unabhängigkeit und Autonomie aneignen, listenreicher sein und Dinge für sich behalten. Manche Mädchen versuchen sogar, die magere, sehnige Physis eines Mannes zu erreichen, die ihnen in einer Kultur, in der männliche Versionen von Erfolg unmerklich jeden Aspekt des Lebens infiltriert haben, Ansehen verschafft. Aber sie kann ihre angeborene Beziehungsorientierung nicht verleugnen. Auf der Suche nach einer Identität wird sie von dem Dilemma »Wie kann ich mir selbst treu sein, ohne mich egoistisch über die Bedürfnisse anderer hinwegzusetzen?« zu einem Spagat gezwungen. Die Lösung dieses Dilemmas, das Carol Gilligan als zentrale Entwicklungsaufgabe der Adoleszenz betrachtet, bringt eine kostbare Gabe mit sich. Wir erkennen den Unterschied zwischen Selbstsucht und Treue zu sich selbst. Wenn wir uns selbst treu sind, unseren eigenen Wahrnehmungen, Ansichten und Bedürfnissen vertrauen, brauchen wir nicht zu befürchten, egoistisch zu sein. Wir können uns auf unser angeborenes Mitgefühl verlassen, das Richtige für alle Beteiligten zu tun. Selbst wenn unsere Handlungen andere enttäuschen, können wir das Bedürfnis hinter uns lassen, anderen ständig zu gefallen, und ihnen stattdessen die Möglichkeit geben, ihre eigenen Stärken zu finden.

In meiner Generation haben sehr wenige Frauen dieses Dilemma des Heranwachsens in ihren Jugendjahren gelöst. Viele von uns arbeiten noch in der Lebensmitte an einem Verständnis unserer Grenzen – wo wir beginnen und andere enden. Die Heilung alter Wunden, von Misshandlungen, sexuellem Missbrauch und Traumen, die ein Drittel aller Frauen in der Kindheit erleiden, muss gelingen, damit wir psychisch gesund genug sind, um klare, von Mitgefühl geprägte Grenzen aufrechtzuerhalten und interdependent und nicht kodependent als zwanghafte Helferinnen oder konterdependent als isolierte Rebellinnen zu leben. Als die Realität seelischer, physischer und sexueller Misshandlung ans Licht kam und immer mehr Menschen an Rehabilitationsprogrammen gegen Drogenmissbrauch teilnahmen, entstand ein neues Bewusstsein von der Wichtigkeit einer psychisch gesunden Kindheit. Ich glaube, dass in künftigen Generationen die Familien bessere Voraussetzungen mitbringen werden, psychisch gesunde Kinder großzuziehen, und dass mehr Frauen ihre adoleszente Entwicklung etwa zwischen 17 und 23 abschließen werden statt Ende 30 und Anfang 40, Lebensabschnitte, in denen Erinnerungen an Misshandlungen und Traumatisierungen häufig von selbst aufsteigen und nach Heilung verlangen.

Unser ganzes Leben lang machen wir immer wieder Umbruchsphasen durch. Aus der Halbwüchsigen wird eine junge Erwachsene. Die junge Erwachsene reift zur Frau in der Lebensmitte heran. Auf die Lebensmitte folgen die Weisheitsjahre, und an die Weisheitsjahre schließt sich das Mysterium des Todes an. Bei jedem Übergang von einer Lebensphase zur nächsten durchleben wir eine Zeit der Rückschau und der Werteklärung. Was ist am wichtigsten? Nach welchem Maßstab misst man Erfolg? Wie kann ich glücklich sein? In jeder dieser Umbruchsphasen nimmt die weibliche Wertetrias Liebe, Seelenfrieden und Dienstbereitschaft deutlichere Konturen an. Die Gaben der Weiblichkeit sind auch die Gaben der Gesundheit und des langen Lebens. Wenn wir fähig sind, Liebe zu geben und zu empfangen, ist die Chance größer, dass unser Herzkreislaufsystem und unser Immunsystem optimal funktionieren. Wenn wir inneren Frieden empfinden, kann der Körper von der Stressreaktion auf die Entspannungsreaktion umschalten, was ihn ins Gleichgewicht bringt und den Geist wie einen Laser fokussiert.

Jede Umbruchsphase des Lebens hat ihre eigenen Gaben. In unseren Dreißigern werden wir uns des Konflikts zwischen zwei inneren Archetypen bewusst: Levinsons Konstrukte der Traditionellen Figur und der Antitraditionellen Figur. Kann eine Frau nur in der traditionellen weiblichen Rolle als Gattin und Mutter glücklich sein? Welche Freuden und Kompromisse bringt der Entschluss für eine berufliche Laufbahn mit oder ohne Kinder mit sich? Wie können wir uns in einer überwiegend männlichen Arbeitswelt behaupten, ohne weibliche Werte zu opfern? Die Frau in ihren Dreißigern lebt heute in einer ganz anderen Welt als vor einer Generation, als die neuentstandene Frauenbewegung eben anfing, diese Fragen zu stellen. Sie ist von den Generationen von Frauen, die ihr vorangingen, beschenkt worden, und sie wird der nach ihr kommenden Generation ein neues Vermächtnis hinterlassen, weil sie verstanden hat, dass ihr eigener männlicher Aspekt ein Verbündeter ist, kein Verräter. Sie braucht nicht zu befürchten, dass eine erfolgreiche Karriere den Verzicht auf ihre Beziehungsorientierung bedeutet, denn sie weiß, dass es möglich ist, männliche und weibliche Charakterzüge in ein Gleichgewicht zu bringen.

In ihrer Umbruchsphase Anfang 40 steht eine Frau an der Schwelle einer zweiten Pubertät, einer weiteren Zeit physischer Verwandlung, die für ihre Entwicklung als Frau wesentlich ist. Als Halbwüchsige erlangen wir die körperliche Fähigkeit, Mütter von Kindern zu werden. Als Frauen in der Lebensmitte erlangen wir die Fähigkeit, ein größeres Umfeld jenseits der Grenzen unserer Kernfamilie mütterlich zu pflegen und zu fördern. Die Wechseljahre der Frau galten früher als der Wendepunkt, ab dem Frauen ihre Sexualität und ihren Sex-Appeal verloren, also weniger wurden, als sie zuvor waren. Heute haben wir das Glück, in einem Zeitalter zu leben, in dem wieder anerkannt wird, dass Frauen nach der Menopause eine einzigartige Rolle in der Gesellschaft spielen können. Ihr Östrogenspiegel mag niedriger sein, dafür sind die Testosteronkonzentrationen höher. In der Lebensmitte werden wir zu mächtigen Kräften, mit denen gerechnet werden muss.

Zu den Segnungen der mittleren Jahre zählt eine Art von leidenschaftlichem Schutzreflex gegenüber dem Leben, eine Intoleranz gegenüber selbstsüchtigen Menschen und Institutionen, die die Werte der Beziehungsorientierung missachten, und eine deutliche Verstärkung der Intuition und der Lebhaftigkeit von Träumen. Ich habe den Archetypus der Frau in den mittleren Jahren die Wächterin genannt, weil sich in ihr das Wissen und die biologischen Kräfte eines ganzen Lebens in einer Weise sammeln, die ihrem Wunsch entspricht, den fragilen, auf wechselseitiger Abhängigkeit beruhenden Kreislauf des Lebens zu fördern. Die naturwissenschaftliche Medizin behandelt Frauen im Klimakterium als tragische Fälle von Östrogenmangel, aber neue Ansätze der Naturheilkunde lassen erkennen, dass wir bis an unser Lebensende Östrogen erzeugen. Wenn wir die »Symptome« der Menopause näher erforschen, dann erweist sich, dass sie einen bedeutenden potentiellen Gesundheitsbonus enthalten. Welche Auswirkungen haben Ernährung und Einstellung auf den Energiehaushalt, die Hitzewallungen, das Traumleben? Können wir lernen, Techniken der physischen Selbstregulierung wie kontrollierte Atmung und Meditation anzuwenden, in einer Weise, die nicht nur die Verwandlung der Menopause angenehmer macht, sondern auch dazu beiträgt, unsere Gesundheit zu schützen und unseren Seelenfrieden und unsere Kreativität für den Rest unseres Lebens zu steigern?

Die geburtenstarken Nachkriegsjahrgänge befinden sich jetzt in den mittleren Jahren und bilden den Kernstock jener 44 Millionen Amerikanerinnen und Amerikaner, die der Soziologe Paul Ray die Kulturell Kreativen (KKs) genannt hat. Die KKs sind politisch und gesellschaftlich aktiv, sie glauben an die weibliche Wertetrias von Liebe, Seelenfrieden und Dienstbereitschaft, und sie gehen bei ihren Handlungen von der Prämisse aus, dass alles Lebendige heilig und wechselseitig voneinander abhängig ist und Achtung und Schutz verdient. In dem Maße, wie mehr und mehr Frauen in die mittleren und die Weisheitsjahre kommen, wird diese Gruppe, die jetzt schon 24 % der amerikanischen Bevölkerung umfasst, sicher noch zunehmen. Jüngere Frauen in ihren Zwanzigern und Dreißigern sind bereits Nutznießerinnen des Vermächtnisses, das die Frauenbewegung uns allen hinterlassen hat. Das Interesse an humanistischer Psychologie und psychosomatischer Medizin hat in den 60er- und 70er-Jahren begonnen und die Weltsicht der Kulturell Kreativen geprägt.

Frauen erlangen immer früher Macht und gesellschaftliches Bewusstsein, denn die Kluft zwischen den Generationen verringert sich und die Altersdifferenzen verschwimmen. Ich selbst lerne von Frauen in ihren Zwanzigern ebenso wie von Freundinnen in ihren Siebzigern. Vielleicht das kostbarste Geschenk des weiblichen Lebenszyklus ist die Zuwendung, die wir einander schenken. Da unser Leben immer aktiver wird, lautet die Erkenntnis, die von zahlreichen Untersuchungen bestätigt wird, dass die Freundschaften einer Frau und, falls sie verheiratet ist, ihre Beziehung zu ihrem Mann häufig hinter den Kindern und der Karriere zurückstehen müssen, zumindest bis zur Lebensmitte. Isolierung ist für jeden Menschen schwierig, ob Mann oder Frau, aber für eine Frau ist sie »ich-dystonisch«, wie es die Psychologen nennen, d.h., sie steht in Widerspruch zu unserer gewohnten Lebensweise. Aus diesem Grund kann sie sehr belastend sein, und wir sollten uns trotz unseres aktiven Lebens bewusst bleiben, dass wir die gegenseitige Unterstützung benötigen.

Wenn wir in unsere späteren Weisheitsjahre kommen, ist wieder genügend Zeit für Freundinnen und Freunde vorhanden, nicht bloß für solche in unserem eigenen Alter, sondern jeden Alters. Unsere Erkenntnisse mit anderen SeniorInnen auszutauschen ist wunderbar, aber sie an jüngere Frauen und Männer weiterzugeben ist unerlässlich für die psychische, geistige, politische, spirituelle und moralische Entwicklung unserer Kultur. Vielleicht wird man die Praxis, alte Menschen in ausschließlich für sie bestimmten Wohnkomplexen zu isolieren, in Zukunft als einen Fehler ansehen. Wir müssen während unseres ganzen Lebenszyklus voneinander lernen und miteinander wachsen, wenn es uns gelingen soll, eine neue Integrale Kultur zu erschaffen, basierend auf den weiblichen Werten der gegenseitigen Achtung, Interdependenz und Rücksicht auf künftige Generationen.

Anhang

Meditationsübungen

Diese zehn einfachen Übungen können helfen, Stress abzubauen, positive physische Änderungen herbeizuführen und die Bewusstheit zu steigern. Wünschenswert ist es, ein- oder zweimal täglich anfangs ein paar Minuten lang zu üben und die Übungszeit allmählich auf 20 Minuten oder länger zu steigern. Viele Menschen bevorzugen den Morgen als Übungszeit, vor den Aktivitäten des Tages. Es empfiehlt sich auch, vor dem Essen zu meditieren, da eine große Mahlzeit schläfrig machen kann.

Obwohl die folgenden Übungen am besten (falls nicht anders angegeben) mit geschlossenen Augen erlernt werden, können Sie die Atemübungen auch untertags mit offenen Augen praktizieren – während Sie spazieren gehen, Geschirr spülen oder wartend irgendwo anstehen, selbst wenn Sie nur ein oder zwei Minuten Zeit haben. Es ist erstaunlich, was ein Augenblick der Bewusstheit und Entspannung bewirken kann. Es gibt viele Arten von Meditation, Sie sollten daher mehrere ausprobieren, bis Sie diejenige finden, die Ihnen am meisten entspricht.

Machen Sie sich keine Sorgen, wenn Ihre Gedanken wandern – das geht jedem so. Worauf es ankommt, ist, eine entspannte, aber konzentrierte Einstellung beizubehalten, es zu bemerken, wenn Sie anfangen zu denken, und den Gedanken so schnell wie möglich loszulassen und zu der Übung zurückzukehren. Alle diese Meditationen und weitere sind auch in meinem Buch über tägliche Meditation, Inspiration und Gebet, *Pocketful of Miracles* [dt.: *Ein Wunder täglich*, Freiburg: Bauer, 1996] enthalten, dem dieser Anhang entnommen ist.

Übung 1: Bauchatmung

Atembewusstsein ist das A und O, um die Kontrolle über Psyche und Körper zu erlangen. Wenn wir flach und schnell atmen, reagiert der Körper mit beschleunigtem Herzschlag, erhöhtem Blutdruck und der Ausschüttung von Angsthormonen. Der Geist reagiert mit Phantasien von Einsamkeit, Wertlosigkeit und Negativität. Wenn wir lang und tief atmen, wird der Körper ruhig und entspannt. Die Gedanken hören auf, sich im Kreis zu drehen, und kommen zur Ruhe. Normalerweise konzentrieren wir uns auf das Einatmen, nicht auf das Ausatmen, das oft unvollkommen erfolgt. Bei der Bauchatmung richtet sich die Aufmerksamkeit hauptsächlich auf ein gleichmäßiges und langsames Ausatmen.

Schließen Sie die Augen, und werden Sie sich jetzt Ihrer Atmung bewusst ... Ist sie flach und unregelmäßig oder tief und langsam? ... Atmen Sie tief ein. Lassen Sie die Luft langsam herausströmen wie einen tiefen Seufzer der Erleichterung, und konzentrieren Sie sich darauf, restlos auszuatmen. Lassen Sie das nächste Einatmen natürlich kommen, und spüren Sie dabei (oder stellen Sie sich vor), wie sich Ihr Bauch ausdehnt. Spüren Sie beim Ausatmen (oder stellen Sie sich vor), wie sich Ihr Bauch entspannt ... Achten Sie beim Bauchatmen darauf, wie Geist und Körper immer mehr zur Ruhe kommen.

Übung 2: Die Atemzüge zählen

Schließen Sie die Augen, und lassen Sie beim Ausatmen den Atem los wie bei einem tiefen Seufzer der Erleichterung ... Wechseln Sie jetzt zur Bauchatmung. Konzentrieren Sie sich beim nächsten Ausatmen auf die Zahl Vier ... Beim folgenden Ausatmen auf die Drei, dann Zwei und dann Eins ... Beginnen Sie nun wieder von vier herunterzuzählen, und setzen Sie das fünf Minuten lang fort. Wenn Ihnen Gedanken durch den Kopf gehen, dann lassen Sie sie so bald wie möglich los und kehren mit Ihrer Aufmerksamkeit wieder zum Atmen und Zählen zurück.

Übung 3: Atem als Brücke zwischen Himmel und Erde

Meditieren Sie beim ersten Erlernen dieser Meditation möglichst im Freien. Setzen Sie sich, die Füße fest auf dem Boden, schließen Sie die Augen, und beginnen Sie mit einer Minute Bauchatmung ... Konzentrieren Sie Ihre Aufmerksamkeit jetzt auf Ihre Fußsohlen, und spüren Sie die Energie der Mutter Erde, oder stellen Sie sich diese vor ... Atmen Sie diese Energie in Ihr Herz hinein, und atmen Sie ein Gefühl von mitfühlender Bewusstheit aus ... Spüren Sie jetzt die Energie von Vater Sonne auf Sie herunterscheinen, oder stellen Sie sich diese vor ... Atmen Sie sie durch Ihren Scheitel ein, und nehmen Sie sie in Ihr Herz auf. Atmen Sie ein Gefühl von mitfühlender Bewusstheit aus ... Atmen Sie jetzt das Sonnenlicht von oben und die Erdenergien von unten ein, und lassen Sie sie in Ihrem Herzen zusammentreffen und sich vereinigen ... Atmen Sie die kreativen, liebevollen Energien von Erde und Himmel aus, die durch Ihre Existenz gesegnet wurden ... Lassen Sie jedes Ausatmen expandieren, bis es die ganze Schöpfung liebkost, und setzen Sie das so lange fort, wie Sie mögen.

Ich mache diese Atemübung im Laufe des Tages häufig mit offenen Augen, während ich meinen Geschäften nachgehe.

Übung 4: Grundlegende Konzentrationsmeditation

Meditation ist eine Form von mentalem Kampfsport. Wenn wir uns gegen Gedanken stemmen, dann werden sie uns überwältigen. Aber wenn wir bloß einen leichtfüßigen Schritt zur Seite machen und sie kommen und gehen lassen wie Vögel, die über unserem Kopf fliegen, können wir ihre Energie nutzen, um unseren Geist stärker zu konzentrieren. Die Wahl eines mentalen Fokus – ein Mantra oder Gebetswort – ist eine der ältesten überlieferten Formen von Meditation. Das Wort wird bei jedem Ausatmen wiederholt. Ich selbst benutze gern das Wort »danke«, das mich daran erinnert, für das Geschenk des Lebens dankbar zu sein.

Schließen Sie die Augen, und machen Sie einen tiefen Atemzug des Loslassens ... und gehen Sie dabei in die Entspannung der Bauchatmung über. Wiederholen Sie bei jedem Ausatmen ein Wort, eine Wendung oder ein kurzes Gebet Ihrer Wahl. Wenn sich Gedanken einstellen, dann nehmen Sie sie zur Kenntnis, lassen sie wieder los und kehren mit Ihrer Aufmerksamkeit zu Ihrem Atem und dem Fokuswort zurück.

Übung 5: Strecken

Körper, Geist und Seele hängen so eng miteinander zusammen, dass sie eine »psychosomatische« Einheit bilden. Wenn der Körper entspannt ist, verlangsamen sich die Gedanken. Wenn sich die Gedanken verlangsamen, entspannt sich der Körper. Denken Sie vor der Meditation und während eines anstrengenden Tages daran, dass das Strecken des Körpers den Geist weitet.

Stellen Sie sich locker hin, schließen Sie die Augen, und zentrieren Sie sich durch Ihre Atmung. Werden Sie sich des Zustands Ihrer Muskeln im Gesicht, am Hals, auf den Schultern und am Rücken bewusst. Manchmal hilft einem schon die bloße Aufmerksamkeit, loszulassen und sich zu entspannen ... Atmen Sie jetzt ein, und biegen Sie Ihren Rücken leicht durch, wobei Sie Ihren Kopf sich nach hinten sinken lassen ... Atmen Sie dann aus, und beugen Sie Ihren Rücken, wobei Sie Ihr Kinn auf Ihre Brust sinken lassen ... Atmen Sie im aufrechten Stand ein, und führen Sie Ihre Arme bis über Ihren Kopf, wobei Sie die Handrücken aneinander legen, atmen Sie dann aus, und lassen Sie die Arme allmählich zu beiden Seiten sinken ... Lassen Sie nun Ihren Kopf sachte auf die rechte Schulter sinken und dann auf die linke – bewegen Sie ihn mehrmals hin und her ... Lassen Sie jetzt Ihr Kinn sachte zur Brust sinken und anschließend den Kopf nach hinten sinken. Strecken Sie danach Ihre Gesichtsmuskeln durch ein ausgiebiges Gähnen.

Achten Sie zwei- oder dreimal am Tag darauf, wie sich Ihr Körper anfühlt. Strecken Sie sich dann, und beobachten Sie, wie Ihr Körper und Ihr Geist auf diese Form der Aufmerksamkeit reagieren.

Übung 6: Meditation »Heiliger Augenblick«

Schließen Sie die Augen und machen Sie ein paar tiefe Atemzüge des Loslassens. Erinnern Sie sich jetzt an einen Moment, in dem Sie sich ganz im Augenblick, ganz präsent fühlten – sei es, dass Sie von einem Sonnenuntergang gefesselt waren, frisch gefallenen Schnee bewunderten oder das Lächeln eines Babys Sie entzückte ... Vergegenwärtigen Sie sich diese Erinnerung mit all Ihren Sinnen ... Erinnern Sie sich an die Einzelheiten des Anblicks, die Farben, die Gerüche, die Haltung und Bewegung Ihres Körpers, Ihre Gefühle und wie Sie jetzt im Moment des Erinnerns diese Gefühle körperlich empfinden ... Lassen Sie die Erinnerung nun los, und meditieren Sie ein paar Minuten lang über die Gefühle, die zurückbleiben.

Jeder Moment, den Sie in der Gegenwart verbringen, ist ein heiliger Moment.

Übung 7: Zentrierungsgebet

Das Zentrierungsgebet ist eine Form der Meditation, die der Trappistenmönch Thomas Keating bekannt gemacht hat. Es basiert auf Praktiken, die von den Wüstenvätern des frühen Christentums im dritten Jahrhundert beschrieben wurden. Keatings Buch über das Zentrierungsgebet *Open Heart, Open Mind* [dt.: *Gebet der Sammlung*, Münsterschwarzach: Vier Türme, 1995] ist eine Fundgrube, gleichgültig, wie Sie in Bezug auf Religion orientiert sein mögen. Das Zentrierungsgebet ist eine sehr stille Meditation, ein tiefes Loslassen hin zur inneren Stille, dem Geist Gottes. Es ist tatsächlich ein Ruhen in der göttlichen Präsenz. Keating vergleicht das bewusste Wahrnehmen unserer Gedanken mit Booten, die einen Fluss hinuntertreiben. Normalerweise seien wir uns des Flusses, der die Präsenz Gottes repräsentiere, nicht bewusst. Er erklärt, dass das Zentrierungsgebet eine Verlagerung der Aufmerksamkeit weg von den Booten hin zu dem Fluss ist, auf dem sie treiben. Wählen Sie wie bei der Konzentrationsmeditation ein Gebetswort, obwohl es ganz anders und ohne Bewusstheit des Atems benutzt wird. Statt sich auf das Wort zu konzentrieren, konzentrieren Sie sich auf den stillen Trost und den tiefen Frieden von Gottes Anwesenheit. Dieses Wort wird nur dann benutzt, wenn der Geist unruhig wird; es hilft Ihnen, sich erneut darauf zu konzentrieren, auf die Stille hin loszulassen.

Beginnen Sie, indem Sie sich einen heiligen Moment vergegenwärtigen wie in der vorigen Übung, lassen Sie dann die Erinnerung los, und konzentrieren Sie sich auf das Gefühl von Offenheit, das zurückbleibt ... Beginnen Sie jetzt das Zentrierungsgebet, lassen Sie los hin zum tiefen Frieden eines offenen Herzens, Gottes Herzens ... Wenn Sie zu denken beginnen, dann wiederholen Sie stumm ein

Wort oder eine Wendung Ihrer Wahl – Worte wie danke, Frieden, Shalom, Kyrie eleison ... Sobald sich Ihr Geist wieder beruhigt, lassen Sie das Wort los, das Sie bloß an Ihre Absicht erinnern soll, still im Frieden von Gottes Präsenz dazusitzen.

Übung 8: Das Ei des Lichts

Schließen Sie die Augen, und zentrieren Sie sich mit ein paar tiefen Atemzügen, lassen Sie los. Stellen Sie sich jetzt in dem Raum über Ihnen einen großen leuchtenden Stern vor ... Spüren Sie, wie Ströme von göttlicher Liebe und Licht auf Sie herabfließen, Sie erfrischen und durch den Scheitel in Ihren Körper fließen. Lassen Sie diesen Strom aus Licht durch Ihren Körper fließen, wie ein Fluss den Sand auf seinem Grund durchspült und jede Müdigkeit, Furcht oder Negativität fortwäscht ... Wenn alle Dunkelheit aus Ihren Fußsohlen hinausgespült wird, lassen Sie sie von Mutter Erde aufnehmen und verwandeln ... Wenn das Licht durch Sie hindurchströmt, lassen Sie die Konturen Ihres Herzens davon reinigen ... Lassen Sie jetzt Ihr Herzlicht sich ausbreiten und Ihren Körper erfüllen ... Lassen Sie es etwa einen Meter über die Umrisse Ihres Körpers hinausströmen ... über und unter Ihnen und um Sie herum, und lassen Sie es sich mit dem göttlichen Licht von oben vermischen und Sie in ein schützendes Ei aus Licht einhüllen. Ruhen Sie ein paar Minuten lang in der Gegenwart dieses Lichtes, und meditieren Sie dabei in einer von Ihnen bevorzugten Form.

Übung 9: Metta-Meditation (Liebe und Güte)

Schließen Sie die Augen, beginnen Sie mit einigen tiefen Atemzügen, lassen Sie los, und betreten Sie dann das innere Heiligtum der Stille

Meditationsübungen

... Stellen Sie sich einen großen Stern aus Licht über Ihnen vor, aus dem Kaskaden von Liebe und Licht auf Sie herabfließen ... Lassen Sie das Licht durch Ihren Scheitel in Ihren Körper und durch Sie hindurchfließen, so dass es die Reinheit Ihres eigenen Herzens offenbart, das sich ausdehnt und sich mit dem göttlichen Licht vermischt ... Erblicken Sie sich völlig umhüllt vom Ei aus Licht, und wiederholen Sie nun diese Segenssprüche für sich selbst:

> *Möge ich Frieden finden.*
> *Möge mein Herz offen bleiben.*
> *Möge ich zum Licht meiner eigenen wahren Natur erwachen.*
> *Möge ich geheilt werden.*
> *Möge ich eine Quelle der Heilung für alle Geschöpfe sein.*

Denken Sie als Nächstes an einen geliebten Menschen; sehen Sie ihn in so vielen Einzelheiten wie möglich. Stellen Sie sich vor, dass das liebevolle Licht auf ihn herabscheint, ihn durchströmt und damit das Licht in seinem eigenen Herzen offenbart. Stellen Sie sich vor, dass dieses Licht heller wird, dass es mit dem göttlichen Licht verschmilzt und ihn in das Ei aus Licht einhüllt. Segnen Sie ihn dann:

> *Mögest du Frieden finden.*
> *Möge dein Herz offen bleiben.*
> *Mögest du zum Licht deiner eigenen wahren Natur erwachen.*
> *Mögest du geheilt werden.*
> *Mögest du eine Quelle für die Heilung aller Geschöpfe werden.*

Wiederholen Sie dies für so viele Menschen, wie Sie möchten.

Denken Sie als Nächstes an einen Menschen, den Sie bisher verurteilt haben und dem Sie bereit sind zu verzeihen. Hüllen Sie ihn in das Ei aus Licht, und sehen Sie, wie das Licht alle Negativität und

Illusion aus ihm herausschwemmt, genauso wie es bei Ihnen und Ihren Liebsten geschah. Segnen Sie ihn:

> *Mögest du Frieden finden.*
> *Möge dein Herz offen bleiben.*
> *Mögest du zum Licht deiner eigenen wahren Natur erwachen.*
> *Mögest du geheilt werden.*
> *Mögest du eine Quelle für die Heilung aller Geschöpfe werden.*

Stellen Sie sich unseren schönen Planeten vor, so wie er vom Weltraum aus erscheint, ein funkelndes Juwel, das sich langsam durch die sternenerfüllte Unendlichkeit dreht ... Stellen Sie sich die Erde umgeben von Licht vor – die grünen Kontinente, die blauen Meere, die weißen Polarkappen ... die Zweibeiner und die Vierbeiner, die Fische, wie sie schwimmen, und die Vögel, wie sie fliegen ... Die Erde ist ein Ort der Gegensätze ... Tag und Nacht, Gut und Böse, oben und unten, männlich und weiblich. Öffnen Sie sich weit genug, um alles in sich aufzunehmen, während Sie diesen Segen aussprechen:

> *Möge Frieden auf Erden sein.*
> *Mögen sich die Herzen aller Menschen für sie selbst*
> *und füreinander öffnen.*
> *Mögen alle Menschen zum Licht ihrer eigenen wahren*
> *Natur erwachen.*
> *Möge die ganze Schöpfung gesegnet sein*
> *und ein Segen für alles, was existiert.*

Übung 10: Tibetische Meditation

Diese Übung der tibetischen Buddhisten namens *shamatha/vipassana* bedeutet »Meditation bleibender Ruhe und Erkenntnis«. Es ist eine Grundübung für das Sehen mit unserem Weisheitsselbst statt mit den Augen des Ichs. Ausgezeichnete Anweisungen enthält *The Tibetan Book of Living and Dying* [dt.: *Das tibetische Buch vom Leben und vom Sterben*, München: Scherz, 1993] von Sogyal Rinpoche.

Setzen Sie sich in würdevoller Haltung hin, mit geradem Rücken und offenen Augen ... Schauen Sie geradeaus, die Augen leicht gesenkt, ohne irgendetwas zu fokussieren ... oder schließen Sie die Augen, wenn Sie das vorziehen. Werden Sie sich Ihrer Atmung bewusst – wie der Atem einströmt und Sie erfüllt, und wie der Atem in den Raum hinaus entströmt. Halten Sie etwa ein Viertel Ihrer Aufmerksamkeit auf die Atmung und die anderen drei Viertel auf das Gefühl der Weite gerichtet. Wenn Gedanken auftreten, dann lassen Sie sie einfach vorüberziehen ...

Sogyal Rinpoche, ein buddhistischer Lama aus Tibet, vergleicht die Gedanken, die in der Meditation auftreten, mit Wellen, die sich aus dem Meer erheben. Es liege in der Natur des Meeres, Wellenkämme zu bilden. Wir können das nicht aufhalten, aber wir können, wie Rinpoche sagt, »die Kämme auf den Wellen lassen«.

Anmerkungen

Einführung:
Der weibliche Lebenszyklus

Seite 10: ... nur geringe Unterschiede zwischen Männern und Frauen gefunden wurden. A. Fausto-Sterling, *Myths of Gender. Biological Theories About Men and Women*, New York: Basic Books, ²1992 [dt.: *Gefangene des Geschlechts*, München: Piper, 1988]

Seite 13: Die altchinesische Philosophie ... benutzte ein ähnliches Siebenersystem ... *The Yellow Emperor's Classic of Internal Medicine*, Übers. v. I. Veith, Berkeley: University of California Press, 1972

Seite 15: Erreichen wir das 65. Lebensjahr, dann sagt uns die Statistik sogar eine weitere Lebenserwartung von 18,8 Jahren voraus – d.h., frau kann damit rechnen, 84 zu werden. *The American Woman: 1994-95*, Hrsg. C. Costello und A.J. Stone, New York: W.W. Norton, 1995

Seite 15: Die Anzahl der Frauen zwischen 45 und 54 wird sich bis zum Jahr 2000 um die Hälfte (von 13 auf 19 Millionen) erhöhen. G. Sheehy, *Menopause: The Silent Passage*, New York: Pocket Books, 1991

Seite 15: Nur 17% der Bevölkerung sind über 40 Jahre. *The American Woman: 1994-95*, Hrsg. C. Costello und A.J. Stone, New York: W.W. Norton, 1995

Seite 18: Aristoteles schreibt, die Frau sei ein unvollendeter Mann, der auf einer niedrigeren Entwicklungsstufe stehen geblieben sei. Aristoteles, »Phyik«. In: *Aristotle and the Earlier Peripatetics*, Bd. 2, Hrsg. B.F.C. Costelloe und J.H. Muirhead, London: Longman's Green and Co., 1897, S. 49-50

1
Eine Frau werden

Seite 25: Ersterer trage die Seele, Letztere den Körper bei. Aristoteles, »Physik«. In: *Aristotle and the Earlier Peripatetics*, Bd. 2, Hrsg. B.F.C. Costelloe und J.H. Muirhead, London: Longman's Green and Co., 1897, S. 49-50

Seite 26: Die Theorien der Geschlechterentwicklung wurden am Ende des 19. Jahrhunderts in einem britischen Lehrbuch, *The Evolution of Sex* ..., zusammengefasst. P. Geddes und J.A. Thomson, *The Evolution of Sex*, London: Walter Scott Ltd., 1895

Seite 26: Anfang der 50er-Jahre hatte ein Forscher namens Jost entdeckt, dass der normale Verlauf der menschlichen Entwicklung weiblich ist. A. Jost, »Problems of Fetal Endocrinology: The Gonadal and Hypophyseal Hormones«. In: *Recent Progress in Hormonal Research*, 8, 1953, S. 379-418

Seite 27: Damit ein männlicher Embryo entstehen kann, müssen hodenbildende Gene auf dem Y-Chromosom aktiviert werden, um die ovarienbildenden Gene zu neutralisieren. F.W. George und J.D. Wilson, »Sex Determination and Differentiation«, 1. Kap. In: *The Physiology of Reproduction*, Hrsg. E. Knobil und J.D. Neill, New York: Raven Press Ltd., ^{2}1994

Seite 29: Bei der Fahndung nach den Ursprüngen der mitochondrialen DNS ist es den BiologInnen denn auch gelungen, unseren matrilinearen Familienstammbaum bis zu einer afrikanischen Eva zurückzuverfolgen. A.C. Wilson und R.L. Cann, »The Recent African Genesis of Humans«. In: *Scientific American*, April 1992, S. 68-72

2
1. bis 7. Lebensjahr: Frühe Kindheit

Seite 37: Die »vier Fs« – fighting, fleeing, feeding and f... [Kampf, Flucht, Nahrungsaufnahme und Sex]. J. Hooper und D. Teresi, *The 3-Pound Universe*, New York: Macmillan Publishing Company, 1986, S. 43

Seite 37: Wenn ein Baby mit grauem Star zur Welt kommt, der nicht vor Ende des zweiten Lebensjahres operiert wird, dann bleibt das Kind sein Leben lang blind. Untersuchungen über kritische Perioden der neuralen Entwicklung werden referiert von S. Begley, »Your Child's Brain«. In: *Newsweek*, 19. Feb. 1996, S. 55-58

Seite 38: Bereits Neugeborene beweisen faktisch eine begrenzte Form von Empathie, indem sie weinen, sobald sie ein anderes Kind weinen hören, ein Reflex, den man als *motorische Mimikry* bezeichnet. Die Ergebnisse der Forschung über motorische Mimikry vom Säuglings- bis zum Kleinkindalter werden erörtert von D. Goleman, *Emotional Intelligence,* New York: Bantam Books, 1995, S. 98-99 [dt.: *EQ. Emotionale Intelligenz,* München: dtv, 1997]

Seite 39: Bereits wenige Stunden nach der Geburt synchronisiert ein Säugling seine Bewegungen präzise mit den Sprechmustern seiner Bezugsperson. W.S. Condon und L.W. Sander, »Neonate Movement Is Synchronized with Adult Speech: Interactional Participation and Language Acquisition«. In: *Science*, 183, 1974, S. 99-101

Seite 39: ... sind menschliche Gesichter der liebste Anblick eines Babys und menschliche Stimmen sein bevorzugtes Geräusch. Eine ausgezeichnete Darstellung der frühen Kindheit und der Säuglingsentwicklung findet sich in Z. Rubin und E.B. McNeil, *Psychology: Being Human*, New York: Harper and Row, 1985, S. 225-252

Seite 43: »Unser Konzept vom Selbst-in-Beziehung geht von der Erkenntnis aus, dass bei Frauen die primäre Selbsterfahrung beziehungsabhängig ist, d.h., dass sich das Selbst im Kontext wichtiger Beziehungen organisiert und entwickelt.« J. Surrey, »The Self-in-Relation: A Theory of Women's Development«. In: J.V. Jordan, A.G. Kaplan, J.B. Miller, I.P. Stiver, J.L. Surrey, *Women's Growth in Connection: Writings from the Stone Center,* New York: Guilford Press, 1991, S. 52

Seite 44: ... »bewirkt dies, dass sie geübter darin sind, ihre Gefühle zu artikulieren, und geschickter als Jungen Worte benutzen, um emotionale Reaktionen zu erkunden und sie anstelle von Handgreiflichkeiten einzusetzen ...« D. Goleman, *Emotional Intelligence*, New York: Bantam Books, 1995, S. 131 [dt.: *EQ. Emotionale Intelligenz*, München: dtv, 1997]

Seite 45: In paarweise durchgeführten Experimenten, bei denen die eine Person das Sagen hat und die andere ihr untergeordnet ist, lernt die nachrangige Versuchsperson, gleich welchen Geschlechts, schnell auf die nonverbalen Signale der übergeordneten zu reagieren. C. Tavris, *The Mismeasure of Women*, New York: Simon and Schuster, 1992, S. 64

Seite 46: ... »Beziehungsauthentizität« ..., dem »ständigen Streben, sich in einer Beziehung emotional echt, verbunden, lebendig, klar und sinnvoll zu fühlen«. J. Surrey, »The Self-in-Relation: A Theory of Women's Development«. In: J.V. Jordan, A.G. Kaplan, J.B. Miller, I.P. Stiver, J.L. Surrey, *Women's Growth in Connection: Writings from the Stone Center,* New York: Guilford Press, 1991, S. 60

Seite 54: Im Schöpfungsmythos der Aborigines lag Baiame (der Schöpfer) schlafend da. C. Havecker, *Understanding Aboriginal Culture*, Sydney: Cosmos Periodicals Ltd., 1987

Seite 55: »Er [Baiame] übermittelte seine Botschaft auf telepathischem Wege ...« Ebd., S. 2.

3
7. bis 14. Lebensjahr: Mittlere Kindheit

Seite 58: Untersuchungen zeigen, dass Mädchen diesen Alters flexibler und optimistischer ... sind als Jungen. Forschungsergebnisse über Geschlechterunterschiede in Optimismus in verschiedenen Altersgruppen referiert M.E.P. Seligman, *Learned Optimism*, New York: Alfred A. Knopf, 1991 [dt.: *Pessimisten küßt man nicht. Optimismus kann man lernen*, München: Droemer Knaur 1993]

Seite 60: ... die Mechanismen, mit denen das Nervensystem Buchstaben in gesprochene Sprache umwandelt. Obwohl die Wissenschaftler nicht nach Unterschieden zwischen Männern und Frauen suchten ... B.A. Shaywitz, S.E. Shaywitz et al., »Sex Differences in the Functional Organization of the Brain for Language«. In: *Nature*, 373, 1995, S. 607-609

Seite 62: Andere Forschungsergebnisse deuten stark darauf hin, dass das Geschlecht bei der moralischen Entscheidungsfindung keine Rolle spielt. S. Callahan, »Does Gender Make a Difference in Moral Decision Making?«. In: *Second Opinion*, 17, Oktober 1991, S. 66-77

Seite 63: Piaget hat die kognitive Entwicklung mit der Art und Weise, wie wir moralische Urteile fällen, in Beziehung gesetzt. J. Piaget, *The Moral Judgment of the Child*, Glencoe/IL: Free Press, 1948 [dt.: *Das moralische Urteil beim Kinde*, Stuttgart: Klett-Cotta, 1983]

Seite 64: Der Psychologe Lawrence Kohlberg modifizierte Piagets Theorien der moralischen Entwicklung und erweiterte sie auf sechs Stadien. L. Kohlberg, »The Cognitive-developmental Approach to Socialization«. In: *Handbook of Socialization Theory and Research*, Hrsg. D.A. Goslin, Chicago: Rand McNally, 1969

Seite 65: ... »der Vorsprung in der moralischen Entwicklung, den die Mädchen in den ersten Schuljahren haben, in der Pubertät schwindet, wenn bei den Jungen die Ausbildung des formalen logischen Denkens einsetzt«. C. Gilligan, *In a Different Voice: Psychological Theory and Women's Development*, Cambridge/MA: Harvard University Press, 1982 [dt.: *Die andere Stimme – Über männliche und weibliche Moral*, München: dtv, 1996]

Seite 65: »... findet sie, der Kern des Dilemmas liege in der Weigerung des Apothekers, sich um die Frau zu kümmern.« Ebd.

Seite 66: ... haben sich die Geschlechterunterschiede in der moralischen Reflexion anhand von Kohlbergs Stufeneinteilung später nicht immer bestätigt, und eine Reihe von TheoretikerInnen haben versucht, Gilligans Argumente zu widerlegen. »Does Gender Make a Difference in Moral Decision Making?«. In: *Second Opinion*, 17, Oktober 1991, S. 66-77

Seite 68: »Wenn der ganze Planet mehr Frieden und mehr Harmonie erlebt, wird das auch für uns gelten. Deshalb hat jeder Einzelne eine Verantwortung für die ganze Menschheit.« S.H. der Dalai Lama Tenzin Gyatso, *The Opening of the Wisdom Eye*, Wheaton/IL: Quest Books, 1966, S.V-VII

Seite 72: ... eine Art von »Hundertste-Ratte«-Effekt. R. Sheldrake, *The Rebirth of Nature: The Greening of Science and God*, New York: Bantam Books, 1991 [dt.: *Die Wiedergeburt der Natur*, Reinbek: Rowohlt, 1994]

Seite 72: Er vertrat die Hypothese, dieses Ungleichgewicht sei darauf zurückzuführen, dass Frauen eher bereit seien, ihm zu schreiben und ihre Erlebnisse zu schildern, als Männer. K. Ring, *Heading Toward Omega: In Search of the Meaning of the Near-Death-Experience*, New York: William Morrow, 1984, S. 29

Seite 72: Der Psychiater Frank Putnam, ein Experte für dissoziative Zustände, berichtet, das Mann-Frau-Verhältnis bei diesen Fällen betrage etwa fünf zu eins. F.W. Putnam, *Diagnosis and Treatment of Multiple Personality Disorder*, New York: Guilford Press, 1989, S. 56

Seite 78: ... eine menstruierende Frau »lässt den Glanz von Spiegeln erblinden, die Schneide des Messers stumpf werden und beraubt das Elfenbein seines Schimmers«. Dieses Zitat von Plinius dem Älteren stammt aus A. Fausto-Sterling, *Myths of Gender: Biological Theories About Women and Men*, New York: Basic Books, ^{2}1992, S. 91 [dt.: *Gefangene des Geschlechts*, München: Piper, 1988]

Seite 78: Noch im 16. Jahrhundert verbreiteten medizinische Autoritäten das Schauermärchen, aus Menstruationsblut entstünden Dämonen. P. Shuttle und P. Redgrove, *The Wise Wound: Myths, Realities and Meanings of Menstruation*, New York: Bantam Books, 1990 [dt.: *Die weise Wunde Menstruation*, Frankfurt: Fischer, 1995]

Seite 82: Wirken sich die hormonellen Veränderungen, die während des Zyklus stattfinden, auf die Wahrnehmungsfähigkeit oder das Seelenleben der Frau aus? T. Benedek und B. Rubenstein, »The Correlations Between Ovarian Activity and Psychodynamic Processes: I. The Ovulative Phase« und »II. The Menstrual Phase«. In: *Psychosomatic Medicine*, I, 1939, S. 245-270, 461-485

Seite 82: Während der Ovulation waren die Frauen zufriedener und dankbarer für Zuwendung – Forschungsergebnisse, die in jüngerer Zeit bestätigt wurden. P. Shuttle und P. Redgrove, *The Wise Wound: Myths, Realities and Meanings of Menstruation*, New York: Bantam Books, 1990, S. 101 [dt.: *Die weise Wunde Menstruation*, Frankfurt: Fischer, 1995]

Seite 82: Die Gynäkologin Christiane Northrup hat eine erweiterte Deutung der Ergebnisse von Benedek und Rubenstein geliefert ... »Untersuchungen haben gezeigt, dass die Menstruation bei den meisten Frauen während der

Verdunkelung des Mondes (Neumond) und die Blutung zwischen vier und sechs Uhr morgens – zur dunkelsten Tageszeit – einsetzt.« C. Northrup, *Women's Bodies, Women's Wisdom*, New York: Bantam Books, 1994, S. 100 [dt.: *Frauenkörper – Frauenweisheit*, München: Zabert Sandmann, 1996]

Seite 83: »Wenn ihr Ich nicht in Kontakt mit dieser Phase ihres Zyklus ist, dann verschwendet sie ihre Energien oft in erhöhter Geschäftigkeit.« Die jungianische Analytikerin Ann Ulanov, zitiert von P. Shuttle und P. Redgrove in *The Wise Wound: Myths, Realities and Meanings of Menstruation*, New York: Bantam Books, 1990, S. 119 [dt.: *Die weise Wunde Menstruation*, Frankfurt: Fischer, 1995]

Seite 85: Dalton hat tatsächlich manche Fälle von PMS sehr erfolgreich mit Zäpfchen mit natürlichem Progesteron behandelt. Diese Tatsache wird von Dr. J.R. Lee angeführt in *What Your Doctor May Not Tell You About Menopause: The Breakthrough Book on Natural Progesterone*, New York: Warner Books, 1996, S. 64

Seite 86: Eine Untersuchung hat ergeben, dass weniger als 20% der freiwilligen Teilnehmerinnen die Kriterien für PMS ... erfüllten. Zitiert von A. Fausto-Sterling, *Myths of Gender. Biological Theories About Men and Women*, New York: Basic Books, ^{2}1992 [dt.: *Gefangene des Geschlechts*, München: Piper, 1988]

Seite 87: »Neue Messungen könnten eine prämenstruelle Zunahme höher bewerteter rechtshemisphärischer Funktionen ergeben, speziell in der Gruppe von Frauen, die stärkere Verstimmungen verzeichnen.« M. Altemus, B. Wexler und N. Boults, »Neuropsychological Correlates of Premenstrual Mood Changes«. In: *Psychosomatic Medicine*, 51, 1989, S. 329-336

Seite 88: Als die menstruationsbedingten Stimmungsschwankungen das ganze Jahr über gemessen wurden ... Aber da man vor 50 Jahren, als diese Untersuchung gemacht wurde, von diesen physiologischen Rückkopplungsmechanismen nur unvollständige Kenntnisse hatte, sahen die WissenschaftlerInnen ihre Ergebnisse als »Ausreißer« an und ließen sie prompt in den Schubladen verschwinden. Persönliche Mitteilung von Dr. L. LeShan.

4
14. bis 21. Lebensjahr: Adoleszenz

Seite 92: »Märchen haben den Kern dieses Phänomens erfasst. Junge Frauen essen vergiftete Äpfel oder stechen sich an vergifteten Nadeln in den Finger und versinken in einen 100-jährigen Schlaf.« M. Pipher, *Reviving Ophelia: Saving the Selves of Adolescent Girls*, New York: Ballantine Books, 1994, S. 19 [dt.: *Pubertätskrisen junger Mädchen*, Frankfurt: W. Krüger, 1996]

Seite 92: Dies ist kein neues Phänomen. Die Psychologin Anne Peterson hat die Literatur über die Entwicklungsstörung gesichtet, die Mädachen in der Adoleszenz durchmachen, und hat festgestellt, dass darüber schon um die Jahrhundertwende geforscht wurde. A. Peterson, »Adolescent Development«. In: *Annual Review of Psychology*, 39, 1988, S. 583-607

Seite 95: Da die Durchschnittsamerikanerin 64 kg wiegt und weniger als ein Viertel der Amerikanerinnen größer als 1,60 m ist ... Angaben zitiert von K. Springen und A. Samuels, »The Body of the Beholder«. In: *Newsweek*, 24. April 1995, S. 66-67

Seite 95: Die diesbezüglich befragten Schüler einer Highschool des Mittelwestens fanden, dass spindeldürre Supermodels »ungesund« und »abstoßend« wirken. Ebd.

Seite 96: Eine Untersuchung der American Association of University Women ergab, dass 60% der Grundschülerinnen mit sich zufrieden waren. In der Highschool traf dies nur noch auf 30% zu. Ebd.

Seite 96: ... fünf bis 15% der stationär behandelten AnorektikerInnen sterben während der Behandlung, und nur etwa 50% werden schließlich geheilt. E. Uzelac, »In a Daughter's Voice«. In: *Common Boundary*, September/Oktober 1995, S. 49-53

Seite 97: Die Miss Schweden von 1951 war 1,70 m groß und wog 68 kg. Die Miss Schweden von 1983 maß 1,75 m und wog 49 kg. Statistik zitiert von N. Wolf in: *The Beauty Myth*, New York: Anchor Books, 1991, S. 182 [dt.: *Der Mythos Schönheit*, Reinbek: Rowohlt 1993]

Seite 99: Es stellte sich heraus, dass der VMN bei Frauen auch der Sitz der sexuellen Erregung ist. S. LeVay, *The Sexual Brain*, Boston: MIT Press, 1993

Seite 100: »... Das offenkundigste Symbol ist das der vollbusigen, breithüftigen und schwangeren ›Großen Mutter‹.« C. Steiner-Adair, »The Body Politic: Normal Female Adolescent Development and the Development of Eating Disorders«. In: *Making Connections: The Relational Worlds of Adolescent Girls at Emma Willard School*, Hrsg. C. Gilligan, N.P. Lyons und T.J. Hanmer, Cambridge/MA: Harvard University Press, 1990, S. 162-182, Zitat von S. 174

Seite 101: Gwen ist wie 15% ihrer Altersgenossinnen seit ihrem 15. Lebensjahr sexuell aktiv ... S.S. Janus und C.L. Janus, *The Janus Report on Sexual Behavior*, New York: John F. Wiley and Sons, 1993, S. 19

Seite 108: »Sich um Kontakt zu anderen zu bemühen, indem man sich selbst ausnimmt, ist eine Strategie, die zum Scheitern verurteilt ist ... Ist es besser, andere wichtig zu nehmen und sich selbst hintanzustellen, oder sich selbst wichtig zu nehmen und andere hintanzustellen? Bei diesem Dilemma geht es um die Frage › Will ich eine brave Frau oder ... selbstsüchtig sein?‹« C. Gilligan, »Teaching Shakespeare's Sister: Notes from the Underground of Female Adolescence«. In: *Making Connections: The Relational Worlds of Adolescent Girls at Emma Willard School*, Hrsg. C. Gilligan, N.P. Lyons und T.J. Hanmer, Cambridge/MA: Harvard University Press, 1990, S. 9

Seite 108: Diese Aufgabe, die Balance zu halten, ist abhängig von der Entwicklung einer Fähigkeit, die die Psychologin Janet Surrey als »Beziehungsauthentizität« bezeichnet. J.L. Surrey, »The Self-in-Relation: A Theory of Women's Development«. In: *Women's Growth in Connection*, Hrsg. J.V. Jordan, A.G. Kaplan, J.B. Miller, I.P. Stiver und J.L. Surrey, New York: The Guilford Press, 1991

5
21. bis 28. Lebensjahr: Ein eigenes Heim

Seite 118: Die Anthropologin Helen Fisher hat in ihrem hervorragenden Buch *Anatomy of Love* ... eine faszinierende Darstellung von Verliebtheit, Paarbildung, Ehe und Scheidung geliefert. In meiner Erörterung der Verliebtheit stütze ich mich in Grundzügen auf Fishers Buch, obwohl ich noch weitere Studien über die Rolle der Pheromone mit einbezogen habe. H. Fisher, *Anatomy of Love*, New York: Fawcett Columbine, 1992 [dt.: *Anatomie der Liebe*, München: Knaur, 1995]

Seite 119: ... wobei sie unbewusst jene Männer wählen, deren Haupthistokompatibilitätskomplex-Gene (MHC-Gene) sich von ihren eigenen unterscheiden. Diese Ergebnisse werden zitiert in einem Artikel von S. Richardson, »The Scent of Man«. In: *Discover Magazine*, 17, Februar 1996, S. 26-27

Seite 125: »Es war ein Privileg, Kinder zu bekommen, kein Recht.« B. Laverdure, interviewt von S. Wall in *Wisdom's Daughters: Conversations with Women Elders of Native America*, New York: Harper Perennial, 1993, S. 130 [dt.: *Töchter der Weisheit*, München: Heyne, 1997]

Seite 125: Aus den jüngsten Statistiken geht hervor, dass 6,4 Millionen Amerikanerinnen jedes Jahr schwanger werden. Die Statistiken in den folgenden drei Absätzen, einschließlich jener über das Versagen von Empfängnisverhütungsmitteln, stammen aus R.B. Gold und C.L. Richards, »Securing American Women's Reproductive Health«. In: *The American Woman: 1994-95*, Hrsg. C. Costello und A.J. Stone, New York: W.W. Norton, 1995

Seite 128: »Um 1800 entfielen in den Vereinigten Staaten auf jede Frau im Schnitt 7 Kinder. Um 1900 waren es nur noch 3,5 und 1940 knapp über 2.« C. Lunardini, *What Every American Should Know About Women's History*, Holbrook/MA: Bob Adams Inc., 1994, S. 29

Seite 128: Die Erörterung zu Margaret Sanger, die Familienplanung und dem Comstock-Gesetz basiert auf den Untersuchungen von C. Lunardini. Ebd., S. 188

Seite 129: Obwohl die Entscheidung für einen Schwangerschaftsabbruch vielen schwer fällt, ringen sich fast die Hälfte aller Amerikanerinnen dazu durch ... S.S. Janus und C.L. Janus, *The Janus Report on Sexual Behavior*, New York: John F. Wiley and Sons, 1993, S. 220

Seite 134: ... Agnes Simpson, einer Hebamme, die 1591 auf dem Scheiterhaufen verbrannt wurde, weil sie Opium zur Linderung der Wehenschmerzen benutzt hatte. Meine Erörterung der Rolle der Hebammen bei der Geburt, der Verbote, die ihnen von der römisch-katholischen Kirche auferlegt wurden, der Erfindung der Geburtszange und des Kindbettfiebers basiert auf dem Werk von A. Rich, *Of Woman Born*, New York: W.W. Norton und Co., 1986, Neuausgabe 1995

Seite 137: Mütterliches Verhalten setzt lange vor der Geburt ein. Die Biologie der Mutterliebe und des Neugeborenen basiert auf der Erörterung von B.K. Modney und G.I. Hatton. Die Mutterschaft modifiziert die neuronalen Wechselbeziehungen in funktional sinnvoller Weise. In: *Mammalian Parenting*, Hrsg. N.A. Krasneger und R.S. Bridges, New York: Oxford University Press, 1990

6
28. bis 35. Lebensjahr: Die Lebenswende mit Dreißig

Seite 146: Die frühen Dreißiger bezeichnet er als ein »strukturveränderndes Übergangsstadium, welches das vorhandene Lebensgefüge beendet und die Möglichkeit eines neuen eröffnet«. D.J. Levinson, *The Seasons of Woman's Life*, New York: Alfred A. Knopf, 1996, S. 25

Seite 148: Von den schwarzen und hispanischen Frauen schafft nur ein geringerer Prozentsatz einen College-Abschluss, während der Anteil von Frauen, die ein College-Diplom erreichen, bei den Frauen asiatischer Herkunft höher liegt als bei den weißen Frauen. C. Costello und A.J. Stone, *The American Woman: 1994-95*, New York: W.W. Norton, 1995, S. 266

Seite 149: »... Die Lebensläufe unserer Probandinnen sind deshalb höchst relevant für Frauen, die jetzt in ihren Zwanzigern oder frühen Dreißigern sind.« G. Baruch, R. Barnett und C. Rivers, *Lifeprints: New Patterns of Love and Work for Today's Women*, New York: Signet Books, 1983, S. 52

Seite 149: ... »am stärksten beanspruchten Frauen in unserer Studie, nämlich der berufstätigen verheirateten Frauen mit Kindern«. Ebd., S. 57

Seite 151: ... andererseits die Überzeugung, Frauen mit Kindern hätten sich auf ein Leben »unentrinnbarer Knechtschaft« eingelassen. Ebd., S. 104-106

Seite 153: ... dass Frauen, die sich erfolglos um eine Schwangerschaft bemühen, einen Stresspegel in Bezug auf Angst und Depression haben, der mit dem von Frauen mit Krebs, HIV-Infektion und Herzkrankheiten vergleichbar ist. A.D. Domar, P. Zuttermeister und R. Friedman, »The Psychological Impact of Infertility: A Comparison with Patients with Other Medical Conditions«. *Journal of Psychosomatic Obstetrics and Gynecology*, 14, 1993, S. 45-52

Seite 154: Die Gynäkologin Christiane Northrup führt die bisher nicht erklärte Unfruchtbarkeit auf fünf Ursachen zurück. C. Northrup, *Women's Bodies, Women's Wisdom*, New York: Bantam Books, 1994, S. 351 [dt.: *Frauenkörper – Frauenweisheit*, München: Zabert Sandmann, 1996]

Seite 156: Der hohe Fettgehalt vieler Milchprodukte begünstigt auch eine verstärkte Östrogenproduktion. S.M. Lark, *Fibroid Tumors and Endometriosis: Self-Help Book*, Berkeley/CA: Celestrial Arts, 1995, S. 84

Seite 156: ... dass Frauen, die unter Unfruchtbarkeit leiden, aus welchem Grund auch immer, stark gestresst sind; sie sind doppelt so häufig von Depressionen geplagt wie Frauen, die zu Routineuntersuchungen zum Gynäkologen kommen. A.D. Domar und H. Dreher, *Healing Mind, Healthy Woman*, New York: Henry Holt and Company, 1996, S. 223 [dt.: *Gesunder Geist – gesunder Körper*, München: Goldmann, 1998]

Seite 158: ... man hat behauptet, dass Frauen dadurch weniger an Wohlbefinden zu gewinnen hätten als Männer, weil ihnen die primäre Verantwortung für die Kinder obliege. G. Baruch, R. Barnett und C. Rivers, *Lifeprints: New Patterns of Love and Work for Todays Women*, New York: Signet Books, 1983

Seite 159: Außerdem wird angenommen, dass die Unmöglichkeit, das Auftreten von Problemen zu verhindern, und die Tatsache, dass es nicht immer einfache Lösungen gibt, bei Frauen Gefühle von Verletzbarkeit, Unzulänglichkeit und Inkompetenz auslösen ... Ebd.

Seite 162: »In ihren späten Dreißigern begriffen die meisten dieser Karrierefrauen den illusorischen Charakter des Bildes der Superfrau ...« D.J. Levinson, *The Seasons of a Woman's Life*, New York: Alfred A. Knopf, 1996, S. 349

Seite 163: Die Geschichte von Blaubart ist mit freundlicher Genehmigung von C.P. Estés und ihrem Verlag entnommen aus dem Buch *Women Who Run with the Wolves: Myths and Stories of the Wild Woman Archetype* von C.P. Estés, New York: Ballantine Books, © 1992, 1995, S. 40-44 [dt.: *Die Wolfsfrau*, München: Heyne, 1996]

Seite 166: »Was steckt dahinter? Was ist anders, als es scheint? Was weiß ich tief drin in meinen Eierstöcken, was ich lieber nicht wüsste? Welcher Teil von mir ist getötet worden oder liegt im Sterben?« Aus der Geschichte von Blaubart. Ebd., S. 56

7
35. bis 42. Lebensjahr: Heilung und Balance

Seite 172: In den USA ist die Scheidungsrate von etwa 10% der 1920 heiratenden Paare ... angestiegen. Statistik aus D. Goleman, *Emotional Intelligence*, New York: Bantam Books, 1995, S. 129 [dt.: *EQ. Emotionale Intelligenz*, München: dtv,1997]

Seite 172: Auf der Suche nach einer Antwort auf die Frage, warum sich Menschen scheiden lassen ... H. Fischer, *Anatomy of Love*, New York: Fawcett Columbine, 1992, S. 103 [dt.: *Anatomie der Liebe*, München: Droemer Knaur, 1995]

Seite 172: »... Es hat demnach den Anschein, dass die Wahrscheinlichkeit einer Scheidung um so geringer ist, je mehr Kinder ein Paar hat.« Ebd., S. 113

Seite 174: Während 1970 bloß 10,9% aller amerikanischen Haushalte aus einer allein stehenden Mutter und ihren Kindern bestanden, lag diese Zahl 1991 bereits bei 17,4%. *The American Woman: 1994-95*, Hrsg. C. Costello und A.J. Stone, New York: W.W. Norton, 1995, S. 259

Seite 174: In ökonomischer Hinsicht sind solche Familien entschieden benachteiligt, da ihr Durchschnittseinkommen nur etwa 40% des Einkommens von Ehepaaren entspricht, bei denen beide Partner erwerbstätig sind. Ebd., S. 330

Seite 175: »Wenn wir Gelübde aus irgendeinem anderen Grund brechen als aus Gehorsam gegenüber einer zwingenderen Loyalität, dann wird sich die Situation, der wir zu entrinnen suchten, einfach in anderer Form wiederholen.« H. Luke, *The Way of Woman*, New York: Doubleday, 1995

Seite 178: »Wenn das Gesicht einer Frau ... Ekel ausdrückt ...« J. Gottman, zitiert von A. Atkisson in einem Bericht über das Liebeslabor, »What Makes Love Last?« In: *New Age Journal*, Oktober 1994, 74

Seite 178: Paare, die in gutem Einvernehmen miteinander leben, bewirken de facto eine Angleichung ihrer autonomen Nervensysteme. D. Goleman, *Emotional Intelligence*, New York: Bantam Books, 1995 [dt.: *EQ. Emotionale Intelligenz*, München: dtv, 1997]

Seite 181: ... selbst in schädlichen und gewalttätigen Beziehungen fahren Frauen fort, wertvolle psychische Eigenschaften zu entwickeln, weil sie »darum ringen, wachstumsfördernde Interaktionen in der Familie und in anderen Zusammenhängen zu ermöglichen«. J.B. Miller, *Toward a New Psychology of Women*, Boston: Beacon Press, 1976, S. XXXIII

Seite 182: Jede vierte Frau war vergewaltigt worden, und jede dritte war in der Kindheit sexuell missbraucht worden. Ein vollständiger Überblick über Studien und Statistiken bezüglich Frauen und Misshandlungen bzw. sexueller

Anmerkungen 381

Missbrauch einschließlich einer ausgezeichneten Darstellung des »Vergewaltigungstrauma-Syndroms« findet sich in J.L. Herman, *Trauma and Recovery*, New York: Basic Books, 1992 [dt.: *Die Narben der Gewalt*, München: Kindler, 1994]

Seite 185: Unsere bewussten Zensoren werden mit den Jahren ebenfalls schwächer, was den Durchbruch traumatischer Erinnerungen erklären könnte, zu dem es in den späten Dreißigern und in den Vierzigern häufig kommt. B.A. Van der Kolk, »The Body Keeps the Score: Memory and the Evolving Psychobiology of Posttraumatic Stress«. In: *Harvard Review of Psychiatry*, 1, 1994, S. 253-265

Seite 185: »Unter normalen Bedingungen gelingt traumatisierten Menschen einschließlich Vergewaltigungsopfern, misshandelten Frauen und misshandelten bzw. missbrauchten Kindern eine halbwegs gute psychosoziale Anpassung ...« Die Erörterung von ikonischem und semantischem Gedächtnis basiert auf der Forschung von B.A. Van der Kolk, ebd.

Seite 185: Dieser Mechanismus ist mit einem »schwarzen Loch« in den emotionalen Schaltkreisen verglichen worden, das jedes damit zusammenhängende Ereignis ansaugt und die Lebensqualität des Betroffenen zerstört. R. Pittman und S. Orr, »The Black Hole of Trauma«. In: *Biological Psychiatry*, 81, 1990, S. 221-223

Seite 186: So wird eine Maus, die man in einen Käfig sperrt, wo sie elektrische Schläge erhält, nach ihrer Freilassung in den Käfig zurückkehren, sobald sie gestresst ist. J. Mitchell et al., »Habituation Under Stress: Shocked Mice Show Nonassociative Learning in a T-maze«. In: *Behavioral Neurology and Biology*, 43, 1985, S. 212-217

8
42. bis 49. Lebensjahr: Die Metamorphose der Lebensmitte

Seite 201: Wenn wir uns von uns selbst und von anderen Menschen abgeschnitten und uns von der Natur oder dem Gefühl einer höheren Macht entfremdet fühlen, dann funktioniert das Immunsystem in suboptimalem Maße. J. Borysenko und M. Borysenko, *The Power of the Mind to Heal*, Carson Beach/CA: Hay House, 1995

Seite 201: In ihrem faszinierenden Buch *Remarkable Recovery* ... C. Hirshberg und M.I. Barash, *Remarkable Recovery*, New York: Riverhead Books, 1995 [dt.: *Gesund werden aus eigener Kraft*, München: Droemer Knaur, 1997]

Seite 203: Das Konzept der Krise in der Lebensmitte, das gewöhnlich dem Psychologen Daniel Levinson zugeschrieben wird, wird, wie er sagt, häufig völlig missverstanden. D.J. Levinson, *The Seasons of a Woman's Life*, New York: Alfred A. Knopf, 1996, S. 35

Seite 205: »Ihre große Hoffnung war, dass ihnen die Arbeit eine stärkere Erfahrung von Kreativität, Befriedigung und gesellschaftlicher Nützlichkeit bieten würde ...« D.J. Levinson, ebd., S. 409

Seite 207: Untersuchungen haben gezeigt, dass eine negative Einstellung zur Menopause auch die Anzahl der mit der Lebenswende verknüpften unerfreulichen Symptome erhöht ... A.D. Domar und H. Dreher, »Minding the Change: Menopause«. In: *Healthy Mind, Healthy Woman*, New York: Henry Holt and Company, 1996, S. 282-310 [dt.: *Gesunder Geist – gesunder Körper*, München: Goldmann, 1998]

Seite 208: »In den Wechseljahren – in ihren Vierzigern – fühlen sich Frauen ihrem Körper am stärksten entfremdet ...« G. Sheehy, *Menopause: The Silent Passage*, New York: Pocket Books, 1993 [dt.: *Wechseljahre – na und?*, München: Droemer Knaur, 1995]

Seite 210: Wir vollenden die Metamorphose der Wechseljahre im Schnitt mit 48,4 Jahren. *The American Woman: 1994-95*, Hrsg. C. Costello und A.J. Stone, New York: W.W. Norton, 1995, S. 198. Die Statistik stammt von J.D. Forrest vom Alan Guttmacher Institute und wurde zitiert in einem Kapitel mit dem Titel »Securing American Women's Reproductive Health«, geschrieben von R.B. Gold und C.L. Richards.

Seite 210: Der Geist habe ihm verkündet, dass er von nun an unter den Frauen und Kindern sitzen ... müsse.« Von C.G. Jung aus *The Portable Jung*, Hrsg. J. Campbell, New York: Penguin Books, 1976, S. 15-16

Seite 214: Die Gynäkologin Christiane Northrup, Verfasserin des ausgezeichneten Buches *Women's Bodies, Women's Wisdom* ..., hat für den Anstieg ... LH und FSH nach der Menopause eine interessante Theorie entwickelt. C. Northrup, *Women's Bodies, Women's Wisdom*, New York: Bantam Books, 1994, S. 440 [dt.: *Frauenkörper – Frauenweisheit*, München: Zabert Sandmann, 1996]

Seite 218: Mark Gerzon hat ein wunderbares Buch über die Lebensmitte ... geschrieben. M. Gerzon, *Coming into Our Own: Understanding the Adult Metamorphosis*, New York: Delacorte Press, 1992

Seite 219: Schätzungen zufolge wird sich die Zahl der Amerikanerinnen zwischen 45 und 55 bis zum Jahr 2000 noch einmal um die Hälfte ... erhöhen. G. Sheehy, *Menopause: The Silent Passage*, New York, Pocket Books, 1993 [dt.: *Wechseljahre – na und?*, München: Droemer Knaur, 1995]

Seite 220: »Frauen sind von Natur aus eher rezeptiv. Während unserer ersten 35 bis 40 Jahre nehmen wir die Welt in uns auf ...« F. Sharan, *Creative Menopause: Illuminating Women's Health and Spirituality*, Boulder/CO: Wisdome Press, 1994, S. 128

Seite 222: »Es ist in erster Linie eine körperliche Empfindung ...« Zitat von J. Quinn; persönliche Mitteilung im Rahmen eines Interviews, das ich im März 1996 für dieses Buch mit ihr führte.

Seite 224: »Unsere Lebensregeln sind sehr einfach – respektieren wir die Erde und einander, respektieren wir das Leben als solches ...« Zitat von M. King, *Noble Red Man*, Hrsg. H. Arden, Hillsboro/OR: Beyond Words Publishing, 1994, S. 11

9
49. bis 56. Lebensjahr: Von Heilkräutern und Hormontherapie

Seite 228: Das Krankenhaus in Boston, wo Julia arbeitet, hat die Untersuchung des Harvard-Mediziners David Eisenberg von 1993 ernst genommen. D. Eisenberg et al., »Unconventional Medicine in the United States: Prevalence, Costs, and Patterns of Use«. In: *New England Journal Of Medicine*, 28. Januar 1993, S. 246-252

Seite 230: Sie studierten 33 Frauen zwischen 44 und 66 Jahren, deren letzte Periode mindestens sechs Monate zurücklag und die täglich mehr als fünf Hitzewallungen verzeichneten. A.D. Domar und H. Dreher, *Healing Mind, Healthy Woman*, New York: Henry Holt and Company, 1996, S. 291-292 [dt.: *Gesunder Geist – gesunder Körper*, München: Goldmann, 1988]

Seite 231: Die Autorinnen gehen jedoch davon aus, dass bei einer größeren Gruppe von Frauen ebenfalls eine signifikante Abnahme von Hitzewallungen zu beobachten gewesen wäre. Ebd., S. 292

Seite 231: Bei Labortests, in denen die Probandinnen psychischem Stress ausgesetzt waren, traten signifikant mehr Hitzewallungen auf als in belastungsfreien Situationen. L.C. Swartzman, R. Edelberg und E. Kemmann, »Impact of Stress on Objectively Recorded Menopausal Hot Flushes and on Flush Report Bias«. In: *Health Psychology*, 9, 1990, S. 529-545

Seite 232: Die britische Psychologin Frances Reynold vom Brunel University College ... Darüber berichtet *Mental Medicine Update: The Mind/Body Medicine Newsletter*, Hrsg. D. Sobel und R. Ornstein, 4, 1995. Sowohl die Brunel-Untersuchung als auch die Studie der Guys Medical Hospital School in London, auf die im nächsten Absatz eingegangen wird, werden in Vorträgen resumiert, die auf der Jahrestagung der British Psychological Association im

März 1995 gehalten wurden. Die in dem Artikel zitierten Abhandlungen stammen von F. Reynolds, »Suffering in Silence: Women's Experience of Menopausal Hot Flashes« und M.S. Hunter und K.L.M. Liao, »Evaluation of a Four-Session Cognitive Intervention for Menopausal Hot Flashes«.

Seite 234: Benson und sein Team stellten fest, dass diese Mönche ihre Hauttemperatur ... steigern konnten. H. Benson et al., »Body Temperature Changes During the Practice of gTum-mo Yoga«. In: *Nature*, 1982, S. 295

Seite 236: »Im vierten Monat nahmen die Schübe an Reinheit, Schönheit und Intensität zu ...« F. Sharan, *Creative Menopause: Illuminating Women's Health and Spirituality*, Boulder/CO: Wisdome Press, 1994, S. 25-26

Seite 240: Aus Untersuchungen geht hervor, dass 50% des Knochenverlusts, den eine Frau im Laufe ihres Lebens erleidet, bereits *vor* Beginn der Menopause erfolgt. C. Northrup, *Women's Bodies, Women' Wisdom*, New York: Bantam Books, 1994, S. 451 [dt.: *Frauenkörper – Frauenweisheit*, München: Zabert Sandmann, 1996]

Seite 243: Die HET gelangte im Januar 1964 ins allgemeine Bewusstsein, als *Newsweek* einen Artikel ... unter dem Titel »No More Menopause« veröffentlichte. Diese Erörterung basiert auf Fakten, nachzulesen bei J.R. Lee, *What Your Doctor May Not Tell You About Menopause*, New York: Warner Books, 1996, S. 189-195

Seite 244: Frauen, die nach den Wechseljahren die HET fünf oder mehr Jahre lang anwenden, haben gegenüber Frauen, die sich diese Hormone nicht zuführen, ein 30 bis 40% größeres Risiko, Brustkrebs zu bekommen. G.A. Colditz et al., »The Use of Estrogens and Progestins and the Risk of Breast Cancer in Post Menopausal Women«. In: *New England Journal of Medicine*, 332, 15. Juni 1995, S. 1589-1593

Seite 245: So wurde in einer 1995 im *American Journal of Respiratory and Critical Care Medicine* veröffentlichten Studie berichtet ... *Women's Health Advocate Newsletter: An Independent Voice on Women's Wellness*, 2, Januar 1996, S. 7

Seite 247: Jedes Jahr sterben 40.000 Amerikanerinnen an Brustkrebs, aber 250.000 an Herzinfarkt. M.J. Legato und C. Coleman, *The Female Heart*, New York: Avon Books, 1991, S. XII

Seite 248: Laut einem 1991 im *New England Journal of Medicine* veröffentlichten Artikel verringerte sich das Risiko, an einer Herzerkrankung zu sterben ... M.J. Stampfer et al., »Post-menopausal Estrogen Therapy and Cardiovascular Disease – a 10-year Follow-up from the Nurse's Questionnaire Study«. In: *New England Journal of Medicine*, 325, 1991, S. 756-762

Seite 248: In einer ausgezeichneten Kritik an dieser Studie weist der Arzt John Lee darauf hin, dass die Hormonanwenderinnen mit hoher Wahrscheinlichkeit ... J.R. Lee, *What Your Doctor May Not Tell You About Menopause*, New York: Warner Books, 1996, S. 189-195

Seite 253: Stellen Sie sich vor, dass der Atem Ihre Lebensenergie, Ihr Chi ist. Die Chi-Atmung in diesem Abschnitt übernahm ich aus einer Übung, die K.S. Cohen beschrieben hat. Weitere Übungen sind enthalten in seinem ausgezeichneten Buch *Strong As the Mountain, Supple As Water: The Way of Qigong*, New York: Ballantine Books, 1997 [dt.: *Qigong*, Frankfurt: W. Krüger, 1998]

10
56. bis 63. Lebensjahr: Das Herz einer Frau

Seite 261: Die Soziologin Phyllis Moen und ihre MitarbeiterInnen an der Cornell University haben eine ... Studie ... durchgeführt. P. Moen, D. Dempster McClain und R.M. Williams, »Social Integration and Longevity: An Event History Analysis of Women's Roles and Resilience«. In: *American Sociological Review*, 54, 1989, S. 635-647; und »Successful Aging: A Life-Course Perspective on Women's Multiple Roles and Health«. In: *American Journal of Sociology*, 97, 1992, S. 1612-1638

Seite 262: 40 Untersuchungen in 30 verschiedenen Ländern haben dieses Überwiegen von Depressionen bei Frauen bestätigt. D. Hales und R.E. Hales, *Caring for the Mind*, New York: Bantam Books, 1995, S. 58. Die fünf Theorien darüber, weshalb Frauen depressiver sind als Männer, entstammen ebenfalls diesem ausgezeichneten Bericht über Depression.

Seite 263: Während wir über die Gefühle von Tieren nur spekulieren können ... M.E.P. Seligman, ein Psychologe an der Universität von Pennsylvania, hat hervorragende Erkenntnisse über erlernte Hilflosigkeit gewonnen. Einen Überblick über dieses Gebiet gibt M.E.P. Seligman, *Helplessness: On Depression, Death and Development*, San Francisco: Freeman, 1975 [dt.: *Erlernte Hilflosigkeit*, Weinheim: Psychologie Verlags Union, 1995] Ein ausgezeichnetes Buch über die Psychologie der Depression ist auch der Klassiker von A.T. Beck et al., *Depression*, New York: Hoeber, 1967 [dt.: *Kognitive Therapie der Depression*, Weinheim: Pychologie Verlags Union, 1996]

Seite 266: Die Veränderungen im Gehirn während einer Depression sind mittels bildgebender Verfahren wie der Positron-Emissions-Tomographie (PET) studiert worden. D. Ebert und K.P. Ebermeier, »The Role of the Cingulate Gyrus in Depression: From Functional Anatomy to Neurochemistry«. In: *Biological Psychiatry*, 39, 1966, S. 1044-1050

Seite 267: »Könnte es sein, dass der ständige Zwang zur Veränderung, das dauernde Anfangen und Enden, mit dem es Frauen in ihrer reproduktiven Rolle zu tun haben, sie für das Alter stärken?« B. Friedan, *The Fountain of Age*, New York: Simon and Schuster, 1993, S. 143 [dt.: *Mythos Alter*, Reinbek: Rowohlt, 1997]

Seite 269: In einer Studie, die der Soziologe Paul Ray 1996 vorlegte, bezeichnet er weibliche Werte als Kern einer neuen gesellschaftlichen Bewegung, die 44 Millionen Menschen, das sind 24% aller AmerikanerInnen, umfasse. P.H. Ray, »The Rise of Integral Culture«. In: *Noetic Sciences Review*, Frühjahr 1996, S. 4-15

Seite 269: Die Kernkreativen ... »befassen sich ernsthaft mit Psychologie, Spiritualität und Selbstverwirklichung ...« Ebd., S. 8

Seite 272: Frauen sind das am schnellsten wachsende Segment häufiger Kinogänger, und sie entleihen auch 60% der Videofilme. G. Harbison, J. Ressner und J. Savaiano, »Women of the Year«. In: *Time*, 13. November 1995

Seite 272: In einem Artikel im *Time*-Magazin wird die Stellungnahme von Sarah Pillsbury, einer Hollywood-Poduzentin, zu diesem neuen Genre der Frauenfilme zitiert. Ebd.

Seite 273: »Ich begann, mich weniger mit Gloria Steinems Bemerkung anlässlich ihres 50. Geburtstages zu identifizieren ...« S. Cheever, »Late Bloomer«. In: *Living Fit*, Januar/Februar 1996

Seite 275: Die Krankenschwester und Forscherin Janet Quinn von der Universität von Colorado hat z.B. eine Untersuchung über eine Form von Energieheilung durchgeführt, die als therapeutische Berührung (TB) bezeichnet wird. J.F. Quinn und A. Strelkausas, »Psychophysiologic Correlates of Hands-on-Healing in Practitioner and Recipients«, unveröffentlichter Forschungsbericht, 1987

Seite 275: Der Psychologe David McClelland hat während seiner Professur in Harvard eine Studie über Mutter Teresa durchgeführt. D.C. McClelland und C. Kirshnit, »The Effect of Motivational Arousal Through Films on Salivary Immunoglobulin-A«. In: *Psychology and Health*, 2, 1988, S. 31-52

Seite 276: »Ich betrachte niemals die Massen als meine Aufgabe. Ich schaue mir den Einzelnen an ...« Mutter Teresa, *Words to Love By*, Notre Dame/IN: Ave Maria Press, 1989

Seite 278: »Diese Menschen sind so folgsam und friedlich, dass ich Euren Majestäten schwöre ...« D. Brown, *Bury My Heart at Wounded Knee*, New York: Holt and Company, 1970, S. 1 [dt.: *Begrabt mein Herz an der Biegung des Flusses*, Hamburg: Hoffmann und Campe, 1979]

Seite 279: »Die Frauen der Welt, die sich jetzt in Peking versammeln, zeichnen sich plötzlich als eine große Macht ab, genau in dem Augenblick, wo tödliche neue Exzesse von Gewalt und Habgier von der ganzen Welt Besitz zu ergreifen scheinen. ...« B. Friedan, »Beyond Gender«, *Newsweek*, 4. Dezember 1995

Anmerkungen 387

Seite 281: »Das Konzept des Reparierens impliziert eine Ungleichheit in der Sachkenntnis, die leicht zu einer moralischen Distanz werden kann. Aus der Distanz können wir nicht dienen ...« R.N. Remen, »In the Service of Life«. In: *Noetic Sciences Review*, Frühjahr 1996, S. 24

Seite 283: »... dass eine Nation solange nicht besiegt ist, bis die Herzen ihrer Frauen auf dem Boden liegen ...« M. Crow Dog mit R. Erdoes, *Lakota Woman*, New York: Harper Perennial, 1990 [dt.: *Lakota Woman*, München: dtv, 1994]

11
63. bis 70. Lebensjahr: Töchter der Weisheit

Seite 296: Tatsächlich hat sich die Zahl der AmerikanerInnen über 65 zwischen 1950 und 1992 nahezu verdreifacht ... Statistiken von L. Brontë und A. Pfifer, *Our Aging Society*, New York: W.W. Norton, 1986, S. 4

Seite 296: Im Jahr 2010 werden die ersten der jetzt in der Lebensmitte befindlichen Baby-Boomer ... Ebd.

Seite 296: »In einer alternden Gesellschaft sind zwangsläufig weniger Haushalte mit Kindern vorhanden ...« Ebd.

Seite 297: Um 1800 war die Hälfte der Bevölkerung jünger als 16 Jahre, und sehr wenige Menschen wurden älter als 60. Ebd.

Seite 297: Eliza Pinckney war 17 Jahre alt, als sie 1740 die ... Familienplantage ... übernahm. Diese Geschichte stammt von C. Lunardini, *What Every American Should Know About Women's History*, Holbrook/MA: Bob Adams, 1994, S. 8-9

Seite 299: »Ich habe gemerkt, dass ein wesentlicher Unterschied zwischen dem Bild besteht, das sich die Gesellschaft von alten Menschen macht, und ›uns Alten‹ ...« B. Friedan, *The Fountain of Age*, New York: Simon and Schuster, 1993, S. 31 [dt.: *Mythos Alter*, Reinbek: Rowohlt, 1997]

Seite 299: Sie führt zahlreiche Beispiele von Altersdiskriminierung an, von denen ich unten einige zitiere. Ebd., S. 35

Seite 300: »Die Möglichkeit einer neuen Kultur beruht auf der erneuten Zusammenfügung dessen, was durch die Moderne fragmentiert wurde ...« P.H. Ray, »The Rise of Integral Culture«. In: *Noetic Sciences Review*, Frühjahr 1996, S. 13

Seite 302: »Großmutter, diese wunderbare Bezeichnung, hat in unserer gesamten Gesellschaft immer Lehrerin bedeutet ...« Zitat von B. Laverdure aus einem Interview von S. Wall, *Wisdom's Daughters; Conversations with Women Elders of Native America*, New York: HarperCollins, 1993, S. 132 [dt.: *Töchter der Weisheit*, München: Heyne, 1997]

Seite 306: »Ihr Machtsystem ist der wahre ›Feind der Menschheit‹ und der Erde ...« R.R. Ruether, *Gaia and God*, San Francisco: Harper, 1992, S. 268 [dt.:*Gaia und Gott*, Luzern: Edition Exodus, 1994]

Seite 307: Diamond interpretiert ihre Ergebnisse als Beleg dafür, dass unser Gehirn bis ins hohe Alter seine Plastizität behält. M. Diamond, »Plasticity of the Aging Cerebral Cortex«. In: *Experimental Brain Research*, 5, 1982, S. 36-44

Seite 307: Diese Veränderung werden von Faktoren wie Stress und Sexualhormonen beeinflusst. M. Diamond, »Hormonal Effects on the Development of Cerebral Lateralization«. In: *Psychoneuroimmunology*, 16, 1991, S. 121-129

Seite 308: »Es sind Kräfte am Werk, die die meisten von uns nicht anerkennen möchten ...« Zitat einer anonymen alten Frau, berichtet von S. Wall, *Wisdom's Daughters; Conversations with Women Elders of Native America*, New York: HarperCollins, 1993, S. IX [dt.: *Töchter der Weisheit*, München: Heyne, 1997]

12
70. bis 77. Lebensjahr: Die Gaben des Wandels

Seite 313: Fast 12% der amerikanischen weiblichen Bevölkerung sind verwitwet ... *The American Woman 1994-95*, Hrsg. C. Costello und A.J. Stone, New York: W.W. Norton, 1995. Die Statistiken über die Lebenserwartung nach der Verwitwerung in diesem Absatz stammen aus derselben Quelle.

Seite 314: Zahlreiche Untersuchungsergebnisse bestätigen die Tatsache, dass Witwer ... A. Ciocco, »On the Mortality of Husbands and Wives«. In: *Human Biology*, 12, 1940, S. 508-531; S. Jacob und A. Ostfeld, »An Epidemiological Review of the Mortality of Bereavement«. In: *Psychosomatic Medicine*, 39, 1977, S. 344-357. Siehe auch J.J. Lynch, *The Broken Heart: The Medical Consequences of Loneliness*, New York: Basic Books, 1977

Seite 314: Eine große Zahl von Studien haben gezeigt, dass soziale Kontakte eine wichtige Schutzfunktion gegen Belastungen und Verluste aller Art ... haben. L.F. Berkman und S.L. Syme, »Social Networks, Host Resistance and Mortality: A Nine-Year Follow-up Study of Alameda County Residents«. In: *American Journal of Epidemiology*, 109, 1979, S. 186-224

Seite 314: Die Psychologin Janice Kiecolt-Glaser und ihr Mann, der Immunologe Ronald Glaser ..., stellten fest, dass bei einsamen Menschen ... Einen Überblick über diese und andere ihrer Arbeiten gibt: J.K. Kiecolt-Glaser und R. Glaser, »Psychosocial Moderators of Immune Function«. In: *Annals of Behavioral Medicine*, 9, 1987, S. 16-20

Seite 315: Selbst der einfache Ausweg, die eigenen Traumen einem Duschvorhang zu erzählen ... Diese und andere Untersuchungen über Bekenntnisse und Heilung werden erörtert in J.W. Pennebaker, »Confession, Inhibition and Disease«. In: *Advances in Experimental Social Psychology,* 22, 1989, S. 212-244. Immunologische Nutzeffekte von Geständnissen werden erörtert in J.W. Pennebaker, J.K. Kiecolt-Glaser und R. Glaser, »Disclosure of Traumas and Immune Function: Health Implications for Psychotherapy«. In: *Journal of Consulting and Clinical Psychology,* 56, 1988, S. 239-245

Seite 316: Der Psychologe Martin Seligman von der Universität von Pennsylvania stellte fest, dass pessimistische Menschen, die sich hilflos fühlen, oft sich selbst die Schuld ... geben. M.E.P. Seligman, *Learned Optimism,* New York: Alfred A. Knopf, 1991, Kap. 10

Seite 317: Die Psychologin Suzanne Ouellette vom City College in New York hat optimistische, ungebrochene Menschen ... untersucht. S.O. Kobasa, »Stressful Life Events, Personality and Health: An Inquiry into Hardiness«. In: *Journal of Personality and Social Psychology,* 37, 1979, S. 1-11. (Die Autorin änderte ihren Nachnamen von Ouellette in Kobasa, frühere Artikel sind also unter ihrem vorherigen Namen zu finden.)

Seite 317: Wenn man z.B. Ratten elektrischen Schlägen aussetzt, dann entwickeln jene Tiere, die ... einen Summton hören ... J.M. Weiß, »Psychological Factors in Stress and Disease«. In: *Scientific American,* Juni 1972. Mit den Auswirkungen von Hilflosigkeit auf Stress und Tumorwachstum befasst sich M.A. Visintainer, J.R. Volpicelli und M.E.P. Seligman, »Tumor Rejection in Rats after Inescapable or Escapable Shock«. In: *Science,* 216, 1982, S. 437-439

Seite 320: Im Gegenteil, wenn dieser Abbau im fetalen Gehirn nicht erfolgt, kommt es häufiger zu Geistesschwäche. J. Hooper und D. Teresi, *The 3-Pound Universe,* New York: Macmillan Publishing Company, 1986; und M.L. Shulz, persönliche Mitteilung

Seite 321: »Ich habe keine romantischen Gefühle in Bezug auf das Alter. Entweder man ist interessant, egal in welchem Alter auch immer, oder man ist es nicht.« Dieser Ausspruch von Katharine Hepburn wurde zitiert von G. Dianda und B. Hoffmayer in *Older and Wiser,* New York: Ballantine Books, 1995, S. 125

Seite 321: Die Harvard-Psychologin Ellen Langer und ihre Yale-Kollegin Judith Rodin glauben, dass Menschen, die aktiv am Leben teilnehmen ... Langers umfangreiche Forschungsergebnisse sind zusammengefasst in ihrem ausgezeichneten Buch *Mindfulness,* Reading/MA: Addison-Wesley, 1989 [dt.: *Fit im Kopf,* Reinbek: Rowohlt, 1996]

Seite 323: DHEA ist das häufigste und in den größten Mengen vorhandene Steroid ... Einen vollständigen Überblick über Struktur, Funktion und mögliche klinische Verwendbarkeit von DHEA gibt C.N. Shealy, DHEA: *The Youth and Health Hormone,* New Canaan/CT: Keats Publishing Inc., 1996

Seite 323: John Lee, ein Arzt, dessen Interesse an der Verwendung von natürlichem Progesteron zur Linderung von Postmenstruellem Syndrom und Symptomen der Menopause ... J.R. Lee, *What Your Doctor May Not Tell You About Menopause,* New York: Warner Books, 1996, S. 141

Seite 324: Der Arzt und Forscher Dean Ornish ... hat zahlreiche Artikel ... veröffentlicht. Siehe D.M. Ornish et al., »Can Lifestyle Changes Reverse Coronary Atherosclerosis? The Lifestyle Heart Trial«. In: *Lancet,* 336, 1990, S. 129-133

Seite 324: Wiederum erweist sich menschliche Zuwendung sowohl für die Entstehung als auch für die Behandlung von Herzkreislaufkrankheiten als wichtiger Faktor. Einen umfassenden Überblick über die Folgen von Stress, Umwelt, sozialer Unterstützung und Persönlichkeitsfaktoren enthält das Protokoll einer Konferenz über Verhaltensbezogene Medizin und Herzkreislauferkrankungen, J.T. Shepherd und S.M. Weiß.

Seite 326: Die Psychologin Janice Kiecolt-Glaser und ihr Mann, der Immunologe Ronald Glaser, untersuchten ältere Menschen in Pflegeheimen. J. Kiecolt-Glaser et al., »Psychosocial Enhancement of Immunocompetence in a Geriatric Population«. In: *Health Psychology,* 4, 1985, S. 25-41

Seite 329: Eine 1995 in dem renommierten *Journal of the American Medical Association* veröffentlichte Studie dokumentierte gravierende Mängel in der Kommunikation zwischen schwer kranken stationären PatientInnen und deren ÄrztInnen. »The SUPPORT Principal Investigators, A Controlled Trial to Improve Care for Seriously Ill Hospitalized Patients«. In: *Journal of the American Medical Association,* 274, 1995, S. 1591-1597

Seite 335: 70% aller Frauen sind in ihren Siebzigern noch gesund ... Statistiken zitiert in C. Costello und A.J. Stone, *The American Woman 1994-95,* New York: W.W. Norton, 1995, S. 229

13

77. bis 84. Lebensjahr und darüber hinaus: Die Lebensbilanz ziehen

Seite 336: Mit 80 Jahren ist Julia unverheiratet wie 75% der amerikanischen Frauen dieser Altersstufe. Die Statistiken in den ersten zwei Absätzen stammen von C. Costello und A.J. Stone, *The American Woman: 1994-95,* New York: W.W. Norton, 1995, S. 231-232

Seite 338: »Ich erinnere mich an die alte Madame Duval, die in meinem Haus in Gargenville den Boden putzte ...« Dieses Zitat von N. Boulanger stammt aus D.G. Campbell, *Master Teacher: Nadia Boulanger*, Washington/D.C.: The Pastoral Press, 1984, S. 64

Seite 339: Bei dieser Geschichte geht es um zwei verwöhnte alte Frauen, 80 und 75 Jahre alt, die sich von ihrem Stamm verhätscheln ließen ... Diese Geschichte erzählt V. Wallis in *Two Old Women: An Alaska Legend of Betrayal, Courage and Survival*, New York: Harper Perennial, 1993 [dt.: *Zwei alte Frauen*, München: Heyne, 1998]

Seite 346: Der Neurowissenschaftler Marcel Mesulam von der Northwestern University in Chicago ist von der Tatsache fasziniert, dass Blutgerinnsel und leichte Gehirnschläge vor allem das Kurzzeitgedächtnis älterer Menschen schädigen. Persönliche Mitteilung, M.L. Schulz

Seite 348: »Am Anfang waren die Gebote. Wir sollten Mitgefühl füreinander haben ...« Dieses Zitat von V. Downey wird angeführt von S. Wall in *Wisdom's Daughters; Conversations with Women Elders of Native America*, New York: HarperCollins, 1993, S. 2 [dt.: *Töchter der Weisheit*, München: Heyne, 1997]

Seite 351: »Jedes Leben ist ein Kreis, und innerhalb jeden Lebens gibt es kleinere Kreise ...« Dieses Zitat von B.M. Adams wird angeführt von N.S. Hill in *Words of Power: Voices from Indian America*, Golden/CO: Fulcrum Publishing, 1994, S. 38

Register

A Circle of Stones, Dirk 78
Abtreibung 125-133
Achtsamkeit 195-198
    Meditation 369
Adams, Barbara Means 351
Adoleszenz 10, 90-115, 355
Afrikanische Eva 29
Allein erziehende Mütter 174
Alte Kulturen und Frauen nach der Menopause 215
Altemus, Margaret 86
Alter 290-292, 299-301
    Rollenmodelle 293-295, 301-303
    und Schönheit 95
    und Unfruchtbarkeit 157-158
Ältere Frauen 9-11, 15-16
    Minoritätskulturen und 301-303
Alternative Medizin 227-229
    Menopause-Klinik 239-242
Alternde Frauen 11-12
    Klischee der 291-292, 294-296, 321-322
Altruismus 285-287
Am goldenen See (Film) 218
American Association of University Women 96
American Journal of Respiratory and Critical Care Medicine 245
Amerikanerinnen, Ansichten von 326
Amerikanische Ureinwohner 12, 54-55, 348
    und alte Frauen 300-302
    und Menstruation 78-80
    und Mutterschaft 125-127
Anatomy of Love [dt.: *Anatomie der Liebe*], Fisher 94
Anorexie 96, 99
Anovulatorische Zyklen 85, 133, 250-251
Anziehung 117-124

Arbeitsmarkt, Frauen auf dem 167-168
Archetypen von Frauen 159-163
    antitraditionelle 160, 193, 356
    und Scheidung 173-175
    Superfrau 171
    traditionelle Hausfrau 160-161, 192-193, 207, 356
    Wächterin 17, 210, 215-218, 258, 277-278, 286-287, 357-358
Archetypus des verletzten Heilers 189, 197
Aristoteles 18, 25
Arztberuf und Tod 328-334
Asthma im Erwachsenenalter, HET und 245
Atemübungen 230, 360-361
Australische Traumzeit 54-55
Authentizität 112, 201, 300
    in der Lebensmitte 222
Autonome Funktionen 36
Autonomie 42, 43, 62
    Blockaden der 50

Baiame (australischer Schöpfergott) 54-55
Balance im Leben 195-197
Barasch, Mark, *Remarkable Recovery* [dt.: *Gesund werden aus eigener Kraft*] 201
Barnett, Rosalind, Lifeprints-Studie 147
Baruch, Grace, Lifeprints-Studie 147
Benedek, Therese 82
Benson, Herbert 234
    The Relaxation Response 196, 234
Berufstätige Frauen 148-149, 166-168, 359
    Aktivität von 192-193
    und Kinder 150-151
    und Mutterschaft 159, 191
    siehe auch Karrierefrauen
Berührung, Bedürfnis nach 190
Betreuerinnen, alte Frauen als 337

Register

Bevölkerung, Altern der 15, 218
Bewältigung von Verlusten 314-316
Bewusstes Sterben 352-353
Bewusstsein, Veränderung des 306
Beziehung 38-40, 177-178
    in der Lebensmitte 204, 223, 257
    Probleme 171-172, 176-181
    spirituelle Aspekte 141-143
    traumatisierende 185-186
Beziehungsorientierung 42-43, 56, 280
    in der Adoleszenz 112-113
    in der mittleren Kindheit 58
    Pubertät und 88
    Scheidung und 181
    und Geschlecht 46-47
    und Schwäche 47-49
Bindung 44, 118, 123
Bindung an Neugeborene 139-143
Bio-psycho-spirituelle Entwicklung 24, 114
Bio-psycho-spirituelle Rückkopplungsschleife 9, 88-89, 198
    PMS als 83-89
    und Beziehungen 141-143
Blake, William 352-353
»Blutmysterien« 14-15
Borysenko, Joan, *Pocketful of Miracles* [dt.: *Ein Wunder täglich*] 361
Boulanger, Nadia 337-338
Brontë, Lydia 296
Brown, Lyn Mikel 103
Brustkrebs 154, 245-247, 324
Bush, Barbara 14
Bush, George 14, 297
Byrne, Ethel 128

Carson, Rachel, *Silent Spring* [dt.: *Der stumme Frühling*] 304
Casarjian, Robin 282-285
Cheever, Susan 273
Chi 74-75
    PMS und 86
Chinesische Medizin 235
Chinesische Philosophie der Lebenszyklen 14-15
Chodorow, Nancy 42
Chorionsomatotropin 138
Clarke, Carolina 208
Columbus, Christoph 278
Coming into Our Own, Gerzon 218
Comstock-Gesetz 129
Corpus luteum 81-82, 213, 250
    siehe auch Gelbkörper
Creative Menopause, Sharan 219, 235

Dalai Lama 67-68
Dalton, Katherina 85
Dankbarkeit 343-345

Darwin, Charles 172
David-Neel, Alexandra 233
Davis, Adele 328
Degenerationskrankheiten 323
Dehydroepiandrosteron (DHEA) 323-324
Denver Post 175
Depression 262-263
    Altruismus und 286
Descartes, René 81
DHEA, *siehe* Dehydroepiandrosteron
Diamond, Marian 307, 320
Dichotomer Hörtest 86-87
Dienst an Anderen 200, 268, 286
Dienstleistungsjobs 165-167
Dirk, Judith, *A Circle of Stones* 78
Diskriminierung des Alterns 301
Dissoziative Störungen 72
DNS, mitochondriale 27-29, 351
Domar, Alice D. 153, 156-157, 230
Down-Syndrom 158
Downey, Vickie 348
Dreher, Henry, *Healing Mind, Healthy Woman* [dt.: *Gesunder Geist – gesunder Körper*] 157
Dreiteilung des Gehirns 36
Dritte Welt, Bevölkerung der 296

Edelman, Marion Wright 305
Ehebruch 172
Ehrenamtliche Tätigkeiten 261-262, 285-286
Ehrlichkeit
    im Alter 292
    in der Kindheit 58, 353
Einstein, Albert 73-74
Eisenberg, David 228
Eizellen 25-30, 80-85, 351
    Degeneration im Alter 73-74, 158
Emotionen
    Abtreibung und 129-131
    in der Adoleszenz 110-111
    in der Lebensmitte 222-223
    Menstruationszyklus und 82-89
    Neugorene und 36-37
Empathie
    Entwicklung 33-34, 37-40, 56, 280, 352
    Heilung 189
    negative 179
Endometriose 154-156
Endorphine und Bindung 123
Entspannung
    und Hitzewallungen 230-232
    und Immunsystem 326
    und Langlebigkeit 324
Entwicklungsländer, Frauen in den 15
Epilepsie, Schläfenlappen- 74
Erfahrung, Wert von 197

Erfahrungen außerhalb des Körpers 69-74
Erfolg, Furcht vor 277
Erikson, Erik 40-41, 47, 62, 108-110, 337-338
Ernährung 95
    und Menopause 236-239, 255, 258
    und Östrogen 155-156
    und Osteoporose 240, 242-243
Erziehung und Kriminalität 284
Essverhalten 95-96
Estés, Clarissa Pinkola, *Women Who Run with the Wolves* [dt.: *Die Wolfsfrau*] 163-166
Eva, Mitochondriale 29-30
Exogamie 119-120

Faludi, Susan 45, 66
Familiäre Gewalt 181-182
Familie Chamberlain 134-135
Family Formation Project 177
Fausto-Sterling, Anne 85
    Myths of Gender 10, 85
Feminine Forever, Wilson 243
Fettleibigkeit 255-256
Filme 345-346
    Frauen und 272-273
Finanzen im Alter 337
Fisher, Helen 172
    Anatomy of Love [dt.: *Anatomie der Liebe*] 94, 118
Follikelstimulierendes Hormon (FSH) 80, 130, 133, 213-214, 240, 354
Forgiveness: A Bold Choice for a Peaceful Heart, Casarjian 284
Formales operationales Denken 63
Forrest, Jacqueline Darroch 126
Fragebogenerhebung unter Krankenschwestern (Nurses' Questionnaire Study) 248
Framingham-Studie 248
Frankl, Viktor 187, 316
Frauen
    Altern der 297
    Herzkrankheiten 248-249
    in mittleren Jahren 217-218
    missbrauchte 181-183
    nach den Wechseljahren 214-215
    Sicht der alten Chinesen 13-14
    und Nah-Tod-Erfahrung 69-70
Frauenbewegung 299, 358
Frauenfragen, Kulturell Kreative und 269, 300
Freier Wille 24
Freud, Sigmund 40-42, 54, 147
Freundschaften 359
    Einschränkung von 221
Friedan, Betty 299, 305, 314
    The Fountain of Age [dt.: *Mythos Alter*] 267

Friedensstifterinnen, Frauen als 103-105
Frühe Kindheit 31-56
FSH, *siehe Follikelstimulierendes Hormon*

Gaia and God [dt.: *Gaia und Gott*], Ruether 306
Garrett, Sophie 228, 238-239
Gebärmutterkrebs, HET und 243-244
Gebet 196-197, 365
Geburt 133-137
Geburtenkontrolle 16-17, 126-133
Geburtenrate, abnehmende 296
Geburtenstarke Nachkriegsjahrgänge 219, 296, 358
    Altern der 298
Gedächtnis 183-188, 198
    Verlust des, im Alter 321-322, 347
Gehirn
    Entwicklung 36-38
    Frontallappen 38, 111-112, 352
    hemisphärische Funktionen 54-56, 59-61, 87, 353
    im Alter 308-309, 319-321
    Kartierung 97-98
    Limbisches System 36-37, 68, 266, 351-352
    rechter Schläfenlappen 69-75
    Veränderungen in der Depression 266-267
Gehirnschlag, Östrogen und 249
Geist und Gehirn 68-69
Gelbkörper 81-82, 213, 250
Gene und Geschlecht 27
Generativität 337-345, 348
Genesis, *siehe auch* Schöpfungsgeschichte 23-24
Genetische Information 29-30
Gerzon, Mark, *Coming into Our Own* 218
Geschäftigkeit 191-194, 198
Geschichte von Adam und Eva 23-25
Geschichte von Blaubart, Estés und die 164-167
Geschiedene Frauen 149, 161-162, 172-175
Geschlechterunterschiede 9, 26-28, 41
    Beziehungsorientierung und 45
    in der moralischen Entwicklung 64
Gesellschaftliche Veränderungen 218
Gestagen, HET und 239
Gesunde Beziehungen 177
Gesundheit, Altruismus und 286
Gesundheitsprobleme, HET und 245
Gewalt 17, 176
Ghost (Film) 345
Gilligan, Carol 42, 58, 103, 108
    In a Different Voice [dt.: *Die andere Stimme*] 62, 64-66
Glaser, Ronald 314, 326

Register 395

Gliazellen 35
Glück 195, 268
GnRH (Gonadotropin-freisetzendes Hormon) 130, 133
Gold Hill/Colorado 14-15
Gold, Rachel Benson 126
Goleman, Daniel 44
Gonadotropin-freisetzendes Hormon (GnRH) 130, 133
Göttin-Kulturen 30
Gottman, John 177-178
Gratefulness, *The Heart of Prayer* [dt.: *Fülle und Nichts*], Steindl-Rast 343
Grenzen, persönliche 108-110, 180
Güte 274-275, 287
Guys Medical Hospital School 332

Hausarbeit, Ehemänner und 177
Hausfrauen 147-150, 159-161, 166-168
    in der Lebensmitte 204-205
    in Übergangszeiten 175-176
Havecker, Cyril 55
Healing Mind, Healthy Woman [dt.: *Gesunder Geist – gesunder Körper*], Domar und Dreher 157, 230
Hebammen 134
Heidi, Spyri 106-107
Heilung 182, 188, 225
    in Beziehungen 178-181
    in Gefängnissen 284
    Ritual 134
    therapeutische Berührung und 275
Heirat 169-170
    in mittlerem Alter 205
Hepburn, Katharine 320-321
Herzerkrankungen 246-247, 323
HET (Hormonersatztherapie) 229, 239-240, 242-245
Hibbard, David und Christine 332-333
Hilflosigkeit 50-51
    und Depression 262-263
Hirshberg, Caryle, *Remarkable Recovery* [dt.: *Gesund werden aus eigener Kraft*] 201
Hitzewallungen 150, 230-236
Hormone 80-82, 323
    Ersatztherapie 229, 239
    Geburt und 137-138
Houses of Healing: A Prisoner's Guide to Inner Power and Freedom, Casarjian 284-285
HPL (Humanes Plazenta-Laktogen), *siehe auch* Choriosomatotropin 138
Hubbard, Celia Thaxter 294-295
Hüftfrakturen 245-246
Hutterer, Untersuchung über 119
Hypophyse 40, 80, 138, 354

Hypothalamus, Geburt und 138
Hysterektomie (Entfernung der Gebärmutter) 244

Identität, weibliche 100-102, 355
Ikonisches Gedächtnis 184-187, 198
Immunsystem 201, 275, 315
    im Alter 324-325, 338-339
In a Different Voice [dt.: *Die andere Stimme*], Gilligan 42, 62, 64-66
Indigene Kulturen 53
    und Frauen in den Wechseljahren 226
    und Menstruation 78-79
Individuelle Unterschiede 147-148
Initiative, Sozialisation und 47-50
Inkompetenz, im Alter 321-322
Integrale Kultur 271-272, 279, 281, 286-287, 298, 300, 309, 359
Integrität 222-225
Intelligenz im Alter 319-321
Interdependenz 20, 43, 51-53, 56, 67, 108, 189, 224, 286, 303, 353, 359
    Hirnentwicklung und 68-75
    Kulturell Kreative und 269-272
    und Beziehungen 142-143
    von Frauen in den Wechseljahren 214
Intimität 11, 108-110, 113
Intuition 55-56, 213-215
Inzucht 119-120
Irvin, Judy 230
Isolation 67, 359
    emotionale 19-20
    im Alter 293-294, 313-314, 326-328, 335
    Intimität und 108-109
    Kleinkinder und 40
    und Gesundheit 261-262

Jampolsky, Jerry 284
Janet, Pierre 184
Janus, Cynthia und Samuel 129
Johanna von Orléans 79-80
Jost (Forscher) 26
Journal of Health Physiology 231
Journal of the American Medical Association 329
Judd, Naomi 272
Jung, Carl Gustav 79, 188-189, 210-211, 262

Kabat-Zinn, Jon 195
Kalzium 238
Karolinska Institut, Stockholm 226
Karrierefrauen 144-145, 165, 188-189, 359
    und Ehe 169-170
    und Kinder 150-153
    Umbruch in der Lebensmitte 204-206

Keating, Thomas 365
Kiecolt-Glaser, Janice 314, 326-327
Kindbettfieber 135-136
Kinder 281
    Haushalte ohne 296
    Sozialisation 43-44, 53, 60, 104, 353
    und Scheidung 172
Kinderlosigkeit 150-153, 162-163
Kindesmissbrauch und -misshandlung 197
Kindheit
    mittlere Jahre 57-89
    Spiritualität 53-56
King, Mathew 224
Kirche und Medizin 134
Kitchen Table Wisdom, Remen 281
KKs, *siehe* Kulturell Kreative
Klinische Depression 265-268
Klischees von Frauen 165
Knaus-Ogino-Methode 130-131
Knochenmasse, Verlust von 240-241
Koabhängigkeit 111-112, 121
Koffein 237-238
Kohlberg, Lawrence 64-65
Kohlensäurehaltige Getränke 240
Kommunikation von Säuglingen 55-56
Komplementäre Medizin/Alternative Medizin 74-75, 227-229
Konkretes operationales Denken 56-60
Körperbild 94-97, 355
Körpergeruch und Anziehung 119-120
Körperliche Bewegung
    und Depression 267
    und Hitzewallungen 232, 239
    und Osteoporose 240, 242
Kortisol 250
Kreativität 43
Krebs 299, 303
    Brust 154, 241, 323
Krieg 17
Krisen, Reaktion auf 315-316
Kultur
    neue 271
    und Adoleszenz 255-256
    und Interdependenz 74
Kulturell Kreative 269-272, 280-281, 299-300, 307, 358
Kurzzeitgedächtnis, Verlust des 347

Landers, Ann 151
Langer, Ellen 321-322
    Mindfulness [dt.: *Fit im Kopf*] 328
Langlebigkeit 262, 322-328
Lark, Susan 156
Laverdure, Betty 125, 302
Lebensenergie 235, 261
Lebenserwartung 15, 296
Lebensgeschichten 345-348

Lebensmitte 17, 203, 199-225
    der Frauen 273, 281
Lebensstil
    der Kulturell Kreativen 269-271
    und Langlebigkeit 322-323, 328
Lebensstrukturen 146-147, 167-168, 170-172
    Veränderung der 159-163
Lebensumstände, Veränderung der 312
Lebenszyklus aus weiblicher Sicht 41-42
Lee, John 249-250, 323-324
Leeres-Nest-Syndrom 261-268
Leiden, Sinn im 316
Leitfaden für Patienten, Angehörige und Ärzte 332-334
LeShan, Larry 88
Levinson, Daniel J. 146-147, 159-160, 170, 179, 192, 200, 203-205, 341-342
    The Seasons of a Woman's Life 192
    und geschiedene Frauen 192
    und Krise in der Lebensmitte 203-204
Levy, Jerry 46
LH, *siehe* Luteinisierendes Hormon
Liebe 11, 17, 200, 268, 275
    Beziehungen 124
    Schenken von 286-287
    Verliebtheit und 141
Lifeprints-Studie 148-149, 194
Lionheart Foundation 285
Living Fit 273
Locke, Michelle 242
Logik, Entwicklung der 58-60
Loslassen in der Lebensmitte 222-223
Lovelock, James 306
Luke, Helen, *The Way of Woman* 123
Lunardini, Christine, *What Every American Should Know about Women's History* 128
Luria, Zella 10
Lurie, Rima 215
Luteinisierendes Hormon (LH) 80, 133, 213-214, 240, 354

MacLean, Paul 36-38
Mädchen, Sozialisation von 44-47, 52-53, 60, 104, 352-354
Mädchenjahre 15
Magersucht 99-100
Magisches Denken 54
Magnolien aus Stahl (Film) 273
Männer 18, 24-26
    als Witwer 19-20
    altchinesische Sicht der 13-14
    Pflegebedürftigkeit 337
    und Alter 210-212, 297, 313, 337
Männliche Aspekte von Frauen in der Menopause 211-212

Margulis, Lynn 306
Matrilineare Abstammung 30
Matronen 15, 18
McClelland, David 275
Mead, Margaret 219
Meditation 195-197, 255-258
  Übungen 252-255, 360-368
Medizin und Kirche 138
Melatonin 80
Menarche 80, 113
Menopause 12-17, 203, 206-219, 356-358
  Östrogen und 242-249
  Stressabbau und 76-89, 231-232
Menstruation 354
Mentorenrolle 152
Mesulam, Marcel 346
Milchprodukte und Endometriose 155-156
Miller, Jean Baker, *Toward a New Psychology of Women* 180-181
Minderheiten 283
  und Alter 301
Mindfulness [dt.: *Fit im Kopf*], Langer 328
Missbehagen, menschlicher Körper und 86
Misshandelte Frauen 181-188
Mitgefühl 43, 56
Mitochondrien 24-30
Mittelalter, Geburt im 134
Mittlere Kindheit 57-89, 354
Moderne, die 269-270
  Integrale Kultur und 61-68, 300-301
Moen, Phyllis 261
Mondzyklen, weiblicher Körper und 80-81
Moral 49
Moral Physiology, Owen 128
Moralische Entwicklung 61-68
Müdigkeit 179, 237
Muskelrheumatismus 184
Mutter, Beziehung zur 109
Mütterliches Verhalten 137-140
Mutterschaft 15-17, 125-143, 158-160
  Kinder und 150-153
  Karriere und 166-168
Myelinisierung 35-37, 55-56
  im Säuglings- und Kleinkindalter 351-352
  in der Adoleszenz 108-110
  in der Kindheit 62-63, 68-69
Myths of Gender, Fausto-Sterling 10

Nah-Tod-Erfahrungen (NTE) 69-73
Natürliche Geburt 135-136
Natürliche Killerzellen 19, 314-315
Natürliches Progesteron 249-251
Naturwissenschaft und Geschlechterunterschiede 26-27
Naturwissenschaftliche Medizin und Frauen 18-20

Negative Empathie 179
Neocortex 37-38, 69
Neugeborene, Vernarrtheit in 139-140, 142
Neurobiologie 33-37
  und Körperbild 97-99
Neurochirurgie 69
New England Journal of Medicine 244, 248
Newsweek-Magazin 243
Nichter, Mimi 96
North American Menopause Society 226
Northrup, Christiane 82-83, 154
  Women's Bodies, Women's Wisdom [dt.: *Frauenkörper – Frauenweisheit*] 214, 241

O'Reilly, Jane 273
Ober, Carole 119-120
Of Woman Born, Rich 134
Ökologische Nachhaltigkeit 271-272
Open Heart, Open Mind [dt.: *Gebet der Sammlung*], Keating 365
Ornish, Dean 231
Osteoporose 238-241, 245-246
  Ernährung und 238-239
Östradiol 81, 241
Östriol 241-242
Östrogen 16-20, 81-82, 212-213, 241-243, 354, 357
  äußerliche Quellen von 16
  Ersatztherapie 239, 243
  Geburt und 138
  und Endometriose 155-156
  und Menopause 242-243
  und Progesteron 249-251
Östron 242
Ouelette, Suzanne 317
Ovarektomie (Entfernung der Eierstöcke) 244
Owen, Robert, *Moral Physiology* 128
Oxytozin 138-140, 351

Paarbildung, Psychobiologie der 116-124
PEA (Phenyläthylamin) 122-124
Pell-Stipendien 283-285
Penfield, Wilder 69, 97
Pennebaker, James 315
Pessimismus 50, 316
Pestizide 153-154, 280, 303-305
Pfifer, Alan 296
Phenyläthylamin (PEA) 122-124
Pheromone 118-119, 130
Phytoöstrogene 242
Piaget, Jean 59, 63-64, 110-111
Pillsbury, Sarah 273
Pinckney, Eliza 297
Pipher, Mary, *Reviving Ophelia* [dt.: *Pubertätskrisen junger Mädchen*] 91

Planned Parenthood Association 129
Plinius der Ältere 78
PMS, *siehe* Prämenstruelles Syndrom
Pocketful of Miracles [dt.: *Ein Wunder täglich*], Borysenko 361
Postmenopausaler Schwung 219
Posttraumatische Belastungsstörung (PTB) 183
Power 46
    Adoleszenz und 94
    und soziales Handeln 259-287
Prämenstruelles Syndrom (PMS) 83, 354
Presomen 241
Primärprozesshaftes Denken 54-56, 60, 353
Prioritäten 190-194
Progesteron 18, 80-82, 85, 210, 213, 354
    Geburt und 137-138
    und Menopause 249-252
    und Osteoporose 245-247
Prolaktin 138
Prophetische Ahnungen 307-309
Psychologie und Frauen 19
Psychospirituelle Chance, Hitzewallungen als 233-236
Psychospirituelles Heilen 188, 225
PTB (Posttraumatische Belastungsstörung) 183
Pubertät 16, 76-83, 354
Putnam, Frank 72

Quantenphysik 73
Quinn, Janet 222-223, 275, 328

Rauchen 240
Ray, Paul 269-272, 279, 281, 299-300, 358
Reagan, Ronald 297
Regenerationsfähigkeit im Alter 312-319, 334-335
Rehabilitation von Strafgefangenen 285
Religionen
    und Altruismus 286
    und Geschlechterunterschiede 24-25
Remarkable Recovery [dt.: *Gesund werden aus eigener Kraft*], Hirshberg und Barasch 201
Remen, Rachel Naomi 281
Rendezvous im Jenseits (Film) 345
Reproduktionsphase bei Frauen 126
Resolutheit älterer Frauen 217-218
Respekt 17, 224
    Mangel an, in Beziehungen 177-178
Reversibilitätsdenken 63
Reviving Ophelia [dt.: *Pubertätskrisen junger Mädchen*], Pipher 91
Reynold, Frances 232
Rich, Adrienne, *Of Woman Born* 134-135
Richards, Corey L. 126

Richarz (Theoretiker) 26
Ring, Kenneth 72
Rinpoche, Sogyal, *The Tibetan Book of Living and Dying* [dt.: *Das tibetische Buch vom Leben und vom Sterben*] 369
Rivers, Caryl, *Lifeprints Study* 147-150
Rodin, Judith 321
Rollenvorbilder 115
    für das Alter 293-295, 301-302
Roseto/Pennsylvania 324
Rubenstein, Boris 82
Rückblick 341-343, 356
Ruether, Rosemary Radford 306-307
Ruhestand 300-301
Russell, Diana 182

Sabom, Michael 70
Sagan, Carl 69
Sainer, Janet 301
Samenzellen 27-30, 153-154
Sams, Jamie 79
»Sandwich-Generation« 203
Sanger, Margaret 128
Satir, Virginia 179
Säuglinge und Kleinkinder 37-39, 139-140, 351-352
Scham 48-49
Scheidung 177-178
    kindliche Wahrnehmung der 61-63
Schöpfungsgeschichte 23-24
Schöpfungsmythen 54-55
Schuldgefühle 47-50
    Abtreibung und 129-133
Schuldkomplex des New Age 327
Schulz, Mona Lisa 27, 346
Schutzverhalten in den mittleren Jahren 217
Schwäche, Beziehungsorientierung und 47-48
Schwarze Kultur und Schönheit 96
Seelenfrieden 200
Seelische Grausamkeit 184-185
Selbst 43-44, 103, 112-115
    Integrität des 222-225
    und andere 108-110
    Verlust des 111-112, 142-143
Selbst-Bewusstheit 180
Selbst-in-Beziehung 43, 52, 68, 141, 181, 189, 194, 197, 268, 276
Selbstachtung und Gesundheit 262
Selbstbezogenheit/Egoismus 222, 355
Selbstprüfung 201
Selbstreflexion 111
Selbstsicherheit/Durchsetzungsfähigkeit 210
Selbstverpflichtung 317
Selbstzweifel 50
Seligman, Martin 316
Semantisches Gedächtnis 184

Semantisches oder deklarierendes Gedächtnis 184
Sexualität 124
  und Essgewohnheiten 98-99
Sexualität, Menopause und 206-209
Sexueller Missbrauch von Frauen 181-183
Shakespeare, William 92, 334
Sharan, Farida, *Creative Menopause* 214, 219, 235
Shaywitz, Bennett und Sally 60
Sheehy, Gail, *The Silent Passage* [dt.: Wechseljahre – na und?] 208
Sheldrake, Rupert 71
Silent Spring [dt.: *Der stumme Frühling*], Carson 304
Simpson, Agnes 134
Sinn
  in den Lebensereignissen 344
  in Erfahrungen 187
  Karriere und 188-189
Sojaprodukte, Östriol in 242
Soubiros, Bernadette 328
Soziale Faktoren bei Depression 263-264
Soziale Fragen 291-300
Soziales Engagement 257-287
Sozialisation
  von Kindern 44-47, 52-53, 60, 104, 352
  von Männern 19
Soziopathie 33, 40
Spiritualität der Kindheit 53-56, 352
Spirituelle Beziehungen 123-124
Spirituelle Erfahrungen 68
Spontaneous Healing [dt.: *Spontanheilung*], Weil 228
Sprechen und Heilen 187
Spyri, Johanna, *Heidi* 105-108
Staat New York, Gefangene im 283
Stein, Gertrude 50
Steindl-Rast, David, *Gratefulness, The Heart of Prayer* [dt.: *Fülle und Nichts*] 343
Steinem, Gloria 273
Steiner, Rudolf 53
Steiner-Adair, Catherine 99
Sterbeprozess, Furcht vor dem 330
Stern, Daniel 23
Steroid 323
Stillen 139, 305
Stone Center for Women's Research 20, 43
Strafvollzugsreform 282-285
Stress
  Abbau von 196, 318
  Abtreibung und 130
  traumatische Erinnerungen und 184-185
  und Herzinfarkte 246-248
  und Hitzewallungen 230, 233, 236
  und Immunsystem 326
  und Reproduktionszyklen 133
  und Stillen 139
  und Unfruchtbarkeit 154, 156
Stressresistenz 317-318
Surrey, Janet 112
Symbolisches Denken 110
Synthetische Östrogene 241

Tavris, Carol 45
Teenager-Schwangerschaften 114
Teresa, Mutter 275-277
Testosteron 17, 210, 224, 277, 357
The Evolution of Sex 26
The Fountain of Age [dt.: *Mythos Alter*], Friedan 299
The Mismeasure of Women, Tavris 45
The Relaxation Response, Benson 196
The Seasons of a Woman's Life, Levinson 192
The Silent Passage [dt.: Wechseljahre – na und?], Sheehy 208
The Tibetan Book of Living and Dying [dt.: *Das tibetische Buch vom Leben und vom Sterben*], Rinpoche 369
The Way of Woman, Luke 175
The Yellow Emperor's Classic of Internal Medicine 13
Therapeutische Berührung (TB) 275-276
Therapie bei Beziehungsproblemen 179-180
Time-Magazin 193
Tod 14, 328
  Ärzteschaft und 328-334
  Vorbereitung auf 311-312
Toleranz 280
Tourette-Syndrom 111
Toward a New Psychology of Women, Miller 181
Traditionalistische Weltsicht 269
Transzendenz 348-351
Trauer
  Abtreibung und 129-133
  im Alter 315, 334-335
Traumatische Erinnerungen 183-188
Tumo-Yoga 233-234
Two Old Women [dt.: *Zwei alte Frauen*], Wallis 339

Ulanov, Ann 83
Umweltfragen 221, 279, 303-307
  Kulturell Kreative und 269-271
Unabhängigkeit 42
  und wechselseitige Abhängigkeit 66-67
Unfruchtbarkeit 126, 147, 153-158, 173
  Abtreibung und 132-133
Universität von Arizona, Studie über heranwachsende Mädchen der 95
Unternehmensstrukturen 144-145
  Hürden für Frauen 205-206

Unterschiede, geschlechtsspezifische 17-18
Unterstützung, soziale 317, 319, 359
    Trauer und 315
    und Gesundheit 324-327, 334
Uterus, Monatszyklus des 82

Van der Kolk, Bessel 185
Veränderungen im Leben 268, 312-313
Verbrechen, soziale Faktoren 282-283
Verbundenheit 43, 275-276
    der Frauen 20, 314-315
Verdrängung 185
Vergewaltigungstrauma-Syndrom 182
Verhalten, Geschlechterunterschiede im 10
Verlassenwerden, Angst vor 49
Verliebtheit 117-118, 122
    in Neugeborene 139, 351-352
    und Liebe 141
Verluste im Alter 316-328, 334-335
Verständnis 17
Vertrauen, Entwicklung von 40-41
Verzeihen, Stress und 282-285
Vielfalt, Wertschätzung der 279
Vitamine 239

Wahrnehmungsfähigkeit in der Kindheit 58-61
Wall, Steve 308
Wallace, Douglas 29
Wallis, Velma, *Two Old Women* [dt.: *Zwei alte Frauen*] 339
Washington, George 297
Wedekind, Claus 119-120
Weed, Susan 214
Weibliche Lebenszyklen 14-21
Weibliches Verhalten, erwachsenes 106-108
Weiblichkeitswahn 192
    Herausforderung des 299
Weil, Andrew, *Spontaneous Healing* [dt.: *Spontanheilung*] 228
Weisheit 43, 197
    der Kindheit 53-54
    Hormone der 213
    im Alter 307-309, 321-322
    in der Lebensmitte 200, 224, 301-303
    Menstruationszyklus und 88-89
    und Tod 328

Wellesley Colle, Stone Center 20, 43
Weltanschauungen 43, 271
Weltfrauenkonferenz der UNO in Peking 279
Weltkultur, neue 271-272
Wendezeiten 144-168, 341-343
    Lebensmitte 199-225, 356-357
Wertbezogene Fragen 189
Werte 268-269, 271-272
    in der Lebensmitte 200-201
West, Stanley 244
Westliche Kultur 46, 75
What Every American Should Know about Women's History, Lunardini 128
What Your Doctor May Not Tell You about Menopause, Lee 250
Wilber, Ken 327
Wilson, Allan 29
Wilson, Robert A. 243
Winfrey, Oprah 272
Witwenschaft 19-20, 313
Wohlbefinden 149, 157, 159
    kollektives, Kulturell Kreative und 269-270
Wolf, Naomi 96
Women Who Run with the Wolves [dt.: *Die Wolfsfrau*], Estés 163
Women's Bodies, Women's Wisdom [dt.: *Frauenkörper – Frauenweisheit*], Northrup 214, 241
Woolf, Virginia 192
Wut in der Adoleszenz 100-102

Xenoöstrogene 16, 154, 238, 303-304

Y-Chromosom 26-27
Yang-Energie 235

Zeit der Zärtlichkeit (Film) 272
Zeit, Sorge bezüglich der 190
Zentrierungsgebet 365-366
Zirbeldrüse 80-81, 88, 354
Zyklen im Leben 9, 14-21, 126, 351-359
    Untersuchung der 146-147